U0055816

揭開民國史的眞相 卷六

蔣介石真相之三

遺憾：抗戰及戰後（續）

◎蔣介石與史迪威事件
◎二二八事件與蔣介石的對策
◎蔣緯國的身世之謎與蔣介石、宋美齡的「感情危機」
◎如何對待毛澤東：扣留「審治」還是「授勳」禮送？
◎李宗仁的索權逐蔣計畫
◎國民黨遷臺與蔣介石的反省

楊天石◎著

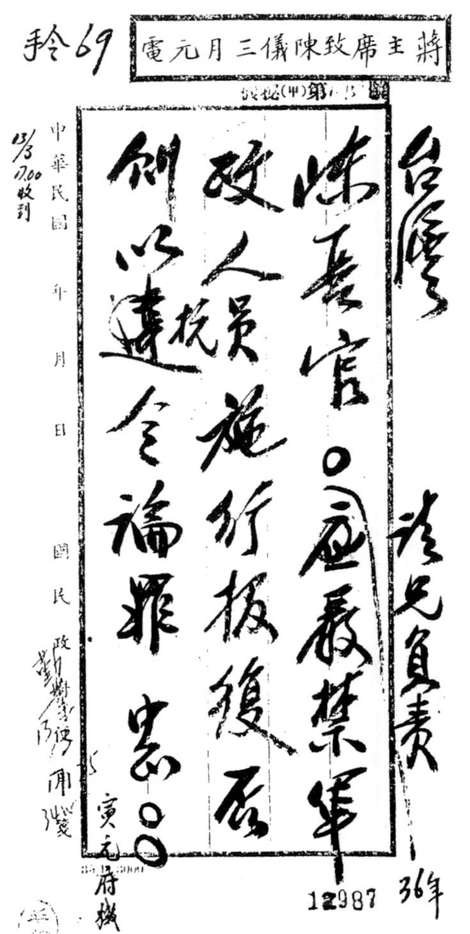

手令69

蔣主席致陳儀三月元電

台灣

陳長官。應嚴禁軍政人員施行報復，否則以抗令論罪。中。

請兄負責

寅元 府機

中華民國 年 月 日

國民政府

12987

36年

蔣介石致陳儀電

二、民生主義土地改革綱領

中國為一農業國家，業農為生之人民佔全國人口百分之八十以上，其對於廣大眾多之農民生計，不為設法改善，國家建設將必無法推進。中國又為一產業落後國家，當茲國際經濟急劇變化，而國內則民生艱困，亟待發展生產之際，其對人力資源之運用，不為適當之轉變，國家建設亦必無法進行。基乎以上之認識，而謀改革，為以暴力鬥爭毀滅，而一切以和平方式實施社會改造，本綱領之精神，及於揭櫫之各種辦法，即係遵奉國父遺教，以和平方式實施不流血之社會革命，茲分列綱領及辦法如下：

甲、總綱

國立四川大學校長室用牋

民生主義土地改革綱領（作者楊天石提供）

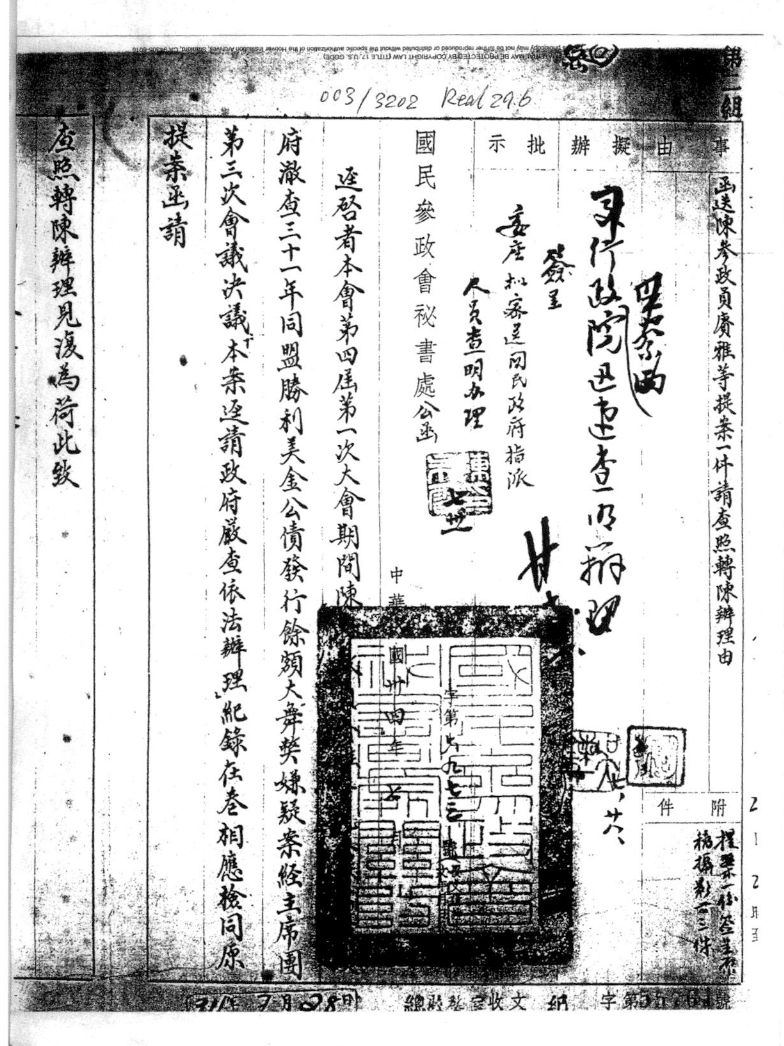

調查美金公債舞弊案公函（作者楊天石提供）

銀行方面首先驅逐經理，由工役組織委員會，開始清算，其時我還是在上海好，還是不在上海好，此一套工夫，我頗難欣賞，故還是不看見的好，其所以不要看原因，乃是太覺幼稚。

社會主義在分配，而分配得法乃在生產。叫人做工，叫人努力生產，(一)要叫人賺錢，(二)逼迫做工，派人押得他做工，如古時之奴才，除兩個法子之外，別無他法。

中國生產政策試辦有成效者，唯有上海的辦法，

一、鼓勵投資，保護投資者權益，即是此法也。

二、合理工價。

三、鼓勵外人來華投資及其技術。

四、外匯自由，不加管理。

五、外人可在長江內河航行，借此我們向他學習管理法，亦可限制中國

陳光甫日記手跡（作者楊天石提供）

介兄鈞鑒：敬密陳者，弟自由歐奉召返
國參加國難工作，倏逾半載，遵命担
任行政，亦已四月。初抵漢時，正值前方軍
事失利後，方極形恐慌，難民流離於途，
傷兵到處滋事，救濟不及，安置無方，人
心浮動，怨言叢生，大局幾有不可終
日之勢。而中央機關之西遷或川或湘
或武漢，辦公地點既無一定，負責長

孔祥熙致蔣介石函手跡（作者楊天石提供）

光甫先生賜鑒：

邇近人民革命軍事空前勝利，全國各地完全解放指日可期。百年來帝國主義所予中國經濟發展之桎梏，已因封建主義與官僚資本主義統治崩潰而告解除。今後新中國經濟建設，將在中共毛主席領導之下，由人民共有的國家資本，和民族工商業的私人資本，分工合作，有計劃有步驟地促進民族產業之發展，新民主主義之實現。

新中國經濟建設根本方針，係以公私兼顧，勞資兩利

命駕北來，共商一切，則集思廣益，眾擎易舉，未來經濟建設進展之順利，蓋可預卜也。耑此佈臆，餘由李同志面達，尚希

惠予賜教，不勝感幸。耑此 順頌

台綏

弟李濟深

李濟深致陳光甫函（作者楊天石提供）

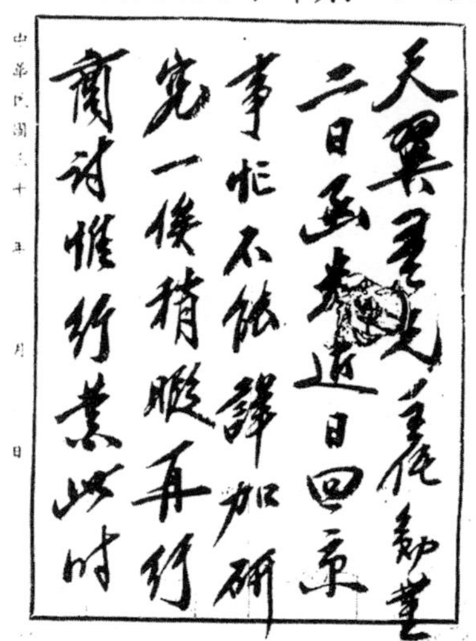

國民政府軍事委員會用箋

天翼吾兄主任勛鑒
二日函悉近日回京
事忙不能詳加研
究一俟稍暇再行
商討惟行營此時

國民政府軍事委員會用箋

不能取消　兄亦不能
擺脫此重任也傳上
前進令既下我軍
在此十五日之內必須
絕對遵守 [illegible]

蔣介石致熊式輝函手跡（作者楊天石提供）

馬歇爾與蔣氏夫婦合影

蔣介石巡視延安時與胡宗南等合影

蔣介石與胡適

蔣介石、蔣經國與俞鴻鈞

蔣介石、宋美齡與史迪威的合影

蔣介石登機飛往台灣，蔣介石統治中國的時代就此結束。

蔣介石與李宗仁

蔣介石、宋子文（左一）、魏德邁（左二）及美國駐華大使赫爾利

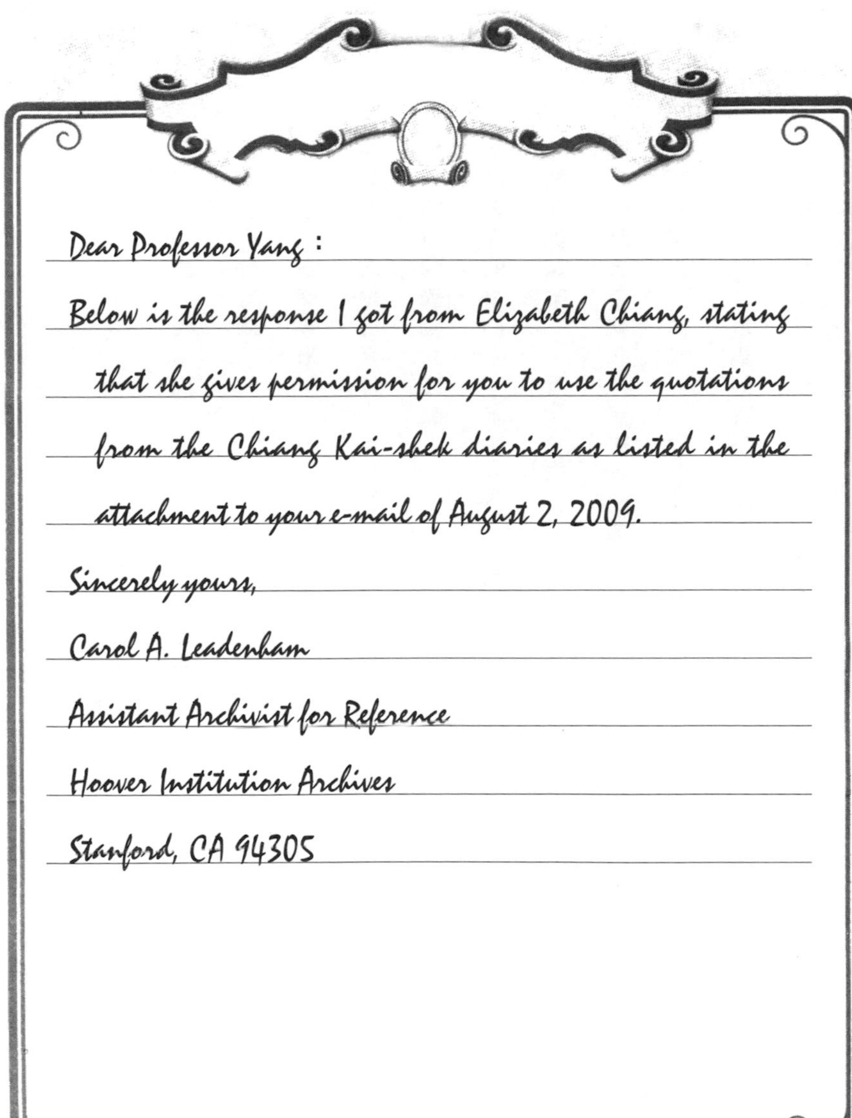

Dear Professor Yang :

Below is the response I got from Elizabeth Chiang, stating that she gives permission for you to use the quotations from the Chiang Kai-shek diaries as listed in the attachment to your e-mail of August 2, 2009.

Sincerely yours,

Carol A. Leadenham

Assistant Archivist for Reference

Hoover Institution Archives

Stanford, CA 94305

本書所引述之蔣介石日記，均已由作者取得美國史丹福大學胡佛檔案館及蔣氏家族代表蔣方智怡女士之書面授權

目錄

對蘇外交的一鱗半爪

——宋子文檔案管窺之一

抗戰期間，宋子文在美國待了兩年。他這一時期的檔案大多反映對美外交，但是，也有少數檔案關涉對蘇外交，可以從中看出這一時期中蘇國家關係的一鱗半爪。

一九四〇年十月三十日張沖致電宋子文云：

史太林有函致委座，說明德、義、日同盟，於中蘇兩國表面上有害，實際上有利。詢中日和平談判之謠有無確據，以及問候之詞。

當年九月，德、義、日三國在柏林簽訂同盟條約，規定三國要在歐洲、亞洲建立「新秩序」中起領導作用，彼此間以一切政治、經濟手段互相援助。同月廿八日，駐蘇大使邵力子致電蔣介石，建議乘機增進對蘇關係。廿九日，蔣介石致電史達林，宣稱「中國自抗戰以來，外交方針無不期與利害共同之蘇聯一致，中正自去年歐戰發生以來，更無時不思商承教益，俾作指針」，措詞極爲謙恭。十月十六日，史達林覆函蔣介石，認爲三國同盟改變了日本的孤立狀態，對中蘇不利，但它促使英美改變對日本的中立態度，因而又對中國有利。函稱：「中國主要任務，在爲保持與加強中國國民軍」，「如閣下之軍隊堅強有力，則中國必不可摧破」。

抗戰爆發以後，日本曾通過多種管道和國民黨人秘密談判，一九四〇年六月，日軍佔領宜昌，威逼重慶之後，這種談判活動有加劇之勢，因此，史達林關心地詢問：「現在關於對日議和及和平之可能性，談寫〔論〕頗多，余未知此種傳說，與事實有何符合？」在國民黨人中，張沖主張對蘇友好，因此，他將史達林致蔣函件摘要報告了宋子文。

抗戰初期，英美對日態度舉棋不定，蘇聯是唯一堅決支持中國的國家。一九四〇年十二月二日，張沖致電宋子文云：

> 蘇使通知，於本月廿七日運到哈密交貨，計飛機一百七十架，野炮二百尊，高射炮五十，輕機槍八百，重機槍五百，並問美方對太平洋及中國及中美蘇三國形勢上有無方案，似此時蘇方頗為起勁。

一九三七年八月，中蘇簽訂互不侵犯條約。其後，蘇聯即陸續以飛機、軍械及軍事技術人員幫助中國。一九四〇年十一月廿五日，蘇聯駐華大使潘友新會晤蔣介石，告以蘇聯政府可以向中國提供飛機、大炮、輕重機槍等物。蔣介石表示，希望在本年內，至遲明年二月止化凍之前，能將上項物資運到中國境內。本電所云，十二月廿七日運到哈密交貨，當即此事。宋子文接電後，非常高興，於同月九日覆電云：

冬電欣悉。蘇聯開始運輸大量軍械，軍氣民心為之一振。其採取陸運，恐欲避免日本知悉。此後如有消息，請隨時見告。

當時，中國抗戰正處於艱苦階段，迫切需要軍援，宋子文的興奮是可以想知的。

德國在歐洲的主要進攻目標是蘇聯。一九四〇年七月，希特勒開始擬訂進攻蘇聯計畫。十二月十八日，希特勒簽署命令，將進攻蘇聯的日期訂爲一九四一年五月十五日。從一九四一年二月起，德國開始秘密地向蘇聯邊界調集軍隊。爲了全力對付德國侵略者的進攻，蘇聯政府力謀與日本妥協。四月十三日，與日本簽訂互不侵犯條約，內稱：「蘇聯誓當尊重滿洲國之領土完整與神聖不可侵犯性，日本誓當尊重蒙古人民共和國之領土完整與神聖不可侵犯性」。這一內容嚴重地損傷了中國的主權和利益，但重慶國民政府決定低調處理。四月十五日，國民黨中央宣傳部長王世杰致電駐美大使胡適云：

日俄協定事，除由外部就滿蒙問題聲明立場外，我將不對蘇作其他批評，以免造成反蘇印象，為敵利用。請密囑有關人員注意。

此電雖是打給胡適的，但宋子文屬於有關人員之列，所以此電就保存在宋子文檔案裏了。

從一九四一年三月，日本外相松岡洋右訪問莫斯科並受到史達林和莫洛托夫接見之日起，重慶國民政府就很緊張，多方打聽雙方談判內容。爲此，邵力子曾訪問蘇聯外交部次長拉代夫斯基，拉代夫斯基守口如瓶，答稱「純爲禮貌」。蘇聯駐華大使潘友新也告訴張沖：蘇聯對外政策不變；蘇聯決不爲自己而犧牲人家的利益；松岡過蘇，因蘇日並未絕交，照例予以招待云云。蘇日條約一公布，國民黨內部自然很激動，幾經議論，才確定了王世杰傳達給胡適的方針。

蘇日條約第二條規定：締約國之一方成爲一個或數個第三國敵對行動的對象時，則締約國之他方在衝突期間即應如約保持中立。當時，中日處於敵對狀態，如果根據這一條，蘇聯就不能繼續援助中國，因此，各方極爲關心蘇聯對中國的態度。四月十七日，邵力子自莫斯科致電胡適云：

> 十五日，見Molotov(莫洛托夫)，詢蘇日約第二條是否適用於中日戰局。據答：該約專為蘇聯保持和平，與中國無涉，談判時亦未提及中國，不影響中國抗戰。謹密聞，並請轉告子文先生。

四月廿一日，張沖又致電宋子文云：

蘇使見委座，謂蘇日條約不妨礙中蘇關係，松岡與莫談話中並未提到中國問題。蘇俄決不改變，而且不能改變援華政策。西北運輸及顧問工作如常。謹聞。

從根本態度上說，蘇聯反對日本侵略，其所以與日本簽訂互不侵犯條約，主要是爲了痲痺日本，穩定東部邊境局勢，避免陷於兩面作戰的艱難境地。宋子文讀到張沖的電報後，一顆緊繃著的心鬆弛了下來，在張沖電報上批了兩個字：「至感！」

儘管蘇聯願意支持中國抗戰，但是，一九四一年春，德軍大舉進攻巴爾幹半島諸國，進一步進攻蘇聯的態勢已經很明顯，爲了準備對付德國侵略軍，蘇聯開始自顧不暇了。四月廿三日，宋子文接到署名「七號」的來電，電云：

邵力子電孔，莫洛托夫謂巴爾幹情勢惡化，俄須注意西方，中國政府訂購各貨不能供給，料美國援助無影響云。邵謂僵局難打開，以後只有向美購。

「七號」，當係宋子文在國內的情報人員。此後，蘇方對中國的武器援助大減，但是，兩國間的換貨貿易仍然繼續，蘇方仍然繼續供應中國部分軍用物資。五月廿八日，張沖致電宋子文云：

蘇方上週給汽油二千五百噸，機油九百四十噸，及其他器材。似蘇日中立條約對中國不受約束。如我內外無大變化，蘇仍將接濟我國。我在蘇尚有六千餘萬元押品之軍火。

六月廿二日，德軍以龐大的兵力進攻蘇聯，蘇德戰爭爆發，廿三日，宋子文致電張沖云：

兄前有促進蘇美合作之願，惜兩國互相疑忌，今德蘇決裂，美對蘇態度將有轉變，前願易了，亦未可知。德日對蘇有無密約，日寇此後向何方發展？德宣戰後，蘇對我有何表示及中共之言論，均請探詢，佇候示覆。兄，宋子文自稱。在很長時期內，美國盡力避免同德國和日本發生軍事衝突，中立主義的情緒甚囂塵上。但是，宋子文估計，隨著蘇德戰爭的爆發，美國的態度將有轉變，這一估計是正確的；他促進「蘇美合作」的願望也是有利於國際反法西斯的鬥爭的。果然，就在宋子文致電張沖的同一天，美國代理國務卿威爾斯發表聲明，認爲任何反希特勒主義的鬥爭都將促進美國的國防和安全，暗示了美國中立主義立場的轉變。

同月廿七日，張沖電覆宋子文所提各種問題。七月三日，宋子文致電張沖云：「蘇軍潰敗太速，不容我輩作國際之工作矣。」蘇德戰爭爆發後，德軍長驅直入，迅速佔領白俄羅斯、烏克蘭等大片領土，軍鋒指向莫斯科，這是宋子文所始料不及的，他感到促進蘇美合作的國際工作不好做了。然而，形勢比人強。不待宋子文的斡旋，蘇美之間很快加緊了合作的步驟。當年七月，蘇聯軍事代表團和羅斯福總統的密友戈•霍普金斯分別訪問了對方的國家。九月底至十月初，蘇聯、英國、美國的代表就互相給予軍事援助問題在莫斯科舉行會議，國際反法西斯戰線開始形成。

一九四一年十二月七日，日軍偷襲珍珠港。次日，美英對日宣戰，在此情況下，蔣介石也希望蘇聯對日宣戰。十二月十二日，史達林致電蔣介石，答稱：本人認爲蘇聯力量目前似不宜分散於遠東，蘇聯當然必須與日本宣戰，但準備需要時間。十二月十六日，外交部長郭泰祺致電宋子文，將史達林電的大略告訴他：

> 史丹林答覆委員長節略，謂蘇站在同一陣線，日本將來必破壞中立協定，但目下西方戰事吃緊，希望我方弗逼其立即對日宣戰云云。

郭泰祺還告訴宋子文：「英方答覆關於訂立同盟一節，美方對於聯合指揮一節，均在同情詳細考慮中。」十二月九日，邱吉爾致電蔣介石：「英國與美國業被日本攻擊。我等向爲良友，現則同對一敵共同奮鬥矣！」十六日，羅斯福致電蔣介石，提議在重慶、新加坡、莫斯科三地分別召開軍事會議，籌設永久性機構，「以設計及指揮我等共同之努力」。重慶國民政府夢寐以求的局面很快就要出現了。

抗戰期間，蘇聯對中國提供軍火，中國則向蘇聯提供鎢、銻、桐油、茶葉等物資。其中，向蘇聯交運礦產品的工作由資源委員會負責。一九四二年九月五日，宋子文致錢昌照電云：

蘇因高加索危迫，必盡力廣事開闢，我為救急起見，合作未始非計。商量情形，仍請續示。

此電所討論的具體「合作」事項不明，但它說明，在蘇聯處於危難之際時，中國方面也是努力幫助蘇聯的。

（原載《團結報》，一九九二年五月二十日）

宋美齡與邱吉爾

一九四三年十一月廿二日，開羅會議開幕前夕，英國首相邱吉爾拜會蔣介石夫婦。見面時，邱吉爾和宋美齡之間有下列問答：

「你平時必想，丘某是一個最壞的老頭兒吧？」丘問。

「要請問，你自己是否為壞人？」宋反問。

「我非惡人。」丘表白。

「如此就好了。」宋答。①

這一場對話很短，但很有意思。邱吉爾的提問說明他內心明白，蔣氏夫婦對他印象很壞。而宋美齡的反問也很機智。因為在蔣氏夫婦心目中，邱吉爾確實很壞，但是，這是外交場合，總不能直白回答：「是。你是壞人。」如果回答「不！你是好人」呢？這雖然符合外交禮儀，但又違心，違背宋美齡對邱吉爾的認識與感情。

宋美齡與邱吉爾之間，有過一段短暫但卻相當劇烈的觀點交鋒。

一、反對邱吉爾的「先歐後亞」論，批評其戰後排擠中國的圖謀

在世界反法西斯戰爭中，中國與英、美之間是盟友，有著共同的目標，但是，彼此間同時又存在著諸多分歧。在戰略上，有「先歐後亞」與「先亞後歐」之爭，即同盟國是集中力量，先擊敗歐洲的德國法西斯呢？還是先擊敗東方的日本法西斯？邱吉爾是「先歐後亞」的主張者，而蔣介石則是「先亞後歐」的主張者。雙方都把美國作爲遊說對象，爭取美國能站到自己一方來。美國最初贊成「先歐後亞」，對中國的援助不是數量太少，就是遲遲不能落實。

一九四二年六月，美國軍方甚至將原已確定加入中國戰場的空軍調往非洲。同年十一月，宋美齡訪美，固然是爲了治病，但也肩負爭取美國政府和人民支持中國抗戰的任務。一九四三年一月，羅斯福、邱吉爾等在北非的卡薩布蘭卡召開軍事會議，確定以歐洲戰場爲重點。同年二月十二日，蔣介石指示宋在美國國會演講時，要特別著重說明：「今後世界重心將由大西洋移於太平洋，如欲獲得太平洋永久和平，必須使侵略成性之日本，不能再爲太平洋上之禍患。」②蔣介石的這一通電報，顯然是要宋美齡遊說美方，將戰略重心轉移到太平洋方面，首先打擊日本侵略勢力。在整個訪美過程中，宋美齡也一直在爲貫徹蔣的這一戰略主張而努力。

邱吉爾堅決維護其「先歐後亞」論。一九四三年三月廿一日晚，邱吉爾發表廣播演說稱：「吾人可擊敗希特勒，余作此語，即表示希特勒及其作惡之力量，將被粉碎，了無餘存，然後吾人終將前往世界之另一方面，懲處貪婪殘暴之日本帝國，拯救中國於長久磨難之中，解放吾人本身及荷蘭盟友之海外領土，並使日本對於澳洲、紐西蘭及印度海岸之威脅永遠解除。」③

邱吉爾這裏明確提出，在徹底消滅希特勒的法西斯力量，使之「了無餘存」之後，才能前往「世界之另一方面」，向東方的日本法西斯進攻。邱吉爾提議，美、英、蘇三大國立即會商成立戰後的世界機構，討論「有效裁軍」，審判戰爭「罪魁禍首及其黨徒」，交還劫掠物資與美術品，防止「未來期間再發生戰爭」以及「廣泛之饑饉」等種種問題。他說：「吾人必須希望三大勝利國家之團結，確能無負其最高之職責，且彼等不僅將顧及其本身之福利，亦將顧及一切國家之福利與前途。」④他並提出，在這一機構中成立歐洲委員會與亞洲委員會，而「第一件實際工作」，就是「設立歐洲委員會與確定歐洲問題之解決辦法」。

從一九三七年起，中國人民抗擊日本侵略已達六年。邱吉爾的演說完全無視中國人民長期、英勇的抗戰自救歷史，以高傲的姿態聲稱將在擊敗德國後到東方去「拯救中國」。這種典型的「先歐後亞」論對於渴望得到國際協同作戰的中國軍民來說，自然不是好消息，對於接受蔣介石委託，負有爭取美國援助重任的宋美齡來說，自然也不是好消息；其由美、英、蘇協商成立聯合國，「總攬一切」，處理戰後問題的建議，對於中國政府和中國人民來說，自然也極不公平，反映出其一貫的輕視、排擠、敵視中國的立場。

宋美齡聽到邱吉爾的演說後，即深感有加以駁斥的必要。三月廿二日晚，她在芝加哥發表演說，總結此前的國際聯盟的經驗教訓說：「過去每一共同努力之失敗，在其固有之弱點，即襲用老套把戲，互相妒忌，各謀私利。」國際聯盟成立於第一次世界大戰後，標榜「促進國際合作，維持國際和平與安全」，而實際上成為鞏固帝國主義列強統治體系的工具。接著，她含蓄而尖銳地批評邱吉爾成立戰後世界機構的意見：「有若干人士之主張，對於戰後各民族更密切之合作，不啻樹立欄障，而猶自以爲高明。」宋美齡提出：「良心告訴吾人，爲防止將來之毀滅與屠殺計，不應專著眼於本國之福利，而應兼顧其他民族之福利也。」⑤這裏，宋美齡實際上已經批評到了問題的核心，即邱吉爾的民族利己主義。

宋美齡的觀點與蔣介石完全一致。三月廿四日，蔣介石日記云：「邱吉爾前日演詞，專以先解決歐戰爲唯一算盤，而稱英、美、俄爲三大戰勝國家，實無視我國與輕侮亞洲之觀念，毫無改過，更無覺悟。」⑥他感慨地在日記中寫道：「我國一日不能自強，則任何帝國主義亦一日不能消滅，如此人類永無自由解放之日。」⑦

宋美齡演講前，曾致電美國總統羅斯福，請他收聽自己的演講；演講後，又主動徵詢羅斯福的意見。羅斯福表示，與宋有「同一感想」。美國國務卿赫爾告訴宋美齡，羅斯福正設法邀請美國「行政負責人」發表演說，「對付英國」。其後，紐約、芝加哥的報紙紛紛發表文章，肯定宋美齡的主張：「以後全世界各國不得專顧一國本身的利益，而應以全人類利益爲制，努力益使防止戰爭之再發，維持永久之和平。」⑧儘管宋美齡在演說中不點名地駁斥了邱吉爾排擠戰後中國國際地位的言論，但是，在美國的公眾場合公開批評一個盟國的領導人總不大合適。因此，她巧妙地派人聯繫美國上下議院的外交委員會主席及各委員，請他們出面表態，就歐亞先後、戰後中國務須列入四強及亞洲和平與中國關係等問題發表意見。⑨

三月廿五日，美國國會民主黨領袖麥克卡麥克發表演說稱：「當此必須擊敗希特勒納粹主義之際，遠東之重要性亦不容忽視，該處有殘酷且居心惡毒之敵人與吾人對持，吾人之英勇盟友中國，亦在世界戰爭中之另一戰場奮鬥。擊敗希特勒誠爲首要問題，然吾人亦不能容許一種印象存在，即擊敗日本乃吾人考量中之次要問題。余深知容許此一印象存在，則其全亞洲尤其中國人民灰心未有逾於此者，遠東方面必須以勇猛不怠及日益用力之態度從事作戰。中國之自由獨立乃美國人民所重視者。」⑩他又說：「中國於勝利之後，參加和平會議與國際會議，其地位非以一獲救之兒童之地位參加，而自有其正當之地位。世界之未來和平須由美、中、英、蘇四國維持。任何和平會議，如無蔣委員長領導之中國代表與其他聯合國家之代表以平等之條件發言，則會議永遠不能成爲完善。」他明確聲明：「我們不能存有擊敗日本爲次要之觀念，中國必須出席和平會議，應有他合理之地位，並非爲一被救之兒童。中國爲四強之一，應決定將來之和平會議。」⑪在麥克卡麥克之外，喬治、白朗等人也紛紛表態。同日，美國國務卿赫爾表示：「東西軸心均應摧敗，美國不存軒輊之見。」⑫由於美國政治家們紛紛表示不同意邱吉爾的觀點，迫使正在美國訪問，商談美、英、蘇三國合作的英國外交部長艾登不得不出面發表演說，糾正邱吉爾的觀點。

三月廿六日，艾登在馬里蘭州議會演說，強調「整個戰爭不可分割」。他向中國保證，「英國將協助中國對日本進行作戰，直至獲得最後勝利而後已」，「且中國在戰後之和平期間，將與美、蘇、英三國分擔完全之責任。」「中國不必懷疑吾人，吾人將不至忘記（中國）多年以來獨立抵抗侵略之經過。」「各聯合國家，尤其美國、不列顛聯合國、中國與蘇聯在平時與戰時應共同行動。」⑬艾登訪美，本不打算發表演說，其所以改變主意，顯然與受到宋美齡策動的美國輿論的攻勢有關。在艾登發表演說的當晚，宋美齡立即向宋藹齡通報說：

以前我國對外人總抱請求、客氣態度，以致外人認為老實可欺。邱吉爾經妹駁斥後，艾登在美本不打算演說，其所以突然改變方針者，實因妹芝加哥演詞使然。邱吉爾前屢言英、美同種血統關係。現艾登則謂自由乃個人之護照；邱吉爾完全不提中國，艾登則謂中國必為四強之一，實已改變論調。凡此種種，均係妹在美工作結果。⑭

艾登既糾正了邱吉爾演說的謬誤，宋美齡立即加以肯定。廿七日，宋美齡在三藩市通過秘書表示：「蔣夫人聆悉英外相艾登在馬里蘭州發表之演說後，曾謂中國得與彼具有明確思想及誠懇目標之發言人之國家結爲盟邦，實引以自豪。」⑮宋美齡並未直接表態，而是由秘書代言，顯然，宋美齡的態度有某種保留。畢竟艾登不是邱吉爾，而且，一次演說也不意味著英國政府決心改變多年來對中國的一貫惡劣態度。當時中國與英國的關係既有聯合抗敵的一面，又有維護民族尊嚴、保衛國家權益的鬥爭一面，但是，這種鬥爭應該有節制，有分寸，硬軟適宜，冷熱適度，宋美齡此次駁斥邱吉爾演說，很聰明，也很策略。

在公開場合，宋美齡以秘書代言方式肯定艾登對邱吉爾錯誤言論的更正，有其必要，但是，蔣介石並不將此點看得很重要。在他看來，這不過是英國這個老牌殖民帝國的欺騙手段。三月廿八日，蔣介石日記云：「邱吉爾演說遺棄我中國，其對我侮辱可謂極矣，但此爲其坦白肺腑之言，實於吾有益。其後艾登雖在美爲其修正補充，不過更增英國虛僞欺詐之劣行而已。」對於所謂「四強」之說，蔣介石認爲，這只是一種「虛譽」，何況邱吉爾連這一種「虛名」也不肯給與中國，蔣介石強烈感到，邱吉爾無信。他在日記中寫道：「英國對聯合國之信約及其屢次之諾言，尤其對《大西洋憲章》之煌煌宣言，皆因此消失殆盡。前後如此二人，英國拐騙手段暴露無遺，余斷此拐子末日必不遠矣。」⑯

邱吉爾的「先歐後亞」論將導致對東方反法西斯戰場的忽視，影響美國對中國的援助。三月廿八日，宋美齡於三藩市記者招待會上講話，聲稱美國實際上已受日本攻擊，而德國對於美國的攻擊迄今尚限於言論而已。⑰一九四一年十二月，日本偷襲珍珠港，這是十九世紀墨西哥戰爭以來美國領土第一次遭到攻擊，從此，美日進入交戰狀態。蔣介石很欣賞宋美齡的這一論點，認爲它有助於改變二戰中美國長期奉行的重歐輕亞政策，在日記中寫道：「余妻在三藩市答記者問，而德只以口頭反美之語，對美民必發生影響也。」⑱

宋美齡的觀點迅速得到美國朝野的廣泛同情與理解，得到英聯邦國家的支持，也迫使邱吉爾修正和調整原來的戰略。四月十九日，澳大利亞外長伊瓦特在美國宣稱，美國已表同意，盟國所受日本威脅最大，解除暴日武裝始有安全。⑲廿七日，美國明尼蘇達州眾議院議員兼眾院海軍委員會委員梅文瑪斯提出，聯合國家必須改變卡薩布蘭卡會議確定的戰略，須同時認識日本之威脅，立即集中美國軍力，對付太平洋上的「可怖之危機」。⑳

五月十一日，邱吉爾率領龐大的代表團訪美，與羅斯福及美國軍方舉行太平洋軍事會議。在此期間，美國形成更強烈的支持中國、重視太平洋戰場的輿論。十四日，紐約《每日新聞》刊出漫畫：宋美齡與羅斯福、邱吉爾共坐，其間有巨大地球儀一具，宋美齡指著地球儀說：「尚有太平洋在。」另有漫畫指出，美國對中國的援助「太少」、「太遲」。十七日，美國參議院軍事委員會委員陳德勒發表談話，呼籲參議院和美國人民共同向羅斯福、邱吉爾施加壓力，促進對日採取攻勢戰，而暫緩對德採取行動。陳稱：美國如不將軍事力量用於太平洋方面，則中國仍將遭遇重大困難之威脅。」㉑在此背景下，邱吉爾的態度有所改變，羅丘會談作出了重視太平洋戰場，加強支援中國，和中國聯合，共同進攻侵緬日軍的一系列決定。㉒十九日，邱吉爾在美國兩院演講，保證英國對日本即將發動「無休止、無憐憫性之戰爭」，他說：「吾人一息尚存，吾人血管中一日血流不息，則吾人即將發動此種戰爭。」「現駐印度東部之大批英軍與海空軍，在對日作戰中，必將居於顯著之地位。」他並且向中國討好，保證給與中國以「有效與立時之援助」。㉓

早在四月十四日，宋美齡就在紐約接見記者，建議由美、英、蘇、中四大國成立戰後世界委員會，處理有關問題。㉔因此在五月十九日的演說中，邱吉爾沒有重提所謂美、英、蘇三大「勝利國」組建未來世界機構的問題。顯然，在反對邱吉爾的「先歐後亞」論和排擠中國戰後國際地位這兩個問題上，宋美齡都是勝利者。她的相關言論和作爲，不僅表現出她熱烈的愛國主義思想，而且也表現出她卓越的外交才能。對此，蔣介石曾肯定說：「華盛頓羅丘會議結果對我中國戰區之將來作戰比前已有進步」，「此乃吾妻赴美最大之效用，比之任何租借案之獲得為有益也。」㉕

二、不訪問英國，不和邱吉爾見面

宋美齡飛抵美國後，於一九四三年二月十二日在美國參眾兩院發表演說，受到熱烈歡迎。十八日，到華盛頓，羅斯福總統和夫人親到車站迎接。十九日，出席白宮記者招待會，發表談話，羅斯福當場表示，將盡力援助中國，「上帝所能允許之事無不可辦」。㉖

英國方面見到宋美齡訪美成功，不甘落後，英國外相艾登於二月廿四日在下院宣布，英政府殷望蔣夫人訪英。㉗兩天後，英國國王與王后通過英國駐美大使哈利法克斯邀請宋美齡訪英，並在白金漢宮下榻。蔣介石覺得由英王與王后的名義邀請，禮儀隆重，「卻之不恭」，但是，印度獨立運動領袖甘地正在獄中絕食，其生命已進入危險狀態。幾天前，蔣介石剛剛致電宋美齡，聲稱「決不願英政府出此無人道之舉動，而妨礙英國之榮譽」，要求宋美齡面商羅斯福，設法切勸英國政府立即釋放甘地。㉘蔣介石認為，宋美齡在這樣一個特定時候接受訪英邀請不很合適，決定暫不作覆，而將問題留在甘地「絕食滿期，無礙或釋放」之時。㉙不過，蔣介石考慮到英王與王后的邀請分量，而且考慮到中英的同盟關係，於次日迅速改變主意，致電宋美齡說：「英皇英后既正式邀請，如再拒絕將甚失禮，應即應允。」㉚這樣，宋美齡的訪英之行似乎定案了。

三月廿一日邱吉爾發表的「先歐後亞」以及排擠中國的演說，使蔣介石很生氣。三月廿六日，蔣介石致宋美齡電云：「訪英問題，不必肯定，亦不必答覆。觀邱吉爾廿一日演詞，對世界問題仍無覺悟，對中國觀念毫無變更，將來政治似無商榷餘地。如吾人此時訪英，將被視為有求於人，否則，亦只有為其輕侮，或反被其欺詐耳。」㉛蔣介石感到，英國方面邀請宋美齡訪問，不過是虛應故事，不會有助於改善中英關係，也不會取得任何積極性的成果。

顧維鈞是駐英大使，重視中英關係，主張中、英、美三國形成核心關係，因此贊成宋美齡訪英。三月廿四日，顧專門飛赴三藩市，和宋詳細討論訪英的利弊，動員宋「勉為一行」。㉜最初，宋美齡認為邱吉爾的演說「約翰牛」的味道太濃，不願接受邀請。顧維鈞則說明取得英國和美國的友誼對於穩定中國作為世界大國國際地位，以及對於戰後國內開發和建設計畫的重要。他說：「我們既需要美國，同時也需要英國在經濟和技術上給與幫助。」他勸宋美齡「要講求實際，不要意氣用事。」並稱：「如果拒絕邀請，將使英國喪失體面，感情受挫，以至可能完全放棄其爭取中國友誼的希望。」㉝宋美齡擔心到英後的接待規格不如美國，也擔心她的訪英會傷害印度人民的感情，但她還是表示，只要對國家有利，她還是要去。她答應仔細考慮之後再和顧維鈞研究。

廿七日，顧維鈞再次會晤宋美齡。宋稱，希望先和艾登談談再作決定。宋覺得，艾登胸襟開闊，同情進步思想，不久前的演說又糾正了邱吉爾的蔑華言論，因此對艾登頗有好感。廿九日，顧維鈞飛返華盛頓，與艾登商量。艾登表示，已決定於三十日離開美國訪問加拿大，三天後即將返回英國報告，行程無法更改。顧詢問艾登：有無可能在從加拿大回來之後和蔣夫人見面，艾登答稱，這樣會晤顯得太神秘，國內可能引起各種懷疑和猜測。他保證，蔣夫人訪英將受到最崇厚、隆重的接待，甚至說，如果不能令中方滿意，「你們可以砍掉我的頭」！㉞

艾登既託辭拒絕與宋美齡會面，宋美齡乃發表聲明，說明因「體力關係」不能接受邀請。四月二日，宋美齡在三藩市召開記者招待會。會上，有記者詢問宋美齡的訪英計畫，宋答稱：「深願有此一行，然此事須由醫生決定，其醫生最近之一句囑咐，乃彼在此次旅行之後，應立即返回臥室休養云。」㉟

宋美齡在和顧維鈞見面之後，確曾認真考慮英國之行問題。四月四日，宋美齡的隨行人員孔令傑通知顧維鈞，宋美齡已有七八成準備接受英國邀請，要顧爲宋草擬兩份演講稿，上下院各一份。同日下午，孔令侃則通知顧維鈞，蔣夫人訪英之事可能已成定局。在和宋美齡見面時，宋對顧表示，計畫在五月三日左右飛赴倫敦，逗留時間不超過兩週。她要顧爲她至少準備三篇講稿。

廿八日，顧維鈞會見宋美齡，準備面交擬好的講稿，但宋告訴顧，身體一直不大好，蕁痲疹更厲害了，也許根本去不成了。她問顧：現在先回國，今年晚些時候再去英國是否合適？顧答：英國對她的訪問盼了那麼久，又那麼誠心誠意，不趁這個時候去，會影響效果。現在不立即從美國去，英國必然會感到失望。顧從宋美齡處告辭之後，向孔令傑打聽情況，孔稱：「不是有了什麼新情況，僅僅是她的健康問題，近幾日她感到很不舒服。」㊱

這一時期，宋美齡在是否訪英問題上有過猶豫，但蔣介石則仍堅決反對。四月二日，蔣介石日記云：「艾登已由美國赴加拿大，而未與吾妻會晤，此乃由邱吉爾演說所造成之結果。吾妻既發表英駐美大使面邀其訪英，而以體力關係未能允諾其請之意，則明示拒絕，彼自不便再謀晤面請求，此乃吾妻感情與虛榮之感過甚所致，然邱吉爾既侮辱吾國至此，自無訪英之理。」㊲

羅斯福也一直不贊成宋美齡訪問英國。其原因，一是認為訪問不會有什麼成果，一是擔心宋美齡的身體和安全。五月五日，宋美齡明確告訴宋子文，她不去英國了。㊳五月七日，宋美齡致電蔣介石，告以羅斯福「不希望妹至歐，蓋恐使妹身體更壞，且德人聞妹在英必派機轟炸，亦屬問題也。彼告妹赴英之議，現赴似非時候也，妹已定取消赴英之意也。」㊴

宋美齡決定取消訪英計畫不久，適逢邱吉爾再次訪問美國，準備和羅斯福舉行第五次會談，並召開太平洋會議。蔣介石希望宋美齡乘此機會與邱吉爾會晤，他致電宋子文說：「三妹既不訪英，則乘邱在美之機，最好與之會晤一次，此乃政治上之常道，不能專尚意見與感情，照現在外交形勢似有謀晤之必要也。請與三妹詳商之。」㊵同日，蔣介石再電宋美齡勸告說：「邱吉爾既到華府，如能與其相見面，則於公私皆有益。此正吾人政治家應有之風度，不必計較其個人過去之態度，更不必存意氣，但亦必須不失吾人之榮譽與立場。」㊶他建議由顧維鈞

出面與英使哈立法克斯先行接洽，而後由羅斯福總統介紹。㊷

連發兩電之後，蔣介石仍不放心，於十五日再發第三電，電稱：「此次邱吉爾在美，終須設法會面方好。」這時候，蔣介石正懷疑美國方面不贊成宋美齡與邱吉爾會晤另有用心，因此特別提醒宋警惕：「各方面或有不願邱與吾愛相晤者，應加注意。」但是，蔣介石也覺得，由中方自動要求與邱吉爾會面或亦不便，因此提出一種曲折方法，設法讓英使哈立法克斯知悉，促成會見。蔣介石特別叮囑，在與邱吉爾會見時，如邱面約訪英，則當面允其請。「以最近經驗與國際形勢，吾愛能順道訪英，實與中國有益也。」㊸

邱吉爾抵達華盛頓後，羅斯福夫人立即到紐約會見宋美齡，告訴宋，邱吉爾願意有機會見見蔣夫人，她相信重慶也願意蔣夫人會見邱吉爾。孔令侃要顧維鈞去華盛頓會見哈立法克斯，以顧的名義提出約會建議。孔並且提出，蔣夫人是女性，由邱吉爾來拜望比較合適。五月十五日，顧維鈞到華盛頓會見哈立法克斯，表示宋、邱談一次，勝過我們談十次，對兩國關係會有好影響。十六日，哈立法克斯通知顧維鈞，邱吉爾稱，羅斯福總統將邀請蔣夫人於廿三日（星期五）到白宮參加午宴。宋子文得悉後也認為宋美齡應該出席。他說：「中英關係不大好，再來一次誤會會使局面更糟。」不過，宋美齡還是以已與醫生約定打針時間而斷然拒絕了這次邀請。孔令侃向顧維鈞解釋道：「作為婦女，應該由邱吉爾來拜會；作為政治家，只能雙方遷就。她最多可以在（紐約）海德公園接見他。」孔並稱：「現在中國對日戰爭不很順利，蔣夫人不應顯得過分遷就。不然的話，他們會爬到她頭上的。」㊹羅斯福明白宋美齡的拒絕理由不過是托詞，將午宴改到廿六日（星期一），但仍然遭到宋美齡的拒絕。顧維鈞告訴哈立法克斯說：宋美齡正在進行一系列治療，療程不宜中斷，坐火車到華盛頓將使療程停歇過久。五月廿六日，宋美齡親自對顧維鈞說：「邱吉爾目中無人，一定要她去華盛頓見他，她謝絕了。因爲在國際關係和個人關係上，禮儀和尊嚴都至關重要，必不可少。」她表示同意顧的觀點：「在外交上，個人儀表和風度至關重要，缺少這些，就會處於不利地位。」㊺宋美齡告訴顧，甘迺迪曾告訴她，邱吉爾非常想和她見面。當顧表示這樣當然可以給邱吉爾臉上增光時，宋美齡立即表示：「放心，不會幫他這個忙。」㊻

蔣介石不贊成宋美齡拒絕與邱吉爾會晤的決定。五月十八日日記云：「正午，接妻電，不願與邱吉爾會晤，固執己見，而置政策於不顧，幸子文尚能識大體，遵命與英美抗爭也。」㊼據說，當羅斯福聽到宋美齡拒絕到華盛頓會見邱吉爾時，曾經驚呼：「那個女人瘋了！」多年以後，顧維鈞在撰寫回憶錄時也表示：「原因可能是婦女往往比較主觀，或許蔣夫人在這件事情上又比較感情用事。我不知道她是否曾和委員長充分商量過。無論怎麼說，被邀訪英和在美國未同邱吉爾會晤這兩件事，處理欠妥。我對兩事均甚惋惜，我深知英國人也不愉快。」㊽

蔣、顧的看法是見解之一，對於宋美齡不見邱吉爾一事，人們可以有各種各樣的見解。可能有人以爲不妥，有人以爲正確。這裏要指出的是，當時英國是強國，邱吉爾是英國的首相，事實上是英國的第一把手。在這樣一個老大帝國的首相面前，宋美齡投以藐視，力圖保持自己的，事實上也是民族的尊嚴，而毫無趨炎附勢的奴顏媚骨，這是難能可貴的。

①《蔣介石日記》，手稿本，一九四三年十一月廿二日。胡佛檔案館藏。

②《蔣委員長自重慶致蔣夫人電》，《戰時外交》（一），第七九一頁。

③《中央日報》，一九四三年三月廿三日第二版。

④《英相播講戰後問題，盼即會商世界機構，擊敗德國後懲處暴日》，《重慶大公報》，一九四三年三月廿三日第一張第二版。

⑤《蔣夫人在芝加哥運動場發表演講講詞》，《戰時外交》（一），第八一二至八一五頁。

⑥《蔣介石日記》，手稿本，一九四三年三月廿四日。胡佛研究院藏。

⑦《蔣介石日記》，手稿本，一九四三年三月廿八日。

⑧《蔣夫人自紐約致蔣委員長電》，《戰時外交》（一），第八四一頁。按，此電應為一九四三年三月廿四日發，該書誤植於五月廿四日。

⑨《蔣夫人自紐約致蔣委員長電》，《戰時外交》（一），第八四一頁。

⑩《世界未來和平，須中美英蘇維持》，《中央日報》，一九四三年三月廿六日第二版。

⑪轉引自《蔣夫人自紐約致孔祥熙夫人電》，《戰時外交》，第八四二頁。

⑫《赫爾評邱吉爾演說之嚴正表示》，《中央日報》，一九四三年三月廿七日第二版。

⑬《中央日報》，一九四三年三月廿八日第二版。

⑭《蔣夫人自紐約致孔祥熙夫人電》，《戰時外交》（一），第八四二頁。按，該書將此電繫於

一九四三年五月廿六日，亦誤。
⑮《中央日報》，一九四三年三月廿九日第二版。
⑯《蔣介石日記》，手稿本，一九四三年三月廿八日。
⑰《中央日報》，一九四三年三月三十日第二版。
⑱《蔣介石日記》，手稿本，一九四三年三月三十日。
⑲《中央日報》，一九四三年四月廿一日第二版。
⑳《中央日報》，一九四三年四月三十日第二版。
㉑《中央日報》，一九四三年五月十九日第二版。
㉒關於此次羅丘會談的積極成果，可參看一九四三年五月廿七日宋子文致陳誠電：「此次羅丘華府會議，羅已得丘同意，不能專顧歐洲，同時太平洋各方面須向日敵攻擊。對緬事有較前更切實之佈置，定期執行。」見宋子文檔，46-6，胡佛檔案館藏。
㉓《中央日報》，一九四三年五月廿一日第二版。
㉔《中央日報》，一九四三年五月十六日第二版。
㉕《蔣介石日記》，手稿本，一九四三年五月三十一日。
㉖《蔣介石日記》，手稿本，一九四三年二月廿一日。
㉗《中央日報》，一九四三年二月廿五日，第二版。
㉘《蔣委員長自重慶致蔣夫人電》，《戰時外交》（一），第八〇二頁。

㉙《蔣介石日記》，手稿本，一九四三年二月廿六日。
㉚古達程致宋子文電，一九四三年二月廿七日。宋子文文件，胡佛檔案館藏。古達程是蔣身邊的工作人員，經常將蔣的電報密報宋子文。
㉛《蔣委員長自貴陽致蔣夫人電》，《戰時外交》（一），第八一八頁。
㉜《駐英大使顧維鈞自華盛頓呈蔣委員長電》，《戰時外交》（一），第八二三頁。
㉝《顧維鈞回憶錄》（五），中華書局一九八七年版，第二六二頁。
㉞《顧維鈞回憶錄》（五），第二六六頁。
㉟《中央日報》，一九四三年四月四日第二版。
㊱《顧維鈞回憶錄》（五），第二七九至二八一頁。
㊲《蔣介石日記》，手稿本。
㊳《顧維鈞回憶錄》（五），第二八六、二八八頁。
㊴《蔣夫人自紐約致蔣委員長電》，《戰時外交》（一），《中華民國重要史料初編》，中國國民黨中央委員會黨史委員會編印，一九八一年版，第六三五至六三六頁。
㊵《蔣委員長自重慶致外交部長宋子文電》，《戰時外交》（三），第二一九頁。
㊶《戰時外交》（一），第八三九頁。
㊷《戰時外交》（一），第八三九頁。
㊸《蔣總統家書》，一九四三年五月十五日，第三九九號。臺北國史館藏。

㊹《顧維鈞回憶錄》（五），第三〇二頁。
㊺《顧維鈞回憶錄》（五），第三〇七至三〇八頁。
㊻《顧維鈞回憶錄》（五）第三〇八頁。
㊼《蔣介石日記》手稿本。
㊽《顧維鈞回憶錄》（五），第三一二頁。

蔣介石正告邱吉爾：「藏事為中國內政」

一、宋子文舌戰邱吉爾

一九四三年五月二十日，美國總統羅斯福與英國首相邱吉爾等人在華盛頓舉行太平洋會議。中國外交部長宋子文應邀參加。會議的主題是討論對日作戰，特別是討論同盟國對在緬日軍的協同作戰問題。不料，邱吉爾在發言中突然說：

> 最近聽說，中國有集中隊伍進攻西藏之說，使該獨立國家大為恐慌，希望中國政府能保證，不致有不幸事件發生。①

爲了侵略西藏，英國長期在「主權」（sovereignty）和宗主權(suzerainty)兩個概念上玩弄花招。但是，英國官方仍然不得不長期承認「中國對西藏擁有宗主權」。現在邱吉爾以首相身分，在太平洋會議這樣的國際場合公然聲稱西藏是「獨立國家」，是一件十分嚴重的事情。因此，宋子文立即反駁：

> 並未聽説有此項消息。西藏並非首相所謂獨立國家。中英間歷次所訂條約，都承認西藏為中國主權所有，當早在洞鑒之中。

在宋子文的嚴詞反駁下，邱吉爾不得不表示：「西藏爲不毛之地，英國對之並無野心，只希望吾人此時集中精力，對付共同敵人，萬勿分耗力量而已。」

會後，宋子文立即致電蔣介石彙報。蔣於廿三日回電：

> 邱吉爾稱西藏為獨立國家，將我領土與主權完全抹煞，侮辱實甚，英國竟有如此言動，殊為聯合國共同之羞辱，應向羅總統問其對於邱言作何感想，及如何處置。西藏為中國領土，藏事為中國內政，今邱相如此出言，無異於干涉中國內政，是即首先破壞大西洋憲章，中國對此不能視為普通常事，必堅決反對並難忽視。②

《大西洋憲章》，一九四一年八月，美國總統羅斯福與英國首相邱吉爾在大西洋北部的一艘軍艦上所簽署的文件。該文件宣稱：美、英兩國不尋求領土和其他方面的擴張，不承認法西斯通過侵略造成的領土變更。它促成了國際反法西斯統一戰線的形成，成爲後來聯合國憲章的基礎。邱吉爾的發言是對《大西洋憲章》的赤裸裸的破壞。由於《憲章》是羅丘二人共同簽署的，因此，蔣介石要宋子文詢問羅斯福，「對於邱言作何感想」，「如何處置」。「西藏爲中國領土，藏事爲中國內政。」蔣介石的這通電報，義正詞嚴，表達了中國人民對邱吉爾讕言的強烈憤怒。

同日，蔣介石再次致電宋子文，說明「我政府只有對藏開闢公路，以利運輸，而決無集中十一個師進攻西藏之事，此說完全爲英國所捏造。」他指示宋子文，「除照前電之意應向羅總統嚴重表示，英國在事實上已首先破壞大西洋憲章矣。」他特別關照宋，在與羅斯福談話時，「此首先二字應特別注重」。③

一日之內，連發兩電，說明蔣介石對這一問題的極端重視。

二、事件原委

英國早就覬覦西藏。自十九世紀始，英國即積極拉攏西藏政教界的上層人士，力謀侵略西藏；在西藏政教界的上層人士中，也有人投靠英國及其在印度的殖民政府，希冀將西藏分裂出去。抗戰期間，中國忙於抵抗日本帝國主義，英國卻乘機加緊侵略西藏。一九四〇年六月，英國屈服於日本壓力，一度封閉中國的對外通道——滇緬公路，中國政府計畫另建由印度經由西藏通往中國內地的中印公路，用以運輸國外援華的抗戰物資，但是，英印政府卻授意西藏地方政府——噶廈反對，不准勘測人員入境。

一九四二年初，英印政府爲了保住「將來的利益」，提議美國援華物資可以從印度，經西藏運往中國，但噶廈仍然拒絕，聲稱「在這場戰爭中保持中立」，「不能夠同意爲了把貨物運往中國而利用西藏的土地」。④同年五月，英國政府提議用駝運的辦法將援華物資經拉薩運往青海的巴塘或玉樹，但噶廈卻提出「只有在西藏、中國和印度三方達成協定的情況下，他們才同意開闢通道」。一九四三年四月，更下令停止所有從印度，經西藏運往中國內地的貨物（驛運）。七月，噶廈擅自成立「外交局」，爲進一步和中央政府分裂作準備。

對於西藏噶廈的行爲，蔣介石最初持「暫時隱忍」態度。一九四二年八月，蔣介石偕宋美齡視察甘肅、青海等與西藏接壤地區，其預定工作科目中有「撫慰蒙、藏、回各民族」的安排。⑤同月廿三日日記云：「文化團體應以喇嘛爲中心」。廿八日日記云：「只要藏政歸中央統治，不受外國牽制足矣。中央之所以必須統制西藏者，其宗旨全在解放藏民痛苦，保障其宗教與生活自由，而不被外國所愚弄與束縛而已。」⑥可見，蔣介石這時的治藏方針主要在控制西藏分裂主義者的活動，防止外國侵略。同年十月，國民政府研擬與列強談判，解除鴉片戰爭以來的不平等條約。蔣介石決定乘機要求英國政府「取消西藏關係之不平等特權」，在日記中表示「應積極與堅決進行」。⑦同時，蔣決定，在次年十月前，派兵進駐西藏東北部的昌都，在保持軍事壓力的前提下，「用政治方法解決西藏問題」。⑧

一九四三年四月，噶廈下令停止漢藏之間的「驛運」後，青海馬步芳的軍隊奉命開向青藏邊界。同年五月十二日，蔣介石在重慶召見西藏駐京辦事處主任阿旺堅贊。阿旺堅贊要求蔣

「制止軍事行動」。蔣介石答稱：「調動軍事，乃一方防止日寇勾結西藏，一方保護修築中印路及驛運。」他提出五項要求，希望藏方遵照辦理：一、協助修築中印公路；二、協助辦理驛運；三、（中央政府）駐藏辦事處商辦事件直接與噶廈商量，不經「外交局」；四、中央人員入藏，凡持有蒙藏委員會護照者，須照例支應烏拉；五、在印華僑必要時須經西藏內撤。蔣稱：「如西藏能對此五事遵照辦到，並願對修路、驛運負保護之責，中央軍隊當不前往，否則，中央只有自派軍隊完成之。」蔣並稱：「中央絕對尊重西藏宗教，信任西藏政府，愛護西藏同胞。但西藏必須服從中央命令，如發現西藏有勾結日本情事，當視同日本，立派機飛藏轟炸。」⑨蔣介石覺得，他的這一談話是對西藏上層某些人物的警告，在日記中寫道：「對西藏代表嚴正態度，使西藏政府夜郎自大者有所覺悟，非此不可也。」⑩

蔣介石調動軍隊，是在噶廈一再抗拒援華物資經西藏內運的情況下作出的決定，目的是施加壓力，以達到修築中印公路，恢復驛運的目的，並不真想動武。但是噶廈卻慌了手腳。一九四三年四月，噶廈致函英國駐西藏代表：「請求我們最大的盟友英國政府，通過印度政府給與我們盡可能的援助，以支持和維護我們的獨立地位。」五月四日，英國大使薛穆拜會中國外交部次長吳國楨，聲稱中國軍隊已由西寧開至青海南邊，西藏當局深感不安，希望中國政府能表示無此事實，以便轉告西藏當局，令其安心。吳國楨答稱，對此不甚明瞭，他堅定地表示：一國內部軍隊的調遣，實與另一國無關。至於一國之中央政府與地方接洽事件，無論其友國如何友好，亦無友國代為轉達之必要。吳國禎提醒薛穆，希望閣下不提此事。

薛穆在吳處碰了釘子後，英國外交部仍於五月十七日指示薛穆「駁斥」吳國楨，並且告訴中國政府，這個問題已經提交英國政府，並將在太平洋會議上提出討論。事後，蔣介石指示吳國楨，退回薛穆照會，蔣稱：「西藏爲中國領土，我國內政決不允許任何國家預問。英國如爲希望增進中英友義，則勿可再干涉我西藏之事。如其不再提時，則我方亦可不提；如其再提此事，應請其勿遭干預我國內政之嫌，以保全中英友義。」⑪與此同時，王世杰則請杭立武以私人關係會見薛穆，勸他勿再提此事。⑫

邱吉爾在太平洋會議上的發言，正是英國政府一系列動作的重要一環。當時，羅斯福表示，正在採取步驟，增進援華空軍的戰鬥力量及運輸力量，空運數量將大大增加，陳納德的空軍力量將增加三倍。英國首相邱吉爾也表示，願派遣驅逐機三隊赴華。但是，話鋒一轉，邱吉爾卻談起西藏問題，目的是要脅中國。

三、蔣介石大為動怒，指責邱吉爾「帝國主義真面目暴露」

蔣介石接到宋子文的電報後，大爲動怒，在日記中寫道：

> 昨日傍晚，接宋電稱：華會廿一日會議中，邱吉爾突稱「西藏獨立國，中國在此獲得空軍接濟之時，不宜對藏用兵，並將其對中英美一月間加爾各答會共同進攻緬甸

決議完全推翻、否認，此誠帝國主義真面目暴露，不僅為流氓、市儈所不為，而亦為軸心、倭寇所不齒。⑬

緬甸自十九世紀八〇年代淪為英國殖民地。一九四二年初，日軍入侵緬甸。同年二月，中國遠征軍入緬，支援英軍作戰，同時打通國際通道，但是，英國卻態度消極。一九四三年一月，羅斯福、邱吉爾在北非的卡薩布蘭卡（卡港）會議，決定對緬作戰計畫。同年二月，中、英、美三方在印度加爾各答會議，進一步達成攻緬協議。但是，到了太平洋會議上，邱吉爾卻力圖否認，聲稱加爾各答會議，「只有計劃，並無決議」，「英軍事當局如有允諾，實屬越權」。⑭

對邱吉爾的背信言論，蔣介石自然十分惱怒。再加上邱吉爾聲言西藏是「獨立國家」，蔣介石自然更加憤怒了。多年來，蔣介石對英國政府和邱吉爾向無好感，這一則日記，將蔣介石對英國政府的不滿傾瀉無遺。在蔣看來，邱吉爾不僅是「帝國主義」，而且是「流氓、市儈」，所幹的事，連德、意、日這樣的軸心國家也不會幹。蔣介石寄希望於羅斯福出面主持公道，但是，他又擔心羅斯福和稀泥，當和事佬。五月廿五日，他在日記「預定」欄中寫道：「覆子文電，對藏事應堅決表示」。果然，在再次致電宋子文時，蔣稱：

關於西藏問題，不能輕忽，應照前電對羅總統嚴重表示，使其注意。如羅總統有勿因此發生意外之語，則我更應申明立場、主權為要，否則其他軍事要求與我之主張更被輕視，以後一切交涉皆必從此失敗矣。切盼遵令執行，勿誤。⑮

此電語氣確實很「堅決」，「切盼遵令執行，勿誤」云云，不允許有任何猶豫。

宋子文接電後，於廿五日覆電蔣介石，告以邱吉爾提及西藏問題的第二天，羅斯福已經表態：邱吉爾所言，「殊不得體」。他說：自己準備下次會見羅斯福時「遵令重複聲明我國立場與主權」。但是，他不希望矛盾進一步發展，要求蔣介石飭令軍隊，「千萬不可發生衝突」。電稱：

> 英美反對我者，已謂中國一旦成為強國，必為侵略者。西藏為我國土，即係用兵，固絕非侵略可比，但不明真象（相）者，必多誤解。且將謂中國生死關頭，一髮千鈞之際，不以之對敵，反分散兵力於和平之邊境。在法律上英國總無干涉我內政之權。萬一中藏間稍有衝突，事實上英國勢必藉題發揮，至少可能阻礙中印國際交通，破壞攻緬計畫。鈞座燭照無遺，無須嘵瀆。⑯

宋子文此電，將中國政府對內用兵和對外侵略嚴格區分，認爲英國「無干涉我國內政之權」，但是，從當時複雜的國際局勢考慮，宋子文強烈希望和平解決中央政府和西藏地方政府之間的矛盾。五月廿五日，宋子文再致蔣介石一電，提出三點理由：一、中國當時的國際運輸線經過英屬印度，中國海上運輸全靠英國海軍保護；二、中國正在強迫英方出全力執行進攻緬甸方案。三、日軍正企圖進攻重慶，中國正在要求美方空軍參戰。因此，宋子文再次要求蔣介石飭令軍隊千萬不可發生衝突，他要求蔣思考，「目前解決西藏問題與中國存亡問題孰輕孰重」，勸蔣審慎行事。

四、羅斯福質問邱吉爾；蔣介石批評羅斯福

宋子文遵照蔣介石的意旨向羅斯福說明西藏問題，表示中國不能接受英方對西藏任何提議。羅斯福向宋敘述了他和邱吉爾的一段對話。當時，太平洋會議結束，邱吉爾即將離開華盛頓。

「閣下在會上何以提出西藏問題？」羅斯福問。

「英國並無佔領西藏之意圖。」邱吉爾答。

「帝制時代，西藏就是中國的一部分，現在則是中華民國的一部分，與英國無涉。」羅斯福表明立場。

「中國政府在西藏沒有實權。」邱吉爾答非所問。

「中國政府有無實權，與英國何涉？」

邱吉爾無詞以對。⑰

羅斯福敘述的這段對話再清楚不過地表明了美國對中國的支持。宋子文對羅說：「邱相所云，中國集中十一師攻藏，實屬荒謬。」他承認，中國確在開闢公路，但記得總統以前曾多次向子文提議：「中印間修路以利運輸。」宋子文的話，有理有據，羅斯福答稱：「此類事余亟盼早日與蔣委員長、史丹林、丘相四人會面，但丘不忘英國獨霸世界之傳統觀念，最好余與蔣委員長兩人，在四人會面前早二三日暢談。」⑱

羅斯福思想比較開明，他對邱吉爾的霸權主義早有不滿，這次在不經意間向宋子文流露了。

儘管羅斯福批評邱吉爾，支持中國，不過，他不希望中英因此發生衝突。當時，宋美齡正在白宮訪問，他對宋說，西藏問題，如中國「不進佔」，則英國亦不致有此動作。他勸中國將西藏問題「暫時擱置」。蔣介石認爲羅斯福的這一意見屬於「各打五十大板」性質，仍然在干涉中國內政，在日記中激憤地寫道：

> 此誠欺人太甚。如余與之面晤，彼必不敢出此愚弄之談。否則彼必與邱吉爾狼狽為奸，自食其不干涉各國內政之宣言與首要違反其大西洋憲章，彼將無以見世人矣。⑲

這一時期，羅斯福一直在張羅召開美、英、蘇、中領袖參加的「四頭會議」，尤其希望先與蔣介石舉行「雙頭」會談，但蔣介石認爲他的參加，只是作羅斯福的「陪襯」，「爲人作嫁」，因此，態度消極。⑳

五、蔣介石決定「隱忍」，等待西藏當局覺悟

蔣介石對西藏當局提出五項要求，西藏當局基本上採取拒絕態度。關於「外交局」，西藏地方當局表示可以「讓步」，將另設機關與中央駐藏辦事處往還。同時，西藏當局還表示，將與「中央保持感情，不應與中央西藏辦事處斷絕關係」，但是，在關鍵的修築中印公路這一問題上，西藏當局聲稱：「神意反對測修。」㉑西藏當局的這一答覆使蔣介石極爲不滿。七月十三日，他在日記中指斥西藏當局的答覆爲「卑劣可痛」。第二日，他考慮四項對策：甲、以飛機示威，不再作答。乙、以飛機投函昌都，令早日遵辦五條件；丙、中央軍進駐西康；丁、派格桑入拉薩宣傳。㉒

蔣介石認爲，西藏問題複雜，外有英國在背後操縱，內有四川軍閥劉文輝支持，少數藏族上層分子，「任人作弄，且準備抵抗中央，爲虎作倀，認賊作父，而反以中央愛護與恩德，視爲仇恨」。蔣介石稱此種言行爲「自戕自殘」。㉓七月十六日，他約集幹部商量。十八日，蔣介石在重慶曾家岩官邸舉行軍事彙報，特邀曾入藏主持第十四代達賴喇嘛坐床大典的吳忠信參加。吳主張軍事、政治兩方面同時並進，建議由駐滇第十一集團軍派一部進駐雲南西北部的德

欽，加以威懾，使之「不至過於猖獗」，同時，命令劉文輝接濟馬步芳軍隊的糧食。徐永昌主張「重新檢討」既往的對藏政策，否則將逼迫西藏當局「結納英人」，他建議「派妥員入藏，與之敷衍，藉使我情勢稍轉」，待康青路築成，問題自然解決。吳忠信反對徐永昌的意見，仍主增加滇軍。㉔

蔣介石當場沒有發表意見。會後，幾經思考，決定暫時「隱忍」，等待西藏地方當局的覺悟。他在日記中寫道：

> 此時惟有暫時置之，以待補救。只要西康問題解決，道路開通，則英國決不敢張明以助藏，則藏事自然解決，故決隱忍一年，讓此蠢物驕恣跋扈，不加計較，以待其覺悟為上也。㉕

同日，他在《上星期反省錄》中寫道：「對西藏問題研究甚切，決定暫時隱忍，以稽其自覺，此乃放寬一步，擒縱自如，尙有操之在我之權。」這樣，他就決定，不向西藏派兵，不派飛機偵察，也不刺激英國。七月廿四日日記云：

> 對西藏決定放寬一步，不加虛聲威脅，故不派飛機偵察昌都，勿使刺激投英，亦勿刺激英國。此時唯一要旨，為使英國無口可藉，而能共圖履約，打通英緬路交通，

一切的一切，皆應集中於此一點也。

當時，中英是世界反法西斯戰爭的同盟國，有共同的戰略利益，蔣介石決定，將主要努力集中於聯合英軍，共同抗擊在緬日軍，打通「英緬路交通」。七月三十一日，蔣介石再次在《本月反省錄》中寫道：對「西藏之愚妄，皆一意隱忍，不予計較。此對內政策之決定，自信必有效果也」。㉖

西藏地方當局曾於一九四三年七月要求英印政府提供槍械彈藥。英印政府內部意見分歧。一種意見認爲這種舉動將「鼓動西藏方面抵抗中國」，建議暫不提供，但是，英國政府不願失去「我們在西藏的影響」，於同年十一月決定售予西藏當局步槍子彈五百萬發，山炮彈一千發。一九四四年二月，西藏地方當局又向英國訂購高射炮等物。三月六日，西藏代表阿旺堅贊、羅桑劄喜、土登參烈等攜帶藏產重禮，晉見蔣介石，祝賀蔣就任國民政府主席。蔣在談話中嚴厲批評西藏當局私自向印度購買武器的行爲。事後，蔣介石自感批評場合不妥，語言過重，特別設宴招待，以圖補救，「並賜給機關槍與迫擊炮，示以中央對邊區之信任，令其覺悟向外私購武器之愚拙也。」㉗

不過，蔣介石始終沒有放鬆英國侵略西藏的警惕。一九四三年九月十九日，蔣介石在日記中提醒自己：「英國侵略我藏之野心，絲毫未有變更。」同年十一月廿二日，蔣介石參加開羅會議，準備與邱吉爾會談，其草擬的《對英要旨》，第一條就是：「西藏問題勿再干涉。」㉘

①《戰時外交》（三），第二三三頁。

②《委員長來電》，宋子文文件，61-2，美國胡佛檔案館藏。

③《委員長渝來電》，一九四三年五月廿三日，宋子文文件，61-2。胡佛檔案館藏。

④Richardson,H.E.,*Tibetan Precis*，Government of India Press.1945.p.71.轉引自陳謙平《抗戰前後之中英西藏交涉》，三聯書店二〇〇三年版，第一五一頁。

⑤《蔣介石日記》（手稿本），一九四二年八月廿二日。

⑥《蔣介石日記》（手稿本），一九四二年八月廿八日。

⑦《蔣介石日記》（手稿本），一九四二年十月廿五日。

⑧唐縱《在蔣介石身邊八年》，第三二四頁。

⑨《西藏地方歷史資料選輯》，三聯書店一九六三年版，第一五七頁。

⑩《上星期反省錄》，《蔣介石日記》（手稿本），一九四三年五月十六日。

⑪軍事委員會委員長侍從室檔案，中國第二歷史檔案館。

⑫《委員長來電》，一九四三年五月廿三日，宋子文文件，61-2。胡佛檔案館藏。

⑬《蔣介石日記》（手稿本），一九四三年五月廿三日。

⑭《戰時外交》（三），第二三四頁。

⑮《委員長渝來電》，一九四三年五月廿五日。宋子文文件，61-2。胡佛檔案館藏。

⑯《呈委員長電》，一九四三年五月廿五日。宋子文文件，61-2。胡佛檔案館藏。
⑰《呈委員長電》，宋子文文件，61-2。胡佛檔案館藏。
⑱《呈委員長電》，宋子文文件。胡佛檔案館藏。
⑲《蔣介石日記》(手稿本)，一九四三年七月十七日。
⑳《蔣介石日記》(手稿本)，一九四三年六月六日。
㉑《元以來西藏與中央政府關係檔案資料選編》第七冊，第二八五一頁；唐縱《在蔣介石身邊八年》，第三六八頁。
㉒《蔣介石日記》(手稿本)，一九四三年七月十四日。
㉓《蔣介石日記》(手稿本)，一九四三年七月十八日。
㉔《徐永昌日記》，一九四三年七月十八日。
㉕《蔣介石日記》(手稿本)，一九四三年七月十八日。
㉖《蔣介石日記》(手稿本)，一九四三年七月三十一日。
㉗《蔣介石日記》(手稿本)，一九四三年三月六日。
㉘《蔣介石日記》(手稿本)，一九四三年十一月廿一日。

蔣介石與史迪威事件

——戰時中美之間的嚴重衝突

史迪威事件是抗戰期間中美關係上的大事，自梁敬錞的《史迪威事件》一書出版以來，研究已多，但是，由於此前的研究者都未能利用蔣介石日記和宋子文檔案，甚至，也未能充分利用史迪威本人的日記，因此，就給我們留下了仍可開闢、耕耘的廣大空間，可以進一步瞭解這一事件的全貌、實質、由之激起的中美關係的巨大波瀾以及蔣宋關係的曲折變化。

一、史迪威被派到緬甸戰場，急於進攻，蔣介石則主張防守。蔣在日記中批評史「無作戰經驗」，史在日記中稱蔣為「固執的傢伙」

太平洋戰爭爆發後，蔣介石即謀求與美、英、蘇等國結盟，組建國際反法西斯戰線。一九四一年年末，美國總統羅斯福致電蔣介石，建議建立中國戰區盟軍最高統帥部，以蔣介石爲最高統帥。當時，中國抗戰正處於艱難時期，蔣介石對盟軍的合作自然期望甚殷，但是，美國此後並無重要動作，引起蔣介石嚴重不滿。一九四二年一月三十日，蔣介石日記說：「美英對於整個戰局與太平洋戰局，仍無具體整個之組織。」「彼輕蔑我國，可謂異甚，應嚴加責問。」①三月，史迪威來華，擔任中國戰區統帥部參謀長，兼美國總統代表、駐華美軍司令及美國援華物資監理人。最初，蔣介石持歡迎態度，其後，二人間逐漸發生矛盾，並且不斷發展、強化。

日軍於一九四二年初攻入緬甸，英軍不堪一擊，一再潰敗。二月廿六日，蔣介石命令中國第五、第六兩軍緊急開進緬甸，協助英軍固守緬南海口城市仰光，確保當時中國僅存的滇緬路這一國際通道。三月四日，蔣介石面諭中國遠征軍副司令長官兼第五軍軍長杜聿明，要他在史迪威到任之後「絕對服從」其指揮。杜問：如果史的命令不符合你的決策時怎麼辦？蔣稱：可打電報請示，但蔣回重慶後，又以手書告訴杜聿明，強調「絕對服從史迪威的重要性」。②

三月六日，蔣介石在重慶與史迪威第一次見面，就向他表示，準備將緬甸戰場的指揮權交給他。③同月八日，英軍放棄仰光，中國入緬部隊失去目標。蔣擔心日軍乘中國軍隊入緬之際，自越南進攻中國雲南，有調回入緬軍，加強雲南及長江流域各省防務的念頭。日記云：「英軍之怯弱，殊爲可恥。以後我軍入緬部隊之戰略，應特加審慎，重新研討也。此時必須自固根基爲第一，不可以外物（騖）國際不可靠之事物而自誤也。」④十日，在史迪威赴緬指揮前夕，蔣介石又與史談話，聲稱「我軍此次入緬作戰能勝不能敗」，「苟遭失敗，不但在緬甸無反攻之望，即在中國全線再發動反攻，滇省與長江流域後備不堅，亦將勢不可能」。⑤他主張保衛當時距離中國後方據點較近的緬甸的首都曼德勒（瓦城），待日軍深入，予以痛擊後再行反攻。

仰光是美國援華物資的轉運站。史迪威視之為「生命線」，認為「一旦失去仰光，供應線將被切斷」，因此，他在入緬後不久，即雄心勃勃地迅速擬定計劃，準備推動中國遠征軍儘量南下，收復仰光。三月十八日，史迪威飛返重慶，向蔣提出此項建議，但蔣介石認為，仰光瀕海，日軍具備海陸空三方面的優勢，中國軍隊如無空軍和炮兵掩護，很難克復該地。史蔣二人進行了激烈的辯論。蔣每提一個論點，史迪威即加以反駁。⑥當日，蔣在日記中批評史迪威「無作戰經驗，徒尙情感」，「不顧基本與原則」。⑦

三月十九日，蔣介石再次與史迪威談話，分析緬甸戰場形勢，提出「目前應取守勢，切勿輕進以求僥倖」。⑧蔣稱：如果再過一個月，防線平安無事，他將考慮進攻的問題。談話中，蔣要求史迪威保證不要讓第五、第六軍吃敗仗，但史則表示無法辦到，要蔣「另外找一個能保證這一點的人來，因為我無法保證做到這一點」。⑨

這次談話，史迪威大為不滿，當日即在日記中指責蔣為「固執的傢伙」。⑩在此期間，美方發表消息，聲稱中國第五、第六兩軍歸史迪威指揮，入緬作戰，蔣介石認為此屬洩密行為，日記云：「美國又發表我入緬軍之番號，無異詳報於敵軍，其可慮可危，未有如此事之甚者。故寢為之不安。」⑪

二、中國遠征軍初戰失利，史迪威下令退入印度，彈盡糧絕，損失慘重，蔣介石憤恨交加

爲了保衛曼德勒，中國遠征軍第五軍第二〇〇師戴安瀾部在緬甸南部的同古（東籲）設防。自三月十八日起，與日軍血戰十二天，殲敵五千餘人。其間，史迪威堅主進攻，杜聿明則認爲兵力不足，反對進攻，二人發生爭執，以致鬧翻。史迪威要求杜「服從命令」，並派人監督杜執行，但杜認爲此舉關係遠征軍存亡，中國軍隊既未能適時集中兵力與敵決戰，即應在予敵一定打擊之後及時轉移，以保存戰力。⑫廿九日晚，戴部奉令突圍，安全轉移。蔣介石與杜聿明的想法一致，日記云：「我第二〇〇師已放棄同古，自動轉進至葉蓮西之東南地區，與新二師取得聯繫，心竊自慰。敵軍遭此重大打擊，而我軍並無多大損失，自動撤退，更足寒敵軍之膽，彼倭必不敢向緬北輕進。」日記批評史迪威：「以爲應在同古全力決戰，此不知敵軍心理與戰地實情之談也。故此次放棄同古，乃達成余一貫之意圖也。」⑬

史迪威也對杜聿明的抗命不滿，在日記中斥責杜聿明和新編第廿二師師長廖耀湘爲「卑怯的雜種」和「十足的懦夫」。⑭三月三十一日，史迪威憤而返渝，向蔣介石提出：對指揮中國第五、第六軍，「深感所得許可權未足，未能令出必行，致有三次可以發動反攻之機會，皆蹉跎坐失。」⑮他要求蔣介石免去其本人職務。對史迪威的態度，蔣介石自然感到不快，日記云：史迪威「以我軍師長不聽其進攻同古敵軍之命令，嘔氣回渝辭職，殊出意外。我出國作戰，對敵對友，對當地民心，皆多困難。客卿指揮我軍，又不熟悉各方內情，皆須面面顧到，較之國內作戰之單純者，其難易相去有天壤之別，殊爲可慮。而史氏受英方宣傳與運動，更可顧慮。於緬戰英軍無力，而必欲掌握指揮權，圖保其虛名，殊爲可羞。明知我雖犧牲而無益，而爲全局與美國關係計，又不能不撐持到底，惟有照預定方針進行以待時局之推移而已。」⑯同樣，史迪威也感到不快，日記稱：「由於愚蠢、恐懼和態度消極，我們失去了一個在東吁打退敵人的絕好機會，根本原因在於蔣介石的插手。」「他身處距前線一千六百英里的地方，寫下一道接一道的指令，要我們去做這做那，其根據是零散不全的情報和一種荒謬的戰術概念。他自認爲懂得心理，事實上，他自認懂得一切，他反覆無常，隨著行動中的每一個微小變化而不斷改變主意。」「其結果是使我本來就很小的權威消失得無影無蹤。我沒有軍隊，沒有警衛，沒有槍斃任何人的權力。」⑰

四月一日的談話，史迪威有意向蔣「攤牌」，自稱「發作了一番，言辭激烈」，「投下的那些炸彈發出了巨大的轟響」。⑱但是，蔣介石仍然極力忍耐。四月二日，蔣介石與史迪威談話，告以杜聿明「少年氣盛」、「過分固執」，決定以年事較高、經驗豐富的羅卓英爲中國遠征軍司令長官，在史迪威指揮下統率中國入緬部隊作戰。蔣並決定親自陪同史迪威回緬。⑲蔣介石《反省錄》云：「一、對緬戰事，思慮異甚。既憂部下在國外過於犧牲，補充爲難，又憂失敗時喪失國威與軍譽。二、史迪威乃動氣請辭，此乃於中美邦交有關。故決定約之同回緬甸，予以全權，表示對彼誠意，使之勿加懷疑也。」⑳

四月五日，蔣介石與史迪威、羅卓英同機飛赴緬甸北部城市臘戍。六日，到美苗（卑謬），與史迪威及英軍司令亞歷山大商談。七日，蔣與史討論後，又與羅卓英、杜聿明、戴安瀾各將領談話，宣稱史迪威是「老闆」，「有提升、撤職、懲罰中國遠征軍中任何一名軍官的權力」，「他們應無條件服從命令」。㉑蔣的這些做法，可以說給足了史迪威面子，但是，蔣很快又因事對史不滿。

八日，蔣介石向孫立人師長授以曼德勒五萬分之一地圖，面示防守要略，並令與史迪威、羅卓英同往實地設防。蔣在視察新築機場工程時，發覺進度緩慢，日記云：「史氏稱美苗機場十三天可以完工，是彼受英方之欺負，而又欺騙我者也。可痛極矣。」㉒當時，英國的戰略重點在歐洲戰場；在亞洲，其戰略是「棄緬保印，保存實力」。在緬英軍或聽任中國遠征軍獨立作戰，或利用中國部隊掩護自己撤退。四月廿四日，蔣介石指示：「國軍今後在緬甸之作戰指導，應以不離開緬境，而又不與敵主力決戰為原則。依此原則，以機動作戰，極力阻止並遲滯敵之發展。」㉓同時，指示遠征軍守衛臘戍、密支那、八莫等鄰近中緬邊境的城市。但是，史迪威和羅卓英都還醉心於組織曼德勒會戰。

五月一日，曼德勒失陷。五日，日軍攻佔八莫，威脅中國遠征軍的歸國通道。六日，英軍決定放棄緬甸，史迪威下令中國遠征軍向印度撤退，史本人拒絕美方派來接他的飛機，親率少數人員徒步西行。蔣介石對史迪威未經請示就下令向印度撤退大為不滿，日記云：史迪威「擅自令我華軍赴印度而彼且離開隊伍，先自赴印，並無一電請示。此種軍人，殊非預想所及。然此乃余考察無能與信人太過之罪，而於人何咎！」㉔

十八日，蔣介石要美國駐華軍事代表團團長馬格魯德轉告史迪威，「中國軍隊無退入印度之意」。㉕在撤退過程中，遠征軍一度糧盡藥絕，饑病交迫，犧牲慘重，直至七月廿五日，杜

聿明所部直屬隊等才到達印度。入緬時，遠征軍兵員約十萬人，至此，僅餘四萬人左右。㉖

六月四日，史迪威自印度德里回到重慶，向蔣介石彙報，嚴厲批評中國遠征軍的高級將領：「殊令人失望」，「或缺能力，或缺膽略」，聲稱「彼等居處離前線太遠，且無意親上前線。」「因循遷延爲各高級將領之通病」。他甚至點名批評杜聿明「個性剛愎，不易應付」。他自稱這次彙報爲「開門見山，指名道姓」，「那情形就如同在踢一位老婦人的肚子一樣」。㉗蔣對這些批評大不以爲然，認爲史對此次撤退負有重大責任，但卻「不知自反，而專事毀人利己」。㉘六月五日日記云：「我軍在緬如此重大犧牲，其責任全在史氏之指揮無方，而彼乃毫不自承過失，反詆毀我高級將領至此。當失敗之初，彼乃手足無措，只顧向印度逃命，而置我軍於不顧，以致我第五軍至今尚未脫險。嗚呼！史迪威誠不知恥者也。」㉙由此，蔣介石更進一步指責美國軍事代表團，「大部皆自私自大之流」。㉚

六月十六日，蔣研究對史迪威的處理辦法，產生「軍法審判」的念頭。日記云：史迪威「推諉責任，掩埋罪過，故不得不毀壞他人名譽，誣衊我國將領。此應提議開軍法審判，使美國政府能知史之不法與無禮也！」㉛至此，蔣介石對史迪威的印象可謂惡劣至極，而史迪威對蔣的印象也同樣很糟糕，日記稱：「中國政府是一個建立在威恩兼施基礎上的機構，掌握在一個無知、專橫、頑固的人手中。」㉜

三、蔣介石指示宋子文等向美國提出史迪威問題，要求實行軍事審判，查明功過

爲了援助被侵略國家，一九四一年三月，美國國會通過《進一步促進美國國防和其他目的法案》（租借法案），授權美國總統以出售、轉讓、交換或租借等方法向對美國國防至關重要的國家提供國防物資。先後受援的國家有英國、蘇聯、中國、自由法國等。但是，其間的條件並不平等，給英國、蘇聯的援助物資可直接撥交，而對中國的援助物資，則必須通過監理人史迪威分配。此外，在華盛頓成立的聯合參謀長會議（參謀團），也將中國拒之門外。

蔣介石企圖改變上述情況。一九四二年四月十九日，蔣致電時在美國爭取援助的宋子文，要求宋與羅斯福總統作「肺腑深談」。電稱：「在聯合參謀會議及軍用品供應之主要事項中，中國並非受有英、蘇之同等待遇，不過類似一受保護人而已。」「將來英美聯合參謀會議，如不擴大包括中國，或將中國置於軍用品分配董事會之外，則中國勢必成爲棋中之末卒。」他指示宋子文，「須堅執予等有予等本身之立場，予等須維持本身獨立之地位。」㉝

五月十八日，蔣介石在重慶接見美國軍事代表團團長馬格魯德時直率表示：「今日之參謀團，惟有英美參加，擁五百萬大軍與日本作殊死戰之中國反不能廁及，實非中國所願見。」「中國軍民對此措置，刺激實深。深感中國名爲同盟國，實被歧視。戰時之待遇已暴露不平等之痕跡如此，戰後如何，未敢想像矣。」㉞

六月十八日，蔣介石致函中國駐美軍事代表團團長熊式輝及宋子文，批評美國方面對中國戰區的組織與籌備工作進行不力，電稱：「中國戰區至今並未有何組織與籌備進行，對於維持中國戰區至少限度與其可能之方案，亦尚未著手，空軍建立與補充以及空運按月之總量，陸空軍作戰與反攻時期之整個方案，彼等皆視爲無足輕重，一若中國戰區之成敗存亡皆無關其痛癢。」電報不指名批評史迪威：「不重視組織與具體方案及整個實施計畫」、「仍以十五年以前之目光視我國家與軍人，故事多格格不入。」

在緬戰失敗撤退過程中，羅卓英與史迪威一度失去聯繫，史向美國軍部報告，羅離開軍隊，逃往雲南保山。㉟蔣介石事後查明，並無其事。對此，蔣極爲反感，批評史迪威「謊報」，「完全歸罪於我高級將領」，「彼竟自赴印度，並擅令我軍入印，而彼亦並未對我有一請示或直接報告（中與史本約有特用密本，平時皆直接通電），於情於理，皆出意外」。他表示：從未見過像史迪威這種「推諉罪過，逃避責任以圖自保」的人，提出應按照國際慣例，實行軍事審判，查明功過。如果美國政府有意，中國政府可將有關高級將領解送華盛頓接受審判。但是，蔣又表示：中國哲學的原則是厚於責己而薄於責人，爲維護中美國交及友邦榮譽計，要嚴格保密，切不可向外人「略露一點」，使人對中國政府有「以怨報德」之想。可以看出，蔣對史迪威已經不能忍耐，但是顧慮中美關係，因此，在要求宋子文等向羅斯福彙報的時候，顯得特別小心、謹慎。

電中，蔣介石也表述了中國作爲「弱國」參加「國際戰爭」的心情：「不僅利未見而害先入而已，即將來戰後是否能獲得我所犧牲者相當之代價，實成問題。然而此時我國尚有一塊立足之乾淨土地，而我政府幸亦未托足於外國以寄人籬下，且亦有自立之道耳！」㊱

宋子文對史迪威本具好感。當年四月廿八日，宋子文曾致電蔣介石，擔心緬戰不利，將降低中國國際地位，影響美援爭取，要求與史迪威合作，聯合如實向美方提出報告，電稱：「史迪威親歷其境，利害相關，所知當更透澈，此事必能與我合作，設法使聯合國間明瞭真相。」㊲五月六日，宋子文再次致電蔣介石，報告所聞史迪威在撤退過程中拒坐飛機，率領副官步行的表現，稱讚史迪威「不失軍人本色」。電報提出，史迪威身負如空軍援華、中印空運、軍貨接濟等多重任務，要求蔣介石命其自印回渝。㊳但是，宋子文也親身感受到史迪威掌握美援物資分配大權所帶來的困難。五月十九日，宋子文致電蔣介石稱：「美軍部以史梯威有全權，每有所商請，輒以史梯威並未要求，爲不負責任推諉之詞」。宋子文再次要求蔣將史迪威調到重慶，「常依左右，遇事隨時飭報，勿使遠駐印度，否則種種計畫進行愈感延滯」。㊴

宋子文接到蔣介石向美方提出史迪威問題的指示後，感到相當爲難。當時，德國正傾全力進攻蘇聯南部，蘇軍情況危急，英美無暇東顧。同年六月，宋子文致電蔣介石提出，應盡力於以下工作：（一）中印空運；（二）美空軍多派數大隊來華助戰；（三）美根據史迪威要求，派陸軍二、三師赴印，助我克復緬甸，以利我陸運。根據上述情況，宋子文要求蔣介石「對史迪威萬分忍耐」。㊵

滇緬路封閉後，中國對外通道被堵。美方不得已，將已經撥給中國的十餘萬噸機械大部分收回。此後，美國援華物資只能依賴中國、印度之間的空運。根據中國抗戰需要和美國援華計畫，最低限度每月必須向中國運輸三千五百噸軍械，而中印之間的空運當時實際上只能運輸五百噸。這種情況，將導致有關援華計畫的取消。爲此，宋子文多次致電蔣介石，要求蔣與史迪威切實商談：（甲）中印空運計畫（乙）中美在華空軍計畫（丙）國內及赴印陸軍計畫及附帶軍械問題等等。但是，始終得不到蔣的回答。宋子文詢問美國空軍參謀長，美國空軍參謀長答稱此爲史迪威責任；宋子文向羅斯福總統彙報，羅答以史迪威爲蔣的參謀長，諸事可由蔣向史下達命令。

六月十二日，宋子文致電蔣介石：要求蔣明白示知：「文追隨鈞座二十年，必知其素性憨直，絕非意存推諉，更不願敷衍因循，事實如此，不得不一再嘵瀆，即請鈞座明白示知，鈞座對史梯威感想如何？文各電所列問題，是否已與其商洽？有何困難？美方認定，接濟中國必須史梯威商承鈞座之後來電證實，始克有濟，是以文必須明瞭鈞座對史之感想及史對我之態度，始可設法相機應付也。」㊶

這時，美國陸軍部長史汀生已經感到，蔣對史迪威「無十分信任之表示」，二人關係中出現了不和諧的因素。六月十二日，史汀生約宋子文專談史迪威問題。宋稱：如美國將本國陸軍交給蘇俄軍官指揮，將非常困難，而蔣介石卻將中國入緬部隊交給史迪威指揮，這是歷史上的「空前之舉」。史汀生則表示：史爲「第一流戰將，美軍官中無出其右，故特派充蔣公參謀長，但余等崇拜蔣委員長及愛護中國之熱切，不能以對史個人感情爲比例，如蔣公以爲史不適當，務請直言無隱，俾得更換其他將領，決不因此發生絲毫意見。」㊷

六月十六日，宋子文致電蔣介石，建議蔣將對史的意見向美方和盤托出，同時大膽對史迪威進行指揮，電稱：「文意鈞座願顧全大局之苦心，爲中外所共見，但如史梯威確不能共事，不妨此時乘機直說。」「鈞座似可表示，對史梯威固至信任，但對其見解當然不能事事俯從。如此一方面不傷感情，一方面可留他日地步。陸長等既自動有另調之意，且自總統以次，均認史爲鈞座部屬地位，鈞座盡可照部屬指揮命令之，不必以上賓相待，但善爲利用其地位，以推動美軍部充量之接濟。」㊸可見，宋子文關心的是利用史迪威的地位，推動美援，並不希望蔣、史矛盾激化。然後，一件意想不到的風波發生了。

四、史迪威向蔣提交《備忘錄》，聲稱自己雖是中國戰區參謀長，但又是美國總統代表，暗示不能完全聽命於蔣；蔣認為史「不法無禮已極」，「以殖民地之總督自居」，「實行太上統帥職權」

六月下旬，德國加強了對非洲的攻勢。爲解救危機，美國軍方將全部重型轟炸機和所需運輸機調往埃及，其中包括駐紮在印度的第十航空隊。廿六日，史迪威將這一「壞消息」告知蔣介石。蔣認爲這是美方「置我中國危急於不顧，心殊憤激」，他在「強忍」之下，仍然責問道：「羅斯福總統來電明言已令將美國空軍第十軍由印度調來中國作戰，想令出必行，豈容擅改！」「倘英、美以爲中國抗戰實力尚有保持之必要，絕不應一再無視中國之利益如此。蓋中國最近所受之待遇，不啻在英美心目中已失其存在矣。」㊹

事後，宋美齡、宋子文都提出質問，史迪威「狠狠地反駁了他們」。同日，史迪威秘密致電美國軍部，聲稱「蔣公極為激動，囑余電呈總統，其大意為：同盟國家未認中國戰場為同盟國家戰場之一部」，「中國全力抗戰已有五年，而同盟國家並未以全力援華。利比亞戰事固緊張，但中國戰場狀況亦屬緊張。」㊺

六月廿九日，蔣介石向史迪威面交「手諭」一件，提出保持中國戰區的最低限度的需要三項：一、八、九月間美國派三個師去印度，與中國軍隊合作，恢復中緬交通；二、自八月份起，應經常保持第一線飛機五百架；三、每月經過駝峰運送五千噸物資。蔣批評自美國軍事代表團抵華以來，在建設中國空軍方面，尚無特殊成就；羅斯福對中國戰區，尚有未能完全明瞭之處；太無視中國戰區。㊻七月一日，宋美齡與周至柔、陳納德、史迪威會議。宋美齡要求史迪威將蔣的「手諭」轉交羅斯福總統，並附上史本人的推薦信。史當場拒絕，對宋稱：「這是大元帥給總統的最後通牒，超出了我的職權範圍。我借此機會闡明自己的身分，一是大元帥的參謀長，二是中緬印戰區美軍總司令，其職權超出中國之外，三是戰爭委員會的美方代表，代表和維護美國的政策，四是總統負責租借事務的代表，五是一名宣誓要維護美國利益的美國軍官。」史並在當日的日記中寫道：「如果她不懂得這一點，那她就比我想像的還要愚蠢。」㊼

七月二日，蔣介石擬從美國已經撥給中國航空公司的飛機中轉撥兩架運輸機給中國空軍，遭到美員拒絕。史迪威為此向蔣致送備忘錄，一面同意此兩架飛機可由蔣介石支配應用，但同時聲稱自己是「出席中國任何軍事會議之美國代表」，「在任何上述會議中，本人所有其他地位皆不適用」。又聲稱自己是美國「總統代表」，「負責監督及管理租借器材，並決定移轉其所有權之地點與時間。俟所有權轉移之後，委座即具此項器材管理之權。」㊽史迪威的這份備忘錄意在告訴蔣介石，自己雖是中國戰區的參謀長，但又是「美國總統代表」，可以不接受蔣的命令。美國租借物資只有在經過他同意之後蔣才能調用。蔣介石長期是中國的「最高領導」，令出必行，何曾受過這種對待！

接二連三的類似事件，特別是史迪威的《備忘錄》將蔣惹惱了。同日，蔣介石致電宋子文，表示「中國對租借物之受予形同乞憐求施」，指責史迪威「以總統代表資格脅制統帥」。蔣強烈表示：史既在中國戰區內擔任參謀長，「則所有其他地位皆不能適用」。㊾七月三日，蔣介石日記指責史迪威「愚拙，其言行之虛妄，可謂無人格已極。」次日日記稱：「自覺慚愧，國勢貧弱，所以遭此侮辱。」㊿

五日，蔣介石致電宋子文，要他促請美國政府注意。六日，宋子文電覆蔣介石，支持蔣對史迪威《備忘錄》的態度，首次提出撤換史迪威問題。電稱：「史迪威態度殊屬離奇。閱其原函，強詞奪理，謬解職權，非神經錯亂，不能狂妄至此。文日內即進謁當局，諒能加以糾正。但文亟欲知者，重新明確規定參謀長職權後，鈞座是否仍擬留其在華供職，抑或乘機更換，另選他員？」51

九日，蔣介石再電宋子文，要宋觀察美國政府態度，暫不表態：「先看美政府對史之來函如何處理，最好能由其自動召回也。」52十八日，蔣介石與史迪威談話，產生不再要求美援的想法，日記云：「英美對亞洲有色人種觀念，根本不易改變，非我國獨立奮鬥至百年之後，決難平等。」又云：「美國對我冷淡接濟事，不如不再要求，亦一對策也。」53

宋子文受蔣之命後，即與美方接洽，並親見羅斯福，陳述意見。七月廿三日，美國軍部向宋子文轉告羅斯福意見：史爲中國戰區參謀長，當然聽命於蔣委員長，同時爲美國駐渝租借法案代表，及國際軍事會議美國代表，當然聽命於美方。如蔣以爲不便，可將史的參謀長職務和美國代表職務劃開，分由兩人擔任。美國軍部稱：總統因史迪威對中國及蔣公一向友好，而且熟悉中國情形，甚盼蔣公能繼續任用。宋子文認爲美方「語氣仍不免袒護」，再次謁見羅斯福，解釋內中情形，說明史函的不當。羅斯福稱：史的職權中有代表美國出席在渝國際軍事會議一項，現在既無此類會議，事實上形同虛設。關於租借法案，此後一切由宋子文代表蔣、霍布金代表我，在華府共同解決。這樣史迪威即成爲「專屬參謀長」。「如蔣公仍以史爲未妥，余當更換之，但美國幹練適當之軍官甚少，另覓妥員，確有相當困難。」廿七日，美國陸軍部代擬羅斯福覆蔣介石函，仍取維持史迪威《備忘錄》態度，要求宋子文轉呈蔣介石，宋得悉其內容後，緊急謁見羅斯福，說明理由，告以「未便轉呈」。羅斯福對宋子文所言，「極以爲然」，決定撤銷此電。54

爲了向蔣介石說明同盟國全盤戰略，調解蔣史糾紛，羅斯福於一九四二年七月派行政助理居里再次訪華。七月廿二日，蔣介石會見居里，批評同盟國戰略不當。居里問蔣，是否將史迪威調回美國？蔣答：「由美國政府自定，余不願參加意見也。」55廿五日，蔣思考史迪威的

《備忘錄》，認爲應向美方聲明四點：「甲、史以聽命與不能聽命，由其自便之意，此爲侮辱統帥。乙、租借法案〔物資〕之發與不發，由史自便，非由我求其不可，此爲欺凌。丙、我認史過去之態度、行動，一人而利用其兩種職權，實以殖民地總督自居，以參謀長爲名而實行太上統帥職權。此必於美國助華平等政策有礙。丁、認史此函太不認識中國，侮辱余革命人格，故不能忍受。」[56]同日，蔣介石再次與居里談話，進一步確認西方世界歧視中國，美國與英國並無差別。日記云：「更覺西人皆視華爲次等民族，無不心存欺侮，可以進一步壓迫，乃必壓迫不止。美國所謂道義與平等爲號召，其實其心理與方法無異於英國之所謂。」他覺得，「對帝國主義，應爭則爭。」[57]

廿六日，蔣介石分兩次，與居里長談三個半小時，痛斥史迪威「來函不敬之過惡與美國軍部藐視與侮辱態度」。蔣自覺大義凜然，居里初時「矜持」，最後「乃亦不敢不折服」。蔣介石感到精神上的勝利，日記云：「對帝國主義者，無論其爲何國，其對被壓迫之國家，皆無誠意可言，非利用即高壓，皆抱可欺則欺，可侵則侵之心，吾人若一以克己復禮、謙恭自持之道待之，則適中其計謀矣！」[58]同時，蔣介石致電宋子文，聲稱如羅斯福來電肯定史迪威《備忘錄》，則宋可代表自己向羅表明：取消中國戰區，辭去中國戰區總司令職務。[59]至此，蔣介石已向羅斯福擺出「攤牌」架勢。

七月三十日，宋子文致電蔣介石，要求蔣乘居里在重慶期間，「凡不滿史梯威之種種事實，最好向其直言無隱。」[60]同日，蔣介石與居里第五次談話，居里提出「過渡辦法」，聲稱不可讓史迪威太失體面，以免他回美後反華，可令史先赴印度，美國另派一人來華暫代。蔣同意這一辦法。[61]

五、史迪威受命在印度訓練中國軍隊，杜聿明等指責史「擅權改制」，「毀辱國體」

上文已述，中國遠征軍第一次入緬援英戰爭失敗後，部分軍隊退入印度。一九四二年六月，史迪威向蔣介石提出在印度訓練中國軍隊的計畫，得到批准。同月廿四日，蔣指令史迪威擔任這支訓練部隊的司令。七月十六日，蔣進一步任命史迪威爲中國駐印軍總指揮，羅卓英爲副總指揮。八月上旬，史迪威赴印，以藍姆伽爲營地訓練中國部隊。他提出，「要中國士兵，不要中國軍官，尤其不要中國將領」，從美國調來三百多名軍官，擬將駐印軍營長以上軍官均改由美國人擔任，受到中國將士的強烈反對。史遂將這部分美國軍官改爲聯絡官，派往各部。[62]但這部分聯絡官權力很大，可以直接調動營以下部隊，而無須通知中國部隊長官。

同年九月，史迪威下令將第三十八師改爲十個炮兵營，將原師長孫立人及廖耀湘等改任炮兵指揮或步兵指揮。十二日，杜聿明致電蔣介石，聲稱：「國家軍制係我政府法定之建制，史將軍擅權改制，實屬毀辱國體，損害主權。」[63]同年十二月，美國政府決定向中國撥濟三十個師的軍械。十一日，蔣介石與來重慶參加會議的史迪威談話，史乘機竭力批評中國軍隊辦事延緩，羅卓英有「十大罪狀」。蔣介石雖然不高興，但尚能「忍耐」，決定撤換羅卓英，代之以邱清泉。㉞不久，因擔心邱脾氣暴躁，不易與史迪威相處，又改爲鄭洞國。㉟至一九四四年一月，藍姆伽營地共訓練中國軍官二千六百二十六人，士兵二萬九千六百六十七人。這支部隊在後來的反攻緬甸戰鬥中發揮了巨大作用。

除退入印度者外，中國遠征軍的主力大部分退入雲南西部。一九四三年二月，軍事委員會決定重建遠征軍，以陳誠爲司令長官。三月十日，陳誠與史迪威商量，決定在昆明設立訓練基地，調集幹部分批輪訓後空運至藍姆伽實習。

六、計畫攻緬，蔣、史矛盾再度激化。史認為蔣是「偉大的獨裁者」，蔣認為史「卑劣」、「可恨」，「無常識，無人格」

日軍佔領緬甸全境後，史迪威多次提出反攻緬甸計畫。一九四二年七月十九日，史迪威向蔣介石提交《反攻緬甸計畫》，其要點爲「南北緬水陸同時夾擊」：一、中、英、美三國聯合出兵，自印度攻入緬甸，同時，另一路中國軍隊則自雲南進攻。兩路會師曼德勒，會攻仰光。二、在盟軍從陸路進攻的同時，英國海軍確立在孟加拉灣的制海權，從仰光登陸。這一計畫後來被稱爲「安納吉姆」計畫。

八月一日，計畫得到蔣介石的批准。十一月三日，史迪威自印度到重慶，向蔣介石彙報和英軍統帥韋維爾商談結果，要求在一九四三年三月一日前後發動攻勢。蔣介石表示，中國可由雲南方面出動十五個師，但勝利關鍵在於英方是否能調撥足夠的海空力量，掌握制海權和制空權。他說：「倘海空實力不充，中國實不願派一卒參加此役。反攻開始以前，余必須知英國用於緬甸海空軍之實力，方能下令前進。」「此次不反攻則已，一旦反攻，非勝不可，絕不能再受第二次之失敗。」[66]

一九四三年一月，蔣介石致電羅斯福，要求羅敦促英方，調動陸、海空力量，共同克復緬甸。[67]同月，羅斯福、邱吉爾在北非的卡薩布蘭卡（卡港）會議，決定實施「安納吉姆」計畫。二月四日，美國陸軍航空軍司令阿諾爾、空軍補給司令薩默維爾（Somervell，或譯薛莫維爾、索摩微爾）、英國聯合參謀代表團團長迪爾到重慶，向蔣介石通報卡港會議情況及一九四三年戰略。同月七日，雙方會談，蔣介石同意英美方案，但要求英美方面增加空運與空軍，切實支援中國。其標準爲：空運物資每月一萬噸，飛機五百架。蔣強調，必須達到這一標準，並有確切日期。史迪威對蔣所提要求不滿，當即質問蔣：「是否不達到標準，即不對日抗戰？」史的質問含有明顯的輕蔑成分，蔣認爲史迪威作爲自己的參謀長，提出這一質問，「可惡不敬已極」，但是，他忍著沒有發作，只回答說：「中國抗戰已經六年，即使太平洋戰爭不起，英美不來援助時，中國亦可獨立抗戰。」史迪威再問：所謂標準是否爲條件？蔣答稱：「此非條件，乃是余負責作戰者最低限度之要求也。」接著，蔣以溫和的語氣要求阿諾爾轉告羅斯福與邱吉爾：「余當盡其所能，不惜犧牲一切，以期不辜負友邦之期望也。」[68]

八日，蔣介石打電話給宋子文，指責史迪威會議上的「不敬」，要宋轉告史，令其以後

「戒慎」，限史切實設法，達成蔣在會上所提條件，以贖過失。㊾九日，中、英、美三方印度加爾各答會議，一致同意實施「安納吉姆」計畫，以一九四三年十一月至一九四五年五月爲入緬作戰期。會議期間，宋子文向史迪威轉達了蔣的批評。據宋致蔣電稱：「彼極爲懊喪，並謂當時談話有失體統，甚以爲歉，但信鈞座必諒其忠實及一番熱忱。」⑦不過，史自己的日記則是：「見他的鬼吧！」⑦

五月初，史迪威與飛虎隊的陳納德之間在對日實施「空中攻擊」問題上發生分歧。陳納德主張，只要中美用五百架飛機對日軍進行空中攻擊，即可消滅日本大部分在華空中力量，阻遏其船運，破壞其交通線，使緬甸和中國本部的陸戰易於進行。史迪威則認爲，中國軍隊缺少軍械給養補充，也缺乏訓練，不足以保護機場。如對日「空中打擊」實施過早，引敵來攻，則雲南、廣西、湖南各地的機場均將喪失，以中國本部爲基地空襲日本的計畫也將落空。

爭論雖發生於史、陳二人間，但不久即發生於史迪威與宋子文之間。五月五日，美國海陸空三方會議，邀請史迪威、陳納德、宋子文參加。宋支持陳，主張當前急務爲增強空軍力量，史則認爲，中國陸軍勇敢苦戰，損失巨大，「目前實不堪一戰」。宋即批評史「對中國陸軍未免過於悲觀」。⑫同日晚，宋美齡謁見羅斯福，羅表示，擬將反攻緬甸計畫縮小爲佔領緬北。⑬

史迪威早就制訂過一份「有限度的進攻北緬的計劃」，但遭到蔣介石的否定。蔣的理由是：六年來，中國對日作戰得到的經驗是「迫使機械優越之敵人，運用惡劣之交通線，使其機械設備失其效用」。而在北緬，日軍可以利用伊落瓦底河及仰光鐵路，中國方面可利用的只有正在建造中的兩條公路。即使中國軍隊在北緬成功，日本人仍可利用交通便利，派軍增援。他向史迪威一再說明，「不可再蹈覆轍」。⑭

五月八日，蔣介石致電宋子文，要他在羅斯福、邱吉爾會談期間，力爭照卡港會議及其後的重慶會談決議實施，首先以英、美海空軍截斷日軍供應線，佔領仰光，然後收復整個緬甸。電稱：「如果僅僅佔領北緬甸至蠻德勒爲止，非僅無益於中國戰場，而且費力多，犧牲大。結果必不能達成目的，徒然犧牲兵力。」⑮五月十三日，宋子文專訪到華盛頓參加太平洋軍事會議（三叉戟會議）的邱吉爾，要求英方照卡港、重慶、加爾各答等會議決定，如期攻緬，但邱態度消極。宋問：是否準備放棄攻緬？邱答：英美軍事專家正在研究。⑯邱吉爾的回答使宋子文倍感緊張，立即致電蔣介石彙報，蔣也跟著緊張起來。

一九四三年春，蔣介石爲準備進攻緬甸，曾將原來部署在長江兩岸的第六戰區主力抽調赴雲南、貴州，司令長官陳誠也出任中國遠征軍司令長官隨部隊入滇，鄂西空虛。同年五月，日軍在湖北宜昌集結大軍，進攻三峽地區，威脅重慶。當蔣得知太平洋軍事會議有放棄攻緬計畫的可能後，大爲惱怒，致電宋子文稱，如此，「則我軍民對聯合國從前所有各種宣言與決議之信約，不僅完全喪失信用而已。」他覺得又上了史迪威的當。電稱：「史迪威始則強催我軍集中攻緬，今乃因抽調部隊，而使重慶門戶大受威脅，而結果則謂可以取消打通仰光與滇緬路計畫，則我軍上下對美國用意與作爲，豈啻視爲兒戲，直認爲有意陷中國於滅亡之境，不啻協助日本完成其大東亞之新秩序，豈不令人惶栗不已！」⑰他要宋子文將這一看法明告史迪威及羅斯福左右。

五月十七日，宋子文應邀出席聯合參謀長會議，轉述蔣的態度，堅決反對放棄攻緬，也反對史迪威僅攻緬北的計畫，闡述其理由說：「我如不佔領緬南，斷其後路，必歸失敗，徒作無爲〔謂〕之犧牲。蔣委員長彼時之決心如此，今日對此之決心益強。」⑱在此前的聯合參謀長會議上，史迪威公開批評蔣介石：「諸事猶豫，於戰略無一定見解。」針對史的批評，宋特別爲蔣辯護，聲言蔣並非初次與外國軍事專家合作。他以蔣曾任用蘇聯的加倫、崔可夫、德國的塞克特及佛采耳爲顧問爲例，說明他們在任期內「無一不恪遵蔣委員長意旨」。⑲

十八日，蔣介石從宋子文來電中得知有關情況，日記云：「英人毫無進攻緬甸之意，史迪威之言詞對我軍污蔑輕侮，憂戚之至！」⑳廿一日，在太平洋軍事會議上，宋子文再次要求，堅決執行卡港會議及加爾各答會議的攻緬決議，邱吉爾辯稱，當時「只有計劃，並無決議」，「英軍事當局如有允諾，實屬越權」。他表示：「將來當極力設法使印度與中國軍隊得以連合，或須經緬甸北部。」㉑宋子文擔心羅斯福會向英方妥協，於同日謁見羅斯福，重申史迪威的進攻北緬計劃，「徒耗軍力，蔣委員長絕不能接受」。羅斯福則稱：「攻復仰光，確有困難，但可先向西南岸進攻，以從後面襲擊仰光」，將來擬派新銳部隊赴緬。羅要宋子文轉告蔣介石：「攻緬計劃，余有決心進行。」㉒

重慶危急加深了蔣介石對史迪威的惡感。五月廿二日，蔣介石日記云：「美國史迪威之陷弄乃其總因，此人誠誤事不淺矣！」⑧3廿七日，蔣介石致電正在美國訪問的宋美齡云：「近日戰況確甚緊急，本星期內關係最大，所以致此之故，實由史迪威催促我精兵抽調入滇，準備攻緬，以致前方空虛，爲敵所乘。其實去年至今，自緬戰至此次戰爭，皆爲史所陷害也。」⑧4六月廿一日，蔣介石再電宋美齡，要求她在向羅斯福告別時，相機提出史迪威問題：「中、史對余不能合作，余爲大局計，均能容忍，惟其對中國軍民成見太深，以廿年前之目光看我今日之革命軍民。乙、故自史來華，我軍隊精神因之消沉頹喪，蓋史視中國無一好軍人，無一好事，而根本不信我軍能作戰，更不信我能勝利，故欲其指揮盟軍以求勝利，無異緣木求魚。而彼對自己所處理之事與計畫，以爲無一不好，固執不變，毫無商洽餘地。丙、故現在我軍對史失望，以爲如再聽其指揮，不惟無勝利，必大受犧牲，非至全敗不可。」電末，蔣介石稱：「彼之態度，是來脅制中國，而非協助抗日，其結果與美國之熱忱援助及友愛精神相反。余爲史對於一般軍官嚴加勸戒，令與合作。惟長此以往，時時發生誤會，則不勝防制之苦。故爲作戰及大局計，深望羅總統明瞭此事真相與現狀，蓋甚恐其對華盛情將來失望，故不敢知而不言也。」⑧5但是，蔣介石又叮囑宋美齡，不必太正式，也不必採取「不可不撤換」的強硬方式，只告以「實情」即可。

在羅斯福的堅持和說服下，原來堅決反對攻緬的邱吉爾同意一致進行，英美參謀團會議隨即制訂新的攻緬計畫。史迪威曾答應向蔣呈閱會議記錄，但史迪威第一次交給蔣的並非全文，而且缺乏重要部分。當時，蔣認爲，海軍是這次行動中的重要組成部分。除非保住孟加拉灣，

受周恩來建議，向延安派駐觀察員。九月六日，史迪威向蔣介石提出《備忘錄》，建議調動中共領導的第十八集團軍及胡宗南、傅作義、鄧寶珊等部向山西出擊，這些都觸犯了蔣的大忌。蔣日記云：「此其必受共匪所主使，而且其語義有威脅之意。且名爲備忘錄，是將來制裁中共時，證明曲在於我之意。此史實一最卑劣、糊塗之小人！余不屑駁覆，乃置之不理，表示拒絕其干涉之意。」⑰九月十日，蔣介石致電宋子文，指責史迪威「不知共黨十年來經過之歷史，更不明瞭最近共黨之內容及其陰謀之所在，徒聽共黨之煽惑，助長共黨之氣焰，殊爲可嘆！」⑱

七、宋子文受蔣之託，說動美方同意撤換史迪威，但蔣介石臨時改變主意，二人發生激烈衝突。蔣怒而命宋「滾蛋」，自此拒不見宋。

在羅斯福的推動下，邱吉爾勉強同意實施攻緬計畫。其內容爲：於一九四三年雨季結束後自印度對緬甸西北部進行陸空有力攻勢作戰，同時以海、陸軍攻襲緬甸海岸，中國軍隊則由雲南進攻。⑲五月廿六日，羅斯福將關於此項決定的通知書交給宋子文。廿九日，蔣介石致電宋子文，要他提醒羅斯福，陸軍對北緬進攻與海軍對仰光進攻，務須同時行動。八月十八日，蔣介石致電羅斯福、邱吉爾，告以雨季將過，不能再事遷移。同月，羅、邱等在加拿大的魁北克開會，決定在未來的乾燥季節中，反攻緬甸，同時決定成立東南亞戰區統帥部，以英國海軍中將蒙巴頓爲統帥（旋升大將），史迪威爲副統帥。

一九四三年九月，宋子文鑒於英美聯軍對日攻勢漸趨積極，認爲有調整與英美軍事關係的必要。他設計了兩項調整方案：（一）最高級的組織，如華府的聯合參謀團及支配軍械委員會，均應有中國代表參加。供給中國的軍械，由中國直接申請，毋須史迪威或其他駐中國的美國軍官過問。（二）史迪威即行撤調，同時改組中國戰區。以蔣介石爲最高統帥，美國將領爲副統帥；以中國將領爲參謀長，以美國將領充副參謀長，統帥部各處長、副處長均以中美軍官分任。⑩宋計畫先與羅斯福總統作原則上的討論，在十月偕同美國陸軍次長麥克洛來渝時，再與蔣商量決定。

九月十六日，宋子文會見美國總統助理霍浦金斯，霍贊成宋所擬調整方案，並稱：在參加聯合參謀團及改組戰區大前提之下，更換史迪威輕而易舉，史汀生雖反對亦將無效，馬歇爾也不像以前那樣絕對維護史迪威。⑩同月廿九日，宋、羅見面。事後，宋子文電蔣彙報：美方同意撤換史迪威，調整中國戰區，在華盛頓另組包括中國在內太平洋軍事參謀團。電稱：本人將陪同蒙巴頓到重慶，向蔣報告國際情形，並洽商蔣與羅斯福、邱吉爾會晤問題。⑩十月，宋子文偕蒙巴頓及美國後勤部長薩默維爾中將來華。薩默維爾是美方預定的史迪威的接替人，還在途經印度德里時，宋子文就對薩透露說：「事情正在成功，他與大元帥（指蔣介石）一同進行了謀劃。」⑩他完全沒有想到，蔣介石會改變主意。

十月二日，蒙巴頓等向蔣介石轉呈邱吉爾致蔣介石密函及魁北克會議決議。同月十一日，蔣介石與宋子文談話，談史迪威事。其後，蔣又和宋美齡談論，當日蔣日記云：「此史真卑劣之小人，無恥極矣！」十五日，蔣開始思考史迪威的去留問題，一是去史之後的代替人選，一是撤換史迪威的可能性。蔣認爲：美國人員中無人適合出任東南亞戰區副統帥，也無人能出任駐華美軍主任。美國參謀總長馬歇爾非常袒護史迪威，美國政府未必決心將其撤換。⑩這樣，蔣介石原來的決心就動搖了。十月十六日，薩默維爾將蔣介石要求召回史迪威一事告知蒙巴頓，蒙巴頓強烈反對。他說：如果指揮中國軍隊兩年之久的官員（指史迪威——筆者）在軍事行動前夕被免職，他無意於使用中國軍隊。蒙巴頓委託薩默維爾將他的觀點轉達給蔣介石。⑯同日，蔣介石與薩默維爾談話稱：一年半以來，自己雖然做了很多努力，但總不能使史迪威與我軍合作，殊爲遺憾。⑯十七日下午，蔣介石再次與薩默維爾談話。兩次談話，都是宋子文擔任翻譯。

蔣雖有意改變對史迪威的態度，但經宋子文翻譯之後，仍然是「非去史不可」。薩默維爾辭去之後，蔣介石決定「力圖挽救，轉彎百八十度」。他囑咐宋美齡召史迪威來見，「警告其撤職回美，對於其個人之損失程度。如其此時能對余表示悔過，則余或有轉回庶宥之可能」。據蔣介石日記稱：史迪威「承認其錯誤」並且表示「徹底改過」，於是，蔣「允宥其過，再予以共事最後之機會」。⑰當日，蔣介石在《反省錄》中寫道：「史迪威去留問題爲本星期最重要之一事，子文力主去史，以快其私意。余之既定方針，幾爲其所搖惑，最後卒能自動補救，允史悔改，重加任用。此乃中美國際關係與戰局影響一大轉機，乃知安危禍福全在最後五分鐘幾微之間也。」他覺得，宋子文簡直壞極了：「自私與卑劣至此，實不能再為赦宥。如不速去，則黨國之禍患將不堪設想矣。」⑩⑧

十月十八日一早，蔣介石召宋子文談話，告以對史迪威的去留政策應加變更，並告以昨晚史迪威已經表示悔過。宋子文完全沒有思想準備，自悔對蔣「太忠」，憤而表示以後不能為蔣「赴美再充代表」。蔣最初沉默不語，及至宋表示今後不能再與蔣「共事」之際，蔣突然爆發，「憤怒難禁，嚴厲斥責，令其即速滾蛋」。⑩⑨據唐縱日記稱：「宋部長不知因何使委座見氣，委座摔破飯碗，大怒不已，近年來罕睹之事。」⑪⓪上午，薩默維爾再次來見，蔣告訴他，已取消昨日之議，允許史迪威悔過自新。同日下午，宋子文陪同蒙巴頓到黃山見蔣，蔣要宋美齡通知宋子文自動離開，否則寧可不與蒙巴頓相見。宋子文無奈，只能退出，蔣才走下樓梯，與蒙巴頓會談。⑪①

一九三一年，蔣介石與胡漢民發生衝突，一怒之下，將胡漢民軟禁於南京湯山，汪精衛、孫科等因而在廣州另立政權，引起國民黨內長達五年的寧粵之爭。蔣擔心撤換史迪威會嚴重影響中美關係，帶來新的巨大災難。他想起宋子文自二〇年代以來與自己作對的種種事情，在日記中憤憤地寫道：「余自十三年起，受其財政之控制與妨礙，甚至其願受鮑爾廷之驅策，共同打擊於余，不知凡幾。二十年後復以其財政問題各種要脅，以致不能不拘胡，而致黨國遭受空前之禍患。今復欲以其個人私見而欲黨國外交政策以為其個人作犧牲，惡乎可！此誠一惡劣小人，不能變化其氣質也。」⑪②這時候，蔣介石覺得宋子文簡直壞透了，無論如何不能再用。

蔣宋關係中曾多次發生矛盾，蔣在日記中指責宋子文也屢見不鮮，但是，嚴厲至此卻並不多見。處於局外的唐縱記載說：「日來委座火氣甚大，宋子文不知因何碰壁？」⑬

八、史迪威和宋藹齡、宋美齡結成「聯盟」，企圖以宋美齡出任軍政部長；宋藹齡聲稱，她在自己的「血肉（兄弟）和中國的利益之間」作出了「選擇」

蔣介石對史迪威態度的轉變，既與他擔心影響中美關係，損害抗戰大局有關，也是宋藹齡、宋美齡姊妹共同斡旋的結果。據史迪威自述：他曾經向這一對姊妹談過當時中國軍隊的真相，使她們非常震驚；也曾經研究過改革的辦法——讓宋美齡代替何應欽出任軍政部長。於是，史與這一對姊妹「訂了攻守同盟」。⑭十月十七日晨，宋美齡打電話給史迪威，聲稱宋藹齡認爲「仍有個轉敗爲勝的機會」。史表示「不想待在不受歡迎的地方」，於是宋氏姊妹就向史「談起『中國』和職責來」，要史「大度一些，堅持一下」。宋藹齡對史稱：「你的星正在升起，闖過這件事，你的地位就會比從前更爲穩固。」姊妹二人表示，將代史見蔣，對他說，史只有一個目標，即中國的利益，假如史犯了錯誤，那也是由於誤解而非有意，史準備好了要充分合作。在二人的堅持下，史點頭同意，宋美齡表示「那我們馬上就去做」。其後，史迪威見蔣，其情況，據史自述：蔣「改變了立場，演起了戲，竭力顯得態度和解。他說了兩點：一、我應該明白總司令和參謀長的職責。二、我應該避免任何優越感。這全是廢話，但我有禮貌地聽著。蔣介石說，在此條件下，我們可以和諧地再次繼續合作。」⑮

二十日，宋藹齡向史解釋說：「她只能在『她的血肉』（子文）和中國的利益之間作出選擇。」「我們已經完全控制了『花生米』（指蔣介石），並讓他來了個一百八十度的大轉彎。」她認爲這是一個大勝利。宋藹齡保證，史的地位「得到了很大的加強，將來不會再有進一步的進攻」。⑯

九、宋子文向蔣介石遞交「悔過書」，蔣介石感念親情與西安事變時宋子文的表現，答應與宋相見

蔣介石改變主意，史迪威留任使宋子文「挨了一下猛擊」。但是，蔣自感對宋的態度也有不妥之處。十月廿四日，蔣介石日記云：「本週以宋子文橫暴、愚詐，觸余憤怒，實爲近年來所未有之現象，亦乃修養毫無成效之徵象也，未免有慚！然子文奸詐卑鄙之情態不能不有此一舉。如果再事容忍，則養癰遺患，公私兩敗矣！」十一月六日，日記又云：「宋子文野（夜）郎自大，長惡不悛。二十年來，屢戒屢恕，終不能使之覺悟改過。野心難馴固矣，然余無感化之力，不能不自愧也。」這一段時期，蔣介石始終不見宋。

十一月十六日，宋子安出面調解，要求蔣召見宋子文一次，遭到蔣的拒絕。日記云：「彼誠幼稚天真之人也。」⑰最後，宋子文不得不自己出面打破僵局。十二月廿三日，宋子文致

函蔣介石，自稱兩月以來，獨居深念，自感「咎戾誠多，痛悔何及」。接著，闡述與蔣的關係「在義雖爲僚屬，而恩實逾骨肉，平日所以兢兢自勵者，惟知效忠鈞座，以求在革命大業中略盡涓埃之報」。信件著重說明抗戰以來，自己「無論在國內、國外，惟知埋頭苦幹，秉承鈞座指導，爲爭取勝利，竭其綿薄」，但因「個性愚憨，任事勇銳，對於環境配合之考慮，任事每欠周詳；甚或夙恃愛護過深，指事陳情，不免偏執而流於激切」。信件自承在蔣前無禮、「粗謬」、「頑鈍」，要求蔣「曲予寬容」。函稱：「此誠文之粗謬，必賴鈞座之督教振發，而後始足以化其頑鈍，亦即文於奉教之後，所以猛省痛悔、愈感鈞座琢磨之厚。今文以待罪之身，誠不敢妄有任何瀆請，一切進退行藏，均惟鈞命是聽。伏乞俯鑒愚誠，賜以明示，俾能擇善自處，稍解鈞座煩憂，則文此身雖蒙嚴譴，此心轉可略安而曲予寬容。文無論處何地位，所以圖報鈞座之志始終不渝，尤必與青天白日，同其貞恒。」⑱

宋子文的這份「悔過書」打動了蔣介石。十二月廿四日，蔣介石自思：「自十月痛斥宋子文以後，始終未准其相見，昨日來函表示悔悟，求見迫切，余乃從親戚與內子之懇切要求，並爲慰岳父母之靈，允於孔寓與之相見，當觀其以後事實如何，如果能真誠覺悟，則公私皆蒙其福矣。」⑲廿六日，蔣介石日記云：「對子文訓斥以後，拒而不理者已逾兩月。本週得其悔書，乃於聖誕前夕，爲其西安共同患難之關係，准予相見，以示寬容。」⑳三十一日，蔣介石年末反省，日記云：「本年修身之道進步較多，而暴戾傲慢之氣未能滅除，是爲最大之羞汙。對道藩、文白、哲生、辭修、子文、顯光各種行態，尤爲粗暴失態。而子文與辭修之驕橫跋

扈，自應斥責，但其他同志不過愚拙無能，實爲無心之過，是余指導無方之所致。乃不責己而責人，是爲本年最大之慚。」⑿

十、史迪威計畫暗殺蔣介石，掌握中國軍權

蔣介石留用史迪威，雙方和解，固然與史迪威模模糊糊地承認錯誤有關，但關鍵原因還在於緬北雨季即將結束，中國軍隊計畫反攻緬北，不能臨陣換將。

十月十九日，蔣介石在重慶黃山官邸召集會議，蒙巴頓、史迪威及何應欽等出席。史迪威對中國軍隊參與反攻緬甸的計畫作了介紹，給蔣介石留下了深刻的印象。史迪威日記云：「『花生米』現在又討人喜歡了。」⑫與之相應，蔣對史的印象也有改變。十一月廿四日，蔣日記云：「史迪威態度改變甚速，表現頗好，是亦感召之力乎？幸未爲子文所脅制，否則，必得相反之惡果。」⑬不過，蔣介石看到的只是一時的現象。美國軍部早就密令史迪威「應利用一切機會，統率中國軍隊」。⑭十一月廿二日，史迪威隨蔣介石參加開羅會議。期間，史迪威準備了一份與羅斯福的談話資料，中云：「無論蔣介石作何承諾，我們如不將掌握中國軍隊之權早獲明文規定，所有努力均將成爲廢紙。」⑮但當日史、羅見面時，史未獲提出機會。

十二月六日，史迪威會見羅斯福，羅問史：「你以爲蔣能維持多長時間？」史答：「局勢很嚴重，日本人再來一次五月份的那種進攻就會把他推翻。」羅斯福稱：「好吧。那我們就

該找另外一個人或一群人繼續幹下去。」⑫6十二月十二日，史迪威自開羅回重慶，途經昆明，與其助手多恩（Frank Dorn，或譯竇恩）上校談話。⑫7其內容，據多恩回憶：史迪威聲稱，在開羅時奉口頭密令，準備一份暗殺蔣介石的計畫。事後，多恩擬具辦法三種：用毒、兵變、墜機。史迪威選擇最後一種，令其準備，候令實行。⑫8此後，暗殺計畫始終沒有付諸實施。但是，史迪威愈來愈明確地認為：「中國問題的藥方是除掉蔣介石。」⑫9「他們所應該做的是打死大元帥和何（應欽）以及這幫人中的其他人。」⑬0

十一、蔣介石終於同意史迪威的進攻計畫，史高興地哼起了歌曲：「叮叮噹，叮叮噹，鈴兒響叮噹」

開羅會議中，蒙巴頓提出了一項在北緬作戰的計畫，蔣介石向羅斯福及邱吉爾陳述：攻緬勝利關鍵在於海軍與陸軍配合作戰，同時發動，掌握制海權，阻絕日本的海上補給線。⑬1廿四日，邱吉爾向蔣表示，英國海軍須至明年五月，才能在南緬登陸，這使蔣大為失望。⑬2次日，羅斯福向蔣介石保證，北緬作戰時，英海軍必提早在南緬登陸。⑬3蔣介石對邱吉爾已完全失去信任，認為「開羅會議之經驗，無論軍事、經濟與政治，英國決不肯犧牲絲毫之利益以濟他人」，「英國之自私與害人，誠不愧為帝國主義之楷模矣」，但他為了不給英方今後提供推諉藉口，勉強表示同意蒙巴頓的北緬作戰計畫。⑬4

三十日，蔣介石歸途經過印度藍姆伽，視察史迪威指揮部與鄭洞國軍部。鄭早就感到，史迪威及其美國同事不願他過問軍事，不允許中國師級將領行使前線指揮權，事事要由美國人決定，因此向蔣訴苦，稱史迪威視之如傀儡，不給他絲毫指揮權。⑬⑤同日，蔣與廖耀湘、孫立人談話，認爲蒙巴頓、史迪威對中國軍隊的批評「皆非事實」，而且史迪威的指揮戰略也「甚不當」。蔣並立即召見史迪威的參謀長白克，「據實用地圖指正其誤，並囑轉告史氏改之」。⑬⑥

開羅會議結束後，羅斯福、邱吉爾與史達林於十一月廿八日又在德黑蘭會集會。史達林表示，在打敗德國後，將對日作戰。英國對在緬甸作戰本來就沒有多大興趣，便借此機會企圖取消原來在緬甸作戰的承諾。十二月七日，羅斯福致電蔣介石，說明德黑蘭會議希望在一九四四年末結束對德戰爭，需要大量巨型登陸艦艇，詢問可否將對緬甸的總反攻計畫推遲到一九四四年十一月。⑬⑦蔣介石覺得此爲羅斯福與史達林的決定，已無法更改，只能表示同意，但提出中國經濟危機較軍事尤爲緊急，要求美國貸款十億美元，用以支持中國繼續抗戰。

羅斯福雖然有將總攻緬甸延期的打算，但並未最後決定，因此，史迪威仍在作及早攻緬的努力。十二月十四日，史迪威到重慶，企圖說服蔣介石，談話很不愉快。蔣介石日記云：「以史迪威之神態與見解，引人不快。凡事靠己，必須我能加強本軍爲第一義也。」⑬⑧十五、十六兩日，蔣、史二人反覆討論攻緬戰略。據史迪威日記，史向蔣反覆說明「放棄進攻緬甸的可能後果」，蔣則表示：「我們不能冒在緬甸失敗的危險，那對中國人所產生的後果將極爲嚴重」，以致史在日記中怒罵：「這個小畜牲根本不想打。」⑬⑨

據史迪威稱，宋藹齡和宋美齡也同時出面勸說，宋美齡甚至向史宣稱：「昨天夜裏她祈求了他」，「做了一切努力」，「就差殺了他」。十六日，再次開會討論，蔣稱：「我們只有百分之一的獲勝希望。」「除非舉行一次大規模的兩棲行動，一切都是不可能的。」又稱：「如果我們採取守勢而讓日本人進攻的話，我們獲勝的機會就會多一點。」⑭據蔣介石日記，史「竭力慫恿如期攻緬」，但蔣「決心展期至明秋爲止」。日記稱：「此人既無軍事常識，更無政治淺見，余表示展期之決心，勿使其再爲我害也。」⑭此際，一九四二年遠征軍初戰失敗仍像夢魘一樣壓在蔣的心頭。蔣日記云：「爲攻緬展期問題，內外阻力甚大，如無堅定決心，則此舉必被動搖，將蹈去年失敗覆轍矣。」⑭他擔心如攻緬再敗，則昆明不保，空運根據地全失，國際通道斷絕，國內軍心、民心動搖，將更爲美、英、蘇所輕侮。蔣估計，最多不過兩年，太平洋大戰必將爆發，「屆時，中國兵額未足，毫無精強部隊參加決戰，則我國地位絕無矣。故僅有之資本，決不願再作浪費，而被英國之欺弄，致我國於萬劫不復矣」。⑭

十七日，蔣介石覆電羅斯福，聲稱如登陸部隊所需戰艦及運輸艦不能按原計劃集中，則陸海的全面攻勢延期至明年十一月，一舉殲滅在緬日敵，較爲妥適。⑭不過，蔣介石並不反對局部攻緬。十月十八日，蔣介石在重慶召見史迪威，佈置自印度東北的列多（力多、立多）向北緬進攻的作戰方針。十九日，蔣介石與蒙巴頓、史迪威開會，確定以十二月中旬爲期，攻取緬北。蔣並且表示同意由蒙巴頓指揮全部在緬作戰的中國部隊，史迪威爲副。⑭會議結果使史迪威欣喜若狂。他在日記中寫道：「有史以來頭一次。大元帥授予我指揮使用（中國駐印軍）部隊的全權，沒有繩索——他說沒有干預，那是『我的部隊』，給了我解除任何一名軍官職務的全權。」在給史迪威夫人的信中，他也表達了同樣的欣喜，甚至哼起了歌曲：「叮叮噹，叮叮噹，鈴兒響叮噹，耶誕節多快樂，我們坐在吉普上。」⑭⁶

第二天，史迪威即飛返緬甸，轉赴列多，與新編第三十八師師長孫立人研究作戰計畫。其後，駐印軍在胡岡河谷、孟拱河谷等地迭獲勝利。

十二、羅斯福要求蔣介石出動駐滇部隊進攻北緬，蔣羅矛盾尖銳。在日本「一號作戰」的威脅下，羅斯福要求蔣將指揮全部中國軍隊的權力交給史迪威

蔣介石所同意動用的只是中國駐印軍，但是，在雲南，還有另一支待命進攻緬北的遠征軍。十二月廿一日，羅斯福又致電蔣介石，要求中國駐滇部隊向北緬作戰，以支援英、美部隊由印度向北緬的進攻。蔣介石仍然覺得沒有海軍從緬南配合，並登陸協助，乃是自取滅亡之道。十二月廿三日，蔣介石覆電羅斯福，重申開羅會議南北海陸軍同時發動的意見，批評「盟軍戰略置中國戰區於不顧」，聲稱中國駐印遠征軍已交給蒙巴頓、史迪威指揮，不能同意駐滇遠征軍再行出動。⑭⁷

一九四四年一月十五日，羅斯福再電蔣介石，要求出動滇西部隊，盡力進逼，配合蒙巴頓。三月二十日，羅斯福致電蔣介石，說明緬甸形勢已經發展到一個重要階段，要求滇西遠征

軍前進至騰衝及龍陵地區，以配合駐印遠征軍奪取緬北重鎭密支那。⑱當時，蘇聯空軍與外蒙軍隊入侵新疆，正在與中國軍隊對峙。廿七日，蔣介石覆電羅斯福，說明中國已抗戰七年，國力、兵力均極疲憊，在新疆未安定，中國正面戰場對日軍的防線未有把握之時，中國主力軍不可能由雲南發動攻勢。他重申在開羅時對羅的諾言，一旦英軍發動對緬甸的海陸兩棲作戰，中國主力軍必全力攻緬。但是，蔣仍然表示，將儘量抽調雲南部隊空運西線，增強列多方面的作戰力量。⑲當日，史迪威飛到重慶，蔣介石即批准由滇西空運第十四師、第五十師赴印作戰。

四月四日，羅斯福再次要求滇西遠征軍佔領雲南邊陲要地騰衝與龍陵。在電報中，羅斯福不無牢騷地向蔣表示：「去年吾人裝備並訓練閣下之遠征軍，現正當利用此機會。如彼等不能用之於共同作戰，則吾人盡其最大之努力，空運武器與供給教官，爲無意義矣。」⑳此函語含譴責與批評，此前還不曾出現過。五日，蔣介石日記云：「其措辭甚傲慢，爲其自直接通電以來之第一次。」他認爲，現在尙非駁斥之時，應暫時忍耐，也不回答，以觀其後。㉑六日，宋美齡特約史迪威助手賀恩（Hearn）參謀來談，告以「此種壓迫的行動，實非中國所能忍受」。㉒七日，宋美齡致電史迪威，聲稱羅斯福致蔣電，「如此措辭，余恐其將使吾人共同企求之目的未克達成」，希望史設法向華府擬稿人說明，「當此緊要之際，應竭盡全力，以促使吾人共同勝利之早日來臨」。㉓十日，馬歇爾下令暫時停撥援華軍事物資，至滇西遠征軍出動時再予恢復。蔣介石認爲此可忍，孰不可忍，囑何應欽答覆美方：「中國抗戰與出擊，自有一定計劃，決不爲美國武器之接濟與否所轉移」。㉔

在美國的壓力下，蔣介石決定調整對緬作戰方針。四月十三日，軍事委員會電令滇西中國遠征軍於月底前完成作戰準備，相機攻佔騰衝，策應西線駐印軍攻擊緬北重鎮密支那。十七日，擬定怒江作戰計畫。五月十一日，反攻怒江作戰開始。

然而，就在中國遠征軍東西兩路同時出動之際，日軍的「一號作戰」卻在節節進展。一九四四年四月，日軍為打通大陸交通線，掃蕩美軍在中國的空軍基地，首先向河南進攻。五月廿五日攻陷洛陽。五月底，日軍開始向粵漢路進攻，蔣介石致電中國駐美軍事代表團團長商震，要他提請美國軍事當局注意其嚴重性，將成都存油、配件及飛機全部交陳納德作為粵漢路空戰之用。同時，蔣介石兩電召史迪威回渝商量，史迪威均置而不答，蔣深感痛憤，在日記中批評史「誠非以情義所能感」。⑮

六月初，蔣介石自我反省，深悔「去年既已決心解除其職務，而復留用」的「失計」，批評自己用人辦事尚為環境所轉移，有關重要問題皆不能主動自決。⑯史迪威早就認為，蔣介石過於重視陳納德的空中打擊力量，忽視陸軍的建設與改造，因此他對中國部隊在河南的失敗並不驚訝，日記稱：「中國的局勢相當糟糕。我相信『花生米』將要為他的愚蠢遲鈍付出重大代價。這個傻瓜蛋，救世軍主動來拯救他，而他卻不接受。現在一切都太晚了，他卻大叫了起來。」⑰

六月五日，史迪威到重慶，如他所料，蔣的目的在於要求史迪威同意，為陳納德的第十四航空隊增加汽油供應。這使史迪威很不屑，在日記中批評蔣說：「他想要整個世界，但又什麼都不想吐出來」。⑱自然，史迪威拒不加撥。⑲六月十八日，日軍攻陷長沙，向粵漢、湘桂兩路交叉點和戰略基地衡陽逼近，情勢更爲危急。史迪威於七月二日致夫人函云：「如果危機到了足以擺脫掉『花生米』而又不致毀了整艘船的程度，那就値了。」七月四日，史迪威致電馬歇爾，報告中國戰場危機，要求羅斯福致電蔣介石，「以劇變形勢應採劇烈手段」爲理由，迫使蔣將對中國軍隊的指揮權交給自己。電中，史迪威並稱：「出兵晉豫以攻漢口，應是扭轉中國局勢之方法，此須使用中共部隊。兩年以前彼等願聽我指揮，今或仍能聽命。」⑯其實，中共長於敵後游擊戰爭，不會輕易「聽命」於史迪威，匆促去進攻漢口這樣的大城市。

馬歇爾同意史迪威的意見。七月六日，馬備妥電稿，由李海簽呈羅斯福，聲稱「中國局勢近已頹落至可驚之程度」，「目下已到須將中國軍權交與一個人物指揮抗日，使生效果之時，環顧中國政府與其軍隊之中，尙無一人能夠綜持軍力以應日方之威脅，有之即是史迪威。」⑯七月七日，羅斯福按擬稿致電蔣介石，提出日軍進攻華中，局勢嚴重，「應責任一人，授以調節盟國在華資力之全權，並包括共產軍在內」，同時告以已升史迪威爲上將，建議蔣將其從緬甸戰場召回，「置彼於閣下直屬之下，以統率全部華軍及美軍，並予以全部責任與權力，以調節與指揮作戰」。⑯這一電報雖宣稱將史迪威置於蔣介石「直屬之下」，但實質上是架空蔣介石，賦予史迪威以指揮全部中國軍隊的權力。七月八日，史迪威日記云：「羅斯福給蔣介石去電，喬治・馬歇爾給我來電。他們在我的事情上一直在向他施加壓力。羅斯福要蔣介石給予我指揮的全權。」⑯

十三、蔣介石採取拖延戰術，羅斯福緊逼不讓，暗示將停止對中國的援助；蔣介石憤而在日記中大罵「美帝國主義」，準備放棄美援，與美絶交，獨立抗日；宋子文再度和蔣站到一起

宋子文最先得知要蔣介石向史迪威交出全部軍權的消息，因而最先致電霍浦金斯反對，電稱：「今天華盛頓又作出了一項錯誤的決定，陸軍部要強迫蔣接受史迪威將軍」，「我個人可以無保留地向你擔保，蔣委員長在這個問題上決不會而且也不能屈服。」⑯蔣介石覺得難以硬抗，企圖拖延。七月八日，蔣介石致電在美代表孔祥熙，要他轉呈羅斯福，聲稱「原則」贊成關於史迪威的建議，但中國軍隊及政治情況複雜，「必須有一準備時期」，建議羅派私人代表來華，調整蔣與史迪威之間的關係，增進中美合作。⑯羅斯福看出了蔣意在拖延，於十五日覆電蔣介石催促，表示形勢「需要有一迅速之處置」，儘早向史迪威交權。⑯

七月十六日，蔣介石甚至在日記中大罵「美帝國主義」，聲稱「抗戰局勢，至今受美國如此之威脅，實爲夢想所不及。而美帝國主義之兇横，竟有如此之甚者，更爲意料所不及。彼既不允我有一猶豫之時間，必欲強派史迪威爲中國戰區之統帥，以統制我國。此何等事，如余不從其意，則將斷絶我接濟，或撤退其空軍與駐華之總部，不惟使我孤立，而且誘敵深入，以圖中國之速亡，其計甚毒。」⑯八月六日，蔣日記再云：「最近內外形勢之壓力日甚一日。尤以美國在精神上無形之壓迫更甚。彼必欲強余無條件與共黨妥協，又欲余接受其以史迪威爲總司

令，此皆於情於理不能忍受之事。」⑯可見，蔣對羅雖表面順從，而內心卻充滿強烈的對抗情緒。但是，蔣介石一時還不敢得罪羅斯福，與戴季陶、陳布雷研究後，決定暫用妥協政策。

七月廿三日，蔣介石兩電孔祥熙，要他當面向羅斯福陳述：蔣對羅的主張「原則上表示接受而毫不躊躇」，但實行上不可無「程序」，「須有一相當之準備時期」；羅所稱指揮全部華軍，應指在國民政府統轄下在前線的作戰部隊，其指揮範圍與辦法，應另行規定。要孔特別說明：「抗戰七年，而中國全國國民之所以百折不撓者」，「全爲求得國家之獨立與自由，保障國家之尊嚴」，意在含蓄地指出羅斯福主張之不當。關於租借物資支配權，蔣提出：應完全歸於中國政府或最高統帥，但可授予史迪威「考核監督之權」。⑯

羅斯福不容蔣介石拖延，於八月十日致電蔣介石，聲稱中國戰場形勢危急，授予史迪威全部指揮權一事「必須立即行動」，同時提出，將派曾任陸軍部長、中東特使的赫爾利爲私人代表來華，調整蔣、史關係。至此，蔣介石已不能閃躲。同月十四日，蔣擬任命史迪威爲「中國戰區統帥部參謀長兼中美聯軍前敵總司令」，並擬在覆羅電中表示「余已積極準備，甚望其能於短期內可以順利實現」。⑰蔣既鬆動，羅斯福也不想使中美關係弄得很僵，於八月廿三日致電蔣介石，繼續催蔣儘早採取必要的措置，讓史迪威指揮中國軍隊，電稱：「稽延之思考及審慎之部署，於此軍事嚴重之時，容有嚴重之後果。」同時，羅斯福也表示，正擬訂新程序，使史迪威不再負責撥發租借物資。⑰這通電報，意在進一步催逼，但也有所讓步。

九月六日，羅斯福特使赫爾利與納爾遜抵達重慶。九月九日至十一日，宋子文、何應欽與赫爾利、史迪威、納爾遜談話。其間，宋子文根據蔣介石指示，堅持美國租借物資到達中國後應交中國政府處理，聲稱「必須記住一個大國的尊嚴」，但史迪威、赫爾利均反對。⑰赫爾利指斥宋子文「胡說」，對宋稱：「記住，宋先生，那是我們的財產，我們生產的，我們擁有他們，我們願意給誰就給誰。」⑰史迪威在日記中寫道：「如果大元帥控制了分配權，我就完了。共產黨人將什麼也得不到，只有大元帥的親信才能得到物資，我的部隊（遠征軍）將只能去舔別人的屁股。」⑰

十二日，宋子文向蔣介石報告，赫爾利、史迪威不願交出租借物資支配權，蔣稱：「此事非堅持不可。」⑰同日，赫爾利與納爾遜拜會蔣介石，給蔣的印象是「言辭雖婉而意甚嚴」。他認為，抗戰以來，舉凡軍事失敗、經濟疲弱、「共匪猖獗」、政治惡化等各種問題，都是美國的「粗疏盲昧、無端詆毀」的結果。對於談判再三而美國仍不願將援華物資交給自己支配，以及不願就史迪威指揮中國軍隊一事訂立協定，蔣介石尤感惱怒，再次萌生「獨立應戰」的想法，日記云：「對余污辱欺妄，竟至此也。決與之據理抗爭，不能再事謙讓，並須預作獨立作戰之準備，以防萬一也。」⑰九月十六日，美國大使高斯對蔣介石稱：「希望中國將來在和會中能代表中國與亞洲，不失為四強之一之資格。」蔣自稱聽了這段話以後，有如「利刃刺心」，在《上星期反省錄》寫道：「若不自力更生，何以立國？何以雪恥？而史迪威之刁難輕侮，更令人難堪無已。」⑰

史迪威所指揮的中國駐印軍迭獲勝利。八月五日，駐印軍攻克密支那。但是，日軍打通大陸交通線的作戰也進展迅速。九月十二日，日軍攻佔廣西全州，威脅桂林、柳州。滇西方面，遠征軍於九月十四日克服騰衝，與盤據龍陵的日軍則陷於苦戰狀態。九月十五日，蔣介石要求史迪威命令駐印軍乘勝進攻緬北的另一要地八莫，以此策應滇西遠征軍，否則，即擬將遠征軍撤回怒江以東，保衛昆明。史迪威聲稱，在密支那的中國遠征軍需要休息，建議蔣調在陝西監視陝北的胡宗南部來援，同時反對滇西遠征軍撤回怒江以東。他在日記中斥責蔣介石為「瘋狂的小雜種」，「一如既往的荒誕理由和愚蠢的戰略戰術觀念。他很難對付而又令人討厭。」⑰事後，史迪威緊急電告馬歇爾，聲稱「長江以南的災難主要是由於缺乏適當的指揮和照例的遠在重慶的遙控，麻煩仍然來自最高當局。」⑰

十八日，羅斯福致電蔣介石，認為日軍進攻中國東部是「詭計」，要求蔣介石立即補充緬北部隊並且立即派遣生力軍，協助怒江方面的中國軍隊。該電同時嚴厲批評蔣延擱委任史迪威指揮中國所有之軍隊，以致損失中國東部的重要土地。羅斯福以威脅的口吻稱：「務希立採行動，方能保存閣下數年來英勇抗戰所得之果實，及吾人援助中國之計畫。」「不然，則在政治上及軍事上種種之計畫，將因軍事之崩潰而完全消失」。⑱這通電報有如最後通牒。史稱讚說：「這一槍打中了這個小東西的太陽神經叢，然後穿透了他。這是徹底的一擊。」⑱

十九日，史迪威向蔣面交此電，蔣只說了一句話：「我知道了」，但內心憤怒異常，日記云：「實我余平生最大之污點，亦為最近之國恥。」「今年七七接美羅侮辱我國之電以後，余再三忍辱茹痛，至今已有三四次之多，然而尚可忍也。今日接其九一八來電，其態度與精神之惡劣及措辭之荒謬，可謂極矣。」⑱二十日，蔣介石對赫爾利、納爾遜說：「中國軍民恐不能長此忍受美史等侮辱，殊爲合作之障礙也。」⑱赫爾利來華後，曾與史迪威長談。史稱：自己與蔣之間，兩人個性均極強硬，工作上不免發生困難。今後願意接受蔣之命令。關於援華租借物資，赫批評史全面操控的做法，史同意今後全部交蔣支配。關於中共問題，史提出由彼提出調整方案，國共兩黨彼此諒解，將中共以及中央用以防共的部隊，均調出抗戰。赫稱此爲中國內政，吾人雖盼中國統一，但只能以「純客觀之立場贊助中國政府解決中共問題」，使所有中國抗日部隊均聽命於蔣的指揮。

廿四日，赫爾利會見蔣介石，彙報與史晤談情況。蔣稱：羅斯福關於將中國軍隊交史迪威指揮提議，出於好意，有利中國，但「軍隊乃國家命脈，而軍隊之指揮權，乃操國家生死存亡之大事」，自己不能不慎重處理。蔣要赫爾利轉告羅斯福：「有三點不能稍事遷就：一、三民主義不能有所動搖，故不能任共產主義之赤化中國。二、國家主權與尊嚴不能有所損失。三、國家與個人人格不能污辱，即不能接受強制式之合作也。」⑱蔣稱：已對史迪威「失去最後一分之希望與信心」，希望美國另派人員來華。宋子文當即配合，聲稱美國派任東南亞的盟軍總部某參謀長即可勝任。⑱廿五日，蔣介石命宋起草致赫爾利備忘錄，表示同意美方遴選將領一員爲中美聯軍前敵總司令，兼任中國戰區參謀長。備忘錄稱，自赫爾利來華後，本人曾不顧以前之感覺與判斷，考慮以史迪威爲前敵總司令，但「史將軍非但無意與余合作，且以爲受任新職後，余將反爲彼所指揮，故此事因而中止」。⑱

蔣介石拒絕羅斯福的意見，自知事關重大，中美關係有破裂的危險，準備恢復「獨立抗戰」。九月廿六日，蔣介石致電在美國的孔祥熙與宋美齡，聲稱羅斯福來電「其措辭實不堪忍受，余對其來電決置之不覆。」「吾人如再恢復獨立抗戰之態勢，則對內政與軍事情勢，決不能比現在更壞。只要內容簡單，無外力牽制，則國內一切措施方能自如，決不如今日皆受人束縛之苦也。史決難再留，如有人來說情，應嚴正拒絕，並請其從速撤換，以免阻礙今後之合作也。」⑱⑦

廿七日，蔣介石日記云：「自史迪威由印回渝，半月來，即作有計劃、有系統的威脅宣傳：一曰，史已離渝回美，二曰，共黨要求其赴延安，三曰，彼擬即飛延安，四曰，第十四航空大隊將完全撤退。五曰，駐渝美軍總部人員全部撤退等荒謬言論，散佈於渝市，使吾恐怖，可將華軍指揮權無條件交彼也。另一方，美國之內對華軍之拙劣、紛亂等種種不堪之妄報，使其國人對華侮蔑，以為中國真絕望矣。……尤以羅於上週五在記者席上對華軍事不滿之表示，更見其險惡用心，非達其統制中國之目的不可也。若不與之決鬥，何以遏制其野心與暴露其陰謀也！」⑱⑧廿八日，蔣介石致電在華盛頓的孔祥熙，囑咐他今後不可再向美國要求任何物品，以免為人輕視，並要求他迅速離美回國。這時候，蔣已經作了和美國斷絕外交關係的準備。三十日，他在《本月反省錄》中寫道：「美國態度之惡劣已至極點乎，過此惟有絕交之一途。」「萬不料聯盟戰爭，得此逆報與窘境。」⑱⑨

十四、羅斯福不願失去中國這一戰略夥伴，向蔣讓步，同意撤回史迪威，蔣介石認為，這是「中國解放之開始」；宋子文自稱「出力不少」

在反法西斯戰爭中，中國雖是弱國，但是，中國畢竟是大國，是抗擊日本帝國主義者的主要力量。蔣介石既然寸步不讓，美國不願丟掉中國這個戰略夥伴，就只有向蔣讓步了。十月六日，羅斯福致電蔣介石，表示接受蔣的建議，解除史迪威的參謀長職務，命他不再負責租借物資，但羅堅持，爲保證中印空運，仍須史負責指揮在緬甸及雲南的中國軍隊。⑲⑩十月七日，蔣介石接見赫爾利，拒絕羅斯福建議，聲稱史迪威既不能服從命令，又缺乏與中國合作精神，故不能再委以指揮中國戰區任何軍隊之名義與職務，要求美方另派人員。蔣並擬就致赫爾利的說明文稿和答覆羅斯福電稿，當場由宋子文口譯。⑲①

八日，蔣介石約陳布雷談話。陳認爲應適可而止。蔣不贊成，表示：「應以要求撤回爲唯一目的。」同日，孔祥熙也致電蔣介石，說明羅斯福召集美國陸海軍首腦商談，軍方對撤換史迪威頗多顧慮，馬歇爾又對史極爲支持，史現升四星上將，與麥克阿瑟、艾森豪權位相等，如另派他人，至爲難得等爲理由，要求蔣令史辭去中國戰區參謀長職務，專心負責滇緬路聯軍軍事。⑲②但是，蔣也不爲所動。九日，蔣介石致電羅斯福，要求調回史迪威，另換他人。⑲③此際，蔣介石認爲對美交涉已至最後關頭，做了最壞準備。他在日記中表示，如羅斯福不改變其現在態度，則不能不準備決裂。在歷史上，蔣在碰到困境時，曾經有過兩次下野的記錄。這次，蔣自稱：「非至萬不得已時，決不可為內外形勢惡劣之故而灰心下野，以放棄我革命之責任也。」⑲⑷十月十三日，美國駐華大使高斯會見宋子文，希望留住史迪威，聲稱撤換史將損害羅斯福的威信。宋向蔣彙報，蔣雖感到形勢的「危險與惡劣」，但是，也還是不準備收回決定。⑲⑸

赫爾利來華，本負有勸說蔣介石接受羅斯福決定的任務，但是，他在與蔣的接觸中，卻逐漸被蔣說服。十月十三日，他致電羅斯福，聲稱「中國以劣勢裝備之弱國對其強大敵寇，抗戰至七年以上，尚不能使之屈服，則美國對華交涉，決非用壓力與威脅所能奏效」。他力勸羅斯福改變決定，另派能與蔣合作的年輕將領來華。電稱：「如我總統支持史迪威將軍，則將失去蔣委員長，甚至還可能失了中國」。⑲⑹自然，羅斯福不願失去中國，只能向蔣妥協。十月十五日，赫爾利向蔣介石出示羅斯福來電，要求蔣從美國將領中圈選三人，交羅選定。⑲⑺十月十九日，羅斯福致電蔣介石，聲稱現正頒發命令，即將命史迪威回國。在一場比賽智慧、比賽意志的較量中，羅斯福敗在蔣介石手下了。蔣介石志得意滿，十月廿二日，蔣介石日記云：「如果此次撤史不成，則美在東方必演成其帝國主義侵略之禍首。」「此舉不僅救國，抑且救美矣。」⑲⑻廿八日，美國正式發佈調史迪威回國命令。十月三十一日，蔣在日記中自誇云：「此實我中國解放之始也。」⑲⑼

宋子文最早提出撤換史迪威，在蔣改變主意後，又因堅持己見而受到蔣的斥責，這時，自然很高興。十月三十日，宋子文致宋子安電云：「此次史迪威撤調回國，兄助回合（暗指蔣介

石——筆者），出力不少。蓋爲糾正一年前歷史上之錯誤也。」⑳⓪

一九四五年一月五日，美國政府自動撤回史迪威的助手多恩，蔣介石日記云：「此人爲史迪威手下第一驕橫侮華之人，美竟撤去，則其援華之誠意又進一步矣。」⑳①蔣介石當然不可能得知，就是這個多恩，曾經受命制訂過一份暗殺計畫，要讓他從高空的飛機上摔下來。同年七月七日，蔣介石想起一年前羅斯福強制自己交出軍權的情況，認爲「幾乎宣判中國之死刑，爲抗戰以來所未有之恥辱」。」⑳②

六月廿三日，史迪威出任美國第十集團軍司令，與日軍在沖繩島作戰。八月二日，蔣介石得知，馬歇爾決定由史率領第十軍由琉球來華登陸，史則倡言「必先倒蔣以報去年之恨」。⑳③當晚，赫爾利拜會蔣介石，蔣將《史迪威事備忘錄》交赫，囑其轉交杜魯門總統，拒絕史迪威再次來華。⑳④史迪威和中國的關係自此結束。

十五、史迪威的優缺點都很突出。他既是對中國抗戰作出重大貢獻的國際友人，又是美國大國主義思想和作風的體現者

史迪威是個優缺點都很突出的人物。他是中國通，真心誠意地幫助中國抗日，對中國社會、中國軍隊與蔣介石其人有許多敏銳的認識。遠征軍第一次緬北作戰失敗後，他在印度訓練中國軍隊，增強了中國軍隊的作戰力。遠征軍第二次緬北作戰勝利，顯然與他的訓練、指揮有

關。鄭洞國曾回憶說：史迪威「是一位正直的、很有才華的軍事將領。在對日作戰問題上，他的態度不僅始終是認真、積極的，而且頗具戰略眼光，在指揮上很有一套辦法。最難他身爲異國高級將領，卻毫無官架子，待士兵們十分友善，喜歡同他們交朋友，慢慢贏得了不少中國將士對他的欽敬。」⑳應該承認，史迪威是對中國抗日戰爭作出重大貢獻的國際友人之一。但是，史迪威的性格中也有一些突出的缺點，例如傲慢、主觀、急躁、偏激，特別是，作爲美國將領，他身上不可避免地存在某些大國主義的思想和作風。

蔣史矛盾，開始於戰略分歧。史迪威就任中國戰區參謀長之際，中國遠征軍剛剛入緬，人地生疏，英國在緬軍隊則根本沒有鬥志，在這種情況下，就急於要求中國軍隊對日軍發起強力進攻，是其不妥之一。蔣介石和中國將領與日軍作戰多年，熟悉日軍的優勢和特點，反對貿然進攻，後來又反對在缺乏盟國有力的支援和協同下由中國軍隊孤立作戰，求穩防敗，有其合理性，但史迪威卻視之爲「卑怯」，由此對蔣介石和中國將領的抗日積極性作了過低的估計，是其不妥之二。中國入緬軍初戰失利，史迪威擅作主張，未經請示就決定向印度退卻，途中環境惡劣，給養困難，造成部隊非戰鬥減員過大，史迪威完全缺乏自責，是其不妥之三。

中國與美國、英國等共同抗擊日本侵略，是同盟國之間的相互配合、相互支援的關係。蔣介石、宋子文等人期望盡可能多地得到美國的援助，但是，同時又不能容忍對中國的任何歧視，要求待遇平等，能和英國、蘇聯等受援國一樣，自己掌握租借物資分配權，也有其合理性。當時，中國有關機構腐敗嚴重，蔣介石又歧視和排斥中共所領導的抗日部隊，因此，史迪威等應該也完全可以堅持對援華物資分配的建議權和監督權，但是，史迪威等卻堅持援華物資是美國人生產的，必須由美國人分配，中國人無權過問，這就是大國主義的作風了。史迪威批評蔣介石是「一條貪婪、偏執、忘恩負義的小響尾蛇」。其中所說「偏執」姑置不論；說蔣「貪婪」，無非是指蔣對美援的不斷爭取；說他「忘恩負義」，則是典型的「施主」的「恩賜」心態。

抗戰時期，國民黨領導的軍隊確實存在著較多問題，需要訓練和改造，蔣介石對軍隊的指揮也確實有不少問題，需要改進、改革，但是，史迪威作爲外國人，不應越俎代庖，大量任用美國軍官來控制和操縱中國軍隊，更不應圖謀全面掌握中國軍隊的指揮權，甚至制訂暗殺計畫，企圖除去當時還是中國政府和抗日領導人的蔣介石。一九四三年十月之後，中國軍隊兩面作戰，既需要迎擊日軍旨在打通大陸交通線的一號作戰，又需要開闢緬北、滇西戰場，應付爲難。在這一情況下，羅斯福聽信史迪威、馬歇爾等人的意見，利用中國軍隊在河南、湖南等地的失敗，要求蔣介石將中國軍隊、中國戰場的全部指揮權交給史迪威，自然是侵犯中國主權的行爲。軍權是國家權力的核心部分，也是蔣介石集團賴以維持其統治的命根子。蔣介石堅決抵制羅斯福的要求，甚至不惜爲此與美國決裂，獨立抗日，既反映出蔣介石思想中的民族主義成分和他性格中的倔強一面，也反映出他充分懂得維護軍權對維護其統治的重要性。

在抗日戰爭中，中國共產黨所領導的敵後戰場愈來愈顯示其重要性。史迪威於對蔣介石集團失望之餘，寄希望於中共，主張國共兩黨聯合抗日，援華物資中應有中共抗日部隊的份額，並且建議將胡宗南的部隊調往抗戰前線。這些主張都是正確的。蔣介石對此採取疑忌和反對態度，是其反共思想和立場的必然表現。

宋子文是史迪威來華的促成者，但又是撤回史迪威的最早提議者，爲此，他在美國斡旋疏通，一旦撤回有望，而蔣介石卻臨事而懼，改變主意，由此引起兩人間的巨大衝突。在相當長的時間內，蔣介石有意冷落宋子文，甚至連開羅會議也不讓作爲外交部長的宋子文參加。但是，蔣宋之間畢竟基本觀點一致，利害一致，在宋子文上書「悔過」之後，蔣介石就原諒了他。此後，蔣宋合作，共同促使羅斯福作出了召回史迪威的決定。

（原載《中國社會科學院學術諮詢委員會輯刊》，第三輯，社會科學文獻出版社，二〇〇七年九月版。）

①《困勉記》卷七十，一九四二年一月三十日。

②杜聿明：《中國遠征軍入緬對日作戰述略》，《中華文史資料文庫》，第四卷，北京：文史資料出版社一九九六年版，第八七一頁。

③黃加林等譯：《史迪威日記》，世界知識出版社一九九二年版，第五十頁。

④《蔣介石日記》（手稿本），一九四二年三月九日。

⑤秦孝儀主編：《中華民國重要史料初編——對日作戰時期》第三編《作戰經過》（三），中國國民黨中央委員會黨史委員會一九八一年版，以下簡稱《作戰經過》（三），第一三八頁。史迪威當日日記

稱：「蔣大談中國人的氣質和他們所受到的局限，他們不能去進攻的理由……在緬甸失敗對於士氣將是災難性的一擊。第五軍和第六軍（是）『軍隊中的精華』必須慎重。」見《史迪威日記》，第五十四頁。

⑥《史迪威日記》，一九四二年三月十八日，前引書第六十頁。

⑦《蔣介石日記》（手稿本），一九四二年三月十八日。

⑧《作戰經過》（三），第二五七頁。

⑨《史迪威日記》，第六十一頁。

⑩原文為Stubborn bugger，瞿同祖譯作「頑固的畜牲」，見《史迪威資料》，中華書局一九七八年版第十九頁；黃加林等《史迪威日記》譯作「頑固的傢伙」，見前引書第六十一頁，此從黃譯。

⑪《蔣介石日記》（手稿本），一九四二年三月二十日。

⑫杜聿明：《中國遠征軍入緬對日作戰述略》，前引書第八七五頁。

⑬《蔣介石日記》（手稿本），一九四二年三月三十一日。

⑭《史迪威日記》，一九四二年三月三十日，前引書第七十一頁。

⑮《作戰經過》（三），第二七一頁。

⑯《蔣介石日記》（手稿本），一九四二年四月一日。

⑰《史迪威日記》，一九四二年四月一日，前引書第七十二至七十三頁。

⑱《史迪威日記》，一九四二年四月一日，前引書第七十三頁。

⑲《作戰經過》（三），第二七四頁。
⑳《蔣介石日記》，一九四二年四月四日。
㉑《史迪威日記》，一九四二年四月七日，前引書第七十七頁；參見《作戰經過》第二九〇頁。
㉒《蔣介石日記》（手稿本），一九四二年四月八日。
㉓《作戰經過》（三），第二九九頁；參見羅卓英：《報告》，一九四二年六月廿五日。宋子文文件，第六十四盒，美國史丹福大學胡佛研究所藏，以下均同。
㉔《上星期反省錄》，《蔣介石日記》（手稿本），一九四二年五月九日。
㉕秦孝儀主編：《中華民國重要史料初編——對日抗戰時期》第三編《戰時外交》（三），中國國民黨黨史委員會一九八一年版，以下簡稱《戰時外交》（三），第一四六頁。
㉖杜聿明：《中國遠征軍入緬對日作戰述略》，前引書，第八八二頁。
㉗《史迪威日記》，一九四二年六月四日、七日，前引書第一〇三、一〇四頁。
㉘《上星期反省錄》，《蔣介石日記》（手稿本），一九四二年六月六日。
㉙《困勉記》卷七十二，一九四二年六月五日。
㉚《上星期反省錄》，《蔣介石日記》（手稿本），一九四二年六月六日。
㉛《蔣介石日記》（手稿本），一九四二年六月十六日。
㉜《史迪威日記》，一九四二年六月十九日，前引書第一〇五頁。
㉝熊式輝文件，美國哥倫比亞大學珍本和手稿圖書館藏。

㉞《戰時外交》（三），第一四五頁。

㉟《宋子文致蔣介石急電》（一九四二年五月九日）：「軍部密告，接史梯威電，羅卓英離軍隊遁寶〔保〕山。」見林孝庭等編：《胡佛研究所所藏蔣介石、宋子文往來電稿》，初稿，未刊。

㊱熊式輝文件，哥倫比亞大學珍本和手稿圖書館藏。《戰時外交》（三）第六〇三至六〇四頁所載文字有小異，此據熊式輝文件引。

㊲宋子文文件，胡佛研究所藏，第六十盒。

㊳宋子文文件，胡佛研究所藏，第六十盒。

㊴宋子文：《加碼呈委員長電》，一九四二年五月十九日，林孝庭等編：《胡佛研究所所藏蔣介石、宋子文往來電稿》，初稿，未刊。

㊵《宋子文致蔣介石電》，一九四二年六月，同上。

㊶《宋子文致蔣介石電》，一九四二年六月十二日。同上。

㊷《作戰經過》（三），第五一四至五一五頁。

㊸同上。

㊹《戰時外交》（三），第一六八頁；參見《史迪威日記》，一九四二年六月廿六日，前引書第一〇九頁。

㊺《戰時外交》（三），第六一三頁。

㊻《戰時外交》（三），第一七一至一七五頁。

47 《史迪威日記》，一九四二年七月一日，前引書第一一〇至一一一頁。

48 《戰時外交》（三），第六〇八至六〇九頁。

49 《戰時外交》（三），第六〇九至六一〇頁。

50 《蔣介石日記》（手稿本），一九四二年七月三日、四日。

51 《戰時外交》（三），第六一一頁。

52 《戰時外交》（三），第六一一頁。

53 《蔣介石日記》（手稿本），一九四二年七月十八日，參見同日《困勉記》。

54 《戰時外交》（三），第六一五頁。

55 《蔣介石日記》（手稿本），一九四二年七月廿二日。

56 《蔣介石日記》（手稿本），一九四二年七月廿五日。

57 《上星期反省錄》，《蔣介石日記》（手稿本），一九四二年七月廿五日。

58 《蔣介石日記》（手稿本），一九四二年七月廿七日。

59 《戰時外交》（三），第六一四頁。

60 《宋子文致蔣介石電》，一九四二年七月三十日，前引林孝庭等編未刊初稿。

61 《蔣介石日記》（手稿本），一九四二年七月三十日。

62 鄭洞國：《我的戎馬生涯》，團結出版社一九九二年版，第二九五至二九六頁。

63 《作戰經過》（三），第五一五頁。

64 《蔣介石日記》（手稿本），一九四二年十二月十一日。

65 鄭洞國：《我的戎馬生涯》，第二七二至二七三頁。

66 《作戰經過》（三），第三五五、三五七頁。

67 《戰時外交》（三），第二一一頁。

68 《蔣介石日記》（手稿本），一九四三年二月七日。

69 《蔣介石日記》（手稿本），一九四三年二月八日。

70 《宋子文致蔣介石電》，一九四三年二月，前引林孝庭等編初稿。

71 《史迪威日記》，未注明日期，前引書第一七五頁。

72 《戰時外交》（三），第二二四至二二六頁。

73 《戰時外交》（三），第二二六頁。

74 《戰時外交》（三），第二三六頁。

75 《戰時外交》（三），第二二七頁。

76 《戰時外交》（三），第二二八頁。

77 《戰時外交》（三），第二二九至二三〇頁。

78 《戰時外交》（三），第二三一頁。

79 《戰時外交》（三），第二三三頁。

80 《蔣介石日記》（手稿本），一九四三年五月十八日。

(81)《戰時外交》（三），第二三四頁。
(82)《戰時外交》（三），第二三六頁。
(83)《蔣介石日記》（手稿本），一九四三年五月廿二日。
(84)轉引自《古達程渝來電》，一九四三年五月廿七日，宋子文文件，第五十八盒。
(85)轉引自《古達程渝來電》，一九四三年六月廿一日，宋子文文件，第五十八盒。
(86)《史迪威日記》，一九四三年六月廿八日，前引書第一八七頁。
(87)《蔣介石日記》（手稿本），一九四三年六月廿八日。
(88)《史迪威日記》，一九四三年六月廿八日，前引書第一八七頁；《戰時外交》（三），第六二八頁。
(89)《史迪威日記》，一九四三年六月廿八日。
(90)《蔣介石日記》（手稿本），一九四三年六月廿八日。
(91)《本月反省錄》，《蔣介石日記》（手稿本），一九四三年六月三十日。
(92)鄭洞國：《我的戎馬生涯》，第三〇一頁。
(93)《作戰經過》（三），第五一六至五一七頁。
(94)《戰時外交》（三），第六三〇至六三一頁。
(95)《史迪威日記》，一九四三年九月十八日，前引書第二〇〇頁。
(96)《蔣介石日記》（手稿本），一九四三年九月廿一日。
(97)《上星期反省錄》，《蔣介石日記》（手稿本），一九四三年九月十二日。

98《戰時外交》（三），第六三二頁。

99《戰時外交》（三），第二四三至二四四頁。

100《戰時外交》（三），第二六二至二六三頁。

101《戰時外交》（三），第二六五頁。

102《戰時外交》（三），第二六七頁。

103《史迪威日記》，一九四三年十月廿一日。

104《蔣介石日記》，一九四三年十月十五日。

105 *Stilwell's Mission to China*, pp.376—377.

106《蔣介石日記》（手稿本），一九四三年十月十六日。

107《蔣介石日記》（手稿本），一九四三年十月十七日。

108《上星期反省錄》，《蔣介石日記》（手稿本），一九四三年十月十七日。

109《蔣介石日記》（手稿本），一九四三年十月十八日。

110 唐縱：《在蔣介石身邊八年》，群眾出版社，一九九一年版，第三八六頁。

111《蔣介石日記》（手稿本），一九四三年十月十八日。

112《蔣介石日記》（手稿本），一九四三年十月十八日。

113 唐縱：《在蔣介石身邊八年》，一九四三年十月廿一日，第三八七頁。直到十一月五日，唐縱才弄明白所以，見該書第三八九頁。

⑭《史迪威日記》，一九四三年九月十三日，前引書第一九九頁。
⑮《史迪威日記》，前引書第二〇五至二〇六頁。
⑯《史迪威日記》，一九四三年十月廿一日，前引書第二〇七頁。
⑰《蔣介石日記》（手稿本），一九四三年十一月十六日。
⑱宋子文文件，第六十四盒。
⑲《蔣介石日記》（手稿本），一九四三年十二月廿四日。
⑳《上星期反省錄》，《蔣介石日記》（手稿本），一九四三年十二月廿六日。
㉑《三十二年感想反省錄》《蔣介石日記》（手稿本），一九四三年十二月三十一日。
㉒《史迪威日記》，一九四三年十月廿一日。前引書第二〇七頁。
㉓《愛記》，一九四三年十一月廿四日。
㉔史迪威政治顧問（美國國務院所派）戴維斯告友人語，見《宋子文致蔣介石電》，一九四三年六月八日，林孝庭等編：《胡佛研究所所藏蔣介石、宋子文電稿》，初稿，未刊。
㉕轉引自梁敬錞：《史迪威事件》，臺灣商務印書館一九七二年版，第一九四頁。
㉖《史迪威日記》，前引書第二二〇頁。
㉗《史迪威日記》，前引書第二二八頁。
㉘Frank Dorn: *Walkout with Stilwell in Burma*.New York,Y.Crowell,1971,pp.75—79.
㉙《史迪威日記》，時間不明，前引書第二七九頁。

⑬⓪《史迪威日記》，一九四四年九月九日，前引書第二八四頁。

⑬①《戰時外交》（三），第五三七頁。

⑬②《蔣介石日記》（手稿本），一九四三年十一月廿五日。

⑬③《蔣介石日記》（手稿本），一九四三年十一月廿六日。

⑬④《本月反省錄》，《蔣介石日記》（手稿本），一九四三年十一月三十日。

⑬⑤《蔣介石日記》（手稿本），一九四三年十一月三十日；參見鄭洞國：《我的戎馬生涯》，第二九六至二九七頁。

⑬⑥《困勉記》，一九四三年十一月三十日。

⑬⑦《戰時外交》（三），第二八六頁。

⑬⑧《蔣介石日記》（手稿本），一九四三年十二月十四日。

⑬⑨《史迪威日記》，一九四三年十二月十五日。前引書第二三〇頁。

⑭⓪《史迪威日記》，一九四三年十二月十六日，前引書第二三一至二三三頁。

⑭①《蔣介石日記》（手稿本），一九四三年十二月十五日。

⑭②《蔣介石日記》（手稿本），一九四三年十二月十六日。

⑭③《蔣介石日記》（手稿本），一九四三年十二月十七日。

⑭④《戰時外交》（三），第二八九頁。

⑭⑤《作戰經過》（三），第三八五至三九四頁。

146 《史迪威日記》，一九四三年十二月十九日，前引書第二三三頁。

147 《戰時外交》（三），第二九一頁。

148 《戰時外交》（三），第二九六頁。

149 《戰時外交》（三），第二九七至二九八頁。

150 《戰時外交》（三），第二九九頁。

151 《蔣介石日記》（手稿本），一九四四年四月五日。

152 《蔣介石日記》（手稿本），一九四四年四月六日。

153 《事略稿本》，一九四四年四月七日。

154 《蔣介石日記》（手稿本），一九四四年四月十三日，參見同日《事略稿本》。

155 《蔣介石日記》（手稿本），一九四四年六月一日。

156 《蔣介石日記》（手稿本），一九四四年六月一日。一九四四年六月三日。

157 《史迪威日記》，一九四四年六月二日，前引書第二六二頁。

158 《史迪威日記》，一九四四年六月五日，前引書第二六二頁。

159 史迪威的助手賀恩稱：「史迪威正想令華東機場失去，以證明其在華府會議中預測之證實。」，見*Way of a fighter*,p294.轉引自《史迪威事件》，第三〇七頁。

160 *Stilwell's Command Problems*,pp.380-381.

161 《史迪威事件》，第二六五至二六六頁。

⑯《戰時外交》（三），第六三四至六三五頁。
⑯《史迪威日記》，一九四四年七月八日，前引書第二六七頁。
⑯巴巴拉：《史迪威與美國在華經驗》，重慶出版社一九九四年版，第六二三頁。
⑯《戰時外交》（三），第六三七頁。
⑯《戰時外交》（三），第六四二頁。
⑯《蔣介石日記》（手稿本），一九四四年七月十六日。
⑯《蔣介石日記》（手稿本），一九四四年八月六日。
⑯《戰時外交》（三），第六四五至六四八頁。
⑰《戰時外交》（三），第六五一頁。
⑰《戰時外交》（三），第六五五頁。
⑰《史迪威事件》，第二七八頁。
⑰《史迪威日記》，一九四四年九月十六日。前引書第二八七頁。
⑰同上。
⑰《事略稿本》，一九四四年九月十二日。
⑰《蔣介石日記》（手稿本），一九四四年九月十五日。
⑰《蔣介石日記》（手稿本），一九四四年九月十六日。
⑰《史迪威日記》，一九四四年九月十五日，前引書第二八七頁。引文參考了瞿同祖所譯《史迪威資

料》，北京：中華書局一九七八年版，第一二二頁。

⑰⑨ *Stilwell's Command Problems*, pp. 435-436.

⑱⓪《戰時外交》（三），第六五八至六五九頁。

⑱① 《史迪威日記》，一九四四年九月十八日，前引書第二八九頁。

⑱② 《蔣介石日記》（手稿本），一九四四年九月十九日。

⑱③ 《蔣介石日記》（手稿本），一九四四年九月二十日。

⑱④ 《戰時外交》（三），第六七五頁。

⑱⑤ 《戰時外交》（三），第六六七至六七一頁。

⑱⑥ 《戰時外交》（三），第六七三至六七四頁。

⑱⑦ 《戰時外交》（三），第六七五頁。

⑱⑧ 《蔣介石日記》（手稿本），一九四四年九月廿七日。

⑱⑨ 《蔣介石日記》（手稿本），一九四四年九月三十日。

⑲⓪ 《戰時外交》（三），第六七七至六七八頁。

⑲① 《戰時外交》（三），第六七八至六七九頁。

⑲② 《戰時外交》（三），第六八三頁。

⑲③ 《戰時外交》（三），第六八四頁。

⑲④ 《蔣介石日記》（手稿本），一九四四年十月十一日，參見同日《事略稿本》。

⑲《蔣介石日記》（手稿本），一九四四年十月十三日，參見同日《事略稿本》。

⑲*Foreign Relations of the United State*.1944,Vol.6.p.726.參見《事略稿本》，一九四四年十月廿一日。

⑲《蔣介石日記》（手稿本），一九四四年十月十五日。

⑲《蔣介石日記》（手稿本），一九四四年十月廿二日。

⑲《本月反省錄》，《蔣介石日記》（手稿本），一九四四年十月三十一日。

⑳宋子文文件，第四十七盒。

⑳《蔣介石日記》（手稿本），一九四五年一月五日。

⑳《蔣介石日記》（手稿本），一九四五年七月七日。

⑳《蔣介石日記》（手稿本），一九四五年八月二日。

⑳《蔣介石日記》（手稿本），一九四五年八月三日。

⑳《我的戎馬生涯》，第二〇二頁。

蔣介石與韓國獨立運動

中韓兩國有長期友好的歷史淵源。一九一〇年日本悍然併吞韓國，大批韓國愛國人士流亡中國，開展抗日、復國鬥爭，成爲波瀾壯闊的「韓國獨立運動」的重要組成部分。在這一運動中，韓國來華流亡人士曾得到中國兩大政黨國民黨和共產黨以及各階層人士的大力支持。本文將考察蔣介石和韓國獨立運動的關係，以此爲中心，闡述抗戰期間中國國民黨對這一運動所作出的貢獻。

幾乎從韓國流亡人士踏上中國國土的那一天開始，兩國的愛國者之間就開始來往。二〇年代，孫中山明確表示，支持韓國獨立運動，準備給予援助。孫中山逝世以後，中國國民黨人繼承了孫中山的這一既定政策。

一、促進在華韓國抗日力量的團結

一九三一年七月一日，日警在中國吉林萬寶山地區開槍射擊中國農民。七月三日至九日，日本當局在朝鮮漢城等地煽起排華暴動，中國華僑受到襲擊。此事引起蔣介石震動。七月廿四日日記云：「余意即應對世界各國宣言及提案國際聯盟會，暴露日本政府有組織的殺害僑民之罪惡與其已無統治朝鮮之能力，而朝鮮合併，我國未經承認。中日所訂條約，皆認朝鮮爲完全獨立國。」①不久，「九一八」事變爆發，蔣介石開始調整政策，致力於抗日準備，因而，援助來華韓國人士問題也就逐漸受到重視。

韓國流亡中國的愛國者之間分合頻繁，派系眾多。當時，已發展爲兩大派。一派領導人爲金九，另一派領導人爲金若山。金九，一八七六年生，早年即參加抗日運動，曾三次被捕，一九一九年來華，先後擔任韓國臨時政府警務局長、內務總長等職，一九二七年任國務領（總統），次年組織韓國獨立黨。金若山，一八九八年生，一九一八年來華，在東北組織朝鮮義烈團，任團長。一九二六年率領部分團員進入黃埔軍校第四期受訓，曾參加中國的北伐戰爭，後在北平秘密創辦政治學校。據說曾參加韓國共產主義團體——馬克思、列寧派。②

在上述兩派中，金九一派成員年齡較大，受韓國傳統文化影響較深，而金若山一派則年齡較輕，比較激進，兩派思想上有較大差異。其他還有若干小黨派，經常發生內訌，無法形成統一的抗日復國力量。在援助韓國獨立運動過程中，蔣介石始終注意處理派系關係，促進韓國愛國人士的團結。

一九三二年，蔣介石命國民黨中央組織部部長陳果夫及三民主義力行社書記滕傑分別開展援韓工作。③當年四月，力行社成立東方民族復興運動委員會，確定以「濟弱扶傾」精神援助中國周邊地區的韓國、越南、印度等被壓迫民族。五月，金若山率領朝鮮義烈團幹部自北平到南京，向蔣介石提出《中朝合作反日倒滿秘密建議書》，蔣介石批交力行社研究辦理。④同年秋，滕傑等奉命在南京設立朝鮮革命幹部學校，培養金若山一派幹部。此後，金若山的活動即得到黃埔同學會和國民黨軍統方面的支持。

一九三三年五月，蔣介石又通過陳果夫約見金九。金九要求中國資助百萬元，保證「兩年之內可在日本、朝鮮、滿洲方面掀起暴動，切斷日本侵略大陸之後路」。此前，金九所領導的韓人愛國團的主要工作是暗殺，先後發生李奉昌在東京謀炸裕仁天皇以及尹奉吉在上海炸死白川大將兩起事件，金九的名聲因之大增。蔣介石不贊成這一做法，通過陳果夫向金表示：「若靠特務工作來殺死天皇，則會另有天皇，殺死大將，也會另有大將。爲將來的獨立戰爭著想，須先訓練一批武官。」⑤金九同意蔣的意見，雙方迅速達成協定，以河南洛陽軍官訓練學校作爲基地，第一期培養軍官一百名。其後，金九一派有部分人員參加中國國民黨中央的對日情報工作。⑥除金九等按月得到中國方面的經費補助外，韓國流亡人士的回國活動費用，也常由陳果夫轉請蔣接濟。⑦

鑒於當時韓國來華人士中派系分歧的狀況，力行社和陳果夫等曾於一九三三年敦勸各方合作，成立統一的韓國民族革命黨。一九三四年七月，朝鮮革命黨、朝鮮義烈團、韓國獨立黨、新韓獨立黨、大韓獨立黨等在南京舉行代表大會，合組朝鮮民族革命黨，以金若山爲總書記，但隨後又發生分裂，韓國獨立黨和朝鮮革命黨宣布退出重建。一九三七年八月，金九領導的韓國國民黨與朝鮮革命黨、韓國獨立黨等九個團體在南京聯合成立韓國光復運動團體聯合會，簡

虜、翻譯日方文件等幾個方面，部分隊員並曾深入河南、北平、天津、上海等地區，分化、爭取日軍中的韓籍士兵。一九四〇年十月十日，蔣介石爲朝鮮義勇隊題詞：「手足相衛」。⑭十一月十五日，又通過軍委政治部轉頒嘉慰電文：「諸同志本東方革命之精神，共爲民族解放運動之精神毅力，欣慰良殷。」⑮

一九四〇年三月二日，金九向國民黨中統局徐恩曾提出，華北日軍中朝鮮籍士兵反正者頗不乏人，倘能在該處成立光復軍，構成情報網，則將來於軍事上、特務上裨益非淺。三月二日，朱家驊將有關情況簽呈蔣介石，表示「似可於韓國各黨統一之前」，支持此事，「酌予補助」。四月十一日，蔣介石批示「准予照辦」，要朱與何應欽接洽。五月十五日，何應欽覆函提出：（一）該軍編組單位，由金九按現有人數擬定承核；（二）活動區域，俟該軍成立後，由負責人按事實需要擬定計劃呈軍事委員會核奪。九月十七日，韓國光復軍在重慶舉行成立典禮，宋美齡特別捐贈慰勞金十萬元。隨後，光復軍在西安成立總務處，開始活動。

光復軍的性質是另一個國家的流亡者在中國組建軍隊，涉及種種複雜問題，何應欽等認爲此事既不合於「國際法」，又認爲「韓國內部黨爭分歧」，「如此時在華成立光復軍，將來處置必感困難」，因此，始終不肯積極支持，韓國流亡者方面盛傳，當年冬天，軍委會曾秘密通令取締光復軍。一九四一年七月八日，朱家驊致函何應欽，認爲對韓國光復軍，「未宜繩以常例，過求嚴格」，「似宜於可能範圍內特別予以便利」。他並以戴高樂在英國組織「自由法軍」，英人並未起而阻撓爲例，要求何改變態度。⑯蔣介石支持朱家驊，於七月十八日批示：

「可准成立」，「但應有一限度」，要何應欽交軍政部速擬辦法。⑰九月三十日再次指示說：「本黨領導東方民族革命及抗日戰爭，對朝鮮光復軍，在原則上應為政治上之運用，不宜為法律問題所拘泥。至朝鮮內部黨爭，亦毋須過分重視。如係數黨，則可為數黨之運用，不必固執一黨然後援助。至光復軍成立時之處置：（一）直隸本會，由參謀總長掌握運用並於會內指定專人掌握該軍之指揮命令及請款領械等事；（二）原隸政治部之朝鮮義勇隊應同時改隸本會，由參謀總長統一運用，以免分歧；（三）限制該軍，不得招收中國兵及擅設行政官吏。如欲引用華籍文化工作人員，須呈由參謀總長核准。」⑱

蔣介石既有明確指示，中國方面遂於一九四一年十一月一日頒發《光復軍九個行動準繩》：其主要內容為：韓國光復軍在抗日作戰期間直隸中國軍事委員會，由該會參謀總長掌握運用；在該國獨立黨臨時政府未推進韓境以前，僅接受中國最高統帥的命令，與韓國獨立黨臨時政府保留固有名義關係；該軍總司令部所在地由軍事委員會指定；不得招收我籍之士兵及擅設行政官吏等。⑲上述各條，當時均經韓國臨時政府同意。此後，光復軍即正式隸屬於中國軍事委員會。該軍以韓國獨立黨人士李青天為總司令。

一九四二年三月，中國方面任命尹呈輔為韓國光復軍總司令部參謀長。⑳五月十五日，蔣介石將原屬軍委會政治部的朝鮮義勇隊改編為韓國光復軍第一支隊，任命原該隊隊長金若山為光復軍副總司令。同年九月十七日，光復軍成立兩週年，李青天致電蔣介石表示敬意，蔣覆電讚揚該軍「批艱歷辛」，「團結精誠」，表示將繼續支持，「本扶弱抑強之素志，而竟興滅繼

絕之全功」。㉑不過，該軍發展緩慢，始終規模較小，至一九四三年五月，軍委會點驗為止，僅一百二十餘人。㉒

光復軍佩戴中國的「青天白日」帽徽，指揮權屬於中國軍委會，政治訓練由中國軍委會政治部進行，因此，韓國流亡者方面有種種議論，如「非韓國之光復軍，乃中國之光復軍」，「失其所可享之權利，得其所不願之義務」，「伐齊為名，參戰無期」。等等。其中，有些人認為《準繩》「有損韓國獨立之精神」，甚至攻擊臨時政府主席金九及光復軍總司令等人為「喪權辱國的罪人」。㉓一九四二年十月，韓國臨時議政院召開第三十四屆會議，秘密決定，責成臨時政府與中國方面交涉，廢除《準繩》，否則即應引咎辭職，並將臨時政府遷往美國。㉔為此，韓國臨時政府曾多次向何應欽交涉修改，均被拒絕。㉕

一九四三年二月二十日，韓國臨時政府外務部部長趙素昂照會重慶國民政府外交部，要求廢除《準繩》，另定《中韓互助軍事協定》，使光復軍「隸屬於韓國臨時政府」，「所屬人員任免與政治訓練由韓國臨時政府主持」。㉖此後，蔣介石即飭令何應欽簽擬辦法。同年十二月，韓國臨時議政院第三十五次會議議決，新任國務員應在三個月內與中國政府交涉修訂，如交涉無結果，即自動聲明該項條文無效。一九四四年六月，趙素昂向國民黨中央正式提出《中韓互助軍事協定草案》。九月八日，蔣決定接受韓國臨時政府方面的要求，致函吳鐵城稱：「韓國光復軍自以隸屬韓國臨時政府為宜，其行動準繩，應即徹底取消，俾無害於中國之安全，並符韓方之希望。至派往各戰區工作及通過戰區之人員，則須經我軍委會之同意為宜。」

㉗十月七日，金九致函吳鐵城，提出韓方草案。㉘

吳鐵城綜合蔣介石和韓方意見，於一九四五年一月四日簽報新擬《援助韓國光復軍辦法草案》，但蔣仍然於十七日指示：「此事應囑韓方派員先事洽商，成議後再核。」㉙一月廿三日，國民黨中央黨部秘書處溫淑萱與韓國臨時政府軍務部長金若山商談，確定《辦法》五條。其後，金若山將《辦法》交韓國臨時政府國務委員會討論，略加修正，從五條增加爲八條。二月一日，金九覆函吳鐵城表示同意。但不久又變卦，對其中第五條「中國軍事委員會派參謀團以取聯絡，並協助光復軍工作」強烈表示不滿，認爲「係不以平等看待」，同時表示，「過去光復軍之毫無成就，完全受軍委會之牽掣所致」。談話間，「言詞不遜，態度至爲傲慢」。這樣，中國方面遂決定再次讓步，「既不派參謀團，亦不派聯絡參謀」，㉚從八條又修訂爲六條。一九四五年四月二十日，金九致函吳鐵城，表示同意《援助韓國光復軍辦法》自五月一日起實施。自此，韓國光復軍遂改隸韓國臨時政府管轄。

三、確定先於他國首先承認韓國臨時政府的原則

一九一九年四月十一日，韓國流亡人士在中國上海成立臨時政府和臨時議政院，先後由李承晚、朴殷植、李相龍、洪震、金九等擔任國務總理或大統領、國務領之職。一九四〇年九月，臨時政府遷至重慶。十月八日，韓國臨時政府議政院在重慶舉行會議，選舉金九爲國務會

議主席。

韓國臨時政府雖然長期在中國領土上活動，得到中國方面的積極支持，但是，始終沒有得到正式承認。一九四一年十一月、十二月，徐恩曾兩次致函朱家驊，認爲蘇聯遠東軍方面有韓籍紅軍三四萬人，日蘇一旦開戰，即有組織蘇維埃政府之可能，建議搶佔先機，儘早承認韓國臨時政府。㉛次年一月三十日，金九向中國當局提出節略，要求中國方面率先正式承認臨時政府，並請同盟國一致承認。當時，中國方面已經蔣介石批准，在當年十月十日承認韓國臨時政府，並曾通過外交部長郭泰祺對金九及金若山二人作過透露。㉜但是，蔣介石重視美國政府對這一問題的態度，希望盡力和美方保持一致。

金九在被選爲韓國國務會議主席之後，曾於一九四一年三月致電美國總統羅斯福，要求承認臨時政府，開始外交關係。但是，羅斯福認爲時機還不成熟，授權中國政府斟酌時機，再與美方討論。四月十六日，宋子文致電蔣介石，轉告羅斯福的上述意見。五月一日，美國駐華大使高斯正式照會重慶國民政府外交部，表示由於韓人之間既不合作，與國內韓人又無聯繫，以及美國、蘇聯西伯利亞存在其他韓人團體等原因，美國方面無意立即承認任何韓國團體。這樣，承認韓國臨時政府問題就只能仍然處於討論階段。

爲了加強援韓工作，一九四二年七月二十日，國民黨中央常務委員會決定，以戴季陶、何應欽、王寵惠、陳果夫、朱家驊、吳鐵城、王世杰等七人爲委員，以吳鐵城、王寵惠爲召集人，組成專門小組，通盤研究援韓問題。同月，軍事委員會奉命草擬《對韓國在華革命力量扶助運用指導方案》三項十五條。該方案提出：對韓國在華革命力量，須「以熱情寬大公正協助之態度出之」；「爲多黨之運用，不必固執一黨，並須使其能協同工作」；「對韓國臨時政府，須使其能領導各黨派力量，實行民主政治，不採一黨包辦之政策」，「隨時考慮，應合國際情況，適時承認」，等等。

八月一日，國民黨中央援韓小組舉行首次會議，討論軍委會方案，決定：（一）原則上確定先於他國承認韓國臨時政府，時機由政府抉擇；（二）在承認韓國臨時政府尚未表面化以前，只能承認一個團體爲對手方；（三）對韓國在華革命力量的借款，由黨出面，以寬大與自由之精神爲原則。㉝八月十二日，蔣介石致函吳鐵城及朱家驊稱：中央黨部即將召集小組會議討論朝鮮問題，希即將議決要旨呈報。㉞八月十七日，中央援韓小組再次會議，特邀孔祥熙、馬超俊、孫科等參加。決定：韓國在華黨政軍之指導與接洽，除軍事方面由軍事委員會負責外，黨政方面統由中央黨部秘書處主持；承認韓國臨時政府的時機，由蔣決定；會議同時建議先撥一百萬元，協助韓國在華革命力量。㉟八月廿二日，吳鐵城將上述意見具報蔣介石。其後，在國民黨高層討論應否承認韓國臨時政府問題上，發生分歧意見，何應欽「對弱小民族素無興趣，迭持異議」，而軍委會高級幕僚、國民黨中常會，特別是孫科、戴季陶、吳鐵城等則堅持承認。㊱

十月八日，蔣介石致函吳鐵城，對軍事委員會所擬《方案要點》提出五項意見。其一，蔣認爲黨政軍事實上不可分離，應予統一運用及指導，可於何應欽之外，再指定一二人參加主持，以後關於朝鮮問題，統由此數人協議辦理。其二，確定「先他國而承認韓國臨時政府」之原則可照辦。其三，所擬「只承認一個團體為對手方」，似不必如此固定。其四，對韓國革命團體之借款不限於臨時政府，而以其有革命力量與對我抗戰有關之團體為對象。蔣同意由黨出面接洽，先撥一百萬元，以協助其進展。㊲吳鐵城接信後即與戴季陶、王寵惠、朱家驊磋商。戴季陶認為「韓國革命團體及人民之自尊心理，應加以重視，文字上宜避免有所刺激，故此次整理，大體均本熱誠寬大之意旨。」

十二月十五日，吳等擬訂的《扶助朝鮮復國運動指導方案》定稿。該方案分總綱、要旨、方法三大部分。總綱部分提出：「本總理三民主義扶助弱小民族之遺教，建立東亞永久和平，對朝鮮在華各革命團體予以積極的扶助，期培成其復國力量，重建完整之獨立國家。」㊳《要旨》部分提出：「本黨同志應以親愛精神與熱誠謙和之態度接待朝鮮各團體」，《方法》部分規定：「於適當時期，先他國而承認韓國臨時政府，其國際法律手續及有利時機之選擇，由負責指導人員秉承總裁指示交外交部辦理之。」㊴十二月廿七日，蔣介石致函吳鐵城，批准《扶助朝鮮復國運動指導方案》。同時批准由軍事委員會參謀總長何應欽、國民黨中央組織部長朱家驊、中央黨部秘書長吳鐵城三人主持援韓工作。㊵

四、推動韓國臨時政府改組

對韓國獨立運動人士，除了道義上的支持外，中國方面還給予了大量經濟上的支援，對金九、金若山等所屬黨派及韓國臨時政府經濟上的要求，中國方面幾乎是有求必應。有時，蔣介石還特別指示：「不必稽核，以免傷及其自尊心。」㊶一九四三年春，蔣介石批准臨時政府借款一百萬元。何應欽提出的分配方案是：臨時政府六十萬元，韓國獨立黨與朝鮮民族革命黨各二十萬元。此項分配，其他小黨派無份，韓國獨立黨方面也不願與民族革命黨平分秋色，因此發生糾紛。三月三日，金九致函吳鐵城，要求將此款暫爲保存，俟將來需要時再行請領。四月初，趙素昂在韓國國務會議上指責中國方面的分配辦法「含有帝國主義分化政策之毒素」。㊷同月，韓國臨時政府內部發生手槍失竊風波。韓國獨立黨認爲此事和朝鮮民族革命黨暗殺金九的陰謀有關，而朝鮮民族革命黨則認爲這是莫須有的陷害，韓國臨時政府內部矛盾進一步激化。

七月十四日，民族革命黨金奎植、金若山等致函吳鐵城等，指責金九扣發該黨及韓僑補助費。接著，又發佈公開文件，指責獨立黨部分人士侵吞公款，捏造暗殺事件。㊸這樣，韓國來華人士剛剛形成的統一戰線再次面臨分裂的危險。蔣介石關心韓國在華愛國人士的團結問題。當年四月十四日，蔣介石即曾指示：「朝鮮民族革命黨何以不能合併於臨時政府之內」，要求「設法勸解，使其合併」。㊹七月廿六日，蔣介石接見金九及趙素昂、金奎植、李青天、金若山等韓國兩派人士。蔣稱：「中國革命最後之目的，在扶助朝鮮、泰國之完全獨立。此種工作甚爲艱巨，希望韓國革命同志能團結一心，努力奮鬥，以完成復國運動。」當時，金九和趙素昂向蔣表示：「英、美對朝鮮將來之地位，頗有主張採用國際共管方式，希望中國方面不爲所惑，貫徹支持獨立之主張。」對此，蔣答稱：「英、美方面確有此論調，將來爭執必很多。韓國內部之精誠團結，有工作表現，乃爲必要。中國力爭，才易著手。」㊺

八月十日，蔣介石致函朱家驊，提出處理韓國各黨派統一問題的三項基本原則：（一）黨派問題，「不必強求其統一。但宜擇優扶植，使能領導獨立運動」。蔣同意朱家驊的意見，「目前各黨派中以韓國獨立黨組織較健全，歷史亦久，今後應以該黨爲中心，扶植其領導地位」。（二）政治問題，「茲後有關朝鮮獨立運動，應側重以韓國臨時政府爲對象，以消弭其內部政爭。」（三）軍事問題，「調整光復軍之高級人事，培植臨時政府系統下的軍事力量，使其集中意志，靈活指揮。」㊻其後，臨時政府內部矛盾繼續加劇。八月三十日，金九等七人甚至一度以「無能維持」爲理由向國務委員會提出辭職，直到九月廿一日才宣布復職。九月廿二日，吳鐵城接見趙素昂，再次以「希望韓國各革命同志團結統一」相勸。㊼十月一日，金九召集各派代表談話，宣布「接受各黨派意見，力求合作」等四點，作了一個高姿態的表示，㊽然而，風波並未因此停止。十月九日，臨時議政院第三十五屆會議開幕，朝鮮民族革命黨孫健等人提出彈劾臨時政府議案四項。㊾一九四四年一月五日，議長洪震、副議長崔東旿宣布脫離韓國獨立黨。其間，又因修改約憲和投票方式發生糾紛，會議延至次年四月十五日結束，沒有取得任何協議。

面對韓國來華愛國力量的再次分裂，蔣介石於一月二十日指示何應欽、吳鐵城、朱家驊三人稱：「韓國各黨派內部傾軋益甚，如我方不善爲排解，使其團結，易爲他方所用，希即會商具體辦法呈核。」[50]二月廿八日，國民黨中央秘書處處長溫叔萱接見金若山，談話後向吳鐵城提出：「本黨之對策，自當以促進其內部團結，產生合法政府爲前提。兩黨皆仰賴於中國政府之經濟援助而生存，自宜運用經濟壓力，啓導兩黨相互妥協，並使其在工作上發生競賽作用，以免各走極端，而致力量分散。」[51]其後，吳鐵城等分別邀約韓國兩黨負責人從中排解，促其團結合作。在中國方面促進下，雙方加緊磋商，達成改組臨時政府方案。[52]

四月二十日，韓國臨時議政院舉行第三十六屆會議，將國務委員增至十四人。其中，獨立黨八人，民族革命黨四人。金九任主席，副主席由民族革命黨主席金奎植擔任。會議發表宣言稱：「聯合一致而產生了全民族統一戰線的政府，這不僅是今次議會的最大成功，而是在我民族運動史上，尤其是在臨時政府發展史上開闢了新紀元的大書特記的事實。」[53]廿四日，獨立黨、民族革命黨、民族解放同盟、無政府主義者總同盟聯合發表宣言，擁護會議修正的臨時憲章，擁護金九及全體當選國務委員爲「我們民族的最高領導者」。[54]廿六日，韓國臨時政府新任國務委員宣誓就職。這樣，韓國獨立黨和朝鮮民族革命黨之間長期積累的矛盾得到緩和，韓國來華愛國者之間實現了前所未有的大團結。廿八日，吳鐵城、朱家驊等首先致函祝賀。五月三日，國民黨中央發出祝賀電。六月七日，中共代表林祖涵、董必武等也在重慶設宴招待韓國臨時政府國務委員及各部部長。

五、在開羅會議上倡言保證韓國戰後獨立

當第二次世界大戰步入一九四三年的時候，同盟國的勝利形勢已日益明朗，有關各國都在考慮戰後世界秩序的重新安排。蔣介石和重慶國民政府一直主張韓國戰後獨立。二月廿五日，宋子文在華盛頓會晤美國國務卿赫爾，強烈表示，中國反對任何國家在戰後攫取新土地，同時聲明中國支持韓國獨立。㊺但是，羅斯福總統卻主張在戰後將韓國交給美國、中國和其他一二個國家共管。㊻

同年十一月，中國方面為準備開羅會議，由國防最高委員秘書廳擬具《戰時軍事合作方案》和《戰時政治合作方案》，向蔣介石呈報，其中明確提出：「中、美、英、蘇立即共同或個別承認朝鮮獨立，或發表宣言保證朝鮮戰後獨立。其他聯合國家應請其採取一致步驟。」㊼與此同時，軍事委員會參事室所擬草案也明確主張：「承認朝鮮獨立。」㊽廿三日，蔣介石和宋美齡在開羅應羅斯福晚宴，蔣向羅口頭提出，在日本潰敗之後，應使韓國獲得自由與獨立，得到羅斯福同意。其後，美國方面提出會議公報草案，雖將蔣、羅會談內容寫入草案，但是，卻接受了邱吉爾的建議，加進了「於適當時期」的限制性詞語。㊾廿六日，英國再次對公報草案提出修改意見，主張將有關內容修改為「於適當時期，吾人決定使朝鮮脫離日本之統治」。這樣，朝鮮的獨立就仍然是個不確定的議案。對此，中國代表、國防最高委員會秘書長王寵惠堅決反對，認為提法模糊，易生重大後患，他主張明確規定韓國「將來的自由獨立地位」。討

論結果，決定維持美國原案。⑥⓪廿七日，羅斯福、邱吉爾、蔣介石發表《開羅宣言》，中稱：「我三大盟國稔知朝鮮人民所受之奴隸待遇，決定在相當時期，使朝鮮自由與獨立。」⑥①《開羅宣言》得到了韓國愛國人士的熱烈擁護，蔣介石也因爲在會上倡言保障韓國獨立而受到韓國人民尊敬。邵毓麟回憶稱：「當時在華韓人聞訊，歡欣若狂。」⑥②，又，韓國獨立運動元老許憲在漢城發表演說稱：「三千萬之朝鮮人民，對於蔣主席極爲感激。如無蔣主席在開羅會議所提之建議，朝鮮尚不能獲得獨立。」⑥③

六、反對國際共管與南北分割，繼續支持韓國臨時政府

開羅會議之後，承認韓國臨時政府問題再度提上議程。

一九四四年四月十三日，國民黨中央決定：「今後一切援助，即以臨時政府爲對象。」六月，吳鐵城向蔣介石報告，主張先行承認臨時政府。同月十九日，韓國臨時政府外交部長趙素昂向中、美、英、蘇提出承認臨時政府的要求。廿九日，金九向國民黨五屆十二中全會致送聲明書，要求會議通過決議，承認臨時政府，予以必要的物質援助。同月，韓國臨時政府分別向中、美、英、蘇等三十餘個國家遞送備忘錄，要求承認。七月三日，金九又直接致函蔣介石，對他在開羅會議上提出保證韓國獨立問題表示感謝，要求他「重察情勢，始終成全，慨予首先承認敝國臨時政府」，同時要求定期賜見。⑥④

蔣介石接到金九來函後，於同月十日飭令何應欽、吳鐵城、朱家驊會同外交部宋子文核議。㉟當時，宋子文認爲，「基於目前韓國臨時政府能否代表朝鮮內部人民意見及恐易啓蘇聯誤會之兩點顧慮，目前仍以稍待爲妥」。吳鐵城、何應欽等同意宋子文意見，於三十一日向蔣介石報告，主張「俟至適當時機先他國予以承認」。㊱八月三日，宋子文又單獨具呈，作了進一步說明。㊲廿八日，陳果夫致函宋子文，認爲當時國際政治運作的重要方面是佈置戰後和平形勢，韓國位居中、蘇、美、日四國海陸交會之衝，不可不先事籌畫。他向宋傳達蔣介石的態度，「對韓國政府，頗有積極扶植，即予承認之意」。㊳

九月五日，蔣介石約見金九。金九向蔣介石面呈備忘錄，內稱：韓國臨時政府在中國境內建立後已經二十五年，現值此千載難遇之好時機，希望中國政府「予以合法的承認」，「爲各盟國倡」。其他要求則有加深援助，撥借活動費五千萬元等。接見時，金九又口頭提出請指定專任負責接洽人等要求三項。十三日，吳鐵城約見金九，答稱：「我國已確定方針，一俟時機成熟，自當率先承認。」；關於「加深援助」問題，答以「惟力是視」，同意先行撥借五百萬元。㊴

當時，美國和英國都積極主張國際共管朝鮮。九月廿九日，英、美共同提出《研究韓國問題綱要草案》，建議戰後在朝鮮成立臨時監督機構。十月廿七日，蔣介石致電宋子文，指示稱：切不可放棄中國扶植韓國早日獲得獨立的一貫政策，尤其不可贊成國際共管。㊵一九四五年一月，太平洋學會第九屆會議在美國弗吉尼亞州召開，中國代表蔣夢麟、胡適、邵毓麟等出席。會上，英美代表認爲韓國滅亡多年，缺乏行政管理幹部，短時期內難以建立統一的獨立國家，主張先由盟國共同託管五年，以便教育訓練韓人。中國代表認爲此一主張違反《開羅宣言》，所謂國際託管，實際上是由一個日本帝國主義者的統治，改變爲幾個強國的共同統治。[71]二月八日，美蘇在雅爾達會談，秘密決定，以三十八度線爲界，由美、俄分別實行軍事佔領，成立國際監督機構，共同管理韓國。同年五月，美國總統特使霍普金斯訪問莫斯科，與史達林討論組織韓國託管委員會問題。

一九四五年二月，韓國臨時政府致函中、美、英、蘇四國首腦，申請參加在三藩市舉行的聯合國創立會議。三月十三日，趙素昂在重慶舉行記者招待會，公開提出這一要求，表示「願在三藩市會議樹立四十五面國旗，共同負責於新世界之立法」。[72]四月三日，蔣介石訓令外交部就此事向美國政府提出建議。宋子文考慮到韓國臨時政府尚未得到各國承認，不可能以正式代表身分參加，因此，向美國政府探詢，能否允許韓國代表以觀察員名義出席。但是，美國政府擔心流亡倫敦的波蘭政府等會援例要求，給會議帶來糾紛，不肯接受。蔣介石無奈，只好同意宋子文的意見，發給護照，由韓方自行向美國交涉簽證。[73]

五月十二日，韓國臨時政府代表李承晚向聯合國會議正式提出出席要求。六月八日，美國代理國務卿格魯發表聲明，聲稱韓國臨時政府及其他朝鮮團體目前尚無足以獲得美國承認的資格，美國不能採取行動，「以免於聯合國獲勝時影響及朝鮮人民選擇其理想政府及政府人員之權利」。[74]蔣介石不放棄保證韓國獨立的承諾。五月廿四日，蔣介石會見美國駐華大使赫爾利，詢問美國對於越南、韓國的軍政策略，赫爾利只作了一個模糊的回答：「須視將來情況如何，再爲適當解決。」當時，中國方面曾準備建立東亞民族委員會，主持扶助朝鮮獨立的有關工作。美國態度既如此，蔣介石遂於六月廿七日致函吳鐵城，指示其「萬不可成立」。⑮七月廿六日，蔣介石召見韓國兩黨代表稱：縱使中國保證在戰後俾予韓國獨立的地位，但實際上仍須藉賴韓人自身團結的力量、團結的行動和事實的表現。⑯

八月廿一日，韓國臨時政府駐美代表李承晚急電蔣介石，希望蔣能致電杜魯門，勸阻其採納美、蘇分割南北韓計畫。電稱：「不予高麗以完全獨立之任何計畫，高麗人民均不願予以接受。」⑰廿二日，吳鐵城與金九在國民黨中央黨部談話，吳稱：「中國政府自當援助在渝之韓國臨時政府返回祖國，領導韓國人民，辦理選舉，產生民選之正式政府。」金則表示：「俟韓國臨時政府回國後，召集各方領袖，組織新的臨時政府，屆時請中國政府先予承認。」⑱廿四日，蔣介石在國防最高委員會與國民黨中央常務委員會臨時聯席會議上發表講話，聲明國民革命的最重大目標即最迫切的工作有三件，一是恢復東三省的領土主權及行政完整，二是恢復臺灣和澎湖的失土，第三件就是「恢復高麗的獨立自由」。他說：「國民革命推翻滿清，反抗日本，不僅爲中國本身自由平等而奮鬥，亦且爲高麗的解放獨立而奮鬥。今日以後，我們更須本於同樣的宗旨，與一切有關的盟邦，共同尊重民族獨立平等的原則，永遠保障他們應該獲得的地位。」⑲

同日，金九向蔣介石提出備忘錄，請蔣「向同盟各國再予提議承認敝臨時政府」，同時，要求蔣轉商美軍當局，在最短期間，撥借飛機，運送臨時政府人員歸國。蔣認爲盟國承認韓國臨時政府的時機已到，指令駐美大使魏道明探詢美方態度，同時指示外交部與美國駐華大使館交涉。此際，美、英、蘇已將中國排斥在外，達成協議，由美方通知中國說：原則上準備將韓國交由四強先行託管，俟詳細辦法擬定後，再與中國會商。美國駐華大使館則答稱：美國政府對於韓國國外的任何政治團體，都不準備「絕對協助」，但是，獎勵他們進入韓境，在軍政府範圍內工作，可以提供機位。

八月廿六日，金九致函吳鐵城，請其轉呈蔣介石，核准撥借法幣五千萬，以便臨時政府成員隨盟國回國。九月十七日，陳立夫呈請蔣介石，撥借三億法幣，供韓國臨時政府歸國後活動之用。廿五日，吳鐵城根據蔣介石指示，召集吳國楨、陳立夫、唐縱等座談，討論爭取國際社會承認臨時政府失敗後的援韓政策等問題，達成四點意見：（一）對韓國問題，我國應與美、英、蘇採一致行動，但我國應自動提出合理的主張，促使盟邦與我一致；（二）就現勢觀察，欲期美、英、蘇一致承認韓臨時政府，實不可能，但我國對該政府，仍應實際上多方予以援助；（三）該政府如不能正式遷回國內，執行政權，我國亦應設法協助該政府中人員回國，參加其國內工作；（四）我國政府應即派員駐漢城，負聯絡觀察之責。㊵

當時，金九也感覺到不可能以臨時政府名義遷回國內，於廿六日致函蔣介石，要求蔣與美國政府協商，最少限度默認韓國臨時政府「爲非正式革命的過渡政權」。㊶當日，蔣介石接見金九，金九又口頭提出五項要求，希望蔣能與美方協商，允許他們回國後與各黨派建立臨時政府，辦理全國選舉，成立正式政府，同時提出，在韓國獨立黨與中國國民黨之間訂立一項合作密約。蔣答稱：前者須與英、美協商；將繼續援助獨立黨，但不必有形式。㉜

十月十七日，蔣介石指示：韓國臨時政府人員以個人資格回朝鮮；派飛機一架送重要人員分期赴上海，再由美軍用機送朝鮮；借撥法幣一億元。㉝廿二日，批准先撥五千萬元。㉞廿四日，國民黨中央黨部召開會議，歡送韓國臨時政府成員歸國。廿八日，蔣介石批覆吳鐵城呈文，同意除已撥之五千萬元外，再撥國幣五千萬元、美元二十萬元，作爲韓國臨時政府成員返國及返國後初期工作費用。㉟廿九日，蔣介石接見金九，「希望韓國同志和衷共濟，團結一致」。他說：「中國除非力量不夠，不能做到之事，力所能及，一定援助韓國達到獨立之目的。這是中國一貫政策。總理在日，即是如此。中國以韓國獨立爲中國之責任，中國能獨立，韓國亦可得到獨立。」金九提出：美國不肯承認韓國臨時政府，請中國予以解釋，蔣答：「慢慢可以好轉，不必憂慮。」㊱十一月四日，蔣介石、宋美齡等舉行茶會，歡送金九等人歸國。蔣稱：「朝鮮不能告成獨立自由平等，無異中國不能告成獨立自由平等」，「爲東亞與世界之和平及東亞各民族之獨立與自由計，吾人必須首先使朝鮮告成獨立與自由，此爲國民黨對朝鮮唯一之原則。」㊲次日，金九等廿九人乘機離渝，經上海返國。

十二月五日，蔣介石決定派邵毓麟爲軍事委員會委員長中將銜代表赴韓，與美蘇軍方聯繫，視察韓國實情，同時撫慰中國在韓僑胞。同日，蔣致函吳鐵城稱：「在目前美蘇兩軍分占朝鮮南北現狀下，國際上我方除應與美方密切合作外，對於駐韓美、蘇軍事當局，自應同等聯繫，俾我在外交上可保持超越立場，作爲美、蘇橋樑，乃至運用兩者關係一方，逐漸培養親華分子，團結韓方各派。」⑱國民黨中央黨部秘書處根據蔣介石指示，草擬了一份標有「極密」字樣的《韓國問題之對策》，其中提出：「調和美蘇勢力，以消除韓國南北兩部之對立，而促進其統一。」又提出：「積極與美、蘇、英洽商，確定開羅宣言中『於相當時期使朝鮮獨立』之『相當時期』之明確標準，並在將來和會中或聯合國會議中提出通過，以爲將來促使美蘇軍按時撤退之依據。」⑲但是，十二月廿七日，美、英、蘇三國外長於十二月廿七日在莫斯科會議，卻決定將朝鮮置於美、英、蘇、中四強的五年託管之下，這樣，國民黨中央黨部秘書處所擬《對策》自然成爲廢案。同月廿八日、三十一日，韓國臨時政府及韓國臨時政府駐華代表團先後發表聲明，反對該項託管計畫，中國政府未發表聲明支持。當時世界的主宰者是美、蘇兩大國，中國雖躋身「四強」，但實際上是弱者。

韓國獨立黨、民族革命黨、臨時政府及相關人員在華期間，其經費均由中國供給。金九等人返國前後，在華韓僑五百三十五人準備同時返國，急需冬服、旅資及生活維持等諸項費用。十二月廿八日，蔣介石致函吳鐵城，批准發給國幣三千萬元作爲資助。⑳這是蔣介石唯一能做的事情了。

七、結語

在支持韓國獨立運動的中國國民黨人中間，有三個關鍵人物：一是陳其美，他和韓國獨立運動人士接觸較早，是援韓事業的始創者，但因他一九一六年即被刺身亡，所做事情不多。一是孫中山，他不僅制訂了援助弱小民族的原則，而且以南方護法政府首腦的身分和韓國臨時政府的代表進行會談，爲國民黨人與韓國獨立運動人士之間的關係奠定了基礎；但是，孫中山當時自身處境困難，沒有能力進行實際援助。三是蔣介石，他是三〇、四〇年代中國援韓活動的主要領導者和決策者，時間最長，貢獻也最大。

爲了共同反對日本帝國主義，中國國民黨給予韓國獨立運動的援助包括政治、經濟、軍事、外交、道義等各個方面。在這些援助活動中，蔣介石比較注意尊重韓國獨立流亡人士的民族感情，及時調整政策，保持友好關係；在國際舞臺上，蔣介石首倡保證朝鮮戰後獨立，反對國際託管和南北分割，不謀求在該地區的民族私利。這些，都與當時主宰世界的大國強權構成了鮮明對比。

①毛思誠摘錄本《蔣介石日記類抄》。

②閔石麟：《韓國各黨派概略》，《韓國各黨派情報卷》，（臺北）中國國民黨黨史會藏《中韓關係專檔》（十），以下均同，不一一注明。

③滕傑：《滕傑先生訪問記錄》，第一一八頁；參見《總統蔣公大事長編初稿》卷二，第二〇九至二一三〇頁。

④金若山：《朝鮮民族革命黨之創立與其發展經過》，《韓國民族革命黨卷》，《中韓關係專檔》（十四）。

⑤《白凡逸志》，（北京）民主與建設出版社一九九四年版，第二三二至二三三頁。

⑥《韓國黨派之調查與分佈》，《韓國各黨派情報卷》，《中韓關係專檔》（十）。

⑦蕭錚：《韓國光復運動之鱗爪》，（臺北）《中央日報》，一九五三年八月廿五日。

⑧朱家驊：《簽呈總裁密陳四年來對韓國問題辦理經過附具意見伏祈手令飭辦》，《國民政府與韓國獨立運動史料》，（臺北）中央研究院近代史研究所一九八八年版，第五七七頁。

⑨楊昭全等編：《關內地區朝鮮人民反日獨立運動資料彙編》，遼寧民族出版社一九八七年版，第六二五、六二八頁。

⑩《國民政府與韓國獨立運動資料》，第六十四頁。

⑪《國民政府與韓國獨立運動資料》，第五五一頁。

⑫滕傑：《三民主義力行社援助韓國獨立運動之經過》，《滕傑先生訪問記錄》，（臺北）近代中國出版社一九九三年版，第一二一至一二六頁。

⑬朴孝三：《兩年來本隊工作的總結》，《朝鮮義勇隊兩週年紀念特刊》。

⑭《朝鮮義勇隊兩週年紀念特刊》。

⑮石源華：《韓國獨立運動與中國》，第三〇九頁。

⑯《國民政府與韓國獨立運動史料》，第三三〇至三三一頁。

⑰《國民政府與韓國獨立運動史料》，第三一七頁。

⑱《照抄陷川侍六代電》，《韓國光復軍卷》，《中韓關係專檔》（三）。

⑲《國民政府與韓國獨立運動史料》，三三七至三四二頁。

⑳《國民政府軍事委員會訓令》，《尹呈輔先生訪問記錄》，（臺北）近代中國出版社一九九二年六月版，第五十六頁。

㉑石源華：《韓國獨立運動與中國》，第三九一頁。

㉒《軍委會點驗光復軍》，外交部情報司情報，《韓國光復軍卷》，《中韓關係專檔》（三）。

㉓閔石麟：《韓國各黨派述略》，《韓國各黨派情報卷》，《中韓關係專檔》（十）。

㉔《韓國臨時政府擬遷往美國》，委員長侍從室致吳鐵城函附件，《韓國臨時政府情報卷》，《中韓關係專檔》（九）。

㉕《溫叔萱呈》，《韓國光復軍卷》，《中韓關係專檔》（三）。

㉖《韓國臨時政府外務部長趙素昂照會》，《韓國臨時政府卷》，《中韓關係專檔》（廿一）。

㉗《蔣介石致吳鐵城函》，軍事委員會快郵代電第一二三四九號，《韓國光復軍卷》，《中韓關係專檔》（三）。

㉘《金九致吳鐵城》，《韓國光復軍卷》，《中韓關係專檔》（三）。

㉙《蔣介石致吳鐵城函》，軍事委員會代電第一四九四二號，《韓國光復軍卷》，《中韓關係專檔》（三）。

㉚《張壽賢致吳鐵城呈》，《韓國光復軍卷》，《中韓關係專檔》（二二）。
㉛《國民政府與韓國獨立運動史料》，第五五八、五六二至五六三頁。
㉜《會見金若山談話紀要》，《韓國各黨派情報卷》（下），《中韓關係專檔》（十）。關於郭泰祺約見金若山的時間，邵毓麟認為在一九四二年元月，見其所著《使韓回憶錄》第三十六頁。
㉝《商討朝鮮問題會議記錄》，《扶植韓國復國運動卷》，《中韓關係專檔》（廿二）。
㉞《國民政府軍事委員會快郵代電》，第六〇一〇號，《扶植韓國復國運動卷》，《中韓關係專檔》（廿二）。
㉟《關於扶助朝鮮革命運動一案之會商經過及決定事項》，《扶植韓國復國運動卷》，《中韓關係專檔》（廿二）。
㊱《國民政府與韓國獨立運動史料》，第五七二頁。
㊲《國民政府軍事委員會快郵代電》，一九四三年十月八日，《扶植韓國復國運動卷》，《中韓關係專檔》（廿二）。
㊳《扶助朝鮮復國運動指導方案》，《扶植韓國復國運動卷》，《中韓關係專檔》（廿二）。
㊴吳鐵城：《報告》，《扶植韓國復國運動卷》，《中韓關係專檔》（廿二）。
㊵《國民政府軍事委員會快郵代電》第六九四八號，《扶植韓國復國運動卷》，《中韓關係專檔》（廿二）。
㊶《照抄致何總長辰佳侍秦代電副稿》，《韓國臨時政府借款卷》，《中韓關係專檔》（廿二）。

㊷外交部情報司情報：《韓國臨時政府國務會議爭辯之內容》，《韓國臨時政府情報卷》，《中韓關係專檔》（九）。

㊸朝鮮民族革命黨中央委員會：《朴精一、趙琬九等反統一派侵吞公款捏造金九等暗殺事件真相》，《韓國雜卷》，《中韓關係專檔》（四）。

㊹《國民政府軍事委員會快郵代電》，第七六一七號，《蔣總統接見韓領袖卷》，《中韓關係專檔》（十六）。

㊺《總裁接見韓國領袖談話紀要》，《蔣總統接見韓國領袖卷》，《中韓關係專檔》（十六）；參見《韓國民族革命黨宣傳部長金奎植先生於本年八月五日在重慶對旅美韓僑廣播全文》，《韓國民族革命黨卷》，《中韓關係專檔》（十四）。

㊻《國民政府與韓國獨立運動史料》，第五八四至五八五頁。

㊼《韓國臨時政府主席金九等辭職經過》，楊昭全等：《關內地區朝鮮人民反日獨立運動資料彙編》，第六三一頁。

㊽《韓國臨時政府現狀之調查》，《韓國臨時政府情報卷》，《中韓關係專檔》（九）。

㊾《韓國臨時議政院會議陷入僵局之經過》，《關內地區朝鮮人民反日獨立運動資料彙編》，第六三九頁。

㊿《國民政府軍事委員會快郵代電》，第一〇一八九號，《有關韓國問題卷》，《中韓關係專檔》（廿三）。

51《會見金若山談話紀要》，《韓國各黨派情報卷》，《中韓關係專檔》（十）。
52溫叔萱：《韓國黨派糾紛近況報告》，《有關韓國問題卷》，《中韓關係專檔》（廿二）。
53《中央日報》，一九四四年四月廿八日。
54《韓國各革命黨擁護第三十六屆議會宣言》，《關內地區朝鮮人民反日獨立運動資料彙編》，第六〇六頁。
55石源華：《韓國獨立運動與中國》，上海人民出版社一九九五年版，第四一六頁。
56石源華：《韓國獨立運動與中國》，第四二一頁。
57《近代中韓關係史資料彙編》，第十二冊，國史館一九九〇年版，第三八二頁。
58《近代中韓關係史資料彙編》，第十二冊，第三八六頁。
59邵毓麟：《使韓回憶錄》，第五十四頁。
60《近代中韓關係史資料彙編》，第十二冊，第三九四至三九七頁。
61《中華民國重要史料初編——對日抗戰時期》第三編，《戰時外交》（三），第五四七頁。
62《使韓回憶錄》，傳記文學出版社，第四十三頁。
63《韓人獲解放，感激蔣主席》，《中央日報》，一九三五年九月十三日。
64《關內地區朝鮮人民反日獨立運動資料》第六八二頁。
65《總裁代電》，《有關韓國問題卷》，《中韓問題專檔》（廿三）。
66《吳鐵城報告》，《有關韓國問題卷》，《中韓問題專檔》（廿三）。

(67)《關於韓臨時政府請求承認事請核示由》，《韓國臨時政府卷》，《中韓關係專檔》（廿一）。

(68)國民政府外交部檔案，318之4-1號，《近代中韓關係史資料彙編》，第三七九至三八〇頁。

(69)吳鐵城：《接見韓國金九主席談話經過情形請轉呈備查》，《有關韓國問題卷》，《中韓關係專檔》（廿三）。

(70)邵毓麟：《使韓回憶錄》，第三十九頁。

(71)邵毓麟：《使韓回憶錄》，第五十四頁。

(72)《中央日報》，一九四五年三月十四日。

(73)《呈覆關於韓國臨時政府推派代表參加聯合國大會事》，《韓國臨時政府卷》，《中韓關係專檔》（廿一）；參見《軍事委員會來電一件》（第一五八八號），卷宗同上。

(74)《大公報》，一九四五年六月十日。

(75)《國民政府軍事委員會代電》，《扶植韓國復國運動卷》，《中韓關係專檔》（廿二）。

(76)轉引自《韓國民族革命黨宣傳部長金奎植先生於本年八月五日在重慶對旅美韓僑廣播全文》，《韓國民族革命黨卷》，《中韓關係專檔》（十四）。

(77)《近代中韓關係史資料彙編》第十二冊，第四〇一頁。

(78)《吳秘書長接見韓國臨時政府金九主席談話要點》，《韓國臨時政府卷》，《中韓關係專檔》（廿一）。

(79)《中央日報》，一九四五年八月廿五日。

⑳《韓國、越南、泰國問題座談會記錄》，又，《吳鐵城呈蔣介石》，《日本投降後韓國問題卷》，《中韓關係專檔》（十九）。
㉛秋憲樹：《韓國獨立運動》（一），第四六七至四六八頁。
㉜《總裁接見韓國臨時政府主席金九記錄》，《蔣總統接見韓領袖卷》，《中韓關係專檔》（十六）。
㉝《總裁指示》，《韓國臨時政府人員返國卷》，《中韓關係專檔》（十八）。
㉞《國民政府代電》，府參（二）字第二七三號，《韓國臨時政府借款卷》，《中韓關係專檔》（二十）。
㉟《國民政府代電》，府參（二）字第三八三號，《韓國臨時政府借款卷》，《中韓關係專檔》（二十）。
㊱《接見韓國臨時政府主席金九談話紀要》，《韓國臨時政府人員返國卷》，《中韓關係專檔》（十八）。
㊲潘公昭：《今日的韓國》，中國科學圖書儀器公司一九四七年版，第一三五至一三六頁。
㊳《國民政府代電》，府軍（義）字第九七九號，《日本投降後韓國問題卷》，《中韓關係專檔》（十九）。
㊴《日本投降後韓國問題卷》，《中韓關係專檔》（十九）。
㊵《國民政府代電，府交字第一四八六號，《韓國臨時政府借款卷》，《中韓關係專檔》（二十）。

豪門之間的爭鬥

——宋子文檔案管窺

宋子文檔案藏於美國史丹福大學胡佛研究所。大部分重要且機密度較高者目前尚不開放，我所讀到者只是已開放的一小部分，但即使是這一小部分，也已令我收穫不小。

錢昌照先生曾長期在資源委員會工作，和宋子文關係密切。他曾在回憶錄中談到，宋和孔祥熙一向不合，勾心鬥角，但其具體情況卻談得很少，使人頗感不足。我在宋子文檔案中，發現了部分電稿，生動地反映出宋、孔之間的矛盾，有助於我們瞭解這兩家豪門之間的爭鬥。

一九四一年一月三日，宋子文致錢昌照電云：

> 此間各項借款十日內可辦妥，飛機事亦有相當成功，此後是否留美繼續工作，或赴英辦理借款，抑回國，正須考慮。以弟觀察，介公仍被孔等愚弄，回國亦無意義，即平準委員會弟亦不擬參加，一切聽委座及孔等決定。

宋子文自一九二八年起擔任南京國民政府財政部長，和上海大銀行家、商界人士之間建立了密切聯繫，在以財力支持蔣介石和南京政府方面立下了汗馬功勞。一九三三年四月，任行政院副院長兼財政部長，成爲僅次於蔣介石、汪精衛的顯赫人物。但是，一九三三年十月，宋子文因不滿蔣介石的猛增軍費，濫發公債，和蔣發生衝突，憤而辭去職務，蔣介石改以孔祥熙任行政院副院長兼財政部長。自此，孔日益得到蔣的信任，宋、孔之間的矛盾也因而滋生、展開。

一九四〇年六月，蔣介石爲爭取美援，派宋子文以私人代表身分赴美談判。本電發於美國。它告訴錢昌照，爭取美援事已有相當成功，徵詢錢對於他今後去留行止的意見。電中所云「介公仍被孔等愚弄」等語，反映出對孔的強烈不滿。

一月六日，錢昌照覆電宋子文云：

> 弟與孟餘先生均認為最近國際政治中心在華盛頓，有暫時留美的必要，中、英美遠東合作及派遣專家等事，在華盛頓接洽較為方便。國內政局尚未至明朗化，除非介公電催公回，屆時加以考慮外，似不必遽作歸計。

錢昌照和顧孟餘商量的結果是，宋應該暫時留美，其理由，一是華盛頓地位重要，便於開展外交活動，一是「國內政局尚未至明朗化」，這是句潛臺詞豐富、耐人尋味的話。宋子文辭職後，除掛名全國經濟委員會常務委員外，沒有其他官職，主要從事金融、企業活動，但他仍然渴望涉足政壇。然而，當蔣介石仍然信任孔祥熙的時候，他的進身之途是不會暢通的。前電所云「回國亦無意義」，即是此意；本電所云「國內政局尚未至明朗化」，亦與此有關，說得直白一點，那就是孔祥熙尚無下臺跡象也。

孔祥熙接替宋子文後，一直官運亨通。除了財政部長一職穩如磐石外，行政院副院長、代理行政院長、行政院長等位置輪流交替。這時，他正官居副院長，成爲院長蔣介石的副手。但是，孔祥熙政聲不佳，國民黨中也有一部分人希望宋子文重新上臺。二月十二日，張沖致電宋子文云：

> （一）俄方對新四軍事變初甚關心，因恐引起內亂。（二）俄方已派一新總顧問到渝，前總顧問回國，與事變無關。（三）葉劍英回陝調整，尚未返；周恩來在此，鈞座可電其努力斡旋。（四）俄方飛機、軍火已半數到華，餘在運輸中。下月開會，鈞座能回國否？

張沖，字淮南，浙江樂清人。國民黨第五屆中央執行委員。曾代表國民黨與中共秘密談判，又曾以考察蘇聯實業團副團長名義赴蘇，爭取蘇援。全會，指國民黨五屆八中全會。本電中，張沖只是一般地詢問宋子文是否返國出席全會，下一通電報就說得很明白了。三月廿三日電云：

中共以中央未採納共黨十二條辦法，暫不出席中央所召集一切會議，但周恩來與委座間仍直接商洽調整，大體安靜。八中全會或提付討論。鈞座如出面贊襄委座，則此事易得一解決之道。黨內國內對鈞座屬望皆甚殷。

一九四一年一月六月，國民黨軍突襲北撤的新四軍，製造了震驚中外的皖南事變。十一日，周恩來向張沖提出抗議。二十日，中共提出十二條解決辦法。廿八日，中共中央向張沖再次提出臨時解決辦法十二條。由於國民黨拒絕接受，毛澤東等中共參政員拒絕出席三月一日在重慶召開的國民參政會。張沖維護國共合作，希望與共產黨關係較好的宋子文能「出面贊襄」蔣介石主持政務，緩解國共合作危機。「黨內國內對鈞座屬望皆甚殷」云，反映了國民黨內一部分擁宋派的呼聲。

對宋子文屬望甚殷，孔祥熙的位置就難以坐穩了。四月六日，古達程致宋子文電云：「頃見孔夫人致蔣夫人函，堅決反對俞鴻鈞調任外次，並擬請委座任鈞座爲駐美大使。」俞鴻鈞，廣東新會人，曾任上海市長，時任中央信託局理事。在宋氏家族中，宋藹齡並非黨國要人，但經常操縱金融，干涉政務，不但孔祥熙唯命是從，宋美齡也常聽命於她，本電即說明了她干政的情況及其管道。値得注意的是，宋藹齡任命宋子文爲駐美大使的建議，頗有文章。四月六日，宋子文覆電古達程云：

孔夫人又擬支配政治，甚為明顯。委座對弟究竟如何？應否回國，以免被迫為大使？再，光甫有何新活動？均盼密告。

光甫，指陳光甫，上海商業儲蓄銀行經理。抗戰期間，曾被國民政府派赴美國簽訂桐油借款、滇錫借款、鎢礦借款等協定。宋子文此電稱：「孔夫人又擬支配政治」，可見前此此類情況已不止一樁。在封建社會裏，臣下要經常研究皇帝的情緒和意向，以便「仰體聖意」；宋子文志在掌握中樞，不願屈就駐美大使一職，但他的升沉榮衰，完全取決於蔣介石個人，因此，必須研究「委座對弟究竟如何」。

在覆電古達程的同時，宋子文又致電錢昌照云：

微電欣悉，古達程魚電可索閱。各方對孔不滿。孔有無放棄財部，交光甫代理意？再弟已請高斯來渝時與兄詳談。

高斯（C.E.Gauss），美國外交官。曾先後在上海、天津、濟南、廈門等地任領事、總領事等職。宋子文要倒孔，必須扳倒他的財政部長一職，故此電詢問「孔有無放棄財部意」。當時，美國政府已決定派高斯出任駐華大使。宋子文要求高斯與錢昌照詳談，可能亦與此有關。

錢昌照很快就回答了宋子文的問題。四月十日電云：

就弟所知，孔無放棄財部意。各方對孔不滿由來已久，但介公迄無決心根本改組政府耳。孔夫人建議任先生為美大使顯有作用，其目的當在鞏固孔之地位也。承介紹高斯，至感，來華後當隨時與之洽談。

在國民黨政權中，孔、宋都是理財幹將，但宋子文辦事講究手續，蔣開條子向財政部要錢，他要問一問做什麼用，有時就不買帳，而孔祥熙則決不問長問短，要錢就給。因此，宋、蔣之間常有矛盾，宋子文曾發牢騷說：「做財政部長無異做蔣介石的狗」，而孔、蔣之間，則比較和諧。儘管「各方對孔不滿」，但孔仍可以在行政院和財政部的寶座上繼續坐下去。不過，儘管孔得到蔣的信用，但對宋仍有很強的戒備心理。此電揭示了宋藹齡建議宋子文出任駐美大使的目的在於「鞏固孔之地位」，正是這種戒備心理的表現——將宋子文「外放」，孔在國內不就少了一個競爭對手了嗎？

古達程也很快就回答了宋子文的問題。四月十日電云：

委座對鈞座現極信賴。惟孔在參政員及全會各中委前竭力攻擊鈞座，幸各人咸知孔之為人，多不直其所為。八中全會鈞座未回國，在美任務若未終了，此時似不宜回。是否有當，尚乞鈞裁！光甫尚未聞有新活動。

國民參政會是重要的輿論、諮詢機構，國民黨中央全會則是當時最高的權力機構，孔祥熙在這兩個會議的參加者面前「竭力攻擊」宋子文，顯然非同小可。宋子文接到上項電報後，自然極爲關心，立即電詢古達程：「孔在參政會及大會之言詞，尚盼詳告。」四月十二日，古達程覆電云：

孔趁開會時機，輪流宴請參政員及中委，席間每以鈞座為攻擊對象。誣衊棉麥借款及平準基金之辦理不善。又謂鈞座未儘量利用國際局勢，致美方援我不能徹底云云。

棉麥借款，指一九三三年宋子文與美國政府簽訂的合同，規定美國貸款五千萬元給中國政府，用以購買美國的棉花和小麥。平準基金，指一九四一年四月，宋子文與美英兩國政府簽訂的平準基金協定及借款合同，規定美國貸款五千萬美元、英國貸款五百萬英鎊以幫助中國政府保持匯率的穩定。對這兩項談判及合同中的不當之處，自然可以批評，問題是批評的時機和目的。

四月廿五日，平準基金借款合同正式簽字，宋子文致電蔣介石云：

文奉命來美，經十月之苦幹，賴鈞座督促，於今得告一段落。關於平準基金事，聞有人於八中全會及參政會向各委員對文相當施攻訐，幸鈞座明察，勿以為罪。本日起對維持法幣問題，悉聽財政部措置，文未便再參末議矣！

這裏說的「有人」，指的正是孔祥熙。面對孔的咄咄逼人的進攻，宋不得不回敬一拳。不過，考慮到孔祥熙「聖眷正隆」，宋子文不願明言。電中，宋子文表示不願對維持法幣問題發表意見，「悉聽財政部措置」，含蓄而委婉地暗示了他和孔祥熙之間的矛盾。

六月初，國民政府內定俞鴻鈞任財政部次長。同月三日，宋子文致電古達程云：「兄前電稱孔夫人反對俞鴻鈞任外次，今俞忽任財次，究竟內幕如何？」六月五日，古達程覆電云：

俞鴻鈞在信託局極得孔本人賞識。反對俞任外次，恐他人奪其幹部；極力薦為財次，以便充分利用。該項命令於孔夫人抵渝之翌日，即行發表，並以奉聞。

信託局當時在香港辦公，其主要任務是向外國購買軍火，它是孔氏家族聚斂財富的重要管道，由孔祥熙的大兒子孔令侃出面主持，俞鴻鈞則是重要幹將。本電說明宋藹齡對信託局的重要作用，也說明了她在當時國家政治生活中的作用。不讓俞鴻鈞當「外次」，俞就不能當；推薦俞當「財次」，俞就一定當得上；而且任命狀還必須在宋藹齡自港飛重慶的第二天發表。宋藹齡的力量，可謂大矣哉！

宋子文倒孔，不便親自出馬。六月十五日，錢昌照致宋子文電云：「李石曾先生抵渝，弟已將一年來政治內幕詳告，並共同斟酌晤蔣時應持之態度。」李石曾是國民黨元老，他是有資格對蔣介石進言的，十九日，李石曾電告宋子文云：「介公兩次晤談，函件已交，尚無機會及於具體問題，惟曾一再約弟往住黃山，俾利靜談，彼時或爲較好之機會。」黃山，蔣介石在重慶的官邸。李石曾雖是元老，但他也不敢造次，而要等待「較好之機會」，然而，宋子文卻沒有信心了。廿三日，他覆電李石曾稱：

最近孔在重慶，爪牙密佈，幾有清一色之勢，今春大會，有人建議改組政府，介公謂：君等以某某貪婪，故有此舉，然代之者其為爭奪政權，亦可想而知，云云。意似指弟而言，領袖之不諒如此，益增悚愧。但我輩一本赤忱。為民族、為國家，只有不顧一切，努力盡我個人之職責。介公處茲環境，先生前電黃山談話，恐難有徹底之效果耳！

今春大會，指五屆八中全會，當時確實有一部分人「建議改組政府」。王世杰日記就記載，三月廿一日，張群自成都來，和他商量「改組政府事」，要求在全會後更動財政部等部人選。張群並表示，將向蔣介石面述。然而由於蔣介石袒孔，未能成功。所以王世杰四月三

了。

果然，到了一九四四年初，馬寅初帶頭發表文章，指斥孔祥熙大發國難財。CC系、政學系等繼起，一時反孔之聲甚高。十二月，蔣介石起用宋子文爲代行政院長。一九四五年五月，行政院改組，宋子文正式任行政院長。七月，孔祥熙退出政界，孔宋之間的權力爭鬥以宋子文的勝利告終。不過，應該說明的是，這次蔣介石之所以決心拋棄孔祥熙，起用宋子文，除了國內反孔勢力的活動外，很重要的原因還是美國人羅斯福說了話。否則，蔣介石大概還是下不了決心的。

（原載《團結報》一九九二年三月十一日）

蔣孔關係探微

——讀孔祥熙檔案

在美國哥倫比亞大學珍本和手稿圖書館所藏孔祥熙檔案中，保存著致蔣介石的幾封信，看來是孔祥熙本人認爲很重要的文件。其一爲：

敬密陳者：

弟自由歐奉召返國，參加國難工作，倏逾半載。遵命擔任行政，亦已四月。初抵漢時，正值前方軍事失利，後方極形恐慌，難民流離於途，傷兵到處滋事，救濟不及，安置無方，人心浮動，怨言叢生，大局幾有不可終日之勢。而中央機關之西遷，或川，或湘，或武漢，辦公地點既無一定，負責長官亦多分散，政務更有停頓之虞。為安定後方，鎮靜人心起見，經竭力設法，約集來漢，乃將中央組織稍事整理，協助地方政府解決傷兵、難民問題。嗣我兄以軍事繁要，堅辭院務，籌畫改革中央行政機構，以謀政院與軍會之調整，雖蒙詢及芻蕘，迄未妄參末議，對於提出改組辦法，因而未曾過問。改組之議既定，以人事問題徵及於弟，自維材軨任重，本不敢承，故再三辭謝，乃我兄推誠相與，懇切責勉，弟以時值國家艱危，我兄憂勞逾恒，遂不得不暫承其乏，冀我兄專心軍事，求取抗戰之勝利。所幸抗戰初起，中央即有決議，黨政軍統歸我兄領導，而政院諸務，早有成規可循，曹隨蕭後，自亦不必另有主張，另有政策。惟數月以來，外間或不加察，責弟無主張、無政策，在非常時期，更無特別辦法。實則以黨治國，一切大計均須取決於黨，聽命領袖，而抗戰時期，最重意志統一，政策一貫，尤不容個人隨便發表主張，致涉分歧。故切盼全國代表大會及中央全會早日開幕，有所指示。茲既先後舉行，決定《抗戰建國綱領》，則此後政治益臻穩定，軍事愈易撐柱，財政亦籌有辦法，且弟多年以來，即主張為統一政令、集中力量起見，政治軍事大權應歸我兄一人主持，去歲出國前並有長函向我兄建議，將軍委會改組，國防部隸於政院，由我兄以院長兼總長。此次大會通過我兄為本黨總裁，主持一切，尤與弟之平素主張相同。

目下前方軍事好轉，黨政軍權宜即乘時統歸我兄總攬，庶幾德威普照，軍民共仰，指揮便利，策應敏捷，於國家前途及抗戰前途裨益實多。弟近來身體多病，精力遠遜於昔。前為我兄分勞，應付難局起見，暫任行政，尚能勉強支持，如使長負重責，深懼自誤誤國，既負我兄推許之意，亦累我兄知人之明。極盼允卸仔肩，俾得稍事休養，或另畀閒散職務，以便從容效力。倘我兄仍不願自兼院務，或由岳軍代理，亦頗穩妥。至財政一席，子文如能擔任，更為駕輕就熟。弟秉性率直，遇事認真，或不免獲罪於人。長財數年，幸賴我兄信任，雖有謠謗，均置不理，始能放手做去，即近來稍有成就，亦係我兄指導之力。就積極方面言，因整頓舊稅，舉辦新稅，為國庫增加數萬萬元；就消極方面言，因購置消費躬親核實，為國庫亦節省數千萬元。均有數字可查。至於改善幣制，整理公債，活潑金融，扶助工商，以及廢除苛雜，治水防災，直接間接，無形中為國家所增之富力，想亦有相當之數目。且自信經手事項，公私分明，絲毫不苟，差堪告慰於我兄。過去雖因嚴厲取締交易所操縱投機，並在整理公債時期不肯徇情，致受人攻擊，發生謠謗，曾經審計部派員秘密查賬數月之久。其結果中行方面並未發現錯誤，財部方面亦只因暫記賬為查賬者所吹求質詢，但該項支出均係奉有我兄手條，先行墊付，待補手續者，一經核對解釋，亦無問題。現在厲行預算制度，主計、審計，又復組織嚴密，一切收支必經種種手續，更不待言。

弟去秋在德，乘便診療宿疾，時期未滿，即奉我兄疊電召歸。匆匆返來，又因國難嚴重，未敢休息。近復忙碌數月，益感精力不及。惟前以國家情景欠佳，未敢提及下忱。今幸行政組織大致妥貼，戰事前途又形好轉，而財政亦籌有辦法。弟之去留，當不致影響大局。現擬提出辭呈，自不能不先商我兄。披瀝直陳，敬祈垂察。倘承不以畏難見責，尤為感幸。專肅，恭請鈞安！

弟孔祥熙謹啓

四・二十五日

孔祥熙於一九三七年三月以特使身分被派赴英國參加英皇喬治六世的加冕禮，其後，陸續訪問義大利、捷克、瑞士、德國、法國、比利時、美國，秘密訂購軍火武器及汽油等物資。盧溝橋事變發生後，蔣介石指示他「在國際方面多所接洽」，又再赴巴黎、柏林談判。同年十月，奉蔣介石之召回國。十二月十三日，南京被日軍攻陷。次年一月，為建立戰時行政機構，國民政府實行改組，孔祥熙被任命為行政院長。本函稱：「由歐奉召返國，參加國難工作，倏逾半載，遵命擔任行政，亦已四月」，知此函作於一九三八年四月廿五日。當年三月廿九日至四月一日，國民黨在武昌召開臨時全國代表大會，通過《抗戰建國綱領》，選舉蔣介石為國民黨總裁，汪精衛為副總裁。同月六日，在漢口召開五屆四中全會。函中所稱全國代表大會及中央全會，指此。

在國民黨的高級官僚中，孔祥熙是最受蔣介石信任的一個。其原因，從本函可以窺見：一是孔對蔣絕對忠誠，以蔣之主張為主張，決不和蔣爭權，也決不和蔣標新立異。本函稱：「弟多年以來，即主張為統一政令，集中力量起見，政治軍事大權應歸我兄一人主持。」又稱：「政院諸務，早有成規可循，曹隨蕭後，自亦不必另有主張。」這自然是十分投合蔣介石的胃口的。二是善於理財。一九三三年，宋子文撂挑子的時候，國庫僅存現金三百餘萬元，而月支出則達二千二百萬元。宋子文曾認為，三個月之後，國民政府的財政就要垮臺。但孔祥熙接任後，採取各種措施，迅速積聚起大量財富，保證了蔣介石的各方面需要。本函所稱：「就積極方面言，因整頓舊稅，舉辦新稅，為國庫增加數萬萬元；就消極方面言，因購置消費，躬親核實，爲國庫亦節省數千萬元」，應是事實。三是不顧財務制度，蔣介石要錢就給。本函所稱「爲查賬者所吹求質詢」的「暫記賬」，都是只憑蔣介石的「手條」，就照付不誤的。這是孔和宋很不同的地方。

孔祥熙擔任行政院長後，頗爲部分人所不滿。王世杰一九三八年二月十二日日記記載：「近來中外人士對中央信託局（孔為董事長）購買軍火，指摘殊甚，謂有不少舞弊情事。宋子文似亦有電告知蔣委員長。」三月四日日記云：「近日外間對於孔庸之長行政院，王亮疇長外交，頗多不滿。昨聞傅斯年君（國防參議會委員）曾以長函致蔣先生，指責孔、王甚力。」孔祥熙致蔣介石函中也說：「數月以來，外間或不加察，責弟無主張、無政策，在非常時期，更無特別辦法」，可見這種不滿的強烈。

在二月十二日的國防最高會議上，孔祥熙曾爲中央信託局作過辯解，但並未能遏制這種不滿。於是，他便以退爲進，於四月廿五日上書蔣介石，一方面要求辭職，聲稱「極盼允卸仔肩，俾得稍事休養，或另畀閒散職務，以便從容效力」；一方面力辯自己的「無主張、無政策」乃是因爲在蔣介石領導之下，「曹隨蕭後，自不必另有主張」；同時則大談自己多年來理財的「成就」和公正廉明，目的在於反駁輿論對自己的批評，爭取蔣介石的信任。果然，蔣介石見信後，即命陳布雷將信退給孔祥熙，並表示「慰問鼓勵」。這樣，一場反孔風潮還沒有來得及掀起來就被壓下去了。

其二爲：

主席鈞鑒：弟病中聞有將財政部外匯管理委員會結束，所餘工作改由中央銀行執行之議，再四思維，竊認為應請重行考慮者有以下幾點：

（一）按歐美各國外匯自由買賣時期，業務則統歸中央銀行調劑，但實行外匯管理後，則多在財政部設立專管機構，處理審核手續，而業務則由中央銀行主管。如德、義、伊蘭、加拿大、智利、巴西、阿根廷及其他南美諸國，皆採此制。其他如英國、印度、紐西蘭等國，由財政部授權中央銀行管理外匯者，亦各在中央銀行內另設機構，不與普通業務互相混合。蓋審核、業務兩種業務之應分別辦理，猶會計、出納之應分開也。分開則可收互相監察之效，合併則權力有過於集中之嫌也。

（二）我國管理外匯之執行，因英、美封存法令與我國有關係，而美國財部外貿局所頒佈之《特許法令》第五十八項及第七十五項皆指明我國外匯管理委員會為合作執行之機關。按此項法令予我國管理貿易及資金之流動，頗多便利，而外國商人則認為不便。因此美方對此項法令久有放任傾向。今外匯管理委員會改組消息傳來，聞已有非正式表示，擬取消此項合作辦法而圖便利彼國商人也。

（三）查外匯管理委員會成績尚佳，若非確有必要，現似不必更改，否則恐外人認為不穩定之表現。如以為現有機構不足勝任，則可視諸工作之需要而加強，似不應重起爐灶也。總之審核與業務理應分開。如必欲將二者皆歸中央銀行處理，亦應在中央銀行之內特設審核委員會，聘請行外有關人事參加，方為妥善。因此事關係重大，影響國際合作，故直陳所見，以備參考。是否有當，尚乞鈞裁。

此函未署年月。中國外匯本取自由買賣制度，一九三八年二月，日本侵略者指使北平偽組織設立銀行，發行無擔保、不兌現的紙幣，強迫人民行使，妄圖套取外匯，這樣，中國政府就不得不逐漸建立外匯管理制度，規定外匯售結買賣，須在政府所在地的中央銀行辦理，其他非政府指定銀行，不得買賣外匯。同月，財政部指定中央銀行總行辦理外匯審核事宜。次年四月，成立外匯審核委員會。一九四一年八月，成立行政院外匯管理委員會，孔祥熙任主任委員。一九四三年十二月，外匯管理委員會改組，隸屬財政部。此函當作於此後。

其三為：

介兄主席鈞鑒：敬陳者：頃閱報載，美政府決派馬歇爾將軍繼赫爾利將軍使華，在此內外情勢艱困之時，此舉於外交姿態上殊屬有利，深為慶慰。憶赫爾利將軍使華年餘，貢獻極多，有助於中美邦交者非渺。其出任之經過情形，弟在美時曾應羅斯福總統之請，徵詢意見，除當時簡略電陳外，茲再摘陳如下，用備參考。

自史迪威將軍召回，及高斯大使辭職後，中美邦交阻礙頗多。弟奉派駐美代表，公私運用，極費苦心。對繼任人選，如不得其當，誤解更多，影響大局更甚。在當時情形，實須熟悉我國情形，同情我國困難，而富有軍事專才，兼有政治頭腦者為最適宜。弟於羅氏徵詢意見時，即經表示上述意願，立場所限，自不便擅舉人名。羅氏即以華萊士、納爾遜諸人見詢，弟則反覆僅表我方之意願，微露如能就賀浦金斯及赫爾利兩人擇一任之。羅以賀難遠行，遂即以赫君任命。（下缺）

此函原稿未署時間。函稱：「美政府決派馬歇爾將軍繼赫爾利將軍使華。」知此函作於一九四五年十一月。

一九四四年六月，重慶國民政府派孔祥熙赴美出席國際貨幣基金會議，蔣介石並任命其爲私人全權代表。不久，國民黨在豫湘桂戰役中大潰退，大片國土淪於敵手，中外震驚，駐華美軍司令兼遠東戰區參謀長史迪威通過美國政府，要求取得指揮中國戰區作戰部隊的全權，加劇了和蔣介石的矛盾。於是，蔣介石指示孔祥熙會晤羅斯福，要求給予三個月的佈置時間。孔祥熙接電後，在會晤羅斯福時表示，一旦中國的軍隊由外國人指揮，士氣民心必將大受影響。孔祥熙要求召回史迪威，另簡賢能。羅斯福接受孔祥熙的意見，改以魏德邁爲美軍駐華司令兼中國戰區統帥部參謀長，同時派赫爾利爲私人代表。十月，又任命赫爾利代替高斯任駐華大使。孔祥熙此函現存部分即反映這一情況。

其四爲：

介兄主席鈞鑒：敬陳者：抗戰勝利，宇宙重光，此皆鈞座堅苦卓絕，精誠感召有以致之也。弟以衰病之軀，早擬回滬養息，兼理家務。嗣以全會召開在即，身為革命黨員，追隨總理及鈞座，獻身黨國者幾四十年。際茲本黨大業垂成，本屆全會缺席去滬，恐惹誤會，乃決緩行。現在大會業經閉幕，不日擬即束裝就道。憶二十年來，在鈞座領導護持之下，服務黨國，勉分勞怨之任，若干任務難副殷望，由於能力之不及，與夫環境之艱難，乃雖心餘力拙，仍難見效，致勞鈞慮，實深愧憾。顧目今國家環境，內外艱危，實較抗戰時期為尤甚。惟信在鈞座領導籌謀之下，必可迎刃而解，統一進步之新中國自可指日而待也。

當今之勢，我國國際地位已躋於五強之列，責任自亦加重，苟國際間運用得法，外獲世界之重視，內則我黨人犧牲奮鬥所求之三民主義、五權政府之終極目標，亦可加速順利完成。近聞指示，極佩藎籌，實我國億萬年幸福之所繫，忝屬舊僚，實深欽敬。

所竊以自慰者，當抗戰時期，重荷青睞，謬膺輔弼之選，自問竭忠盡智，不敢偷閒。今任務勉達，體力日衰，此時休養，度我餘年，實拜鈞座之所賜，感何可言！山居靜養，檢討往事，愧貢獻之毫無。惟憶任內凡所施措，均本福國利民之義，絕無為個人私利之念，區區赤心，早邀洞鑒。今後以在野之身，從事社會事業，聊盡國民之職。諸如燕京、銘賢諸校，中美文化、邊疆服務、孔學會、慈幼協會等機構，均關社會福利，亦即本黨終極目的所在。過去所需經費，均由弟私人籌措，雖有若干事業如孔學會、慈幼會等曾由鈞座名譽領導，並承鈞兄由國庫酌予協助，弟以深體國家艱難，迄未請撥。今後事功更艱，深望鈞座指導提倡，使之發揚光大，以竟全功。他如國家興革，弟以從政多年，或有一知半解之見，足供鈞座參考，苟有垂詢，仍當盡我愚忠，本知無不言，言無不盡之義，仰答知遇於萬一。

留稟恭陳，以代踵辭，伏維垂鑒，敬請鈞安！

弟祥 謹啓

此函原稿亦未署時間。函稱：「抗戰勝利，宇宙重光。」又稱：「本屆全會，缺席去滬，恐惹誤會，乃決緩行。現在大會業經閉幕，不日擬即束裝就道。」據此，知此函作於一九四六年三月十七日國民黨在重慶召開六屆二中全會之後。

一九四四年初，國內反孔之聲大盛。同年秋，羅斯福通過宋子文轉達提議，要求中國政府更換軍政部長和財政部長。十一月，孔祥熙自美致電蔣介石，請辭財政部長職務，同時保薦政務次長俞鴻鈞接任。同月，蔣介石照准。一九四五年五月，孔祥熙再辭行政院副院長職務。七月，自美返國。此後又陸續辭去中央銀行總裁和中國農民銀行董事長等職務。至此，蔣孔之間的親密關係結束，孔祥熙在中國政治舞臺上的作用基本消失。本函反映出孔祥熙失意後的種種複雜心情。他雖有滿腹牢騷，但仍然表示要忠於蔣介石，「仰答知遇於萬一」。

其五為：

介兄鈞鑒：拜別來美，轉瞬經年。因知吾兄國事勞神，日理萬機，未敢多擾清聽，致疏函候，至以為歉。然對吾兄懷念之誠，無時或已也。當弟抵美之時，此間人士因受共黨宣傳，對我誤解頗深。美友紛來探詢，弟鑒於情形惡劣，不容坐視，乃一面向各方解釋，一面聯絡議院友好，促成援華政策。幸於去年能在國會通過援華議案。當時正值競選總統，共和黨對我尤表熱誠。不幸共和黨失敗，民主黨當選。弟於選舉之後，即與杜總統及馬國務卿晤談數次。杜氏雖對我表示同情，惟以各方牽制甚多，國會雖曾通過援華議案，而國務部執行方面仍多留難。環境因人事使然，實亦莫可如何。自吾兄引退以來，國內情形每況愈下，使此間愛我人士灰心。蓋援華問題必須我方自身有辦法方能推動，此美人所謂天助自助者也。

吾兄自參加革命，二十餘年來，繼承先總理遺志，努力奮鬥，功在民國。抗戰八載，全國在兄領導之下，協力支持，舉世欽敬，名列四強，誠非偶然。不幸勝利以還，政府措施錯誤甚巨，因一誤而再誤，以致士無鬥志，民有二心，功敗垂成，為黨國，為吾兄，實為痛心。我國戰後措施之錯誤，據愚見所及，約有三點。因感於前車之失，可為後車之鑒，因敢為吾兄列陳之：

一、我國幣制應於勝利之後立即改革。當時國幣發行不過一千七百億，而國庫外匯尚有十億美元，除可收回抗戰舊幣，換發建設新幣外，尚可餘存一億美元之多，可以留作發行準備及建設生產之用。當時如能將幣制整頓穩定，不自己貶值，當可維持信用，則資金不致逃避，物價不致騰漲，工商業可以發達，國外貿易可以推廣，僑匯可以源源而來，國庫收入不致太失平衡，人民安居樂業，赤禍不致蔓延。殆至去年秋間，我國外匯已告枯竭，對外貿易及國內生產相差過巨，而於此時冒然換發金圓券，既無充分準備，又未增加生產，且強徵民間黃金外匯，不顧商情成本，限價勒售，強迫執行，凡此種種，均大失人心，嗣後金圓券又自行貶值，一至不能維持而有今日之經濟崩潰。此失策者一也。

二、勝利之後應立即恢復生產。所有日人之工廠，理應利用，不使停頓。不幸因政府接收人員彼此爭奪，致使停止生產，機器損壞，原料散失，對國計民生損失奇重。本國既無生產，自不得不仰給於外國，因而外匯逐日消耗。此亦經濟崩潰之又一原因也。

三、中俄條約原無必要，但一經簽訂，則使蘇俄在東北及內外蒙古享有特權，故能充分武裝中共，擾亂吾華。此實中共軍事日強之主因，亦即我政府之失策也。

以上三點，不過事之近因，而考其遠因，實由於群小干政，蒙蔽元首，結黨營私，忌賢妒能，爭權奪利，失德喪良，而結果吾兄代為受過，言之痛心。目今中外明達人士尚以為欲救中國脫離赤禍，非有吾兄出山領導不為功。且我國憲法亦無總統辭職之條文，惟吾黨同志是否能捐棄成見，團結合力擁戴，瞻望前途，曷勝翹企！弟年老衰弱，無力報效。惟祈為國珍重，舉賢任能，完成革命建國之大志。弟以為人能自知自改，方不失革命之精神。數十年來追隨左右，甚感知遇，早擬本忠諫之誠，瀝膽直陳，惟以吾兄明察秋毫，必已洞悉，且恐有人發生誤會，未能遽啓。然一片忠誠，如梗在喉，一吐為快。茲乘三妹返國之便，冒陳瀆聽，祈垂察，實所企禱。肅此敬請

鈞安！

此函原稿亦未署時間。一九四七年秋，孔祥熙因得家人自美來電，稱宋靄齡癌症嚴重，匆匆離滬赴美。本函稱：「拜別來美，轉瞬經年。」又稱：「目今中外明達人士，尙以爲欲救中國脫離赤禍，非有吾兄出山領導不爲功。」據此，知此函作於一九四九年一月蔣介石宣布「引退」之後。爲了挽救瀕於滅亡的國民黨政府，美國國會於一九四八年四月三日通過一項「援華法案」，向蔣介石集團提供四億六千多萬美元的援助。根據本函，孔祥熙在通過這一法案的過程中起了作用。這是人們前所未知的資料，可補史乘的不足。

孔祥熙寫作本函的時候，國民黨政府敗局已定。本函除勸告蔣介石出山，從幕後走到幕前外，主要目的在於總結失敗教訓，爲蔣介石制訂新的施政方針提供借鑒。函中提出的未能及時進行幣制改革等三點，並沒有揭示出國民黨政府失敗的根本原因，但它論及的財政失策、接收大員們的「彼此爭奪」，以及「群小干政」、「結黨營私」、「爭權奪利」等情況，卻也爲人

們研究這段歷史提供了一份當事者的有權威的證言。

蔣介石雖然在美國及國內反孔勢力的壓力下，於一九四五年甩開了孔祥熙，但是繼任的宋子文、翁文灝、孫科、何應欽以及財政部長王雲五等人，卻再也作不出孔祥熙當年的成績。一九六七年八月，孔祥熙在美國去世之後，蔣介石曾親自寫了一篇《孔庸之先生事略》，認爲孔創造了「中國財政有史以來唯一輝煌之政績」。中云：「當其辭職之後，國家之財政經濟與金融事業，竟皆由此江河日下，一落千丈，卒至不可收拾。」這是對宋子文等人的批評，也隱約表示了對甩開孔祥熙的後悔。

（原載《民國檔案》一九九二年第四期）

蔣介石親自查處孔祥熙等人的美金公債舞弊案

一、孔祥熙等貪污鉅款

發行公債是吸收社會資金，解決國家財政急需的重要辦法。一九四二年，抗日戰爭進入第五個年頭。國民政府爲解決日益膨脹的財政需要，用美國對華五億貸款中的一億元作爲基金，在西南、西北地方發行「同盟勝利美金公債」。每元折合國幣二十元。人民以國幣購買，待抗戰勝利後兌還美元。當時宣傳稱：「公債以美元爲基金，本固息厚，穩如泰山；國人踴躍認購。功在國家，利在自己。」其手續是，蔣介石以全國節約建國儲蓄勸儲委員會主席名義，致函各省分會主任委員（省主席兼）、副主任委員（財政廳長兼），轉令各市縣勸儲支會正副主委，按規定指標向各階層攤派，照比率折繳國幣，上解省勸儲分會，向中央銀行分行兌換美金公債券。實際上，由國民政府財政部交中央銀行國庫局分發各地銀行銷售。

同盟勝利美金公債雖有美金作底，但各地人民均採取多購不如少購，少購不如不購的消極態度，發行情況並不很好。至一九四三年秋末，全國實際售出還不到預定計劃之半，約四千三百萬美元。已購之人，也不很相信將來會兌還美金，因此大多在購得後即轉手求脫。在黑市上，美金公債劵一元僅値國幣十七至十八元。但是，其後由於通貨膨脹，國幣貶値，美金公債劵的價値逐漸提升，由美劵一元可値國幣三十元發展至可値二百七十三元。

由於美金公債劵價格持續上漲，身爲行政院副院長、財政部長和中央銀行總裁的孔祥熙，於一九四三年十月九日致函蔣介石，以「顧全政府之信譽」，「如不籌維辦法，將來再請援助恐有妨礙」爲由，申請於十月十五日結束美金公債的發售。他向蔣表示，「當督促行局主管人員妥爲辦理，以期早日完成。」①屆期，財政部密函國庫局，命令立即停止銷售美劵，各地尚未售出的美劵，全數由中央銀行業務局購進，上繳國庫。

按道理，美金公債在銷售了一段時期後停止銷售，並無不可。但是，當時的國庫局局長呂咸卻從中看到機會，企圖乘機舞弊，損公肥己。他於一九四四年一月命債劵科科長熊國清代擬了一個簽呈，中稱：「查該項美劵銷售餘額，爲數不貲，擬請特准所屬職員，按照官價購進，用副國家吸收游資原旨，並以調劑同人戰時生活。」這份簽呈寫得冠冕堂皇，似乎既符合國家發行公債的目的，而且照顧到國庫局員工的利益。但是，當時美劵一元的最高市格已經飛漲到國幣二百五十元，而國庫局的同人卻可仍以二十元的低價購得；尙未售出的美劵五千餘萬元，其市價將達一百二十五億國幣。按照呂咸的辦法，這一筆天文數字的鉅款就可以成爲國庫局少數「同人」的囊中財富。對於這樣一個損公肥私的簽呈，身爲中央銀行總裁的孔祥熙居然批了一個「可」字，並且加蓋了「中央銀行總裁」的官章。②

事實上，「調劑同人戰時生活」也仍然是一句掩人耳目的官話。據後來在國民參政會上提案揭發的參政員陳賡雅說：呂咸取得合法手續後，於一九四四年二月首先孝敬孔祥熙美金公債券三百五十萬元，其後，又用以票換票，買空賣空的辦法，貪污美券近八百萬元。兩項合計，共一千一百五十餘萬元，折合國幣約廿六點四七億元。③

二、國庫局同人檢舉，蔣介石開始密查

俗話說：「若要人不知，除非己莫爲。」孔祥熙、呂咸等人如此明目張膽地舞弊、貪污，自然不能做得天衣無縫，船過無痕。一九四五年春，國庫局幾個知情的年輕人開始向重慶國民政府秘密檢舉。三月十九日，蔣介石日記云：「研究中央銀行舞弊案。」④這一天的日記說明，幾個年輕人的檢舉已經爲蔣介石知悉，他開始注意美金公債的舞弊案了。此後，蔣介石日記中連續出現相關記載：

三月廿九日：「昨晚約侍從第二處組長與俞財政部長聚餐。與俞談中央銀行美金公債不清之數，責成其徹底追究。」

三月三十一日《本月大事預定表》：「徹查美金公債案。」

四月三日：「追究美金公債。」「處理戰務以及中央銀行美金公債案徹查計畫。」「督促俞鴻鈞辦案。」

上述日記表明，蔣介石發現中央銀行美金公債賬目不清，開始重視，並且決定交財政部

長俞鴻鈞徹底查究。俞鴻鈞（一八九八～一九六〇），廣東新會人，一九一九年畢業於上海聖約翰大學。一九三七年七月，任上海市長。一九四一年六月任財政部政務次長，步入財界。同年，兼任中央信託局局長。一九四四年十一月，孔祥熙卸任財政部長，俞鴻鈞繼任。俞鴻鈞雖然和孔家淵源甚深，但是，查究美金公債案出於蔣介石的「欽命」，自然不敢怠慢。從蔣介石的下列日記可見，調查有進展，蔣介石逐漸發現問題所在。四月七日，蔣介石《上星期反省錄》云：「美金公債與黃金舞弊案正在徹查中。」「黃金舞弊案」是差不多與美金公債案同時發生的另一案件。一九四四年三月，重慶國民政府宣稱出售黃金，收縮通貨。廿八日，財政部預定自當晚起，每兩黃金售價由兩萬元增加至三點五萬元。但財政部官員高秉坊等事先走漏消息，預知內情的達官貴人投機搶購，致使當日重慶出售黃金數字劇增，成爲轟動一時的「黃金加價舞弊案」。四月二十日，財政部將該案移送重慶實驗地方法院審理。

俞鴻鈞接手美金公債案後，於四月八日向蔣介石提交了一份查賬報告，其情況是：「美金公債自停止出售以後，所剩五千萬左右也幾乎售完。買主用的都是一些堂名、別名，地址含糊不清，有的甚至是南京、上海等淪陷區的地址。」⑤蔣閱後認爲「其中顯有弊竇，應徹查」。當晚，蔣介石約陳布雷等人談話，「指示查賬手續」。⑥陳布雷當時擔任軍事委員會侍從室第二處主任，是蔣介石的親信。蔣介石向陳布雷等「指示查賬手續」，說明蔣進一步重視此事並且加強了調查力量。四月十日，蔣介石滿有把握地在日記中寫道：「考慮徹查美金公債案已得要領，不難追究也。」

要查，蔣介石碰到的第一個困難是，孔祥熙不在國內。一九四四年六月，孔祥熙被派赴美，出席國際貨幣基金世界銀行會議。他患有膀胱結石病，會後即留在美國治病。一九四五年四月十日，蔣介石致電在紐約的孔祥熙，指出在停售美金公債後，仍有一千一百萬餘債券在繼續交易，應予追繳。電稱：「擬查美金公債剩餘部分有壹千壹百餘萬元，預定戶在停售受〔後〕，付價給券，不合手續，應即將此壹千壹百餘萬元之債券，飭令該行經管人員負責，全數追繳歸還國庫，不得貽誤，並將追繳之確數呈報。」四月十一日，孔祥熙覆電稱：「此事當時經過實情為何，弟不詳悉，已將鈞電轉主管局長迅剋遵辦，並嚴令責成負責，追繳齊全。俟弟病稍癒，即當回國親自處理。」⑦說「不詳悉」，不是不清楚，也不是很清楚，可進可退；至於「迅剋遵辦」，「嚴令責成」等語，都是老於官場的說法。

通過追查，蔣介石已經初步掌握案情，但是，孔祥熙不回國，調查難以深入。四月十四日，蔣介石日記云：「美金公債舞弊案已有頭緒，須待庸之病痊回國也。」接到孔的覆電後，蔣介石很失望，四月三十日日記又云：「接庸之電，令人煩悶，痛苦不知所止。」「中央銀行問題甚難解決也。」中央銀行長期掌控在孔祥熙手中，其勢力盤根錯節，蔣介石已經感到，美金公債舞弊案和中央銀行的問題比較棘手。

後來，蔣介石逐漸發現，有大量債券去向不明，曾經在《日記》「雜錄」欄中記下了一組數字：「美金公債案：甲、各省市售出四千三百萬元。乙、國庫局交業務局五千四百萬。丙、預售戶有收據者只四千二百萬。丁，尚差數一千六百六十餘萬元。」這一千六百六十餘萬美金公債的差額就是蔣介石要追查的地方。五月廿二日，蔣介石因中央銀行業務局的黃金舞弊案發現重大嫌疑，電召孔祥熙速回。⑧同年五月五日，國民黨在重慶召開國民黨第六次全國代表大會。十九日，選舉國民黨新一屆中央委員。長期以來，孔祥熙的貪瀆名聲早已流傳在外，口碑甚壞，但是，孔是蔣的姻親，宋藹齡、宋美齡都「護孔」，蔣在財政上也要依賴孔，因此，外間雖反孔，而蔣介石卻常加維護。選舉中，孔祥熙和糧食部長徐堪的票數都很低。後來選舉常委時，孔祥熙竟至於落選。蔣介石感嘆地在日記中寫道：「其信望墜落至此，猶不知余往日維持之艱難也。可嘆。」⑨同月廿八日，六屆一中全會開幕，任務之一是解決行政院的改組問題。

一九三八年一月，孔祥熙任行政院長，至一九三九年十一月，蔣介石自兼行政院長，孔祥熙改任副院長。此後，社會「反孔」情緒更趨強烈，蔣介石不能不考慮「換馬」。六屆一中全會期間，蔣介石日記云：「爲庸兄副院長職務亦甚煩惱，但爲黨國計，不能不以公忘私也，苦痛極矣。」⑩從這一頁日記不難看出，蔣介石既想甩開孔祥熙而又難於決斷的矛盾心理。次日，蔣介石宣布，他本人和孔祥熙分別辭去行政院正副院長職務，改以宋子文、翁文灝充任。六月一日，蔣介石考察幹部狀況，在日記中寫下了他對孔祥熙的考語：「（庸之）不能爲黨國與革命前途著想，而徒爲本身毀譽與名位是圖。」⑪至此，孔祥熙不僅在政治上失勢，在蔣介石心目中的地位也很不堪了。

三、陳賡雅、傅斯年聯合，向國民參政會提案揭發

國庫局的知情年輕人除了向國民政府秘密檢舉外，有些人又將所掌的舞弊情況提供給國民參政會參政員陳賡雅。陳原任雲南勸儲分會委員，兼主任幹事，負責雲南全省的美金公債推銷工作，熟悉情況。同年七月七日，國民參政會第四屆大會在重慶開會，陳賡雅根據所掌握的資料寫成提案，題爲《請政府徹查三十一年度同盟勝利美金公債發行餘額大舞弊嫌疑案》，該案揭發：國庫局局長呂咸「利用職權，公然將該項未售出之債票，一方逢迎上司，一方自圖私利，以致不可究詰，構成侵蝕公款至美金一千一百五十萬餘元巨額之舞弊行爲嫌疑。該項債票市價因之狂漲，由二十元遞漲至數百元，刺激物價，擾亂金融，莫此爲甚。」⑫該案共提出三筆可疑賬款。其中最重要的一筆就是：呂咸「借推銷公債之名，簽呈中央銀行當局，慫恿購買美債餘額三百五十萬零四千二百六十美元。」這裏所說的「中央銀行當局」，指的就是孔祥熙。陳賡雅等提出，「如果舞弊屬實，國庫損失之巨，與官吏膽大妄爲，可云罕見」，要求國民參政會送請政府「迅予徹查明確，依法懲處」。

七月十日，司法行政部部長謝冠生到參政會報告。此前，參政員傅斯年也多次聽到該局美金公債的舞弊情況，即在謝冠生報告後提出口頭質詢。他說：「中央銀行國庫局同人分購成都沒賣完的兩百多萬美金公債，因爲分贓不均，便向主管當局告發，已經在查了。這比黃金透漏消息還要嚴重，因爲國庫局事先呈請該行核准了『可』字。」他要求法院、檢察官「自動檢

察」。傅斯年的發言引起大會震動，被稱爲當天七個口頭詢問中最響的「一炮」。⑬會後，陳賡雅向傅出示所擬提案，原原本本，既有數字，又有證據。傅爲之大驚，立即簽名連署。這一提案也得到其他幾位參政員的支持，簽名者共九人。

王世杰時任參政會主席團主席，他得知陳賡雅等人的提案情況後，便出面做工作。王稱：「此案提出，恐被人借爲口實，攻擊政府，影響抗戰前途，使仇者快意，親者痛心。同時，案情性質尚屬嫌疑，若政府調查事實有所出入，恐怕對於提案人、連署人以及大會的信譽都會有損的。爲此，擬請自動撤銷，另行設法處理。」陳答以證據確鑿，請不必代爲顧慮。接著，陳布雷又以新聞前輩的身分訪問陳賡雅，對陳說：「這提案資料的搜集，可謂煞費苦心，準備在大會上提出，當然也很有價值。不過，有個投鼠忌器問題，就怕一經大會討論，公諸社會，恐使英、美、蘇等友邦更認爲我們真是一個貪污舞弊的國家，對抗戰不繼續予以支持，那麼，影響之大，將不堪設想。」陳布雷建議陳賡雅將議案改爲書面檢舉，由參政會主席團負責人親交蔣介石，認真查辦。當年五月，美國財政部長毛根韜曾嚴厲指責中國在抗戰期間的各種經濟失策與舞弊，國民政府的國際信譽大受影響。陳賡雅覺得王世杰、陳布雷的說法有道理，便同意了。該項提案因此未提交大會討論。

傅斯年性情剛烈，嫉惡如仇。除了在陳賡雅的提案上連署外，七月十五日，他在陳案的基礎上又草擬了一份提案，題爲《徹查中央銀行、中央信託局歷年積弊，嚴加整頓，懲罰罪人，以重國家之要務而肅官常案》。這份提案已經超出美金公債這一個案，而是要求對孔祥熙所掌握的財政金融系統進行一次總清算。連署者達廿一人。⑭該案稱：

> 中央銀行實為一切銀行之銀行，關係國家之命脈。然其組織直隸國府，不屬於財政部或行政院。歷年以來，以主持者特具權勢，道路雖嘖嘖煩言，政府並無人查問……其中層層黑幕，正不知幾許。

這裏所指「特具權勢」的主持者，當然就是孔祥熙。傅斯年等提議：一、由政府派定大員，會同專家、監察院委員、參政會公推的代表，徹查其積年賬目與事項，有涉及犯罪嫌疑者，一律移送法院。二、改組。使中央銀行改隸財政部或行政院，取消中央信託局。兩者歷年主持之人，在其主持下產生眾多觸犯刑章之事，應負責一齊罷免。其有牽涉刑事者，應一併送交法院。⑮對此案，十七日的重慶《大公報》立即作了報導，還特別強調：「其中國庫局職員私購美金儲券一案，情節重大。」⑯該案經參政會大會討論，決議修正通過，送請政府迅速切實辦理。

十七日以後，傅斯年幾次會見揭發弊案人員中的兩位青年人，得知他們的揭發動機至為純潔，也得知更多舞弊情況，並拿到全部證據。這兩位青年人揭發說：呂咸其人，「平日在局中，一切用度取給於公，其所行為，儼然孔公館之縮影，彼更使人隨便寫不合手續之賬，亦不以為諱。因習為故常，更恃靠山也。」他們也將此案發現經過向傅作了傾訴：「局中青年愛國之士久感不安，並因記賬等事與呂氏心腹衝突者。」「故有七八人常在商議，並有債劵科科長熊國清之親筆信稿爲其中一青年所拾得（此人今已出洋）。彼輩見之，大爲駭異，遂星夜另託一人抄出最重要之賬兩紙，共推一人向政府密告。」他們還告訴傅斯年，其中有人已多次受到警告、恫嚇。爲了預防可能出現的危險狀況，已立下遺囑。傅斯年聽了這幾位年輕人的敘述，深爲感動，安慰他們說：「諸君愛國熱情，不避險難，至可佩。我雖前已同意不在大會提，但此事總當使之發生效力。」⑰

傅斯年在參政會上慷慨陳詞，堅決揭發貪污腐敗分子，使他獲得很大聲譽。有些人特意到參政會旁聽，就是爲了看傅斯年一眼。還有素不相識的人打聽：「傅先生今天發言不？」七月二十日下午五時，國民參政會閉幕式。傅斯年「唱了最精彩的壓軸戲」。他向會議主席團提交了一份書面報告，交由副秘書長雷震在會上宣讀。內容有三點：「一、國庫局舞弊證據已有一部分蒐集在手，已以之呈交主席團。二、請法院提出公訴，傅自願爲證人，並已得提供證據之友人之同意，願同爲證人。三、傅願絕對負法律責任，如無其事，亦願受反坐之罪。」⑱傅斯年的書面報告使全場激動、興奮。傅的好友羅家倫爲傅捏了一把汗，會後問他說話何以如此肯定。傅稱：「我若沒有根據，那能說這話。」⑲

四、蔣介石的質問與孔祥熙的答辯

陳布雷勸止陳賡雅在國民參政會上捅出美金公債舞弊案，但他不能不向蔣介石彙報，蔣介石也不能不及時處理這一問題。七月八日，孔祥熙回到重慶。七月十一日，陳布雷告訴蔣介石，已有人在參政會提出美金公債舞弊案，蔣於是立即召見孔祥熙，將此案調查經過、事實、人證、物證，一一告訴他，「囑其好自爲之」。蔣這時的態度還是要保護孔祥熙，不料孔卻「不肯全部承認」，以致蔣在日記中寫下「可嘆」二字。⑳次日，蔣介石審讀陳賡雅等揭發舞弊案的提案，研究有關情節，決定「全數追繳，全歸國庫」，同時決定或親自「負責解決」，或「任由參政會要求徹查」。日記云：「此固於政府國際信譽大損，然爲革命與黨國計，不能不如此也。」㉑

十三日下午，蔣介石再次召見孔祥熙。這一次，蔣就不只是空口白說，而是向孔展示證據了：「直將其人證、物證與各種實據交彼自閱」。但是，孔仍然堅決否認舞弊，甚至賭咒發誓。蔣介石看在眼裏，大不以爲然，覺得孔不配做一名「基督徒」。面對這位與自己多年共事的老姻親，蔣介石不得不拉下臉來，「嚴正申戒」，孔這才「默認」。蔣介石見孔祥熙不再強辯，態度又轉爲溫和，「囑其設法自全」，將主動權交給孔，要他自己尋找解脫辦法。當日蔣介石日記云：「見庸之，彼總想口辯掩飾爲事，而不知此事之證據與事實俱在，決難逃避其責任也。余以如此精誠待彼，爲其負責補救，而彼仍一意狡賴，可恥之至！」㉒

蔣孔關係一向良好，認爲孔「可恥之至」，這是很少有的現象。

十四日上午，蔣介石再次與孔祥熙談話，據蔣介石日記記載：「彼承認余之證據，並願追繳其無收據之美金公債，全歸國庫也。」㉓十五日，蔣介石反省上週各事，非常感慨，在日記中寫道：「傅斯年等突提中國銀行美金公債舞弊案，而庸之又不願開誠見告，令人憂憤不置。內外人心陷溺，人欲橫流，道德淪亡，是非倒置，一至於此！」㉔

孔祥熙一面在蔣介石面前承認有問題，但同時緊急佈置國庫局採取應付措施，據傳，傅斯年在國民參政會提出舞弊案的當夜，孔祥熙審問呂咸。盛怒之下，打了呂咸兩記耳光。㉕其後，就組織十八個人連夜造賬，對付審查。㉖孔祥熙甚至向審查者出示蔣介石交給他閱看的檢舉資料。七月十六日，蔣介石審讀中央銀行的審查報告，再次召見孔祥熙。當日日記云：「彼將余所交閱之審查與控案而反示審查人，其心誠不可問矣！」㉗十七日，蔣介石約見俞鴻鈞及侍從室秘書、中央監察委員陳方，指示對舞弊案的「批駁要點」。㉘十七日，蔣介石接閱國民參政會通過的傅斯年等廿一人對中央銀行，實爲對孔祥熙的「彈劾案」，蔣介石自稱「苦痛無已」。㉙

停售後的剩餘的美金公債既由孔祥熙、呂咸等人私分，自然交代不出購券人的真實姓名等資料。七月十三日，孔祥熙曾向蔣介石遞交「關於美金公債銷售情形之摺呈及節略」各一份，以購券人「無可查考」相推諉。孔稱「人民購買均係款債對交，至各戶戶名均係來人自報，按照售債向例，無須詳細記載」。七月十九日，蔣介石連致孔祥熙三函。其中第一函駁斥孔祥熙的購券人「無須詳細記載」的說法。蔣稱：

門市現款購債自可如此辦理，但既稱為認購戶或預售戶，而認購之戶一不繳納分文定金，二不填具認購單據，中央銀行亦不給予准許認購若干之證件，三無確實姓名住址之記錄，則停售之後，各認購戶究竟憑何證據向中央銀行交款取券？行方人員又憑何根據付給其債券？是否僅憑該認購戶口頭申報或人面熟悉，即行付給債券？此種情形，即一普通商號對私人定購些微貨物，亦決無此理，何況政府機關之國家銀行！辦理巨額外匯債票之收付，乃竟如此草率，何能認為合法有效？

蔣函進一步向孔祥熙提出質問：各有關購券人購券均在停售命令公布之後，美債價格均已高漲，何能尚按最初的低價出售？函稱：

查認購各戶取券時期皆在三十二年十一月二十三日以後至三十三年六月一段時間，距三十二年十月十五日停售之期少則月餘，多則六七個月。其時美債價格高漲一倍至十餘倍之多，而認購各戶仍按國幣二十元折合美債一元之原價交款取券。以在法理上毫無拘束之認購，此時何得享此意外之特殊利益，而損失國家寶貴外匯？

蔣函最後嚴厲提出：「此一期間，認購各戶所領去一千六百六十萬餘元之美金公債，必須由兄責成經辦人員，負責全數繳還中央銀行，限期嚴密辦妥。」在這段話之後，蔣又轉變語氣，特意寫了一段：「此純爲稍減當前情勢之應付困難，決非故意苛求。想兄當能深諒，務盼兄迅速處理，即日具報勿延爲要。」

蔣介石的第三函則就孔祥熙所報賬目進一步查問。函云：「查美金公債除去售出四千三百一十萬餘元及國庫局繳交業務局五千四百零一萬餘元外，尚短二百八十七萬四千餘元，此款著落如何？應即詳細查明具報。又據報三十三年八月十九日，國庫局曾收進美債三十五萬五千元，賬上僅列國幣七百一十萬。該項債券下落如何，並盼查報。」㉚七月廿一日，蔣介石在《上星期反省錄》中寫道：「庸之對一千六百六十萬美金公債總不願承認也。」㉛廿一日，孔令儀攜孔祥熙覆函來見蔣介石，報告對陳賡雅等九人檢舉提案的調查情況，內稱：美金公債券一千一百五十餘萬元，係由各地分銷處分三次解繳而來，其銷售情況爲：

第一次三百五十餘萬元（三，五〇四，二六〇元），已由國庫局交業務局，並經業務局將債款國幣七千餘萬元（七〇，〇八五，二〇〇元）送交國庫。其中二百零二萬餘元（二，〇二四，七六〇元）係以前認購各戶交款交割，餘數一百四十七萬餘元（一，四七九，五〇〇元）係由中央銀行自購。

第二次七百六十五萬元（七，六五〇，六六〇元），由國庫局交業務局，當經業務局將應行繳庫債款國幣一億五千餘萬（一五三，〇一三，二〇〇元）送交國庫。

第三次，三十五萬五千元（三五五，〇〇〇元），由中央銀行同仁認購，共收債款七百十萬元。㉜

孔祥熙的這份覆函對陳賡雅等人檢舉的一千一百五十餘萬元美劵的下落作了交代，仍然不肯承認這一過程中有任何舞弊不端行爲。

孔令儀是孔祥熙的長女，自幼即深得蔣介石的喜愛。孔祥熙讓令儀來遞送報告，自有其考慮，但是，對令儀的喜愛和對舞弊案的查究是兩回事。當日蔣介石日記云：「庸之圖賴如前，此人無可理喻矣！」㉝面對如此棘手的美金公債案以及孔祥熙的強詞辯解，蔣介石深感苦惱，整夜「爲庸之事不勝苦痛憂惶，未得安睡」。㉞廿二日下午，陳布雷向蔣介石彙報：孔祥熙曾表示，「恐此美金公債或落於外人手中」。蔣介石聽後，覺得到了此時，孔還不肯承認自己舞弊，深爲痛憤。日記云：「更覺此人之貪劣不可救藥，因之未能午睡。」㉟

蔣介石十九日函中的兩個問題很尖銳，何以在決定停售以後繼續出售？何以在美劵市値高漲後仍按最初所定低價出售？七月廿四日，孔祥熙致函蔣介石，試圖回答：

（一）關於認購戶。孔函說明，發行美金公債歷時年餘，債劵分散各地，不能預計何時到渝，故主管局對於認購各戶只能請其待劵到後繳款交割，不能責其預繳價款，或交納一部分定金。後來各地陸續繳到債劵，黑市市價雖然略漲，但認購在先，自不應以黑市價漲而不交割，致失國家銀行信用。孔稱：「以今視之，手續誠不無可議，而證以當時情形，實非故意草率可比。」

（二）關於損及國家。孔函說明：當初發行美債，原意在於協助民生經濟、生產建設，戰後據以購進機器材料，藏富於民。因此，就整個國家言，並無損失。抗戰中，中國爲美方在華人員墊付過大量經費，需要美方用外匯歸還，因此，「必須盡力設法壓制外匯黑市之上漲，方屬於國有利。」

（三）關於購戶。孔函說明：債券發行本屬無記名交易，向無記錄帳冊，僅記債券面額款項即可。券款交割之後，承購人在此戰時遷徙無常，自難尋找。

（四）關於繳回停售後的餘額債券。孔函稱：鈞命雖限期繳回，但據主管陳覆，限於事實，無法奉行。經再三籌慮，反覆研討，都認為「此事處理設有不慎，影響國家信譽過巨」。孔建議，以「停付凍結」的辦法「秘密取消」，請蔣考慮決奪。㊱

孔祥熙的這封信，強詞奪理，不僅不承認有任何舞弊行為和任何不當之處，而且還企圖證明，以每券二十元的低價出售是為了「壓制外匯黑市」，「於國有利」云云。美金公債券由重慶中央銀行發往各地銷售。因此，孔函所稱「債券分散各地，不能預計何時到渝」的情況，只能發生在宣布停售，命令各地將銷售餘額解送重慶之後。這時既已停售，何能再次廣泛發行，接受認購？此外，孔函並以「限於事實」為理由，拒絕繳回停售後的餘額債券。蔣介石接讀此函後，決定不能讓孔繼續擔任中央銀行總裁了。他在日記中寫道：「正午，發孔庸之辭中央銀行總裁職照准，其遺缺由俞鴻鈞補之命令。」以下蔣自塗約十六字，當係對孔祥熙的極度憤怒譴責之詞。可能事後蔣覺得過於粗魯，所以又塗掉了。

五、蔣介石止步停損

七月廿四日，蔣介石發佈命令，准予孔祥熙辭去中央銀行總裁一職。同日，又手諭孔祥熙：

該行經辦人員辦事顢頇，本應嚴懲。姑念抗戰以來努力金融，苦心維持，不無微勞足錄。茲既將其經辦不合手續之款如數繳還國庫，特予從寬議處。准將國庫局局長呂咸、業務局局長郭錦坤免職，以示懲戒為要。㊲

國庫局美金公債舞弊案不是「辦事顢頇」的問題，將介石這樣寫，是一種大事化小的提法，旨在爲以後的進一步調查規定基調。

抗戰期間，孔祥熙長期兼任財政部長和中央銀行總裁，爲從財政上支持抗戰做了許多工作，「苦心維持」云云，則是對孔祥熙的撫慰。當時，宋子文很想安排自己的親信擔任中央銀行總裁，曾向蔣表示，中央銀行總裁必須由自己推薦，否則將不擔負行政責任，暗示將不出任行政院長。㊳但是，蔣介石毫不爲之所動。七月廿五日，蔣介石召宋子文談話，告以「中央銀行總裁人選，非絕對服從余命令，而爲余所信任者不可，以此二十年來所得之痛苦經驗，因此不能施展我建軍、建政，而且阻礙我外交政策莫大也。」孔祥熙在其兼任財政部長和中央銀行總裁任內，始終不肯將中央銀行的實際存款數字告訴蔣介石，致使蔣在一九四四年向美方「強制要求」援助，導致中美關係緊張，「幾至絕境」。蔣介石想起這一段歷史，對孔祥熙更加不滿，深悔撤孔不早。日記云：「庸人不可與之再共國事矣。撤孔之舉，猶嫌太晚矣。」㊴

與俞鴻鈞接任中央銀行總裁的同時，宋子文則接任孔的「四聯總處」副主席。至此，孔祥熙在國民黨黨政系統中的重要職務，幾乎全部失去。七月廿八日，蔣介石日記云：「免除孔庸之中央銀行總裁之職，實爲公私兼全與政治經濟之成敗最大關鍵也。」所謂「公」，指的是當時國民黨和國民政府的統治；所謂「私」，指的是蔣介石本人和孔祥熙之間以及和宋藹齡、宋美齡的關係。蔣介石要「公私兼全」，自然不可能有徹底的調查和公正的處理。三十一日，蔣介石日記再云：「免除庸之中央銀行總裁與改組行政院實爲內政重大之改革也。」

傅斯年於一九三八年三月上書蔣介石，認爲孔祥熙擔任行政院長「作來一切若不相似」。此後，傅斯年一直走在「反孔」前列。一九三八年七月，一九三九年二月、四月，一九四四年六月、九月、十一月、十二月，傅斯年多次致函蔣介石，揭發孔的腐敗、貪污等問題，並且在國民參政會上大聲疾呼：「辦貪污首先從最大的開刀」。㊵至此，傅斯年算是大獲全勝，功德圓滿了。七月三十日，傅斯年會見蔣介石，蔣肯定傅的揭發，表示「極好」。八月一日，他致函夫人俞大彩，高興地寫道：「老孔可謂連根拔去（根是中央銀行）。」「老孔這次弄得真狼狽。鬧老孔鬧了八年，不大生效，這次算被我擊中了，國家已如此了，可嘆可嘆。」㊶

陳賡雅等九人的提案雖然沒有提交國民參政會大會討論，但是參政會主席團決議「逕請政府嚴查，依法辦理」。七月三十一日，參政會秘書處正式將提案簽呈蔣介石，建議密送國民政府，指派人員查明辦理。㊷同時，司法界對此案也關注起來。重慶地方法院向中央銀行發函詢問，最高法院總檢察署發公函向傅斯年要資料，「以憑參考」。檢察長鄭烈在報上發表通告，號召各界揭發腐敗、貪污分子。八月二日，鄭烈致函傅斯年，告以「此事以鄙意度之，決可成案，已交本署葉、李檢察官偵辦，弟親自主持。」鄭烈要求得到傅斯年的支持，函稱：「滿腔熱血，不知灑向何地。此事如得公助，巨憝就擒，國法獲申，當泥首雷門以謝也。」㊸八月八日，傅斯年撰寫《在本屆參政大會中提案及詢問有涉及中央銀行國庫局舞弊事說明書》，敘述他瞭解的有關情況及提案經過，保證所述各節，「經斯年詳核，確信其爲真，故可在參政會會外，負法律之責任。」末稱：「深望政府嚴辦，以警官邪焉。」㊹

蔣介石不僅再次接到了國民參政會轉呈的陳賡雅等人提案，而且也瞭解到鄭烈主張徹底查究態度。㊺八月四日，他在《本星期預定工作課目》中列入「美金舞弊案之根究」一項。八月六日，他決定將此案交由國民政府主計長陳其采與中央銀行新總裁俞鴻鈞密查具報。同日，以孔祥熙官邸秘書處原秘書夏晉熊接替呂咸，出任國庫局局長。九日、十日，他在日記中兩次記載「處理美金公債案」、「處理美金券案」等字。但是事實上，他並不想徹底查清。八月十六日日記云：「晚檢討中央銀行美債案，處置全案，即令速了，以免夜長夢多，授人口實。惟庸之不法失德，令人不能想像也。」爲了維護自己的統治，提高其行政效率，蔣介石願意在一定程度上和一定範圍內反對貪污、腐化現象，但是，徹底查下去，反下去，就會「夜長夢多，授人口實」，發生影響、危害自己統治，所以他要下令「速了」。十七日，他約請司法部長謝冠生、俞鴻鈞及陳其采會商辦法。八月廿六日，陳、俞二人向蔣書面報告，將此案的性質輕描淡寫地定性爲：「未按通常手續辦理，容有未合」，「亦有未妥」，而且，債票已經追繳，呂咸、郭錦坤亦已免職。云云。㊻蔣接到報告後，未有新的指示，一場轟動一時的舞弊案件就此劃上休止符。

一個腐敗的政權是不能真正反腐敗的。

一九四五年年末，國民黨元老張繼偕夫人到昆明舉辦書法展覽。他告訴陳賡雅說：監察院長于右任對此案也有彈劾，從孔祥熙等承認吐出款項多寡中，可以瞭解到，其分肥比例是：孔祥熙最多，占七成，呂咸二成半，其餘所謂應行調劑戰時生活的經辦人，僅得微乎其微的半成。㊼

【附記】

本文收集資料過程中，承汪朝光教授、楊雨青副教授協助，特此致謝。

①孔祥熙致蔣介石函，一九四三年十月九日，臺北國史館藏，特交檔案／財政／第二卷／金融，財政2-3，3/48098-1。

②據曾任孔祥熙官邸秘書處秘書，後任國庫局局長的夏晉熊稱：「國庫局長呂咸看到郭（景琨）被捕，坐立不安，因為發給國庫局職員這筆美金公債，孔只是口頭同意，沒有證據，等孔一回國，呂咸寫了

個倒填年月的簽呈，懇求孔補批。孔居然也照補。」，見《在孔祥熙官邸的見聞》，《孔祥熙其人其事》，中國文史出版社，一九八七年版，第廿三頁。

③陳賡雅：《孔祥熙鯨吞美金公債的內幕》，《中華文史資料文庫》（十四），中國文史出版社版第三八三頁。

④《蔣介石日記》（手稿本），一九四五年三月十九日。以下均同，不一一注明。

⑤夏晉熊：《在孔祥熙官邸的見聞》，《孔祥熙其人其事》，中國文史出版社一九八七年版，第廿二至廿三頁。

⑥《蔣介石日記》（手稿本），一九四五年四月八日。

⑦央行發行美金公債舞弊案抄件，一九四五年四月，臺北國史館館藏檔案，特交檔案／財政／第二卷／金融，財政2-3，3/48099。

⑧《蔣介石日記》（手稿本），一九四五年五月廿二日。

⑨《蔣介石日記》（手稿本），一九四五年五月三十一日。

⑩《蔣介石日記》（手稿本），一九四五年五月三十日。

⑪《蔣介石日記》（手稿本），一九四五年六月一日。

⑫國防最高委員會檔案，003/3202/7215。臺北中國國民黨黨史館藏。又，胡佛檔案館藏微卷，Reel 29.6.

⑬子岡：《疲勞的參政會》，重慶《大公報》，一九四五年七月十一日，第二版。

⑭國防最高委員會檔案，003/3578/7609。臺北中國國民黨黨史館藏。
⑮《國民參政會第四屆第一次大會紀錄》，國民參政會秘書處一九四六年編印，第一八三至一八四頁。
⑯《傅斯年等提案》，重慶《大公報》，一九四五年七月十七日，第二版。
⑰《傅斯年在本屆參政會大會中提案及詢問有涉中央銀行國庫局舞弊事說明書》，影印件，《傅斯年文物資料選輯》，第一二三至一二四頁。
⑱高集：《參政會閉幕日速寫》，重慶《大公報》，一九四五年七月廿一日第二版。
⑲傅樂成：《傅孟真先生年譜》，傳記文學出版社，臺北一九七九年版，第五十五頁。
⑳《蔣介石日記》（手稿本），一九四五年七月十一日。
㉑《蔣介石日記》（手稿本），一九四五年七月十三日。
㉒《蔣介石日記》（手稿本），一九四五年七月十五日。
㉓《蔣介石日記》（手稿本），一九四五年七月十四日。
㉔《蔣介石日記》（手稿本），一九四五年七月十五日。
㉕《國庫局同人致傅斯年函》，影印件，一九四五年八月八日，見《傅斯年文物資料選集》，傅斯年先生百齡紀念籌備會一九九五年版，第一二六頁。
㉖《傅斯年在本屆參政會大會中提案及詢問有涉中央銀行國庫局舞弊事說明書》，影印件，《傅斯年文物資料選輯》，第一二三至一二四頁。
㉗《蔣介石日記》（手稿本），一九四五年七月十六日。「其心誠不可問矣」以下被蔣介石塗去約半

行，必有更激憤的語言。

㉘《蔣介石日記》（手稿本），一九四五年七月十七日。

㉙《蔣介石日記》（手稿本），一九四五年七月十八日。

㉚蔣介石《事略稿本》，一九四五年七月十九日，臺北國史館館藏檔案。

㉛《蔣介石日記》（手稿本），一九四五年七月廿一日。

㉜蔣介石《事略稿本》，一九四五年七月廿二日。

㉝《蔣介石日記》（手稿本），一九四五年七月廿一日。

㉞《蔣介石日記》（手稿本），一九四五年七月廿二日。

㉟《蔣介石日記》（手稿本），一九四五年七月廿二日。

㊱蔣介石《事略稿本》，一九四五年七月十九日，臺北國史館館藏檔案。

㊲蔣介石《事略稿本》，一九四五年七月廿四日。

㊳《蔣介石日記》（手稿本），一九四五年七月十九日。

㊴《蔣介石日記》（手稿本），一九四五年七月廿五日。

㊵參見拙作《傅斯年攻倒孔祥熙》，《抗戰與戰後中國》，中國人民大學出版社二〇〇七年版。

㊶影印件，《傅斯年文物資料選輯》，第一二〇頁。

㊷《函送陳參政員等提案一件，請查照轉陳辦理由》，國防最高委員會檔案，003/3202/7215。

㊸影印件，《傅斯年文物資料選輯》，第一二一頁。

㊹影印件，《傅斯年文物資料選輯》，第一二四頁。

㊺《蔣介石日記》一九四五年八月二日日記云：「最高檢察官陳某力主徹究中央銀行美金公債舞弊案。」其中「陳」字，應為「鄭」字之誤。

㊻《關於追繳同盟勝利美金公債發行餘額撤懲主管人員之經過及現據查覆情形報告表》，國防最高委員會檔案，003/3202/7215。

㊼陳賡雅《孔祥熙鯨吞美金公債的內幕》《中華文史資料文庫》（十四）第三八四頁。

傅斯年攻倒孔祥熙

——讀臺灣所藏傅斯年檔案

孔祥熙是民國政壇上的著名不倒翁。他於一九二八年任南京國民政府工商部長，一九三三年任行政院副院長兼財政部長。一九三八年升任行政院長。一直官運亨通，步步青雲。但是，以一九三九年十一月改任行政院副院長爲轉機，開始走下坡路。至一九四五年，遂轟然倒下。孔祥熙的倒臺，當然是他自己及其家族多行不義以及失寵於美國人的結果，但是，也和傅斯年等人的一再抨擊、反對有關。其具體經過，過去由於資料較少，不得其詳。今據臺灣中研院歷史語言研究所所藏傅斯年檔案，作一探索。

傅斯年的討孔，涉及對貪污、腐敗現象的治理問題，總結有關歷史經驗，當不無意義。

一、一九三八年，傅斯年首次上書蔣介石，抨擊孔祥熙

傅斯年檔案中，有一通致蔣介石的函件，未署年月，但據王世杰日記，知爲一九三八年二月末或三月初之作，距孔祥熙出任行政院長不過兩個月。①在現存傅斯年攻孔各函中，時間最早。函件一開頭就指出，抗戰以來，全國將士、官民「正在爲民族生存作空前之奮鬥」，「國

步艱難」，但是，外交、行政卻未能發揮效能。傅斯年分析其原因，認爲關鍵是「負責之人另是一格」，「作來一切若不相似」。②

傅斯年此函分兩部分。第一部分陳述孔祥熙一九三七年出使英國，祝賀英皇加冕時的情況，歷舉英國外相艾登、財政專家李滋羅斯等人對孔祥熙的批評，以及孔本人「舉止傲慢，言語無禮」的事例，說明孔祥熙擔任行政院長，不利於爭取英美的財政援助。次述孔祥熙聽任小兒子指揮財政部大員，小女兒管理機要電報，以致物議蜂起的情況，說明「似此公私不分，未有近代國家可以如此立國者」。

傅函的第二部分批評當時的外交部長王寵惠，說他「絕不努力，絕不用心」，「毫無精神，鮮談正事」。但是，傅斯年批評王寵惠，還是爲了批評孔祥熙。傅斯年認爲，王寵惠之所以表現如此，乃在於孔祥熙「指揮自決」，過於專權，使外長等於秘書、跟班。函件說：

> 孔氏無權不攬，無事不自負，再積以時日，恐各部皆成備位之官，不只外交失其作用而已。

函末，傅斯年保證：「其中絕無虛語，皆有人證、物證，斯年負其一切之責任」。

傅斯年上書之後，孔祥熙曾於四月廿五日上書蔣介石，要求辭職，但爲蔣介石慰留。③

二、傅斯年聯名上書，多方面說明孔祥熙不能擔任行政院長

第一次上書無效，傅斯年不肯甘休，醞釀再次上書。不過，這一次不是個人行動，而是與人連署了。

一九三八年七月六日，國民參政會第一屆大會在武漢召開。會前，傅斯年即以參政員資格積極活動，製造輿論。④孔祥熙聽到風聲，因此在參政會報告時特別賣力，企圖討好參政員。⑤但是，傅斯年等仍於七月十二日致函蔣介石，從才能、信望、用人、友邦觀感等各個方面論證，孔祥熙不足以擔任行政院長一職，共五條：

第一條陳述，就中國官場應付技巧言，孔祥熙可稱超群的上等人才，然而，對建設近代國家、主持大政的良規大義，卻毫無所知。⑥

第二條陳述，孔祥熙縱容夫人、兒子，聚斂金錢，奢侈、豪華，「實爲國人所痛惡」。

第三條陳述，孔祥熙用人唯親，凡山西同鄉及舊時同僚，都優爲安插。

第四條陳述，孔祥熙國際輿論不佳，難以得到援助。

第五條陳述，孔祥熙以孔子後裔自負，而「持身治家」，每多「失檢」。

函件最後，傅斯年等要求蔣介石爲抗戰前途計，「審察事實，當機立斷」，免去孔祥熙的職務，以慰四海之望。

蔣介石事前就知道傅斯年在醞釀聯名上書，很不高興。書上，自然沒有結果。⑦

三、第三次上書，五十二人聯名，向孔祥熙發動猛烈進攻

一九三八年十月廿八日，國民參政會第一屆第二次會議在重慶召開。會前四天，在國民參政會談話會上，傅斯年等發表激烈的抨擊孔祥熙的談話，得到許多人同情，於是，決定再次聯名上書蔣介石，繼續討孔。會議推七人起草。同月廿七日談話會定稿。函件要求嚴格考核掌握國家要政的大員們的功過與聲名，分別晉升或罷退。函件特別嚴厲地批評了抗戰以來的外交和財政，認爲所有「遲緩、疏忽、懈怠，以及人事糾紛」等等問題及其損失，都在於有關官員的不稱職。函件最後畫龍點睛地將責任歸結到孔祥熙身上：

> 即如行政院長之大任，在平時已略如外國之首相，在此時尤關於戰事之前途。若其人一切措施不副內外之望，則國家之力量，因以減少者多矣！⑧

說孔祥熙「一切措施不副內外之望」，言詞之激烈，否定之徹底，可以說無以復加了。時值抗戰艱難時期，傅斯年等考慮到蔣介石的心理，在函中特別說明，爲避免滋生「誤會」，故「密陳左右」，不在參政會上討論，也未向外人洩漏。函稿宣讀完畢，眾人紛紛簽名。三十日，孔祥熙出席參政會作財政報告，受到嚴重質詢。會後舉行茶會，孔祥熙故作姿

態，「專說笑話」，眾人更加不滿。⑨當日簽名者迅速增加，計胡景伊、張君勱、左舜生、傅斯年、褚輔成、張瀾、羅文幹、錢端升、羅隆基、梁漱溟、梅光迪、張申府、王造時、馬君武、許德珩、梁實秋等五十二人。十月三十一日，傅斯年等將函件密封後，送國民參政會秘書處轉呈蔣介石，但幾天後就被退回。當時，蔣介石因主持軍務，不在重慶，傅斯年等不知蔣介石所在，便託馬君武持函返桂，轉赴湖南衡山面呈，同時又抄了一份副本，通過有關管道送呈蔣介石。

胡適不贊成倒孔，但傅斯年的上述文章，仍被胡適稱爲「打孔家店妙文」。⑩

四、參政會上多次開炮，孔祥熙失去行政院長職務，改任副院長，成為人人可得溺之的「溺尿桶」

參政會是具有代議性質的民意機關，參政員有權對政府各級官員提出質詢。現存傅斯年檔中，保存有好幾件在參政會時的質詢稿，可見傅斯年對於孔祥熙的不妥協的戰鬥精神。其中，傅斯年抨擊尤烈的是財政人員的風紀。如，財政部次長徐堪夫人使用外交護照，攜帶行李數十件經過美國三藩市時，因發現若干過於貴重的物件，和海關發生爭執。傅斯年據此提出：「查高級官員之妻，似不當用外交或官員護照；又此時捆載赴美，未知與節約運動有無不合？」

又如，財政部所屬鹽務總署總辦朱廷祺崇拜「老祖」，每日請壇扶乩，且在署中提倡。傅斯年據此提出，「未知孔部長是否注意及此？」

再如，當時財政部在香港等地有不少冗員，虛靡國帑，傅斯年提出：「未知是否皆有任務？」⑪

同年，因物價暴漲，通貨貶值，傅斯年再次提出《慎選行政院長、財政部長案》，要求蔣介石撤去孔祥熙的職務。提案指出：近兩三月之間，財政部每次公布一項辦法，必然繼之以法幣的暴跌。提案尖銳地提出：

> 民怨沸騰，群倫失望。似此情形，未知何以策將來？何以定人心？何以固抗戰之根本？

提案要求蔣介石及國防最高委員會仔細考慮行政院長、財政部長的人選，「務求官得良才，政致清明。」⑫

蔣介石終於不能不考慮傅斯年等人的意見，但因適值桂南戰役開始，日軍圖謀進攻廣西南寧，蔣介石不願意政局變動過大。一九三九年十一月，國民黨召開五屆六中第七次全會，孔祥熙改任行政院副院長，開始從權力高峰上跌落下來，威信大損。關於此，傅斯年次年致胡適函曾說：「若說有無效力，誠然可慚，然非絕無影響，去年幾幾幹掉了，因南寧一役而停頓耳，故維持之者實倭寇耳！至少可以說，他以前是個taboo（禁忌），無人敢指名，今則成一溺尿桶，人人加以觸物耳！」⑬往日聲勢烜赫的孔祥熙竟成了人人得而溺之的「溺尿桶」，真是威風掃地了！

五、傅斯年繼續抨擊，孔祥熙失去財政部長職務

孔祥熙改任行政院副院長後，仍然兼任財政部長及中央銀行總裁，因此，傅斯年照舊攻孔不止。一九四〇年八月十四日，傅斯年致函胡適，說明不能不攻孔的理由：一、孔之為私損公，毫無忌憚。二、孔之行為，惰人心，損介公（指蔣介石——筆者）之譽，給抗戰力量一個大打擊。三、貪贓枉法，有錢愈要錢，縱容其親黨無惡不作，有此人當局，政府決無希望。四、孔一向主張投降，比汪（精衛）在漢、渝時尤甚。五、一旦國家到了更危急的階段，不定會出何岔子。六、為愛惜介公，不容不反對他。傅稱：「我一讀書人，既不能上陣，則讀聖賢書所學何事哉！」⑭

一九四一年春，傅斯年因病住院，後在重慶歌樂山休養。當時，孔祥熙曾問人說：「聽說傅斯年病的要不行了！」為了證明自己未死，傅斯年抱病出席參政會。同年十二月，日軍進攻香港，重慶國民政府派飛機去營救社會名流和學者，但許崇智、陳濟棠等要人均未接到，卻接到了孔祥熙「一大家」，以及累累箱籠，還有幾隻狗。消息於次年一月爆出，昆明學生組織倒孔運動委員會，數千人大遊行，高喊「打倒孔祥熙」。傅斯年得知，極為興奮，致函胡適說：

「『人心之所同然者，義也。』這次不能說是三千里遠養病之病夫鼓動的罷！」⑮同函並指責財政管理者：「泄泄遝遝，毫無覺悟」，自前年冬，到去年夏，不到一年，中央銀行、中央信託局業務減了甚多，而人員加了三倍！

一九四四年，重慶國民政府爲了加強戰時物資管制，計畫設立物資統監本部，有任用孔祥熙出任該部長官的可能。六月五日，傅斯年致函蔣介石稱：就經濟局勢言，此事如同孤注一擲，不得不求其必成，但如人事不變，其結果很可能僅是「孔副院長更加一官」。⑯函上，該部終於沒有成立。同年九月五日，國民參政會三屆三次會議開幕。第二天，財政部次長俞鴻鈞代表孔祥熙作財政報告。傅斯年帶頭開炮，要求「辦貪污首先從最大的開刀」。⑰他提出四大問題：

一是孔祥熙及其家族經營商業問題。他說：「『法之不行，自上犯之』『官之失德，竊賄彰也』，所以應自上層起。」他一一列舉孔氏家族所設祥記公司、廣茂新商號，裕華銀行等企業後指出：所有孔氏之各項營業，已成立聯合辦事處，設於林森路裕華銀行三樓，並以其家人爲總經理。他要求調查：一、祥記公司、廣茂新商號等等機構是否合法？二、這些公司借款囤積操縱之事。三、徹查並公布裕華與國家銀行歷年往來賬目。四、政府要員私用其地位經營商業之影響。

二是中央銀行問題。傅斯年稱：「中央銀行是一謎」。「山西同鄉多」；梁子美、郭景昆，是孔祥熙的「義子」；「私人用款，予取予求。」

三是美金儲蓄劵舞弊問題。傅斯年稱：市場忽有忽無，但中央信託局局員、中央銀行屬員卻可以提前買到；孔家某氏竟「自分五萬」！

四是黃金買賣問題。傅斯年稱：「裕華（銀行）在今春發了大財。」⑱

傅斯年的這些責問，尖銳激烈，以致王世杰在日記中寫道：「參政員傅斯年等責問孔部長極厲，並涉及許多私人問題（私人經商，以及濫用公款等問題）。」⑲

同年十一月，孔祥熙免兼財政部長，由俞鴻鈞接任，但是，他的行政院副院長一職則仍然未變。廿二日，傅斯年致函蔣介石稱：「昨讀報紙，知政府局部改組」，「聞此消息，如聞打一大勝仗，兩夜爲之不眠，友朋中有爲之泣涕者」。但是，傅斯年也指出：「以目下最低之需要論，似尚有一著，留而未下。若下，則此次改革之效至爲彰明；不下，恐此次改革之分量減少甚多矣。」⑳傅斯年明確表示：此著，就是孔祥熙還當著副院長。函中，他竭力說明，當時整理財政的急務是：整理稅收、懲治貪污、增加效能、更易首長、清理大事件，孔祥熙副院長一職不變，俞鴻鈞有職無權，將無法工作。

一九四四年末，傅斯年致函蔣介石，於外交、內政多所建議，在內政部分，傅斯年再次提出高級官員經營商業，利用政治力量爲自己謀利等嚴重問題，認爲其危害遠過於直接性的貪污。他把這種情況，稱之爲「失官箴」。函件說：

欲矯下層之弊，仍必先澄上層之源。上層之弊，未可直言其貪污，然失官箴之處，則甚矣！以影響論，直接性之貪污，為害固遠不逮間接性之失官箴。

傅斯年舉例說：孔氏家族開辦的「祥記公司」的招牌已高掛重慶林森路多年。又如中國農民銀行掛牌出售黃金，一般人買不到，而孔氏家族經營的裕華銀行卻得以大量購進，高價售出，「此一波折，國家失去不少黃金，裕華得數萬萬元之淨益」。傅斯年由此不點名地批評孔祥熙包庇下屬，竭力掩護。他說：「往事不待論，今財政部正有若干重大地方機關舞弊事件，一本其『大事化小，小事化無』之原則處理之。」函中，傅斯年要求「裁併一切駢枝機關」，特別強烈要求「徹底禁止官吏及其家屬兼營商業」。函末，傅斯年提出：人事改革爲事業改革之本，要求蔣介石抓緊時機，「以人事之改革一新中外之耳目，而以事務之澈革隨之」。[21]

這回，傅斯年等人的意見起作用了。一九四五年五月，蔣介石決定另覓行政院副院長人選。五月三十一日，國民黨六屆一中全會根據蔣介石提議，選舉宋子文、翁文灝爲行政院正副院長。

六、窮打猛追，揭發貪污大案

孔祥熙丟掉行政院副院長一職，猶如冰山崩塌。一九四五年七月，傅斯年出席國民參政會第四屆第一次大會，進一步提出國庫局貪污案，導致孔祥熙最後失勢。

一九四三年，財政部將「一九四二年同盟勝利美金公債」交中央銀行國庫局分發各地銀行發行，總額美金一億元，折合國幣二十億元。一九四三年十月十五日，財政部函知國庫局停售該項債票，所有未售出的債票約五千萬元，悉數由中央銀行業務局購進，但國庫局局長呂咸及熊國清等人卻在孔祥熙的支持下，利用職權，以低價套購，謀取暴利。據估計，貪污數達國幣廿六億四千七百餘萬元。㉒一九四四年春，國庫局的幾個青年人多次向重慶國民政府某機關密告，某機關雖然派人調查，但卻查而不辦。在此情況下，幾個年輕人便向參政員求助。在參政會上，傅斯年就此案作了口頭質詢，另一參政員陳賡雅即以準備好的一份提案相示，其中數目、證據俱在，要求大會討論，送請政府嚴辦。傅斯年遂立即簽名，領銜提出。

傅斯年此次提案共有廿一人連署，題為《徹查中央銀行、中央信託局歷年積弊，嚴加整頓，懲罰罪人，以重國家之要務而肅官常案》，案稱：「歷年以來，以主持者特具權勢，道路雖嘖嘖煩言，政府並無人查問。」「其中層層黑幕，正不知幾許。」傅斯年等提出：一、徹查。由政府派定大員，會同專家、監察院委員、參政會公推代表（必為參政員）徹查中央銀行、中央信託局積年賬目與事項，有涉及犯罪嫌疑者，分別輕重，一律移送法院或文官懲戒委員會。同時，此項徹查人員，得接受人民呈訴。二、改組。傅斯年等提出，使中央銀行改隸財政部或行政院，取消中央信託局，將其業務移交戰時生產局。在取消以前，仍須徹查有關賬目。兩機構的歷年主持者，應對其主持下產生的「眾多觸犯刑章之事」負責，一齊罷免；有牽涉刑事者，應一併送交法院。㉓

傅斯年等人的提案經參政會審查，作了局部修改後通過。在會上，傅斯年慷慨激昂地聲稱：「似此呂咸、熊國清之輩，如不盡法懲治，國法安在！」㉔發言最後，傅斯年表示：這番話不僅在會場以內負責，而且在會場以外也負責。願親到法庭對簿。傅斯年的這番話使全場振奮，掌聲雷動。

儘管傅斯年等人的提案受到歡迎，但參政會主席團主席王世杰卻以「恐被人借爲口實，攻擊政府，影響抗戰前途」爲理由，要求陳、傅等人自動撤銷此案，另行設法處理。陳布雷也出面表示：「一經大會討論，公諸社會，恐使友邦更認爲我們真是一個貪污舞弊的國家，對抗戰不繼續予以支持，那末，影響之大，將不堪設想。」㉕在此情況下，傅斯年等被迫同意不向大會正式提出此案。七月十七日，傅斯年會見揭發此案的兩位青年，拿到了全部證據。傅勉勵揭發者說：「諸君愛國熱誠，極可佩。我雖前已同意不在大會提，但此事總當使其發生效力。」㉖

重慶國民政府雖然想竭力捂蓋子，但是，也有人竭力想把案子捅開。重慶地方法院向中央銀行函詢此事，最高法院也準備立案偵辦，要傅斯年提供證據和資料。七月廿五日，重慶國民政府免去孔祥熙中央銀行總裁和四行聯合辦事處兩項職務。三十日，行政院改組。這一切使傅斯年高興之至。八月一日，傅斯年致函夫人俞大彩：「老孔這次弄得真狼狽。鬧老孔鬧了八年，不大生效，這次算被我擊中了。國家已如此了。可嘆可嘆！」他決心把這場官司打到底，對夫人說：「這一件官司（國庫局），我不能作爲密告，只能在參政會辦。此事我大有斟酌，人證物證齊全。你千萬不要擔心。把老孔鬧掉，我至爲滿意。」㉗次日，最高法院檢察長鄭烈致函傅斯年，要傅提供幫助，信中說：「滿腔熱血，不知灑向何地？此事如得公助，巨憝就擒，國法獲伸，爲公爲私，當泥首雷門以謝也。」㉘

八月八日，國庫局的幾位職員致函傅斯年稱：據聞，「委座已與先生說情，國庫局貪污案已了，不知可確否？」函件希望傅斯年「繼續努力，爲民眾宣達任命，務使此案在法院中水落石出。」㉙當日，傅斯年向參政會提交了一份說明書，同時錄呈國庫局幾位青年的密告信。他表示，所有各節，均經詳核，確信其爲真，待法院辦理此案時，當偕同幾位青年出庭作證。㉚傅斯年等人的提案經參政會通過後，其經歷是：國防最高委員會決定「密送國民政府核辦」；國民政府轉發行政院；行政院「密交財政部核辦」。一九四六年二月，財政部報告稱：「各行局人員如發現，或據報有貪污瀆職等情事，本部均經派員嚴查，分別懲辦；如有觸犯刑章並移送法院辦理。」至於傅斯年提案中的派員徹查要求，則稱「似無必要」。幾句官話，將蓋子嚴嚴實實地捂起來。㉛後來據說有關人員退還了贓款，但其內情就無法得知，也無從查證了。

民主和法治是治理腐敗的必要條件。孔祥熙的倒臺，國庫局貪污案的曝光，和抗戰時期國民參政會這一特定的民主形式的存在有關，但是，當時參政會的民主權力是極爲有限的，司法又不能獨立，蔣介石控制著包括黨權、政權、軍權在內的各種最高權力，爲了護衛豪門利益，自然不可能按傅斯年等人的要求徹查。

七、主張沒收孔祥熙家產

孔祥熙雖然倒臺了，繼起的宋子文也沒有好多少。看來看去，傅斯年逐漸對國民黨和蔣介石絕望起來。

一九四七年三月廿三日，胡適致函傅斯年，認爲蔣介石有「決心改革政府之誠意」。廿八日，傅斯年覆函胡適，對此表示懷疑，函云：「現在改革政治之起碼誠意，是沒收孔宋家產，然蔣公在全會罵人仍言孔宋不貪污也。孔宋是不能辦的，CC是不能不靠的，軍人是不能上軌道的。」㉜一個腐敗的政權自然不可能徹底反腐敗。應該承認，傅斯年此時的頭腦要比胡適清醒，不過，他仍然和蔣介石站在一條船上，不願意也不曾想到要走開。這是傅斯年的悲劇。

①《王世杰日記》一九三八年三月四日云：「近日外間對於孔庸之長行政院，王亮疇之長外交，頗多不滿。昨聞傅斯年君（原國防參議會委員）曾以長函致蔣先生，指責孔、王甚力。」見《王世杰日記》手稿本，臺灣中研院近史所一九九〇年版，第一冊，第一九七頁。

②傅斯年檔，2-611。按，《胡適來往書信選》據胡適檔案收入此件，但誤繫為一九三九年，文字亦有缺漏。

③參見本書《蔣孔關係探微》。

④《王世杰日記》（一九三八年七月三日）云：「國民參政會參政員到漢者已甚衆。彼等有對孔庸之長

行政院極表不滿，而思提案攻擊者。」

⑤《王世杰日記》（一九三八年七月十一日）云：「參政員中對於王、孔兩公頗多微辭，故兩公發言特別詳盡，以冀減少反感。」

⑥傅斯年檔案，2-611。按，此函曾收入《胡適來往書信選》（下）附錄二。

⑦《王世杰日記》（一九三八年七月三日）云：「蔣先生聞之甚不悅。」

⑧傅斯年檔案，1-657。

⑨《王世杰日記》第一冊，一九三八年十月三十日。

⑩《胡適致傅斯年函》，一九三九年十月八日，《傅斯年來往書信選》，打字本。

⑪傅斯年檔，N2-3.doc.

⑫傅斯年檔案，1-642。

⑬《胡適來往書信選》（中），第四八〇頁。

⑭《胡適來往書信選》（中），第四七九頁。

⑮同上，第五四四頁。

⑯傅斯年檔，1-45。

⑰《國民參政會紀實》，續編，重慶出版社一九八七年版，第五二七頁；參見《中華民國大事記》（五），中國文史出版社版，第一二七頁。

⑱傅斯年檔，1-647。

⑲《王世杰日記》第四冊，第三九四至三九五頁。
⑳傅斯年檔，1-48。
㉑傅斯年檔，1-40。
㉒陳賡雅：《孔祥熙鯨吞美金公債一幕》，《孔祥熙其人其事》，中國文史出版社一九九〇年版，第一四六頁。
㉓《國民參政會第四屆第一次大會記錄》，國民參政會秘書處編印，第六十、一八三至一八四頁。
㉔羅家倫回憶，《傅孟真先生年譜》，臺北傳記文學出版社一九七九年再版，第五十五頁。
㉕陳賡雅《孔祥熙鯨吞美金公債的內幕》，《孔祥熙其人其事》，第一四七頁。
㉖《傅斯年在本屆參政大會中提案及詢問有涉中央銀行國庫局舞弊事說明書》，傅斯年檔1-660。
㉗《傅斯年致俞大彩》，王汎森、杜永勝編《傅斯年文物資料選集》，臺北傅斯年先生百年紀念籌備會一九九五年刊行，第一二〇頁。
㉘《鄭烈致傅斯年》，《傅斯年文物資料選集》，第一二一頁。
㉙《國庫局同人致傅斯年》，同上，第一二六頁。
㉚《傅斯年在本屆參政會大會中提案及詢問有涉中央銀行國庫局舞弊事說明書》。
㉛《國民參政會第四屆第一次大會決議案行政院辦理情形報告表》，行政院秘書處編，一九四六年二月版，第一二〇頁。
㉜《胡適來往書信選》（下），第一九〇頁。

第三國際的解散與蔣介石「閃擊」延安計畫的撤銷

第三國際，又稱共產國際，爲全世界共產黨和共產主義團體的國際聯合組織。由列寧倡導，一九一九年三月二日成立於莫斯科。凡參加的各國共產黨都是它的支部，成立以後，在推進國際共產主義運動中發揮過重大作用。但是，它過分強調集中統一，將蘇聯經驗教條化，忽視各國共產黨的自主性和獨創性，不能適應日益複雜化的各國國情和各國共產黨進一步發展的需要。一九四三年五月，共產國際執委會主席團在莫斯科草擬了關於解散共產國際的提議書。同月廿二日，交《真理報》發表。至此，共產國際已經活動了廿四年。

一、共產國際解散，蔣介石計畫「重新研討」國內政策

五月廿四日，國民黨中央機關報《中央日報》發表了有關報導，題爲《共產國際解散，各國共產黨應效忠其祖國，英美輿論大體表示歡迎》，其中引述了共產國際主席團聲明中的部分文字，如：「在反希特勒大聯合各國之中，一切大眾，尤其工人先鋒隊之神聖任務，爲以全力支持各該國政府之作戰努力，俾迅速擊潰希特勒徒眾，並獲得國際間以平等爲基礎之友好合

作。」①等等。蔣介石迅速注意到了這一消息，當日日記云：

> 第三國際正式宣布解散以後，無論內容真假如何，但共產主義，尤其是蘇俄對其主義上之精神及其信用必根本動搖，乃至完全喪失。此乃中國民心與內政之一大事，豈啻世界思想之一大轉變而已。故以後對於國內共產主義之方針與計畫，應重加研討，是乃對內政策之重要時機，但知此為共產國際之改變方式，而事實上決非真正解散也。②

共產國際實際上受蘇聯共產黨中央領導，爲蘇共中央的國際政策服務。蔣介石富於反共經驗，認爲共產國際的解散只是「改變方式」，並非「真正解散」，但此事對共產主義，對蘇俄，都是重大打擊，必將影響中國的民心與內政。他決定重新研究「對國內共產主義之方針與計畫」，轉變「對內政策」。

從希特勒進攻蘇聯起，美國總統羅斯福就呼籲支持蘇聯。一九四一年，美國政府將蘇聯列入租借法案受援國名單。一九四三年五月，羅斯福派前駐蘇大使、以同情蘇聯著名於世的約瑟夫·戴維斯訪問莫斯科，面交親筆信，提議與史達林作個人會晤，以便促進歐洲第二戰場的開闢。此際，蘇聯雖然取得了斯大林格勒的重大勝利，但也還迫切希望西方的支持。雖然共產國際早就有解散的打算，但是，蘇共中央選擇在戴維斯抵達莫斯科之後的第二天公布這一決定，也具有向西方世界，特別是美國表達好意的表示。

五月廿五日正午，蔣介石舉行參事會報，討論外交形勢、俄國對英美的政策轉變等問題，認爲解散共產國際是蘇聯與西方「積極合作」的重大舉動。當日日記云：「此實爲劃時代之歷史，而其關鍵全在美國總統之政策運用奏效也」。其後幾天，蔣都在日記中繼續評價此事。五月廿六日日記云：「此次俄國取消第三國際，積極與美合作之表示，則倭對俄更不能不進攻矣。」五月三十一日《本月反省錄》云：「此實爲二十世紀上半期之惟一大事，殆爲世界人類前途幸福也，而吾一生最大之對象因此消除，此不僅爲此次世界戰爭中最有價值之史實，且爲我國民革命三民主義最大之勝利也。」

在研究共產國際解散對中國和世界的影響時，蔣介石也在研究如何利用這一時機。五月廿四日，他與陳布雷商談「宣傳方針」，「口授令稿」。廿五日，召開黨務會議，「討論對取消第三國際之態度與宣傳方針」。他指示：一、對中國共產黨問題，我應盡力向政治解決之途爲最大之努力；在宣傳上尤不可造成政府準備以武力解決之印象。二、對蘇聯應強烈表示親善，以促其對華政策之繼續演變。③六月七日，他接見準備回延安參加整風學習的周恩來和林彪。這一天，他正因爲中國大量飛機被日機突襲炸毀而嚴厲批評周至柔，「大加斥責，繼之以痛詈」，④但是，他在和周、林談話時卻很平靜，日記自稱：「心平氣和，應對自如。暴怒之後，應對敵黨能中和至此，殊非易易。」因爲毛澤東在此前的函件中曾有願到重慶「聆教」的客氣表示，所以蔣託周、林二人帶回一封給毛澤東的親筆函，向毛問好，邀毛到重慶會晤。⑤

六月十二日，他在日記中寫道：「中共處理之方針，外寬內緊，先放後收。」這時的《中央日報》上，只登西方世界對共產國際解散一事的評論，而不登中國方面，特別是國民黨對此事的評價。復興社分子張滌非於六月十二日在西安召集會議，以「各文化團體」的名義致電毛澤東，要求解散中共，取消陝北特區。這一消息也長期壓著，沒有及時發表。⑥同月十三日，蔣介石日記云：「對中共應付與方針如計進行，尚能虛心自如也。」這裏只說「如計進行」，但是，並沒有透露其具體內容。

事實上，蔣介石正在命令胡宗南悄悄地準備一項「閃擊邊區」的軍事計畫。

二、「閃擊邊區」計畫曝光，中共發動「政治攻勢」

六月十七日，蔣介石致電胡宗南，詢問「對於邊區之準備現至如何程度」，要求胡「詳覆」。⑦十八日，胡宗南在洛川召開軍事會議，將原來在黃河邊上防禦日軍的兩個軍調到陝甘寧邊區周邊，作進攻邊區的準備，預定六月十日完成一切部署，聽候蔣的手令即行進攻。⑧其計畫是，首先攻佔關中分區的淳化、栒邑、正寧、寧縣、鎮原五縣。這五個縣城深入胡宗南統治區，通稱「囊形地帶」。六月廿九日，胡宗南覆電蔣介石：「對邊區作戰，決先收復囊形地帶。對囊形地帶使用兵力，除現任碉堡部隊外，另以三師爲攻擊部隊，先奪馬欄鎮，再向北進，封鎖囊口。」電稱，預定七月廿八日進攻，一星期完結戰局。旋得蔣介石批示：「可照已有崗電切實準備，但須俟有命令方可開始進攻，否則切勿行動，並應極端秘匿，毋得聲張。」⑨

蔣介石要胡宗南「切實準備」，並且「極端秘匿」，但是，七月三日，在胡宗南身邊工作的中共地下黨員熊向暉就將有關情況緊急密報延安。⑩中共中央得到密報後，立即行動。七月四日，朱德致電胡宗南，聲稱「道路紛傳，中央將乘國際解散機會，實行剿共，我兄已將河防大軍向西調動，彈糧運輸，絡繹於途，內戰危機，有一觸即發之勢」。電報指責胡宗南的密謀：「當此抗戰艱虞之際，力謀團結，猶恐不及，若遂發動內戰，必致兵連禍結，破壞抗戰團結之大業，而使日寇坐收漁利，陷國家民族於危亡之境，並極大妨礙英美蘇各聯邦之作戰任務。」⑪

六日，又致電蔣介石、何應欽及軍事委員會軍令部長徐永昌，呼籲團結，要求制止內戰。十日，再電胡宗南，聲稱「若被攻擊，勢必自衛」。七月十二日，毛澤東爲延安《解放日報》撰寫社論《質問國民黨》，該文首先提出國民黨將兩個集團軍調離黃河河防，準備進攻邊區這一事實，然後向國民黨提出尖銳質問。在很長時期內，延安一直擔心蔣介石和重慶國民政府和日本侵略者妥協，走上和汪精衛同樣的道路，因此，社論連續質問說：

> 這些國民黨人同日本人之間的關係，究竟是怎樣的呢？
>
> 難道盡撤河防主力，倒叫做增強抗戰麼？難道進攻邊區，倒叫做增強團結麼？

如果你們將大段的河防丟棄不管，而日本人卻仍然靜悄悄地在對岸望著不動，只是拿著望遠鏡興高采烈地注視著你們愈走愈遠的背影，這其中又是一種什麼緣故呢？

社論接著批判國民黨對中共的「破壞抗戰」、「破壞團結」以及所謂「封建割據」等指責，文章說：

「鷸蚌相持，漁翁得利」，「螳螂捕蟬，黃雀在後」，這兩個故事，是有道理的。你們應該和我們一道去把日本佔領的地方統一起來，把鬼子趕出去才是正經，何必急急忙忙地要來「統一」這塊巴掌大的邊區呢？大好河山淪於敵手，你們不急，你們不忙，而卻急於進攻邊區，忙於打倒共產黨，可痛也夫！可恥也夫！

文章寫到這裏，就將國民黨放到了「消極抗日，積極反共」的位置上。接著，社論指責國民黨內「專門反共的人們」是日本的「第五縱隊」，所說所行，都和敵人漢奸一模一樣，毫無區別。社論要求蔣介石下令把胡宗南的軍隊撤回河防，也號召愛國的國民黨人行動起來，制止內戰危機。

中共擅長動員群眾和輿論攻勢。七月八日，中共中央決定發動「宣傳反擊」，同時準備軍事力量粉碎其可能的進攻，要求各中央局、中央分局「動員當地輿論，並召集民眾會議」。⑫

七月九日，延安三萬群眾舉行緊急動員大會，號召邊區人民動員起來，制止內戰，保衛邊區。其後，各地先後舉行群眾大會。

七月十日，隴東各界萬餘人舉行緊急動員大會，表示「如果頑固派敢來進攻，就堅決地消滅它！」

七月十一日，陝甘寧邊區慶陽分區黨政軍萬餘人舉行大會及遊行示威，抗議國民黨頑固派炮擊邊區，決心緊急動員，準備痛擊頑固派的進攻。

七月十三日，晉察冀邊區各界萬餘人舉行制止內戰，挽救危亡大會，通電全國，要求國民政府制止挑動內戰的行徑。

七月十四日，中共太行分局召開反對法西斯內戰挑撥分子，援助陝甘寧邊區緊急動員大會，到會千餘人，鄧小平講話。

此後，陸續召開大會的還有晉冀魯豫邊區太行區、陝甘寧邊區三邊分區以及綏德市等。

「閃擊」計畫在還沒有付諸行動時就提前曝光，蔣介石於七月十日命令胡宗南停止行動。十一日，覆電朱德，否認有調動軍隊，進攻關中囊形地區一事。⑬十二日，胡下令撤退一個師及兩個軍部。十三日，毛澤東致電在重慶的董必武，告以「由於種種原因，蔣介石在七月十日不得不電胡宗南改變進攻陝甘寧邊區的決心，現在內戰危機或可避免。」十一日，又致電彭德懷，告以「延安緊急動員，迫使蔣介石不得不改變計畫。」⑭八月二日，毛澤東在中共中央政治局會議上講話，聲稱「此次反共高潮已被打退」。⑮

其實，蔣介石只是命令胡宗南準備，「潮」尚未成，更談不上所謂「高」。而且，更重要的是，危險尚未過去，毛澤東顯然樂觀得太早了。

三、面對中共的「宣傳反擊」，蔣介石決定「犯而不校」

蔣介石認爲，第三國際解散，蘇聯積極與美英拉關係，表明反共形勢大好，因此，儘管延安方面，又是發社論，又是開大會，但蔣介石並不重視。七月十八日，蔣介石日記云：「中共對我陝北之準備，其所表現者爲恐慌與叫喊，或能發生間接作用，能早就範。」又云：「對內政策，今日已有主動自在之運用餘地，實爲數十年來所未能獲得之環境，尤其對共黨爲然也。」顯然，蔣介石正處於志得意滿的狀態中，不過，毛澤東爲《解放日報》所寫的社論《質問國民黨》卻使他很難受。七月廿一日日記云：「此次中共七七在延安《解放日報》所發表之言論，其對我個人發表之污辱與黨政軍惡口痛罵，乃爲從來所未有，已將其暴亂、謬妄、背叛之劣根性發洩盡淨。」他分析，這是中共內部分歧，毛澤東處於困難時的一種策略：「可知其內部分歧，不能維繫，故毛澤東乃不得不用此製造我政府之壓迫，以維繫其內部於一時之策略，思之可憐可痛。」

七月廿三日，蔣介石決定發佈《勸告中共黨員書》，說明對共政策。其內容大致如下：

甲、第三國際解散以後，期望中共能照其解散之要旨，真正成爲忠於民族之國民，共同致力於反法西斯之戰爭。

乙、對中共方針，除對軍令、政令必須貫徹統一，不論任何名義，除有妨礙抗戰計畫擾亂社會行動之外，皆取寬大為懷一貫之方針，無不任其自由。中國之軍隊只有國民革命軍一個軍隊，中國之軍令只有國民政府軍事委員會之一個軍令。

蔣介石的這一份《勸告中共黨員書》強調「寬大為懷」，但又強調軍令、政令統一，實際上還是要取消中共軍隊和中共所建立的抗日政權。由於是面向中共黨員的，所以蔣又特別指責「階級鬥爭」和「無產階級專政理論」，聲稱「共產主義只有馬克斯化，決無中國化之理論，亦無中國化之可能。如有之，則共產主義中國化者，即陷於殺人放火、叛國殃民之流寇化、土匪化而已」。

第二天，蔣介石想起延安方面發表的社論《質問國民黨》和接著發表的其他文章，愈想愈氣，認為中共「既非仁義所能感化，則除武力之外，再無其他方法可循」，但他又認為：「時間未到，惟有十分隱忍，必以犯而不校之態度處之，不可小不忍則亂大謀。」同日晚，他與陳布雷商量《勸告中共黨員書》的發表問題，陳認為，話說輕了，不好；說重了，也不好，「輕重皆非之時，惟有暫取靜默」，用事實證明中共的反宣傳「全出誣枉」。陳布雷還引用了《論語》中的「天何言哉」一語，勸告蔣介石不要發表這篇文章。

七月廿五日，蔣決定聽從陳布雷的勸告，對《解放日報》社論「置之不理」。廿八日，蔣介石再次研究該社論，突發「奇想」，認為這是毛澤東「危害周恩來」的一項舉動。周恩來和林彪離開西安後，於七月九日到達西安，十三日離開。蔣介石認爲，毛澤東選擇十二日發表社論，就是爲了激怒國民黨，扣留周恩來。因此，他決定讓周平安回到延安。日記寫道：「決以犯而不校處之，並使周安全回到延安，試觀其內部如何變化也。以後對共匪方針，只有促成其內部變化，乃比用兵進剿之策略勝過千萬矣！故對共除軍事防範特加嚴密外，其他一切皆應放寬爲主。」其實，周恩來早在七月十六日就已經回到延安，受到毛澤東、朱德、劉少奇、葉劍英等中共領導人的熱烈歡迎。蔣的這一則日記，以及他分化毛、周關係的想法，說明他對於中共和當時的中共領導層非常無知，而且情報極其遲鈍！

四、蔣介石決定進攻延安

蔣介石思想中常常存在許多矛盾，因此在政策上，也常常舉棋不定。抗戰初期，他搖擺於戰與和之間，和中共結成聯盟後，他搖擺於「撫」與「剿」之間。所謂「撫」，即是用「政治方法和平解決」；所謂「剿」，則是軍事進攻。在延安方面發表《質問國民黨》一文後，儘管蔣已經決定對中共以「放寬爲主」，但是，進入八月以後，他的軍事進攻的念頭再度泛起。

當年三月，蔣介石發表《中國之命運》一書。該書宣揚只有國民黨和三民主義才能救中國。在第七章中，蔣介石含沙射影地指責中共在陝甘寧等地建立的邊區爲「新式封建」與「變相軍閥」，是「武力割據」，宣稱「無論用何種名義，或何種策略，甚至於組織武力，割據地方，這種行動，不是軍閥，至少亦不能不說是封建」。該書並稱：「如果這樣武力割據，和封建軍閥的反革命勢力存留一日，國家政治就一日不能上軌道。」⑯蔣介石這樣寫，實際上是在爲武力進攻邊區製造輿論。

七月廿一日，延安《解放日報》發表陳伯達所著《評〈中國之命運〉》。八月六日，延安《解放日報》再次發表歷史學家呂振羽的文章，批駁《中國之命運》。蔣介石認爲，延安方面對《中國之命運》的批判意味中共將堅持「割據」，用「政治方式和平解決」的希望已經完全失去，「不得不準備軍事」。⑰八月七日，蔣介石日記云：「共匪復亂，不能挽救。此時在我以延長至有利時機再加討伐，一面應積極準備，好在危機已過，匪亂不能妨礙我抗戰大局也。」次日日記云：「共匪非武力不能解決，惟在減輕其程度而已。」

延安方面的「宣傳攻勢」讓國民黨的「閃擊」計畫提前曝光，自然，很快傳到國外。不僅俄國人擔心，也讓美國人不安。八月六日，蘇聯塔斯社中國分社社長羅果夫在莫斯科發表《中國內部發生嚴重問題》一文，宣稱重慶政府中的投降與失敗主義者要求解散中共軍隊，對日進行光榮議和，其結果可能促成內戰或日本之勝利。⑱同日，美國參謀總長馬歇爾也得到消息：國民黨限中共於八月十五日之前「歸順」政府，否則「採取對付辦法」，急得馬歇爾立即派員向宋子文遞送急電稱：「現值我同盟國正應全力應付日本之時，如所報屬實，誠可焦慮，能否即設法避免此種情事？」宋子文立即電蔣報告，他猜測，美方消息可能源於蘇聯「密告」，表示「一時無法查悉」。⑲

蔣介石接到宋的報告後，大爲吃驚，但他立即肯定，這是俄國的宣傳深深地影響了美國，囑咐陳布雷即時回電解釋。日記云：「俄國一方面發表中國局勢嚴重將有內戰之消息，一方面對美國政府當局造謠宣傳」，「可知俄國謀我之切與其所謂解散共產國際者皆欺世妄誕。」日記同時指斥中共「爲俄作倀」，「其罪惡則又甚於漢奸十倍」。⑳這樣，他就又覺得必須儘快以武力消滅中共了。當時，美英聯軍已經進入義大利，莫索里尼政權垮臺，蘇聯紅軍正在庫克斯克與德軍決戰，蘇軍勝利在望。蔣介石八月十三日日記云：「共匪之制裁非在歐戰未了之前解決，則後患更大也。」「對共匪計畫，無時或忘。」㉑

抗戰初期，在各方推動下，國民黨決定邀請各方人士成立國民參政會，作爲諮詢性的民意機構。八月十四日，蔣介石決定利用參政會宣布並判決其所謂中共「破壞抗戰之罪狀，警告其速歸順中央，完成統一」。㉒十七日下午，蔣介石「研究陝北地形與剿匪計畫甚久」。㉓十八日上午，蔣介石致函胡宗南。同日，將「對共匪軍事準備」、「對共匪宣傳計畫」、「對共匪之總方略」作爲今日三大要事，要求「切實決定，以便付之實施」。㉔一方面，他在日記中爲自己打氣，「不能再事被動消極，顧忌太多」；另一方面，他又要求自己「熟慮斷行」，「不敢出以孟浪之舉」。㉕廿四日決定召胡宗南來重慶，同時撥發胡準備金一千萬元，閃擊延安計畫即將進入實質階段。㉖

蔣介石開始估計進攻延安後的各種可能情況：甲、持久不能解決；乙、倭寇乘機進攻洛陽、西安。丙、俄國干涉，進攻西安。丁、中共向晉西、隴東、寧夏逃竄。戊、在國民黨軍反攻倭寇時擾亂後方。㉗八月廿五日，蔣介石用半天光景研究國際與國內形勢，做出結論，在日記《雜錄》中寫下了一份詳細計畫。計畫分中共問題、蘇俄問題、中共與蘇俄關係三大部分。他說：

> 中共問題，無根本消滅之法，但不能不有解決之方案。如果始終要用十軍以上兵力防剿陝北之匪區，則不如先搗毀延安巢穴，使之變成流寇，無立足餘地為上策。

這就是說，蔣介石經過反覆長考之後，終於下決心要進攻延安，使中共中央放棄延安，成爲「流寇」，然後以十軍部隊在後方各地，一面防範，一面搜繳，各個擊破，分別肅清。計畫規定以三個月爲「積極準備時期」，以威脅與壓迫之手段，造成其內部之恐怖狀態；以宣傳與政治手段爲主，而以軍事力量爲從。關於進攻時機，蔣介石選在日蘇和戰未決與德蘇戰爭未決以前，認爲這是最「有利之時機」。計畫寫道：

> 延安必須於德俄戰爭未了之前與倭俄未確切妥協之時，更須於我對倭總反攻之前，從事肅清為妥，過此則無此良機，如是共匪坐大，中國莫救矣。㉘

蔣介石爲什麼選擇這一時機，主要考慮的是蘇聯因素。在蔣看來，如果蘇聯的對德戰爭勝利，或者蘇日妥協，蘇聯都將能騰出較多力量來支持中共，不利於蔣的反共軍事。他認爲，在亞洲大陸，蘇聯必然與英美「平行瓜分中國」，也必然要利用中共，所以必須「冒大險，賭存亡」，解決中共問題。接連幾天，蔣介石緊張研究「進剿陝北計畫」，開始調動兵力，如：調青海騎兵兩團到隴東，令寧夏方面積極準備中共向西突圍等。他甚至開始研究外蒙古地形與道路，大概是爲了堵住中共向北轉移吧！同時，蔣介石也在擬訂「對共匪罪行宣布之重點」。八月廿九日開始寫了四條，後來又寫了五條。顯然，這是爲了從輿論上加以配合。三十一日，他在《本月反省錄》中寫道：「共匪不滅，則對內對外之隱憂皆不能消除也。故一切問題，皆應集中於剿共一點。」又在《本月大事預定表》中寫道：「對共匪宣傳與進剿方略之決定。」

第三國際解散後，蔣介石即計畫進攻延安。不過，他極端保密，只向胡宗南個人透露，軍事委員會的要員們都蒙在鼓中。直到九月一日，他才在會報會上向徐永昌等出示手示，擬即令準備進攻延安、邊區、中共等。㉙九月三日，他與陳布雷、王世杰商量，提議由軍事委員會或政治部正式宣布中共「罪狀」，使中外人士皆能瞭解其「奸謀」。九月五日，他決定對邊區和中共部隊進行「隔離」，不再承認其爲中國軍隊，更不承認其抗戰團體，預定解散第十八集團軍在重慶的辦事處，封閉中共在重慶的《新華日報》。同日，蔣介石召見胡宗南，「研究對共方略」。……

烏雲密佈，風暴將起，中國再次面臨嚴重的內戰危機。

五、蔣介石懸崖勒馬，緊急剎車

國民黨高層對進攻延安的意見並不一致。九月一日的會報會，當蔣宣布進計畫時，徐永昌當場就表示時機未到。他說「如尚能容時，則發動時間實有再容忍至敵不能大舉進擾之時為妥。否則敵必乘機擾我關中，而共黨亦必竄亂甘省。當此時，敵已因之張目，英美或且停頓其進援。」㉚九月四日，在重慶黃山官邸會上，徐永昌再次表示：對共產黨，「尚應敷衍。」㉛徐的這些意見逐漸對蔣發生影響。

九月六日，國民黨在重慶召開第五屆中央委員會第十一次全會。會議內容之一是由中央秘書處向會議提出《關於中國共產黨破壞抗戰，危害國家案件總報告》，然後通過《關於中共破壞抗戰危害國家案件之決議文》。這兩份文件最初由幕僚起草，蔣介石不滿意，認為前稿「內容幾乎全為共匪宣傳其特力強大」，「拙劣已極」！後稿則「實不能用」。他慨嘆道：「本黨文字力量，亦薄弱至此，非親自動筆，幾無法公布，奈何！」他不得不自己提筆修改。在這一過程中，他反覆思考，反覆徵求意見，終於決定拋棄原來進攻延安的打算，再次傾向於以政治方式解決中共問題。

會議開幕之日，蔣介石在日記中指責中共「詆毀政府，造謠惑眾」，已成為「敵寇變相之第五縱隊」。這是蔣為「總報告」所定下來的反共基調。但是，蔣介石要求先寫上一段：

應說明政府對中共無其他要求，只求其放棄割據地盤，服從軍令，遵命調赴前線，不再集中部隊，阻礙北戰場榆林於綏遠交通線，實踐其廿六年之宣言，則中央仍予以一視同仁，不僅不忍棄絕，且必愛護有加。

同時，他要求在「決議文」中增加一軟一硬兩條：第一，對中共裏邊的「愛國自愛分子」，「如能自拔來歸，則應予以優容，並量才器使，俾得爲國效命」。第二，對中共裏邊的「政府理喻德化，皆已失效」的「集團」，「人人可得而制裁之」。這就說明，蔣這時計畫對中共採取軍事進攻與政治分化兩手策略。

九月八日，蔣介石產生了對中共「不用武力討伐」，而用「法紀制裁」的想法。蔣在日記中寫下四條理由：甲、中共幹部之間、上下之間已經離心離德，只要持之以久，中共將不攻自潰，如在此際討伐，反而促進其團結。乙、對中共用兵「無異割雞而用牛刀，若果持久不能解決，徒長匪焰而與敵寇以復活之機」。丙、今日中共，已非江西時期可比，只須「封鎖匪區，使之自縛陰乾爲唯一方略」。丁、中共的強項在宣傳，在希望美國干涉，吾人所應最注意者，唯此一點。日記的這一段顯示，蔣介石又傾向於不進攻陝甘寧邊區了。

九月九日晚，蔣介石召開會議，討論「總報告」和「決議文」草稿。參加者對其中「取消中共軍隊番號」等內容意見不一。孔祥熙稱：「辭意已成必打之勢，恐英美以我內戰，停止援助。」蔣介石和劉斐二人堅持原議，認爲「不如此，中央成何體統」。徐永昌提出質疑：「此雖係聲罪，不致討，但意在於討。如準備討之，第一是時間是否不當？其次是否居於被動？」辯論中，戴季陶、王世杰和外交部次長吳國楨等陸續加入討論。吳報告稱：蘇聯大使和比利時大使談話，對「中央將進攻邊區」表示憤慨。王世杰建議，須俟英美對日軍事再進，與蘇聯關係進一步明朗化時，方可對中共嚴責。孔祥熙再次發言，擔心此舉將使英美推遲打擊日本。蔣介石堅決主張發表「決議文」，會議同意蔣的主張，但決定將取消中共軍隊番號等「處分語」刪去。㉜當夜，蔣介石在日記中寫下了他對中共的處分要點：甲、《新華日報》之監視；乙、共籍參政員資格之取消；丙、各地十八集團軍辦事處之封閉。對於中共在重慶的電臺與秘密通訊機關，他一時沒有想好處置辦法，只寫了「應重加考慮」幾個字。㉝

十日上午，徐永昌打電話給蔣介石，說明三點：一、如判斷中共即將大舉出擾，或認爲國軍利於進剿，則「決議文」的語氣可以加重。二、如判斷共軍「大舉出鬧尚有待」，或緩以時日對國軍有利，則「決議文」可以寫得「再輕」。三、此時中共如「竄甘寧」，則日寇有窺視關中的可能，因此「決議文以輕緩爲佳」。下午，蔣介石打電話給徐永昌，詢問對「決議文」是否仍有意見。徐答：如共軍「竄擾甘涼」等地，日寇進窺關中，而我又不能在短期內肅清共軍，則共軍又可能進入新疆，得到俄人幫助，共同佔領新疆，則其禍患將超過九一八事件。徐的意見對蔣起了作用。當晚，蔣介石約集文武幹部開會，再次從「法律制裁」後退，認爲從國際環境與戰爭局勢考察，「尚非制裁之時機」，決定將原定隔離邊區及取消中共軍隊名號兩點「完全取消」。

十一日晚，蔣介石約集三十餘人召開座談會，其講話的調子完全改變。他表示：中美英蘇四國協定未成，滇緬路尚未開通，貿然進攻，萬一不能速決，後果至爲惡劣，故目前仍以「避戰」爲上。蔣提出三種處理方式：一、封鎖而嚴厲處分；二、聲罪而不致討；三、一字不提，而同時在英美宣傳其「罪行」。他稱此爲「曲線的對付」。何應欽則稱：全會既開，縱不用書面，亦須有口頭報告，或者輕描淡寫地作一決議。㉞當日蔣介石日記云：「如我進攻遷延不決，則匪勢更張，國際輿論對我更劣。如我能速戰速勝，則匪不過遷移地區，不能根本消除其匪黨，而我國內戰既起，復不能根本解決，則國家威信仍有損失。」他決定，對邊區，「圍而不剿」，「用側面與非正式方法以制之」，「萬不宜公開或正面的方式應付也」。㉟

十二日全會例假休會。中午，蔣介石召集相關人員再次會商。他提出，不決議，不宣布，只將「總報告」譯出，向英美宣傳。他徵詢徐永昌的意見，徐稱：如無所表示，國際間不免猜測、疑慮，建議歷述中共的「不法自私」事實，要求其實踐抗戰開始時的諾言，期以「自新」。㊱第二天的會議進程表明，蔣介石採納了徐的意見。

十三日爲全會最後一天，由中央秘書處宣讀經蔣介石修改的「總報告」。該報告從軍事、政治、經濟等三方面對中共進行全面指控，聲稱中共「六七年來破壞抗戰，以及違法亂紀之行爲，事實俱在，無一不與該黨所發表之共赴國難宣言相違背，理應早予依法處治」，但是，報告最後仍然表示希望中共「實踐諾言，服從中央，使政令、軍令保持統一，意志力量得以集中，以求抗戰之勝利。」㊲其後，蔣介石即席「指示」：

> 個人以為全會對此案之處理方針，要認清此為一個政治問題，應用政治方法解決。如各位同意余之見解，則吾人對共黨之言論，無論其如何百端挑釁，其行動無論如何多方擾亂，吾人始終一本對內寬容之旨，期達精神感召之目的。㊳

隨後通過的《決議文》聲稱對中共，將「不惜再三委曲求全，加以涵容」，希望中共能遵守抗戰初期的宣言，「幡然自反」。㊴

上述文件表明，蔣介石此時繼續堅持反共立場，其對中共的敵視絲毫未變，但是，由於對日抗戰仍是當時的首要任務，也由於美蘇兩國都不贊成中國內戰的國際壓力，以及中共多年來所表現的頑強生命力和戰鬥力等原因，蔣介石一時還不能也不敢徹底破裂國共關係，不得不停止原定的進攻延安的軍事計畫。

一場嚴重的內戰危機避免了。一九四三年年末，蔣介石在《感想反省錄》中寫道：「十一中全會期間，反覆窮究，密察利害，以後改變計畫，放棄軍事行動，於是全局危而復安。」㊵

① 《中央日報》，一九四三年五月廿四日第三版。

② 《蔣介石日記》（手稿本），一九四三年五月廿四日。

③ 《王世杰日記》，一九四三年五月。

④《蔣介石日記》（手稿本），一九四三年。
⑤《中華民國史料初編》第五編《中共活動真相》（一），第三七〇頁。
⑥這一消息一直壓到七月六日，才由國民黨中央社作了廣播。
⑦《蔣中正總統檔案‧籌筆》，第一五四三一號。臺北國史館藏。
⑧《毛澤東年譜》，第四五四頁。
⑨唐縱：《在蔣介石身邊八年》，群眾出版社一九九一年版，第三六六頁。
⑩熊向暉：《我的情報與外交生涯》，中共黨史出版社，一九九九年版，第十五至十六頁。
⑪《朱德年譜》，人民出版社一九八六年版，第二五八頁。
⑫《毛澤東年譜》，第四五二頁。
⑬覆電為唐縱所擬，見唐縱：《在蔣介石身邊八年》，第三六八頁。
⑭《毛澤東年譜》，第四五六頁。
⑮《毛澤東年譜》，第四五六頁。
⑯《先總統蔣公思想言論總集‧專著》，第一二六頁。
⑰《雜錄》，一九四三年八月廿五日，見《蔣介石日記》（手稿本），一九四三年。
⑱轉引自《徐永昌日記》，一九四三年八月七日。
⑲《總統蔣公大事長編初稿》，第二一九四頁。
⑳《蔣介石日記》（手稿本），一九四三年八月十一日。

㉑《蔣介石日記》（手稿本），一九四三年八月十三日。
㉒《蔣介石日記》（手稿本），一九四三年八月十四日。
㉓《蔣介石日記》（手稿本），一九四三年八月十七日。
㉔《蔣介石日記》（手稿本），一九四三年八月十八日。
㉕《蔣介石日記》（手稿本），一九四三年八月二十日、廿二日。
㉖《蔣介石日記》（手稿本），一九四三年八月廿四日。
㉗《蔣介石日記》（手稿本），一九四三年八月廿四日。
㉘《雜錄》，一九四三年八月廿五日，《蔣介石日記》（手稿本），一九四三年。
㉙《徐永昌日記》，一九四三年九月一日。
㉚《徐永昌日記》，一九四三年九月一日。
㉛《徐永昌日記》，一九四三年九月四日。
㉜《徐永昌日記》，一九四三年九月九日。
㉝《蔣介石日記》（手稿本），一九四三年九月九日。
㉞《徐永昌日記》，一九四三年九月十一日。
㉟《蔣介石日記》（手稿本），一九四三年九月十一日。
㊱《徐永昌日記》，一九四三年九月十二日。
㊲《總統蔣公大事長編初稿》，第二三三一、二三三四頁。

㊳榮孟源主編：《中國國民黨歷次代表大會及中央全會資料》（下），第八四一頁。

㊴《總統蔣公大事長編初稿》。

㊵《蔣介石日記》（手稿本），一九四三年。

如何對待毛澤東：扣留「審治」還是「授勳」禮送？

——重慶談判期間蔣介石的心態考察

一、抗戰勝利，蔣介石電邀毛澤東「共商大計」

一九四五年八月十日。

下午八時多，蔣介石做完默禱，忽然聽到設於附近求精中學的美軍總部傳來一陣歡呼聲，緊接著，是劈哩啪啦的炮竹聲。蔣介石問身邊的蔣孝鎮怎麼回事，爲何如此嘈雜？蔣孝鎮回答：聽說敵人投降了。蔣介石心頭一陣驚喜：日本投降了?!他讓蔣孝鎮再去打聽。不久，各方傳來正式報告，日本政府宣布，除保持天皇尊嚴外，其餘均按照中、美、英波茨坦公告所列條件投降。消息證實，日本確實投降了。苦熬八年、日盼夜想的這一天終於來到了。

當時，蔣介石正在宴請墨西哥駐華大使。抗戰勝利，蔣介石有許多事急待決定、處理。偏偏這位大使不識相，不斷提出各種問題，糾纏不休。外交部次長吳國楨兩次提醒，這位大使才很不情願地離去。蔣介石立即召開軍事幹部會議，按照早就擬定的令稿向前方各戰區發電，並令吳鐵城、陳布雷提出宣傳與各黨部應辦之事，已經深夜十二點了。

八月十一日清晨，蔣介石約見美國大使赫爾利（Hurley, Patrick Jay，蔣介石日記作哈雷），對杜魯門總統提出的諮詢意見作出答覆。蔣稱：自己一貫主張日本國體由日本人民自選。至於要求天皇出面簽訂降書以及將日本置於聯軍統帥之下各條，完全同意總統的意見。九時，再次約見赫爾利和魏德邁，就淪陷區軍事緊急處置等問題表示看法。十一時，到國民黨中央臨時常會，提出今後大政方針與各種處置。

蔣介石最焦慮的是接受日軍投降問題。早在八月十日深夜十二時，朱德就以延安總部總司令的名義發佈第一號命令，要求敵軍「於一定時間內向我作戰部隊繳出全部武裝」，如「拒絕投降繳械，即應予以堅決消滅」。第二天，又連發第二至第七號令，命令中共所掌握的抗日部隊「積極舉行進攻，迫使敵僞無條件投降」。①當時，在華日軍有百萬之眾，不僅佔有中國許多城市和交通線，而且擁有大量戰略武器和物資。誰最早、最多接受日軍投降，誰就將取得最多、最大的勝利果實。因此，十一日這一天，蔣介石給各方發了許多電報，其中一份最緊急的，就是給第十八集團軍總司令朱德和副總司令彭德懷的。該電聲稱：「政府對於敵軍之繳械、敵俘之收容、僞軍之處理及收復地區秩序之恢復、政權之行使等事項，均已統籌決定，分令實施」，要求該集團軍「應就原地駐防待命」，不得「擅自行動」。②這份電報實際上剝奪了共產黨人接受日軍投降的權利。八月十四日，蔣介石作出了又一個重大決定，邀請毛澤東到重慶來「共商大計」。電云：

倭寇投降，世界永久和平局面可期實現。舉凡國際、國內各種重要問題亟待解決，特請先生克日惠臨陪都，共同商討，事關國家大計，幸勿吝駕。臨電不勝迫切懸盼之至。③

抗戰八年中，蔣介石和共產黨維持著一種複雜而微妙的關係。他的日記中時而稱「共黨」，時而稱「共匪」，飄忽不定。現在，他要邀請毛澤東到重慶來，葫蘆裏賣的是什麼藥？

二、毛澤東在史達林的「執意要求」下應邀赴渝

對於蔣介石的邀請，毛澤東頗感意外。一九三七、一九三八兩年，蔣介石實行和共產黨的第二次合作，努力抗戰，毛澤東比較滿意。在延安作報告的時候，給過蔣很高的評價。但是，一九三九年，特別是一九四〇年皖南事變之後，毛澤東對蔣的印象就愈來愈壞。接到蔣介石的邀請電後，毛澤東的第一個反應是不想去。八月十六日，毛澤東爲朱德起草致蔣介石的電文，提出六項要求，其主要內容爲：解放區一切抗日人民武裝力量，有權接受所包圍的日僞軍投降，收繳其武器資財；解放區軍隊所包圍的敵僞，由解放區軍隊接受投降，國民黨軍隊所包圍的敵僞，由國民黨軍隊接受投降。抗戰八年中，國民黨的部隊退守西南，而中共所領導的抗日部隊則深入敵後，因此，這當然是一個有利於共產黨人的方案。緊接著，毛澤東覆電蔣介石：

朱德總司令本日午有一電給你，陳述敝方意見，待你表示意見後，我將考慮和你會見的問題。④

毛澤東的這通電報，沒有說不去重慶，而是要蔣表態，待表態以後再看。當時，美國正在調派飛機、軍艦，向原爲日軍佔領的地區運送國民黨軍，毛澤東曾一度雄心勃勃地計畫在上海、南京、北平、天津、唐山、保定、石家莊等地發動武裝起義，奪取這些大城市。⑤十八日，蔣介石在日記中寫道：「朱之抗命，毛之覆電，只有以妄人視之，但不可不防其突變叛亂也。」⑥當晚，他夜半醒來，反覆思考，推敲詞句，於二十日再致毛澤東一電，聲稱「期待正殷，而行旌遲遲未發，不無歉然。」接著聲稱，受降辦法由盟軍總部規定，不能破壞盟軍「共同之信守」。朱總司令對於執行盟軍規定，亦持異議，「則對我國家與軍人之資格將置於何地」？批評、責問之後再給朱德戴高帽子，聲稱「朱總司令果爲一愛國愛民之領袖，只有嚴守紀律，恪遵軍令」。電報最後重申邀請：

抗戰八年，全國同胞日在水深火熱之中，一旦解放，必須有以安輯鼓舞之，未可蹉跎延誤。大戰方告終結，內爭不容再有，深望足下體念國家之艱危，憫懷人民之疾苦，共同戮力，從事建設。如何以建國之功收抗戰之果，甚有賴於先生之惠然一行，共定大計，則收益百惠，豈僅個人而已哉！特再馳電奉邀，務懇惠諾為感。⑦

電報的這一段話寫得情詞懇切，似乎不容拒絕。不過，毛澤東仍然不想遽爾應邀。廿二日，毛澤東再次覆電蔣介石：

> 茲為團結大計，特先派周恩來同志前來晉謁，到後希予接洽為懇！⑧

抗戰中，周恩來長駐重慶，多次和蔣介石折衝周旋，由周作前驅，作「偵察戰」，瞭解蔣的意圖，自然再合適不過。⑨蔣介石看到毛澤東仍然不想來，於廿三日再次發電邀請：

> 承派周恩來先生來渝洽商，至為欣慰。惟目前各種重要問題，均待與先生面商，時機迫切，仍盼先生能與周恩來先生惠然偕臨，則重要問題方得迅速解決。國家前途，實利賴之。茲已準備飛機迎迓，特再馳電速駕。⑩

古有劉備「三顧茅廬」的美談，現在蔣介石是三電邀請，毛澤東似乎不能再次推拒。其間，史達林曾兩次致電毛澤東，聲稱「中國不能再打內戰，要再打內戰，就可能把民族引向滅亡的危險地步。」又稱：「蔣介石已再三邀請你去重慶協商國事，在此情況下，如果一味拒絕，國際、國內各方面就不能理解了。如果打起內戰，戰爭的責任由誰承擔？你到重慶去同蔣會談，你的安全由美、蘇兩家負責。」⑪毛澤東收到電報後很不高興，「甚至是很生氣」，但是，史達林是當時國際共產主義運動的最高指導者，毛澤東不能不尊重他的意見。廿三日，毛澤東主持中共中央政治局擴大會議，在會上說：「我們要準備所有讓步以取得合法地位，利用國會講壇去進攻。」「先派恩來同志出去。我出去，決定少奇同志代理我的職務。」⑫廿四日，毛澤東覆電蔣介石：

> 鄙人極願與先生會見，商討和平建國大計。俟飛機到，恩來同志立即赴渝晉謁，弟亦準備隨即赴渝。晤教有期，特此奉覆。⑬

對毛澤東的這份回電，蔣介石的感覺是「溫馴已極」，「橫逆與馴順，一週三變」。⑭在蔣介石三電毛澤東期間，赫爾利大使也曾兩電表示，願意到延安迎接。廿五日，毛澤東覆電中國戰區參謀長、美國人魏德邁（Albert Coady Wedemeyer），對赫爾利來延表示歡迎，聲稱願與周恩來將軍偕赫爾利大使同機飛渝。同日，他和即將回太行根據地的劉伯承、鄧小平談話，要他們回到前方以後，放手打，不要擔心我在重慶的安全。你們打得越好，我越安全，談得越好。⑮廿八日，毛澤東由赫爾利與蔣介石的代表張治中陪同，與周恩來、王若飛同機抵渝。抵達時，毛澤東身穿藍灰色中山裝，腳穿黑色布鞋，一手揮著巴拿馬式的盆形帽，微笑著走下飛機。

舉世矚目的重慶談判開始了。

三、初談不順

早在八月廿六日，蔣介石就在日記中寫下了「與毛商談要目與方針」，包括「共部之處理」、「國民大會辦法」、「參加政府辦法」、「釋放共犯辦法」等內容。⑯廿七日日記云：「對共方針，決予其寬大待遇，如其果長惡不悛，則再加懲治，猶未為晚也。」⑰廿八日，蔣介石召集幹部會議，討論對毛澤東來渝後的方針，確定「以誠摯待之」，「政治與軍事應整個解決，但對政治之要求予以極度之寬容，而對軍事則嚴格之統一，不稍遷就。」⑱廿八日下午三時許，毛澤東等人到達重慶機場，毛對中外記者發表書面談話：

現在抗日戰爭已經勝利結束，中國即將進入和平建設時期，當前時機極為重要。目前最迫切者，為保證國內和平，實施民主政治，鞏固國內團結。國內政治上軍事上所存在的各項迫切問題，應在和平、民主、團結的基礎上加以合理解決，以期實現全國之統一，建設獨立、自由、民主、團結與富強的新中國。⑲

當晚，蔣介石在林園設宴招待毛澤東一行，特意將毛安排在自己的對座，以示「誠懇」。宴會後，又邀請毛澤東下榻林園。

毛澤東等來渝前，中共中央曾發表《對時局宣言》，要求國民黨立即實施六項措施：承認解放區的民選政府和抗日軍隊；嚴懲漢奸；解散僞軍；公平合理地整編軍隊；承認各黨派的合法地位；立即召開各黨派和無黨派人物會議，成立舉國一致的民主聯合政府。對於這六條，蔣介石在日記中表示：「皆應留有餘地，而不加以正面拒絕，但須有確定前提。」⑳八月廿九日，蔣介石與毛澤東舉行第一次會談。蔣稱願意聽取中共方面的意見，並稱中國無內戰。毛澤東則稱，說中國沒有內戰是欺騙。蔣提出談判三原則：一、所有問題整個解決。二、一切問題之解決，均須不違背政令、軍令之統一。三、政府之改組，不得超越現有法統之外。這個「三原則」，就是他在日記中所說的「確定前提」。當晚七時，蔣介石親赴毛澤東所住蓮屋訪問，約談一小時，蔣自稱屬於「普通應酬」。㉑三十一日，蔣在日記中寫道：「毛澤東果應召來渝，此雖爲德威所致，而實上帝所賜也。」㉒

九月三日，毛澤東通過周恩來、王若飛向國民黨代表張群、張治中、邵力子提出十一條談判要點，其主要內容爲：

一、確定和平建國方針，以和平、團結、民主爲統一的基礎，實現三民主義。

二、擁護蔣主席之領導地位。

三、承認各黨各派合法平等地位並長期合作，和平建國。

四、承認解放區政權及抗日部隊。
五、嚴懲漢奸，解散僞軍。
六、重劃受降地區，（解放區抗日軍隊）參加受降工作。
七、停止一切武裝衝突，令各部暫留原地待命。
八、實行政治民主化，軍隊國家化，黨派平等合作。
九、政治民主化之必要辦法：由國民政府召集各黨派及無黨派代表人物的政治會議，各黨派參加政府，重選國民大會；由中共推薦山西、山東、河北、熱河、察哈爾五省主席、委員，及綏遠、河南、安徽、江蘇、湖北、廣東六省副主席，北平、天津、青島、上海四特別市副市長。
十、軍隊國家化之必要辦法：公平合理的整編全國軍隊，分期實施；解放區部隊編成十六個軍四十八個師，駐地集中於淮河流域及隴海路以北地區；中共參加軍委會及其所屬各部工作；設北平行營及北方政治委員會，任中共人員爲主任。
十一、黨派平等合作之必要辦法：釋放政治犯；保障各項自由，取消一切不合理禁令，取消特務機關。㉓

毛澤東所提十一條中的「實現三民主義」、「擁護蔣主席之領導地位」等內容，蔣介石自然滿意，他反感的是其中的九、十等條，批評其爲「要求無饜」。九月三日，蔣介石日記云：

余以極誠對彼，而彼竟利用余精誠之言，反要求華北五省主席與北平行營主任皆要委任其人，並要編組其共軍四十八萬人，以為余所提之十二師之三倍，最後將欲廿四師為其基準數乎？共匪誠不可以理喻也。此事唯有賴帝力之成全矣！㉔

四日晨五時，蔣起身禱告，「願共毛之能悔悟，使國家能和平統一也」。上午，他約張群、張治中、邵力子談話，聽取昨晚與周恩來談話經過。蔣自感「腦筋深受刺激」，嘆息「何天生此等惡劣根性，徒苦人類乃爾」！㉕他將自擬的《對中共談判要點》交給張群等。其主要內容爲：

一、中共軍隊之編組，以十二個師爲最高限度。

二、承認解放區，爲事實絕對行不通。

三、擬改組原國防最高委員會爲政治會議，由各黨各派人士參加。在國民大會產生新政府後，各黨派與無黨派人士均可依法參加中央政府。

四、原當選之國民大會代表，仍然有效，可酌量增加名額。㉖

國民黨一九二七年執政後，長期實行以「一黨專政」爲核心的「黨治」，因此受到國內外各階層的嚴厲批評。一九三六年，國民黨提出召開「國民大會」，制訂憲法，成立政府，宣稱將通過此途徑「還政於民」。除選舉代表一千二百人之外，國民黨的中央及候補執、監委爲當然代表，國民政府並直接指定代表二百四十人。由於這批代表是在國民黨一黨包辦下產生的，又事隔多年，中共主張代表重選，蔣介石則主張增補、調整，堅決反對重選。

按蔣的想法，要將毛澤東的提議從速公布示眾，但張治中等認爲爲時過早。同日下午五時，毛澤東應蔣介石邀請，參加軍事委員會召開的抗戰勝利茶會。會後，蔣、毛再次直接商談。從九時起，張群、邵力子、張治中受命與周恩來、王若飛開始第一次會談。至十月八日止，雙方共會談十三次。

從九月四日起，蔣介石即將和中共談判的任務交給張群等三人，而他自已則退居幕後。但是，他仍然時時研究蘇俄與中共動態，牢牢掌控談判，日記中有許多對談判情況的記載。

九月八日，蔣介石《上星期反省錄》云：「共毛各種無理要求與不法行動，自受俄之主使，余亦惟有一意忍耐處之。」

九月十一日日記云：「余今日對俄、對共，惟有以誠與敬對之，未知果能收效否?」

九月十二日正午，蔣介石約毛澤東、周恩來到林園共進午餐。日記云：「余示以至誠與大公，允其所有困難無不爲之解決，而彼尚要求編其二十八師之兵數耳!」㉗

九月十三日日記云：「囑毛澤東訪魏德邁。」

九月十五日《上星期反省錄》：「共毛近來從容不迫，交涉拖延之故，其必等待美國政策之轉變，期望國際共同干涉內政也。」

九月十七日日記云：「正午，約毛澤東、哈雷照相談話。據岳軍言，恩來向其表示者，前次毛對余所言，可減少其提軍額之半數者，其實爲指四十八師之數，已照其共匪總數減少一半之數也。果爾，則共匪誠不可與言也。以當時彼明言減少半數爲二十八師之數字也，其無信不誠有如此也。」

九月二十日日記云：「目前最重大問題爲共毛問題。國家存亡，革命成功，皆在於此。」「不能不爲國相忍，導之以德，望能感格也。」

九月廿一日日記云：「考慮共黨問題對國家禍福利害甚久，此時主動尙在於我，不患其作惡賣國，吾仍以理導之。」「晚與哈雷談共黨問題，示以軍額最大限爲廿師，如其仍要求華北各省主席，則不再談矣。」

九月廿二日《上星期反省錄》云：「中共陰謀與野心雖被阻制，但險象仍在，不可稍忽，事已到了最大限度，彼仍不接受，則惟置之不理，任其變化，以此時主動全在於我也。」

談判中，張群等根據蔣介石的指示，曾於九月八日寫了一份書面文件，逐條回答中共所提談判要點。其第一項稱：「和平建國自爲共同不易之方針，實行三民主義亦爲共同必遵之目的。」第二項稱：「擁護蔣主席之領導地位，承明白表示，甚佩。」第三項稱：「各黨派在法律面前平等，本爲憲政常規，今可即行承認」。其他如嚴懲漢奸、解散僞軍，參加受降工作，停止武裝衝突，釋放政治犯，嚴禁特務逮捕、拘禁以及政治民主化、軍隊國家化的原則，國民黨代表都表示「自可考慮」，或「自無問題」，蔣介石和國民黨代表所不能接受的是「重選國民大會代表」、「解決解放區辦法」以及「軍隊國家化之必要辦法」等問題。㉘當時，毛澤東要求將中共部隊改編爲四十八師，而蔣介石只允許以二十師爲最高限額。至於五省主席，六省副主席、四市副市長、北平行營主任等職，蔣介石覺得中共是「獅子大開口」，根本不想考慮。

就在兩黨談判僵持不下之際，蔣介石卻於九月廿七日偕宋美齡飛往西昌，休息去了。

四、蔣介石的心態發生一百八十度大變化，企圖扣留並「審治」毛澤東

在去西昌的飛機上，蔣介石讀到了毛澤東回答路透社記者的提問。提問中，毛澤東談到，解放區已經擁有一百二十萬人以上的軍隊和二百二十萬人以上的民兵，除分佈於華北各省與西北的陝甘寧邊區外，還分佈於江蘇、安徽、浙江、福建、河南、湖北、湖南、廣東各省。㉙毛澤東的這段談話勾起了蔣對中共所提十一條的回憶，也勾起了蔣鬱結在胸中對中共和毛澤東長期的仇視。其實，在蔣介石的心目中，中共早已不是和國民黨並肩抗敵的戰友，而是「漢奸」、「叛逆」；毛澤東也不是他盛情相邀的貴賓，而是「罪魁禍首」。他在日記中憤憤地寫道：

> 如欲不懲治漢奸，處理叛逆則已，否則非從懲治此害國殃民，勾敵搆亂第一人之罪魁禍首，實無以折服軍民，澄清國本也。如此罪大惡極之禍首，猶不自後悔，而反要求編組一百二十萬軍隊，割據隴海路以北七省市之地區，皆為其勢力範圍所有，政

府一再勸導退讓，總不能饜其無窮之慾壑，如不加審治，何以對我為抗戰而死軍民在天之靈耶！㉚

蔣介石表現在這裏的情緒已經不是他在日記中一再表達的「誠」與「敬」，而是一股強烈的剛暴之氣。他明確表示，要對毛澤東加以「審治」。

西昌，當時西康省的重要城市，位於今四川涼山彝族自治州中部，始建於漢。蔣介石夫婦到達西昌後，下榻當地名勝西湖。從霧靄層層的重慶轉移到風清鳥囀，花笑山明之地，蔣介石心情爲之一舒。但是，他仍然繫念在重慶談判桌上和中共代表的鬥爭，反覆考慮「共毛對國家前途之利害與存亡關係」。廿九日，他在日記中寫下了「中共之罪惡」六條：

甲、資抗戰之名義，而行破壞抗戰之實。

乙、借民主之美名而施階級獨裁之陰謀。

丙、違反四項諾言之事實與經過，欺民欺世，忘信背義，莫此為甚。

丁、藉民選之名義以行其擁兵自衛，割據地盤，奴辱民眾，破壞統一之實。

戊、破壞外交政策，捕殺盟軍官兵，阻礙聯軍行動，破壞國軍反攻計畫，詆毀英美參戰為帝國主義之戰爭。不僅反對政府聯合英美作戰，而且始終破壞中蘇國交之增進。

己、勾結敵軍，通同漢奸，傾害國本，顛覆政府，以組織聯合政府為過渡手段，而達到其多數控制，成立第四國際專政之目的。

在抗戰中，國共兩黨雖然結成了統一戰線，但國民黨時刻想限制共產黨的發展，將中共的活動納入自己的政令、軍令之下，而中共則堅持獨立自主，力圖突破國民黨的限制，發展和壯大自己的力量。因此，雙方雖共同對敵，但彼此間又充滿限制和反限制，摩擦和反摩擦的鬥爭。從上述蔣介石列舉的「罪狀」裏，人們不難看到，抗戰雖然勝利了，但蔣介石積累的對中共的誤解有多深，扭曲有多嚴重，仇視有多強烈。

宋美齡看到蔣介石如此忙碌，笑著說：你到西昌來哪裡是爲休息呀！蔣介石沒有解釋，但他心想：「孰知余此來，比之平時之思考與工作更爲迫切而急要也。他日統一如能告成，或得之於西昌遊程中也。」蔣接著寫其所謂中共「罪狀」：

庚、企圖割據華北各省，盤踞熱察，隔絕中蘇聯絡，破壞中蘇聯盟，以期擾亂世界和平之建立。

辛、擅設軍事委員會名義，劫持第十八集團軍，促使新四軍之叛變，反抗軍令，毅然以共產紅軍自稱。

壬、擅設延安所謂陝甘寧邊區政府，割據地盤，反對中央政令，私發鈔票，擅徵租稅，強種亞片，私設關卡，與敵偽公開貿易，交換貨物，以接濟敵軍，助長侵略，此即中共所謂對敵抗戰也。癸、跡其宣傳，直接以攻訐政府，誣衊盟軍，間接以協助敵偽，毀滅國本，必欲中華民國變成為第四共產國際而後已。子、共軍所到之地，所謂民選政府之實情：（甲）信仰言論行動皆為絕對統制而無自由，否則即以反動漢奸與叛徒之罪而加以逮捕。傳教師絕對不能傳教，且不准其進入其民選區。（乙）人民之納租、出捐、抽丁、派糧不惟因戰後而不奉令停止，且變本加厲，各種苛捐雜稅層出不窮，民不聊生，而抗戰期間到處煽動人民，對政府抗糧抗役，以不出糧、不徵兵，且借各種神道邪教以愚惑民眾。

寫到這裏，蔣介石特別補充了一句：「以危害國家、破壞國家之事實，應略舉要點述之。」可見，蔣介石興有未盡，還要寫下去。

蔣介石寫這些「罪狀」，當然不是一時興至，「無所爲而爲」，顯然，他是在爲扣留並懲辦毛澤東作準備。然而，毛澤東應邀，爲兩黨談判而來，要扣留並懲辦毛澤東不是一件簡單的事。蔣介石首先想到的是美國大使赫爾利的保證和美國政府的態度，也想到蘇聯政府可能的反應。所以，他在日記裏爲提醒自己而特設的「注意」欄下寫下了兩條：一、哈雷（即赫爾利）

保證共毛之安全函電，美國政府之地位及其預想之態度，應加研究。二、俄國之表示如何，亦應切實研究。㉛當時，蔣介石既要依靠美國，也不敢得罪蘇聯，甚至還想討好。例如，在倫敦的中美英蘇法五國外長會上，英美法爲一方，蘇聯爲一方，而重慶國民政府則「中立」，「對俄表示同情」。自然，蔣介石在採取行動之前，不能不將美、蘇這兩個大國的可能反應想清楚。

十月一日，蔣介石見到了中共提出的一份「公告稿」，其中提到毛澤東來渝的安全以及赫爾利的保證問題。蔣介石看到這篇「公告稿」以後，十分反感。日記中寫道：

此與會談全無關係，僅為其賊膽心虛之表示。彼全不思本國商談要由外人保證之恥。不思哈雷即使為其保證，亦已失效也。蓋哈雷保證共黨統一團結提議者之安全，並未保證其通敵賣國反動派之生命。次此為內政問題，無論任何外人，不能干涉我政府對內亂犯之處治，而且哈雷回國之前已對共黨聲明，今後國共問題全為中國之內政，不能如往日敵軍未投降時，可由其盟國共同作戰之關係參加調解，今後應由中國雙方自動直接解決也。㉜

蔣介石要扣留並「審治」毛澤東，赫爾利事前的保證是一道不能回避的門檻。可以看出，蔣介石的這篇日記實際上是在爲自己找解脫，力圖證明，他的舉動和赫爾利的保證沒有衝突。

一九三六年國民大會的代表選出後，由於第二年抗戰爆發，代表大會一直未能召開。抗戰後期，蔣介石爲了對抗中共提出的召開黨派會議，建立民主聯合政府的主張，便於一九四五年元旦宣布，可以不待抗戰結束，提前召集國民大會，制訂憲法，選舉政府，以使其統治合法化。同年三月一日，蔣介石又向憲政實施協進會宣布，定於當年十一月十二日召集國民大會。毛澤東到重慶後，中共在談判中除主張國民大會代表須重選外，當年制訂的國民大會組織法、選舉法、《五五憲法草案》等也都須修改，召集大會的日期須延緩。對此，蔣介石都強烈反對。十月二日，蔣介石日記云：

> 共黨反盜為主，其到重慶，在軍事政治上作各種無理要求猶在其次，而且要將國民政府一切法令與組織根本推翻，不加承認，甚至實施憲政之日期與依法所選舉之國民大會亦欲徹底推翻重選，而代之以共黨之法令與組織，必使中國非依照其主張，受其完全控制而成為純一共黨之中國，終不甘心。㉝

想來想去，蔣介石「審治」毛澤東，徹底解決中共問題的衝動越來越強烈，幾乎難以遏制了。

龍雲長期統治雲南，形成半獨立狀態。蔣介石早就想解決龍雲，其辦法是任命龍雲爲軍事參議院院長，將他從昆明老窩中調到重慶。但蔣介石又擔心龍雲不肯入彀，作了武力強迫的準備。十月三日，杜聿明的軍隊武裝包圍雲南省政府，完全控制昆明，龍雲的滇軍僅有小反抗。蔣介石很高興，認爲龍雲「經此一擊，彼當不能不俯首遵命乎！」㉞幾天之後，龍雲被迫到重慶接任新職。

龍雲問題解決了，蔣介石的思緒再次回到中共問題上。當時，倫敦的五國外長會議因美蘇對立，無果休會。蔣介石認爲「俄國實力已耗，外強而中已乾」，是他解決中共問題的好時機。十月五日日記云：

> 故於此時應不必為俄多所瞻顧，積極肅清內奸，根絕共匪，整頓內政，鞏固統一為第一。如其以此藉口，強佔我東北，擾亂我新疆，則彼干涉我內政，侵害我主權，否則仍使共匪餘孽搗亂邊疆，此乃彼一貫政策。不有此事，亦必不免也。余以為最多新疆暫失，東北未復而已，而本部之內，至少可以統一矣，此乃天予之時也。

讀者應該特別注意這一段日記中的「不有此事」一句中的「此事」二字，顯然，其內容就是扣留毛澤東，「審治」毛澤東，和共產黨決裂，掀起剿共戰爭，「根絕共匪」。蔣介石估計，一旦他做了「此事」，蘇聯不會善罷甘休，有可能佔領新疆，拒絕從東北撤兵。但是，蔣介石覺得還是合算，他還是要做。

毛澤東在重慶，如魚游釜內，有點「懸」了。

五、蔣介石再次一百八十度大轉變，決定授予毛澤東等「勝利勳章」，並且禮送回延

然而，就在蔣介石破釜沉舟，準備豁出去做「此事」的時候，他卻又猶豫起來了。十月六日，蔣介石反省上週作爲，覺得龍雲問題解決，西南鞏固，「建國已有南方統一之基礎」，「心神乃得自慰」。但是，對於解決中共問題，他覺得國內、國外反對者很多，困難很大。日記寫道：

> 對共問題，鄭重考慮，不敢稍有孟浪。總不使內外有所藉口，或因此再起紛擾，最後惟有天命是從也。

蔣介石的「鄭重考慮」是必要的。如果他悍然扣留並「審治」毛澤東，不僅美國、蘇聯通不過，在抗戰八年中發展起來的百萬中共武裝通不過，那時已經站在中共一邊的民主黨派自然也通不過。其結果，必將出現「再起紛擾」的嚴重局面。這麼一想，蔣介石又把他那顆強烈跳動的想扣留並「審治」毛澤東的心摁住了。當天正午，蔣介石與左右討論中共方面所起草的《會談紀要》以及毛澤東的離渝時期，蔣介石「立允其速行，以免其疑慮」。㉟

十月八日，正午，蔣介石宴請國民黨中央常委，討論兩黨談判情況。當時已經有了一份

《會談紀要》的初稿，準備公布。吳稚暉反對發表這份《紀要》。關於國民大會召開日期，會上意見分歧，莫衷一是，蔣介石只能宣布休會，另加研究。會後，蔣介石審閱《紀要》，採納中常委們的意見，作了部分修改。又派葉楚傖去做吳稚暉的工作，說明這是將中央對共產黨的「政治解決」的方針明示中外，可以體現中央「仁至義盡」的態度云云，吳才同意公布。

十月九日，毛澤東向蔣介石告別。蔣問毛：對國共合作辦法有無意見？據蔣日記記載：「毛吞吐其辭，不作正面回答。」蔣對毛稱：「國共非徹底合作不可。否則不僅於國家不利，而且於共黨有害。」蔣繼稱：

> 余為共黨今日計，對國內政策應改變方針，即放棄軍隊與地盤觀念，而在政治上、經濟上競爭，此為共黨今後惟一之出路。第一期建設計畫如不能全國一致，努力完成，則國家必不能生存於今日之世界，而世界第三次戰爭亦必由此而起。如此吾人不僅對國家為罪人，而且對今後人類之禍福亦應負其責也。㊱

這段話，蔣介石覺得他是向毛掏了心窩子，毛的反應，據蔣日記記載：「彼口以為然」，但是，蔣不大相信，所以接著寫道：「未知果能動其心於萬一，但余之誠意或為彼所知乎？」當日正午，蔣介石繼續與毛澤東談話，並且設宴招待。

十月十日下午，周恩來、王若飛與王世杰、張群、邵力子、張治中在桂園客廳共同簽署

《國民政府與中共代表會談紀要》（簡稱雙十協定）。這個《紀要》由周恩來起草，是毛澤東、周恩來到重慶後和國民黨代表多次商談的結果，也是雙方求同存異、互諒互讓的結果。共十二條，其中《關於和平建國的基本方針》屬於總綱性質，雙方一致確認：「中國抗日戰爭業已勝利結束，和平建國的新階段即將開始，必須共同努力，以和平、民主、團結、統一爲基礎，並將在蔣主席的領導之下，長期合作，堅決避免內戰，建設獨立、自由和富強的新中國，徹底實現三民主義。雙方又同認蔣主席所宣導之政治民主化、軍隊國家化及黨派平等合法，爲達到和平建國必由之途徑。」

關於政治民主化問題，《紀要》宣布，雙方「一致認爲應迅速結束訓政，實施憲政，並應先採必要步驟，由國民政府召開政治協商會議，邀集各黨派代表及社會賢達協商國是，討論和平建國方案及召開國民大會各項問題。」《紀要》並稱：「現雙方正與各方洽商政治協商會議名額、組織及其職權等項問題，雙方同意一俟洽商完畢，政治協商會議即應迅速召開。」㊲其他雙方一致同意或基本一致的條文有人民自由問題、黨派合法問題、特務機關問題、釋放政治犯問題、地方自治問題等。毛澤東後來曾說：「有成議的六條，都是有益於中國人民的。」㊳有些問題，難度較大，如軍隊國家化問題，中共表示願縮編至二十四個師至少二十個師的數目，國民黨則表示二十個師的數目可以考慮，雙方意見趨近。有些問題，雙方爭持不下，如「國民大會問題」，中共堅持代表重選，延緩召開等主張，國民黨則堅持原選出之代表有效，名額可以增加。中共表示：「不願見因此項問題之爭論而破壞團結」，雙方同意將此問題提交政治協商會議解決。關於解放區地方政府問題，中共先後提出四種方案，國民黨均以「政令統一必須提前實現」爲理由加以拒絕，中共方面只能提出繼續商談。

《紀要》的簽字是大喜事。飽經戰爭之苦的中國人終於向避免內戰，化干戈爲玉帛前進了一大步。這一天還發生了另一件喜事。這就是，國民政府發佈授勳令，對大批抗戰文武有功人員授予「勝利勳章」。蔣介石考慮再三，在受勳人員名單中加進了朱德、彭德懷、葉劍英三人，又加進了毛澤東和董必武，還加進了鄧穎超。事後，蔣介石在日記中寫下了他這麼做的原因：

> 雙十節授勳，特將共朱毛等姓名加入，使之安心，以彼等自知破壞抗戰，危害國家為有罪，惟恐政府發其罪狀，故亟欲抗戰有功表白於世，以掩蓋其滔天罪惡。余乃將順其意以慰之，使其能有所感悟而為之悔改乎？然而難矣哉！㊴

世界授勳史上大概還不曾有過這樣的前例：內心深處認爲其人有「滔天罪惡」，但是，還要爲其授勳，表揚其功績。

同日下午四時，蔣介石到桂園訪問毛澤東，爲其送行。毛澤東提出，今晚住到蔣介石的林園官邸去。蔣介石覺得毛澤東可能「另生問題」，但仍然表示歡迎。蔣介石的這次拜訪，前後只有十分鐘。會談後，毛、周同蔣一起乘車到國民政府禮堂參加國慶祝酒會。酒會後，蔣、毛再次談了半小時。毛澤東住到林園後，向蔣介石提出：一、政治協商會議「以緩開爲宜」，待自己回延安，召開解放區民選代表會議後再定辦法；二、國民大會提早至明年召開亦可。由於蔣早就宣布，要在當年十一月十二日召集國民大會，聽了毛澤東的意見後，覺得國民大會召開無期，氣得在心裏狠狠地咒罵毛澤東。㊵不過表面上，蔣介石仍故作平靜，努力「和婉」地對毛說：「如此態度，則國民大會無期延誤，我政府不能如此失信於民也。」又說：「如政治協商會議能在本月底開會協商，則國大會議政府可遷就其意，改期召開，但至十一月十二日，不能不下召集明令，確定會期，示民以信也。」㊶蔣還向毛表示，即使政協會不能如期召開，政府也不能不於十一月十二日下令召集國民大會。談至此，蔣向毛告辭，約定明晨再談。

十月十一日晨八時，蔣介石約毛澤東共進早餐。餐後，二人再次對談。除重複前幾次談話要旨外，蔣介石用非常堅決的口吻向毛澤東強調，「所謂解放區問題，政府決不能再有所遷就，否則不能成爲國家。」㊷毛澤東則答以此事留待周恩來與王若飛在重慶繼續商談。通過抗日戰爭，中共已經在全國建立了十九個解放區，擁有一億多人口。蔣介石無論如何不能容忍這麼大一塊土地，這麼多人口處於中共統治之下。九時半，毛澤東由張治中陪同，乘車到九龍坡機場。陳誠代表蔣介石到機場送行，重慶各界和八路軍辦事處以及《新華日報》工作人員到機場送行的共約五百餘人。毛澤東發表了簡短談話：「中國問題是可以樂觀的，困難是有的，但是可以克服的。」

毛澤東離開延安前，對到重慶後可能的危險作了最充分的估計。他在中共中央政治局會議上說：「準備坐監獄」，「如果是軟禁，那倒不怕，正是要在那裏辦點事。」但是，他估計，「國際壓力是不利於蔣的獨裁的，所以重慶可以去，必須去」，「由於有我們的力量，全國的人心，蔣介石自己的困難，外國的干預四個條件，這次去是可以解決一些問題的。」㊸歷史證明，毛澤東的分析是正確的。

毛澤東告辭離去後，蔣介石獨自在林園中逛了一周，心裏想的是：「共黨不可與同群也。」他似乎已經忘記，十月九日，他還和毛澤東談過：「國共非徹底合作不可。」十二日，蔣介石回想他和毛澤東在重慶的多次接觸，覺得共產黨的這位領袖不好對付。日記云：「共毛態度鬼怪，陰陽叵測，硬軟不定，綿裏藏針。」對於中國的未來，他有「荆棘叢生」的感覺，不過，他仍然充滿自信，相信在今後的較量中，他可以戰勝毛澤東。其《反省錄》云：「斷定其人決無成事之可能，而亦不足妨礙我統一之事業，任其變動，終不能跳出此掌一握之中。仍以政治方法制之，使之不得不就範也。政治致曲，不能專恃簡直耳！」㊹

蔣介石一生作過許多錯誤判斷，但是，其中最大的誤判可能就是上述判斷。歷史證明，蔣介石的「一握」並沒有能控制毛澤東，相反，倒是毛澤東跳身出來，讓中國在三四年的時間內天翻地覆，並且將他趕到了海峽彼岸。

（原載遼寧教育出版社《萬象》雜誌，二〇〇八年一月號。）

①中共中央文獻研究室編：《朱德年譜》，人民出版社一九八五年版，第二七三至二七四頁。

②《總統蔣公大事長編初稿》，第二六二六至二六二七頁。

③《中央日報》，一九四五年八月十六日。

④中共中央文獻研究室編：《毛澤東年譜》下卷，中共中央文獻出版社一九九三年版，第七頁。

⑤《毛澤東年譜》下卷，第八至九頁。

⑥《上星期反省錄》，《蔣介石日記》（手稿本），一九四五年八月十八日。胡佛研究所藏，以下所引均同。

⑦《中央日報》，一九四五年八月廿一日。

⑧《毛澤東年譜》，下卷，第九頁；《中華民國重要史料初編》第七編《戰後中國》（二），第廿八頁。

⑨中共中央文獻研究室編：《周恩來年譜》，中央文獻出版社一九九八年版第六三〇頁。

⑩《中央日報》，一九四五年八月廿五日。

⑪師哲：《在歷史巨人身邊》，中央文獻出版社一九九一年版，第三〇八頁。

⑫《毛澤東年譜》（下卷），第十一頁。

⑬《毛澤東年譜》（下卷），第十二頁；《戰後中國》（二），第廿九頁。

⑭《上週反省錄》，《蔣介石日記》（手稿本），一九四五年八月廿五日。

⑮《毛澤東年譜》（下卷），第十三頁。

⑯《蔣介石日記》（手稿本），一九四五年八月廿六日。胡佛研究所藏，以下所引均同。

⑰《蔣介石日記》（手稿本），一九四五年八月廿七日。

⑱《蔣介石日記》（手稿本），一九四五年八月廿八日。

⑲《為和平而奮鬥》，新華日報館一九四五年十一月版。

⑳《蔣介石日記》（手稿本），一九四五年八月廿九日。

㉑《蔣介石日記》（手稿本），一九四五年八月廿九日。

㉒《上月反省錄》，《蔣介石日記》（手稿本），一九四五年八月三十一日。

㉓關於「十一條」，文本各有不同，分別見《毛澤東年譜》（下卷），第十八至十九頁／《周恩來年譜》，第六三二頁，《戰時中國》（二），第三十九至四十一頁。其中第十條關於北平行營主任的文字，採用毛年譜。

㉔《蔣介石日記》（手稿本），一九四五年九月三日。

㉕《蔣介石日記》（手稿本），一九四五年九月四日。

㉖《戰時中國》（二），第四十四至四十五頁。

㉗《蔣介石日記》（手稿本），一九四五年九月十二日。

㉘《戰時中國》（二），第四十一至四十四頁。

㉙《重慶談判資料》，四川人民出版社一九八〇年版，第十四頁。

㉚《蔣介石日記》（手稿本），一九四五年九月廿七日。

㉛《蔣介石日記》（手稿本），一九四五年九月三十日。

㉜《蔣介石日記》（手稿本），一九四五年十月一日。
㉝《蔣介石日記》（手稿本），一九四五年十月二日。
㉞《蔣介石日記》（手稿本），一九四五年十月三日。
㉟《蔣介石日記》（手稿本），一九四五年十月六日。
㊱《蔣介石日記》（手稿本），一九四五年十月九日。
㊲《重慶談判資料》，第十九至二十頁。
㊳《毛澤東年譜》下卷，第三十三頁。
㊴《上星期反省錄》，《蔣介石日記》（手稿本），一九四三年十月十三日。
㊵參見《蔣介石日記》一九四五年十月十一日。
㊶《蔣介石日記》（手稿本），一九四五年十月十一日。
㊷《蔣介石日記》（手稿本），一九四五年十月十一日。
㊸《毛澤東年譜》（下卷），第十四頁。
㊹《蔣介石日記》（手稿本），一九四五年十月十三日。

論國民黨的社會改良主義

中國國民黨是孫中山和許多志士仁人爲「振興中華」而創建的革命的、愛國的政黨，蔣介石、張靜江、戴季陶等一大批人也曾追隨孫中山從事革命，獻身於國家和民族的解放事業。爲什麼後來其中的部分人成了中國共產黨所領導的人民革命的對象?簡單的「投機」說或「叛變」說不足以作出令人信服的解釋，歷史學的任務在於根據史實，科學分析，理清事件、人物的發展、變化邏輯，找出合情合理的答案。

革命和改良是一個多世紀以來廣泛流行的政治辭彙。對它的涵義，歷來眾說紛紜。爲了避免陷入無窮無盡的學理糾纏並便於討論，本文將根據多年來社會公眾約定俗成的普遍理解，先對這兩個政治詞語作最簡明的界定：採用暴力或激烈的方式徹底改變一種社會制度者爲革命，採用非暴力方式以求對一種社會制度作溫和的、緩慢的改革者爲改良。這樣的界定可能不十分嚴密，但兩者之間的區分卻是清楚、明白的。

一、孫中山思想中的改良成分

孫中山是革命家。爲了拯救中國，孫中山堅決主張以暴力手段推翻滿清王朝和北洋軍閥政權。在這一點上，孫中山意志堅決，態度鮮明，不屈不撓，終身如一。但是，這並不意味著他在任何問題上都主張採取激烈的革命手段和辦法。孫中山主張土地公有，認爲土地和空氣、陽光一樣都是大自然對於人類的普遍饋贈，不應爲個人私有。早在辛亥革命前，他就提出「不稼者不得有尺寸耕土」，①但是，在解決中國的實際土地問題時，他採取的是比較溫和的辦法。同盟會綱領中的「平均地權」的核心內容是「漲價歸公」，即土地原價歸地主所有，因工業、交通、商業發達所增長的地價歸全民所有。這一綱領承認地主的土地所有權，所剝奪的僅是因社會因素所增長的地價，因此，可以視爲一個改良主義的土地改革方案。

一九二四年，國民黨第一次全國代表大會提出：「農民之缺乏田地淪爲佃戶者，國家當給以土地，資其耕作。」②會後，孫中山進一步提出「耕者有其田」，但是，他並不主張仿效俄國的辦法，以革命的手段「推翻一般大地主，把全國的田土都分到一般農民」，而是主張「慢慢商量」，「和平解決」，採取讓農民得利，地主也不吃虧的「雙贏」方案。③孫中山也曾說過，對地主，可以照地價去抽重稅，如果地主不納稅，便可以把他的田地拿來充公，令耕者有其田，但是，他又擔心，「馬上就拿來實行，一定要生出大反動力」。④可見，他不願意、也不敢以強力改變地主的所有權，仍然屬於改良主義的範疇。

孫中山強烈地批判資產階級和資本主義，贊成資本公有，推崇馬克思爲社會主義的「聖人」，但是，孫中山認爲，社會主義、共產主義只能適用於高度發展的西方國家，連蘇俄都不夠格，中國自然更加不行。他說：「照俄國人說，俄國現在的實業和經濟還沒有大發達，實在夠不上實行馬克思主義；要像英國、美國之實業經濟的那樣發達，才可以實行馬克思主義。」⑤又說：「俄國之所以要改用新經濟政策，就是由於他們的社會經濟程度還比不上英國、美國那樣的發達，還是不夠實行馬克思的辦法。俄國的社會經濟程度尚且比不上英國、美國，我們中國的經濟程度怎麼能夠比得上呢？又怎麼能夠行馬克思的辦法呢？」⑥因此，孫中山提出，中國只可「師馬克思之意」，而不可「用馬克思之法」。⑦他不主張全面、徹底地剝奪資本家的所有權，而是主張「節制資本」，即發達國家資本，獎勵私人資本，允許老百姓自由興辦部分企業，政府加以獎勵並以法律保護。孫中山認為，他的這種主張和列寧的「新經濟政策」完全一致，所以他曾很高興地宣布，他的民生主義就是列寧的「新經濟政策」。

在孫中山看來，資本主義和社會主義都是人類社會進化的「動力」，中國的出路是「調和」這兩種「動力」，利用外國的資本主義建設中國的社會主義。⑧孫中山又認為，鬥爭的手段只適用於政治領域，在經濟領域，他強調的是階級合作、階級互助。二十世紀二〇年代，孫中山看到了部分資本主義國家實行的社會改良與社會福利政策之後，生產力迅速發展，工人工資、勞動狀態、生活狀況都有較大的改善和提高，因此，孫中山認為，可以用和平的、調節的方法解決資本主義發展中出現的矛盾，這就是：第一，發展生產力，提高生產效率，用孫中山的話來說，就是「社會與工業之改良」；第二，將運輸與交通事業收歸公有，實行部分企業的國有化；第三、稅收。實行累進稅率，多徵資本家的所得稅和遺產稅。第四，分配社會化，不由商人，而由合作社一類的「社會組織團體」來分配產品。孫中山稱這四種辦法爲「社會經濟進化」。⑨孫中山相信，通過「社會經濟進化」，資本主義還會有很強的生命力。他說：「究竟資本家應該不應該推倒，還要後來詳細研究才能夠清楚。」⑩

孫中山的思想在國民黨第一次全國代表大會前後有變化，有發展，後人據此認爲孫中山思想有新、舊三民主義之別，但是，他的社會改良思想並無重大變化，上述「社會經濟進化」的辦法並且是在國民黨一大之後提出並加以闡述的。孫中山的上述思想和主張，明顯地不同於馬克思主義，不同於當時已在改變列寧「新經濟政策」的蘇俄，更不同於二十年代中國共產黨人的社會革命理念。

二、國民黨和蔣介石對孫中山思想中改良成分的繼承

國民黨是孫中山建立的，以孫中山思想爲旗幟。孫中山逝世後，戴季陶等人宣揚孫中山是「中國道德文化上繼往開來的大聖」，聲稱「先生的人格，以仁愛爲其基本」，提出「孫文主義」，其目的就是使孫中山的言論成爲國民黨的長期指導思想，並以之和蘇俄以及中共的社會革命論相對立。一九二九年，胡漢民等鼓吹將孫中山思想視爲國家「最高之根本法」，可以代替「約法」和「憲法」，也是企圖進一步鞏固孫中山思想的無可動搖的權威地位。考察孫中山逝世後國民黨的實際活動和歷史文獻，可以看出，國民黨一方面繼承孫中山的革命思想，堅持

以暴力推翻北洋軍閥政府，同時，他們也繼承了孫中山在社會改革問題上的改良主義思想。

蔣介石早年接觸過馬克思主義，表示過欣賞、讚佩之意，但是，他更爲傾信的是孫中山思想，特別是其思想中的改良主義成分。在蔣介石與共產黨第一次合作期間，蔣介石講過，「必能包括共產主義始爲真正之三民主義，同時亦必能容納共產黨，始爲真正之國民黨。」⑪但是，即使在那時，他也特別強調，二者之間，有方法與時期的不同，在現階段的中國，只有孫中山的三民主義才適合中國國情，中國革命必須以三民主義爲「中心」。⑫他說：中國的商家、富翁的資產如果與歐美的大資本家比較起來，「算不得是資本家」，因此，「中國現在不是實行共產的時代」。只要實行「平均地權，節制資本」，「不許大地主、大資本家再現於中國」，全國人民都將得到「足衣足食的幸福」。⑬他聲稱：孫中山的三民主義，即使千百年後也不能改變。國民黨以三民主義爲基礎。「無論共產黨或是那一黨，加入了國民黨，就要信奉三民主義，要相信三民主義是我們中國革命的唯一的中心」。⑭他有時甚至說，三民主義是救中國的「唯一的主義」。⑮後來，蔣介石更將孫中山思想稱爲「盡善盡美唯一最高之革命指導原則」。因此，他的經濟思想和執政期間的經濟政策雖然各個時期不盡相同，但大體上仍然不超出「平均地權、節制資本」的範圍。

一九二七年二月，蔣介石在和共產黨分家前夕曾說：「民生主義對於土地承認私有制，而共產主義完全是取消私有制。這一點原則上，民生主義和共產主義是不同的。」⑯這就是說，在蔣介石看來，國民黨承認私有制，而共產黨則反對私有制、消滅私有制。同年四月，蔣介石在南京國民政府成立會上稱：他和共產黨的分歧在於三方面：一、我們是謀中國全民族的解放，所以要各個階級共同合作，不是要一個階級專政，使其他階級不但不能解放，而且另添一個最殘酷的壓迫階級。二、我們認定中國民族當有處分自己之權。自己利害，只有自己知道親切，自己能通盤打算；「東交民巷的太上政府」斷不能代以「鮑羅廷的太上政府」。三、我們既爲解除全國的痛苦來革命，所以必須於革命過程之中，力謀減輕民眾所受的痛苦。我們希望軍事早日成功，從事建設事業，使社會有正當發展的道路可達，而共產黨則力謀將所有社會基礎破壞，用大破壞來造成大暴動，用大暴動來攫取政權。⑰

蔣介石所述三方面，第二方面涉及中蘇關係，不在本文考察範圍之內。其他兩方面說明，當時國共兩黨的分歧，一在於國民黨搞階級合作，將地主階級、資產階級都包容在「合作」之列；而共產黨則搞階級鬥爭，要打倒地主階級，將來條件成熟時還要消滅資產階級；二在於國民黨企圖維護社會既定秩序，「和平解決」社會問題，而共產黨則要搗毀舊的社會秩序，以「暴力」和「鬥爭」改造中國。一九二七年蔣介石反共、「清黨」之後，兩黨各走各路，徹底決裂。中共轉入農村，「打土豪，分田地」，以暴力破壞鄉村的地主所有制；蔣介石和國民黨則竭力「剿共」，保護鄉村的地主所有制，同時企圖實行某種程度的「社會改良」。

蔣介石和部分國民黨人有過解決土地問題的打算。一九三二年五月十三日蔣介石日記云：「聽中外人士土地制度。」⑱這段記載雖語義含糊，但說明，蔣在研究土地問題。六月二日日記云：「土地問題二說：一在恢復原狀，歸還地主；一在設施新法，實行耕者有其地主義。對於耆紳亦有二說：一在利用耆紳，招徠士民；一在注重貧民，輕視耆紳，以博貧民歡心。」蔣介石這裏實際上提出了兩條完全對立的主張，但蔣卻無所軒輊：「余意二者皆可兼用也。」可見，他並不反對使農民得到土地。此後，他曾急切地找尋「平均地權」的「實施計畫」與「方案」，準備爲此徵獎，並設立專門的研究委員會。

六月廿六日日記云：「節制資本與平均地權二方案，應即確定，不可再緩也。」⑲一九三二年九月三十日日記云：「對農，以土地農有爲目的。」直至一九四二年四月廿三日，蔣仍在日記中寫道：「以耕地農有解決土地問題。」⑳可見，經過較長時期的研究後，蔣介石終於確定了自己的土地政策，並且多年未變。與此相應，蔣介石也多次將「耕者有其田」或「耕者有其地」作爲施政綱領，㉑並且提出過部分具體辦法，如成立「集團農場」；「發行土地證券，扶助自耕農」；設立「土地銀行」，幫助佃農貸款購地；「提倡合作」，「發展合作社」等。㉒其他國民黨人也設計過一些「耕者有其田」的方案。這些方案雖然最終也要觸動地主階級的土地所有制，但無例外地都是比較溫和的「和平解決」方式。張繼、吳稚暉等人指責中共領導的農民運動和土地革命是「奪產」或「搶產」運動，是「梁山泊強盜的老方法」，是「加些訓練，加些組織的『科學的』李自成、張獻忠方法」，「把國民黨直縮到太平天國以前」。㉓蔣介石也特別強調：「土地問題不能夠用暴力來解決。」㉔

在解決城市工人階級和資產階級的矛盾關係上，蔣介石和國民黨也沒有提出超越孫中山的更多的辦法。一九三二年九月三十日蔣介石日記云：「對工，分配紅利，獎勵勞動保險，以增加生產爲目的。對商，以保護私產，節制資本爲目的。」㉕同年十月廿三日日記云：「當在社會主義路線上，謀盡消滅帝國主義，以養成中國社會資本主義。」㉖「社會資本主義」，這是一個全新的提法，蔣介石沒有在其他場合對之作過解釋。其內容，應是社會主義和資本主義的結合，是一種「改良資本主義」。一九三七年七月九日，蔣介石在廬山暑期訓練團講話，提出：「解決民生的方法，是要以生產爲主，同時注意到分配的平均。」他認爲，必須首先實行下列幾件事，除「平均地權」外，就是「防止資本操縱，實施累進稅率」、「促進勞資合作，實施勞資仲裁」、「發達國家資本，保障私人企業」、「政府與人民協力解決生產及分配問題」等，這大概就是他所謂的「社會資本主義」了。㉗到了一九四三年，蔣介石又曾將他的社會經濟理想名爲「國家資本主義」，「以社會福利民眾共用爲依歸」。㉘

國民黨建黨伊始，就以「全民黨」和「全民利益」的代表者自居，長期提倡階級調和、勞資合作。此後國民黨的多次代表大會或中央全會都以之作爲指導思想。如：

一九三一年五月，國民黨三屆中央第一次臨時全會通過的《中華民國訓政時期臨時約法》規定：「勞資雙方，應本調協互利原則，發展生產事業。」會議將「勞資互助調協」定爲「國民生計根本政策」之一，主張在這一原則下，通過法律保護，「謀求農村與城市中勞資雙方的共同利益」。㉙

一九三五年十一月，國民黨四屆六中全會通過《努力生產建設以圖自救案》，聲稱：「我國近奉遺教，以全民主義立國，自不容有階級之爭。」「亟宜採用勞資協調政策，對於勞資兩

方之保護，無所偏倚。」㉚

一九三七年二月，國民黨五屆三中全會宣言稱：階級鬥爭是社會進化中的「病態」。所有工業生產的剩餘價值，不專爲工廠內工人勞動的結果，凡社會上有用有能力的分子，無論直接間接，在生產方面皆有貢獻。因此，會議提出：「務使社會利益相互調和，平均發達，以馴至於共有、共治、共用之域，決不縱容階級鬥爭之謬說，以招致社會之擾亂；亦決不釀成貧富不均之厲階，以重貽將來之糾紛。」㉛

以上所引各次會議通過的議案、宣言，幾乎句句可以從孫中山思想中找到淵源。

三、一次改良主義的重要實踐

北伐後，國民黨宣布其農村政策是：「改良農村組織，整理耕地，制定最高租額之法律，增進農人生活。」其城市政策是：「頒佈勞工法及工廠保護童工及女工。」㉜一九二六年十月，北伐軍進軍湘、鄂期間，爲減輕農民負擔，動員農民支持北伐，國民黨在廣州召開有大量左派參加的中央和各省區代表聯席會議，通過《最近政綱》，規定「減輕佃農田租百分之二十五」，統稱「二五減租」。㉝孫中山生前說過，農民「由很辛苦勤勞得來的糧食，被地主奪去大半，這是很不公平的。」「我們應該馬上用政治和法律來解決。」㉞一九二六年的「二五減租」方案可以說是孫中山上述思想的具體落實。但是，它仍然是一個溫和的改良主義方案，當時各方，包括中共在內，均無異議。

同年底，共產國際在莫斯科召開會議，以極其嚴厲的口吻批評中共在土地問題上軟弱，要求立即以激烈手段解決中國的土地問題。一九二七年春，部分中共領導人接受共產國際的意見，著手按國際要求開展農民運動，在中共和國民黨內部都出現分歧，形成左右兩派的對立。同年，蔣介石等在江浙地區發動「清黨」，成立國民政府。南京國民政府成立後，繼續標榜實行「二五減租」。一九二七年五月，國民政府頒佈《佃農保護法》，規定「佃農繳納租項不得超過所租地收穫量百分之四十」，「佃農對於地主除繳納租項外，所有額外苛例一概取消」，「佃農對於所耕土地有永佃權」。㉟根據這些精神，湖南、湖北、江蘇都曾制訂過相應條例，但是，真正實行過的只有浙江省。

一九二七年國民黨「清黨」後，浙江黨政聯席會議曾公布《最近政綱》，宣稱「減輕佃農佃租百分之二十五，遇有重災歉時，更得酌量減輕之」。一九二八年，浙江省主席何應欽等人認爲：「佃農終歲勤勞，三餐難得一飽；業主一次投資，子孫坐收其利。事之不公，無逾於此。」㊱同年由國民黨浙江省黨部和省政府聯席會議通過《浙江省十七年佃農繳租章程》，規定「正產物全收穫百分之五十爲最高租額」，「佃農依最高租額減百分之二十五繳租」。這樣，佃農只須向地主交納收穫量的百分之三十七點五，自己則可得百分之六十二點五。《章程》同時規定：「副產業之收入，概歸佃農所有」。《章程》一方面對地主撤佃作了比較嚴格的規定，但另一方面也限制佃農「不繳租」。㊲同時頒佈的還有《佃業理事局暫行章程》，規定省、縣兩級設佃業理事局，由省縣黨部、省縣政府、省縣農民協會等三方組成，處理農民和地主之間出現的糾紛。省黨部在處理佃、業糾紛決議案中聲稱：「浙江省本年佃農繳租實施條例，絕對不含妥協性。」「土豪劣紳、惡田主及農人中之地棍、流氓，仍其本來面目，而有挾制壓迫他人之行爲者，治以反革命罪。」㊳既反對土豪劣紳、惡霸地主，也反對農民中的所謂「地棍、流氓」，力圖不偏不倚，站在中間。一九二九年二月，國民黨浙江全省代表大會通過的宣言及決議案，繼續聲稱實行減租。會後舉行常務委員會，決定會同省政府，成立繳租章程討論委員會，討論施行辦法。

浙江省的「二五減租」幅度較大，佃農實際所得遠大於地主，因此，自始即受到城鄉地主階級的強烈反對。一九二八年十月，董士鈞等以永嘉城鄉全體等眾名義上書，指責減租之舉「苦樂不均，倒置主佃名義」。㊴十一月，董松溪等以浙江全省公民代表名義上書，指責浙江省黨政兩方「高坐堂皇，罔知民間情狀」，「自黨部至處理佃業各機關，以逮於各農協會，均爲惡化、腐化、無產暴民所佔據」，「中小地主生平千辛萬苦，粗衣惡食，齒積蠅頭，購得薄田數畝，或數十畝，藉爲一家數口或數十口養生之資者，莫不俯首貼耳。」同月，永嘉城區業主上書，指責佃業理事局「每袒於佃方，致業主所得不及佃農十之二、三，不平太甚，眾怨沸騰。」

一九二九年二月，永嘉李芳等上書，攻擊「永嘉近日農運，已入階級專制狀況，流毒所至，中等之家立見傾覆。」同月，葉清等上書，聲稱「二五減租原爲調劑勞資衝突，實行階級調和民生主義，應從全民利益著想。民等弱小業主，似此橫受佃農非法壓迫，心何以甘。」三月，葉何氏等上書稱：「受佃農之壓迫，求生不得，求死不能，夫豈訓政時期實現民生主義之良象！」同月，屈映光、張載陽、呂公望、周鳳岐聯名上書，攻擊浙江所訂繳租章程「尙欠平允」，「共黨乘機搗亂，勾結土匪、流氓，借減租問題向業方肆行搶擄，殺人燒屋，大禍頻乘，勢急倒懸。」上述四人中，屈映光是北洋政府大官僚，張載陽曾任浙江省省長、北洋政府時期的陸軍上將，呂公望原爲光復會會員，擔任過任廣州軍政府參謀部長，周鳳岐原爲孫傳芳所部師長，向北伐軍投誠後被任命爲軍長，曾任國民黨浙江省政治分會臨時主席。他們的聯合上書，反映出浙江城鄉地主、官僚、士紳對「二五減租」及其相關規定的強烈不滿。

在城鄉地主、官僚、士紳的強烈反對下，浙江省政府當局終於坐不住了。一九二九年四月，浙江省政府繼任省主席張靜江等人以「糾紛迭起」，「政府稅收逐年減少」爲理由提出：

本省自前年試辦二五減租辦法以來，佃業兩方糾紛迭起，微特無成效可言，又並深受其害。初則佃農因收穫多寡之爭執起而抗租，繼則業主因減租影響收入，將田畝收回自種，紛紛撤佃，於是佃農之強悍者又群起反抗撤佃，往往霸佃不讓，而懦者即緣此失業。各地方凡遇此項情事發生，即有地痞、流氓從中把持唆煽，甚至土匪、共黨，亦即乘機騷擾，以此種種原因，遂致佃業兩方之生計，並皆不得安定。不獨佃農與地主不能合作，共謀農業生產之發達，且田價暴落，社會經濟發生急激之巨變，影響所至，竟致政府稅收逐年短少，尤以田賦為甚。㊵

浙江省政府委員會隨即召開會議，認爲減租辦法「洵屬有弊無利」，決定暫時取消，此後田租多寡，由佃、業雙方根據《佃農保護法》關於租額不得超過收穫總量的百分之四十範圍以內，自行協定。㊶這樣，佃農應繳租額就又較此前的百分之三十七點五提升了。從數量上看，雖然相差不大，但是，關鍵在「自行協定」四字。有了這四個字，地主就掌握主動權了。

浙江省政府的決定受到強烈反對，浙江許多國民黨員、農會及其工作人員紛紛呈文國民黨浙江省黨部：

武義縣黨務指導員胡福指責浙江省政府：「違背革命原則，莫此爲甚。此等消滅民眾對本黨之信仰的議案，如不予以糾正，黨國前途，何堪設想！」㊷

國民黨鄞縣執行委員會常務委員趙見微分析說：二五減租，浙江推行已經兩年，成效漸著，基礎已立，糾紛所在，源於「土劣地主之反動」。「此後凡屬革命建設，誰能保無糾紛，一遇糾紛，即行取消，則所有革命建設必致無從進行」。他責問說：「與其空言積極，繼續剝削佃農以增肥地主，何如實行政綱，努力解放佃農以取信國民？」

餘姚縣執行委員會常務委員蕭顯稱：此事緣起，在於「土劣因租既被減，心猶未甘」。他譴責浙江省政府的決定有「四不通」、「二不法」，聲稱這一決定「摧殘農運姑置不論，其如農民將對黨失卻信仰何」！

國民黨蕭山縣執行委員會常務委員周旦充分肯定二五減租的「偉大作用」，認爲它可以

「培養農民自修之抵抗力，消滅土劣壓迫農民之憑藉」。他表示：浙江農民「因得本黨之扶植，始稍稍有反抗之表示」，國民黨應該繼續前進，徹底解決「佃業兩方之糾紛」。他擔心，國民黨的政策自此改變，「擁護農工誠恐轉爲壓迫農工」。

浙江省杭縣執行委員會常務委員李尹希指責省政府的決定，不啻推翻本黨最高權力機關之決議案，是「撕碎本黨之政綱政策反革命之行爲」。

海鹽縣黨務指導委員顧佑民稱：二五減租「爲解放農民第一步，本黨必須繼續努力。」佃農代表塗俠等十人要求浙江省黨部：不可因困難而中輟，不可因噎而廢食。

蕭山國民黨員陳蔭楠要求浙江省黨部出面糾正，呈文稱「黨部爲最高機關，省黨部固具監督省政府權。而今省政府取消減租，違背政綱，大冒不韙，應直起糾正」。

這些呈文，維護原定的二五減租方案，激烈抨擊浙江省政府，反映出廣大農民和不少國民黨浙江基層工作人員的心聲。

鑒於廣大黨員紛紛反對浙江省政府的決定，國民黨浙江省黨部召開常務委員會討論。會議認爲二五減租爲黨、政雙方共同決議，不能由省政府單方取消，且亦與國民政府所頒佈之《佃農保護法》大相刺謬。常務委員會朱家驊等人向浙江省政府提出《復議理由書》，要求開會復議。《理由書》首先提出：國民革命必須「首先解放農民」，「以農民運動爲基礎」；「黨的政策，須著眼於農民本身之利益」。接著，《理由書》陳述「二五減租」和孫中山宣導的「耕者有其田」政策之間的關係：

> 土地問題為民生主義之基礎，而農田問題又為土地問題之主要部分。農田問題設無適當之解決，則整個社會問題亦不能解決……總理遺教，實欲於最短期間內促進耕者有其田，而二五減租實為實現平均地權之捷徑。二五減租之基本觀念，誠為解放農民之最低限度之政策。

《理由書》批駁浙江省政府「由業佃雙方自訂繳租數量」的決議案，「實不啻驅農民於水深火熱之境，使任受地主之蹂躪」。《理由書》要求按照孫中山的遺教，「對抗稅者加以沒收土地之處分」，認爲這樣做，「遲以五年，則土地泰半將爲農民所有」。㊸四月廿三日，浙江省政府覆函浙江省黨部，拒絕復議。《杭州民國日報》在省黨部的支持下，大量刊登社評和各地反對取消「二五減租」的文電。張靜江認爲該報「妨礙省政府政策之推行，並損及省政府之威信，影響所至，尤關治安」，向該報提出警告。㊹繼即勒令停刊，逮捕該報主筆。

四月廿七日，朱家驊與另兩位常委葉溯中、陳希豪聯名向國民黨中央黨部申訴。朱等充分肯定浙江實行二五減租以來的成績：「二年以來，因該項決議案之實行，浙省農村經濟，率較他省安定，自耕農之逐年增加，農村小學學童之激進，工商業以農民購買力增加而繁盛等，皆爲不可掩之事實。」朱等嚴厲指責浙江省政府的做法，只能引起「各地貪污豪紳之益肆兇焰，貧苦農民之剝膚及髓」，「農村經濟之破產失業者之繁多，社會各階級之日趨尖銳化」，以致

「影響於整個社會之秩序」，爲共產黨的發展提供「好機會」。《理由書》稱：

以此而言民生，則日驅一千六百餘萬農民於絕境；以此而言建設，則徒增多一般貪汙豪紳之發財機會，構血花於白骨之上，以為傷心慘目之點綴品。此種舉措，在各國專以驅騙貧苦民眾、延緩資產階級之壽命為職責、主張社會政策者亦不屑為，況夫實行三民主義，以冀達到世界大同之本黨！㊺

朱等要求國民黨中央迅速採取措施，糾正浙江省政府的錯誤決定。呈文稱：「若中央對於浙江省政府此種違反黨義黨綱，僭越職權，以驅浙江千餘萬農民於絕境之取消二五減租不迅予糾正，嚴厲取消，則本黨之所謂主義，所謂民生，將毋如屠人念佛，爲本黨仇敵所訕罵鄙夷，本黨同志所疾首痛心。黨國之威信無存，總理之遺教安在！」在浙江省黨部向國民黨中央申訴的同時，蕭山縣農民協會整理委員會也同時致電，表示將「率全蕭山三十萬農民誓死力爭」，並公推代表三人到南京請願。㊻

國民黨中央接到浙江省黨部和浙江省政府雙方的呈文後，於五月二日召開第三屆中央執行委員會第七次常務會議，決定接受戴季陶建議：一、核准浙江省政府的要求，取消《二五減租暫行辦法》，但認爲浙江省政府只是因實行上的困難而暫時停止。並非取消二五減租之原則，要求浙江省政府修正文字，以除誤解。二、已實行減租的地方，而又無糾紛者，不得再將租額復舊，以免再起業佃兩方的第二次糾紛。三、浙江省政府應於今後兩年間，將鄉村自治機關組織完全，土地調查辦理清楚，並將二五減租之辦法規定詳密，以便施行。㊼其後，國民黨中央派戴傳賢赴浙，召集浙江省黨部與省政府人員共同討論，制訂《浙江省佃農二五減租暫行辦法》和《佃業爭議處理暫行辦法》，規定「土地收穫除副產應全歸農民所有外，由業佃雙方就各該田畝情形，以常年正產全收穫量百分之三七點五為繳租額，自行協定新租約」。

可以看出，國民黨浙江省黨部與浙江省政府的矛盾，是「清黨」後國民黨內兩種力量之間的一次角力，實際上是堅持還是否定孫中山的「扶助農工」政策的鬥爭，也是南京國民政府是否真正貫徹其社會改良主義路線的重要考驗。國民黨中央黨部雖然在口頭上表示要堅持「二五減租」，但在實際上支持的卻是浙江省政府的「取消」辦法。這就表明，國民黨的政策正在向地主階級傾斜，其改良主義路線正在弱化。

當時，浙江省政府委員陳布雷發表文章稱：「實施減租之際，斷不可含有片面的示惠佃農之觀念。換言之，不能於二五限度以外，使田主再有所犧牲。」㊽陳的言論明顯地表現出袒護城鄉地主階級的態度。但是，浙江城鄉地主階級仍不滿意。一九三一年十一月，樂清縣鄭邁等五十三人致電國民黨第四次全國代表大會及國民政府，繼續指責二五減租辦法「適以獎勵惰農，生產力因之驟減，糾紛又日甚一日。」㊾

同月，樂清徐可樓等五十一人具呈，認為「勞資合作，階級乃能化合，而社會秩序始得維持。今平日感情極融洽之業、佃雙方，因減租各趨極端，已足影響治安。」十二月，樂清里長盧選臣等上書，認爲二五減租使業佃雙方「爭長競短，各不相讓，因此發生絕大衝突，階級鬥爭已成不可免之事實」，「絕對有弊無利」。一九三三年，上虞縣糜虞封等控告該縣農會幹事「額外減租，煽惑佃農，抗租不繳」，國民政府居然批示：「應向該省主管機關呈訴。」㊿

在地主階級的強大壓力下，浙江省的二五減租運動逐漸成爲具文。全省八十多縣中，只有少數縣的部分區、鄉有所動作，大多數縣份仍是一潭死水，不見波紋。浙江省之外，其他各省均未實行，大部分省分連裝模作樣的減租條文都沒有。國民黨僅存的改良主義火星只是閃爍了一下，就灰飛煙滅。抗戰勝利之後，國民黨重提二五減租，然而，死灰難以再燃，連些微的火星也難以見到了。

四、一輪又一輪的改良呼籲

浙江省的「二五減租」是南京國民政府成立後的重要改良主義實踐，它雖然夭折了，但是，此後的國民黨繼續標舉其改良主義綱領，出現一輪又一輪的改良呼籲。這些呼籲，仍然比較多地集中在土地問題上。

一九三六年七月，孫科、陳立夫、王用賓、傅汝霖、蕭錚、周佛海、夏斗寅、徐恩曾、洪蘭友等十七人向國民黨五屆二中全會提出《請迅速改革租佃制度，以實現耕者有其田案》，要求調整「現有之租佃關係」，「庶幾佃農生活能日益提高，而農村亦可有逐漸復興之望」。

其內容有：一、由政府嚴定租佃條件；二、組織土地金融機關，援助其取得土地；三、佃農得備地價百分之二十至五十，其餘部分由政府擔保其分年攤還。四、從速實行累進地價稅，使不自耕之地主逐漸放棄其土地，使佃農有取得所有權之機會。五、政府應發行土地債券，徵收土地，轉讓佃農及雇農。㊿七月二十日，決議交中央政治委員會詳細研究。

一九三九年六月，地政學家、國民黨中央執行委員蕭錚向重慶國民政府提出《實驗地政區辦法大綱》，要求在四川選擇一個地區作爲「地政實驗區」，進行土地測量登記，耕地重劃，促進土地利用，增加生產，調整佃租制度，創立自耕農，規定地價與舉辦地價稅，樹立土地金融制度等方面的工作。同時，蕭錚又提出《沿新建鐵路沿線重要城鎮辦理地政綱要》，認爲成渝、敘昆及滇緬各路沿線重要城鎮土地，今已逐漸漲價，將來地價更高，亟須規定地價，並頒佈沿線各地將來漲價歸公辦法，「庶不致國家以鉅款建設，而其利益反歸地主」。蔣介石閱後，於六月廿四日批示行政院秘書長張群稱：「實行總理之土地政策確有必要」，「即希切實研究核辦施行」。52

一九四〇年七月，蕭錚，張沖、陳果夫、程天放、谷正鼎、徐恩曾等向國民黨五屆七中全會提出《擬請設立中國土地銀行，以促進土地改革，實現平均地權，活潑農村金融，改善土地利用案》，其主要內容爲，由國民政府特許，授予該銀行發行土地債券及徵收土地特權，官民合辦，資本總額定爲一億元。其主要業務爲：一、實行照價收買政策，凡地政機關認爲地主報價不實，應行收買之土地，由土地銀行以所發土地債券收買之。二、實行耕者有其田政策，扶助佃農購置土地，或依法徵收土地轉發農民。三、實行「地盡其利」政策，貸款農地合作社或其他機構，供開墾荒地及土地改良之用。蕭錚等建議，土地債券可分地價債券及抵押債券二種，前者用於徵收土地或扶助佃農購地時發行，直接交付地主補償地價，由借款農戶以地租方式分年攤還。蕭等並建議，以四川省爲實驗區域。該案由會議經濟組審查後，認爲「本案關係推行本黨土地政策，至爲重要，擬請大會通過，送國民政府限於半年內，成立土地銀行」。53

與蕭錚等同時，方覺慧、居正、何成濬、王子壯、焦易堂、夏斗寅等十二人提出《確立民生主義經濟制度以奠定建國基礎案》，要求「節制資本以防資本獨佔」，「實施平均地權以安定農民生計」，具體措施有「提倡合作方式之集體農場」、「設立勞工主管機關」、「組織工廠議會」、「仲裁委員會」等。經濟組審查後認爲：「本案所提各點關係民生主義之推行至爲重要，擬請交憲法委員會參考。」最後決定「交常務委員會參考」。54

一九四一年四月，陸宗騏、譚平山、胡秋原、王雲五、羅文幹等向國民參政會第二屆第一次大會提出，「擬請政府切實推行合作耕種制度，以改進農業生產案」，提倡「以合作方式共同生產」。蔣介石批交農林部酌辦。55一九四一年十一月，國民參政會參政員齊世英等廿三人向參政會提出《積極實施土地政策，改革租佃制度，以期根本解決糧食問題與社會問題案》。該案痛責「地主對於國家曾無絲毫之貢獻，而利用國難，坐致巨富」，要求：一、「凡現由佃農耕種之土地，悉令地主限期報價，由國家發行低利土地債券照價收買，分授佃農耕種。」二、「佃農受田後，分年以穀繳還國家，國家逐年出售實物，即以所獲資金收回土地債券。」

三、「土地債劵收回之日，佃農即完全取得其土地之所有權。」㊿56

上述議案，都以實行階級合作，利益調和爲特點，並不完全剝奪城鄉村地主階級的土地所有權。其中，也有比較激進的，如一九三二年十二月，孫科等廿七人向國民黨四屆三中全會提出《整理本黨實施方案》，要求「恢復本黨自來代表最大多數被壓迫民衆利益之立場」，徵收土地價值稅、土地分歸貧農；徵收資本收入累進稅、遺產稅；甚至提出建設國有資本，樹立社會主義經濟基礎等主張，其中「土地分歸貧農」就是比較激進的方案。57

上述議案並不只是少數黨員的意見，其中不少議案經國民黨的中央全會或代表大會接受，作出決議，成爲共識。上述孫科等廿七人「土地分歸貧農」的建議，經四屆三中全會討論通過，蕭錚等人的「成立中國土地銀行，以促進土地改革」的建議，也經國民黨五屆七中全會通過。其他如：

一九三五年十一月，國民黨第五次全國代表大會提出「規定地價，調整土地分配，促進土地使用，活動土地金融，以增加農業之生產，而謀平均地權，實現三民主義」等主張。會議通過蕭錚等廿四人提出的《關於積極推行本黨土地政策案》，要求成立中央地政機關和中央土地銀行。58

一九四一年十二月，國民黨五屆九中全會將「實施土地政策」列爲四大要政之一。宣稱「全國土地應受國家之統制，由政府調整其分配，支配其使用」。59

一九四五年五月，國民黨第六次全國代表大會在其《土地政策綱領》中提出，對於地主出佃的耕地，逐步由政府發行「土地債券」，備價徵收，儘先歸原耕農及抗戰將士耕作。在《農民政策綱領》中提出：「調節農地分配」，「規定標準地租」，甚至提出「徵收地主超額土地」。在《本黨政綱政策案》中提出：「都市土地一律收歸公有，農地除公營者外，應以最迅速有效之方法，實行耕者有其田。」⑥⓪

這些方案，使孫中山的「耕者有其田」有了實施辦法。同會通過的《勞工政策綱領》除提出「工會得有全國性之聯合組織」外，也提出了一些改善勞工待遇的條件，如：取締包工剝削制度，工資以同工同酬爲原則；各地並應分別規定最低工資率：工時以每日八小時，每週四十八小時爲原則；應有連續廿四小時之休息。每年應有定期休假，休假期內照發工資等，甚至還提出：獎勵勞工入股，宣導勞工分紅制；提高勞工政治認識，扶助勞工參政。⑥①

上述情況表明，國民黨在思想上、理論上贊成改革中國傳統的土地制度和社會制度，但是，國民黨是黨國體制，中央全會或代表大會作成決議後，要經行政機構研究，提出方案，還要經立法院審議，才能形成法律。有時，路走到半途就停止了。例如，一九三九年六月蕭錚提出的《實驗地政區辦法大綱》經蔣介石批示，轉到孔祥熙手上，孔以「需費浩繁」、當時「最重要之工作爲兵役行政與生產」、《土地法》修正原則尚在「審議之中」等種種理由加以否定。⑥②

又如，一九四一年十二月，國民黨五屆九中全會通過《土地政策戰時實施綱要》後，國民政府行政院飭由財政、農林兩部及地政署分別擬具實施辦法。一九四二年九月，行政院召開經濟法制聯席會議，提出《非常時期土地徵收實施辦法》及《非常時期扶植自耕農實施辦法》，規定農地不得因出賣、贈與、繼承或分割等原因而「移轉於不自耕作之人」，農地所有人如「不自耕作，而將農地永佃或出租於他人」，得由政府依法徵收之。這當然是對不勞而獲的地主階級的沉重打擊。但是，行政院卻主張暫時擱置。一九四三年三月廿四日，蔣介石以行政院院長名義致函國防最高委員會稱：辦法「關係人民權利義務至爲重大」，「在此戰時，驟爲社會經濟制度之重大變革，深慮影響全國之租佃關係，在推行之初，對於全國糧食生產，必發生不利之影響」，因此決定「暫緩制訂」。㊸

可見，國民黨人提出的各種改良議案，即使作成決議，其命運，或者在反覆研究、審查及審議立法中夭折，或者僥倖通過了，但令者自令，行者自行。國民政府雖一再聲明：「如查有違反情事，應以命令強制遵守，不得稍涉寬縱」，但各地「仍係奉行故事，視若具文，佃農所受增高租額之剝削及違約解租之痛苦，不僅毫未減少，甚且倍於往昔」。㊹這樣，到了一九四五年五月，國民黨的六大《宣言》終於承認：「過去對民生主義之經濟建設與平均地權、節制資本兩大政策，因種種障礙，未克實施，實爲革命建國之最大缺憾。」其《對於政治報告之決議案》提出：「在抗戰期中，農民出錢出力，貢獻最大，而生活最苦。乃自二十三年公布《土地法》及二十五年公布《施行法》，迄今已及十年，多未見諸實施。」㊺

國民黨第六次全國代表大會的《宣言》和有關《決議案》表明，國民黨在其大陸執政期間，除浙江省「二五減租」的短命實踐外，其改良主義只停留在紙面上、口頭上。

五、與共產黨競爭，再次提出改良主張

八年抗戰期間，中國人民的主要任務是和日本帝國主義決鬥，挽救民族危亡，在這一形勢下，要求國民黨人採取重大的社會改革行動並不現實。抗戰勝利之後，形勢改觀，國民黨人企圖繼續推行改良主張。它企圖重提減租政策，並曾企圖學共產黨之所長，改變其土地政策，藉以爭取農民。

抗戰中，國民黨與共產黨既是對日鬥爭的合作者，同時，又是競爭者。蔣介石很希望國民黨能在這場競爭中獲勝，將共產黨比下去。一九三九年三月，蔣介石在重慶開辦黨政訓練班，曾親擬問卷，要求學員回答。其問題有：本黨黨務爲何如此消沉疲弱而不能及時振作？本黨爲何不能與共黨抗爭，一切組織、宣傳、訓練皆比不上共黨？本黨黨員爲何不肯深入民眾，作基層工作？本黨幹部辦事爲何不切實際，不肯研究與負責？爲何辦事不徹底，無成效？爲何黨委變成官僚？爲何民眾不信任本黨與黨員？本黨爲何不能掌握青年？一般大學教員爲何要反本黨？等等。㊅將這些極其尖銳的問題坦陳開列，說明蔣介石對國民黨的弊病瞭解甚深，也說明他改造國民黨的心情相當迫切。

一九四五年四月至七月，中共在延安召開第七次全國代表大會，蔣介石以高度警覺的心情關注這次會議。㊆對會議通過的中共黨章的部分內容頗爲欣賞。日記云：「研究中共第七次全國代表大會經過、內容，對於其新增黨章黨員與群眾及下級與上級之聯繫一條，殊有價值。本

黨誠愧不逮。若不急起直追，則敗亡無日矣。」⑱正是在這種危機感和緊迫感的驅使下，國民黨重新撿起部分改良主義政策，以求挽回頹勢。

一九四五年九月，蔣介石在《本月大事預定表》中提出：「實行二五減租。」⑲十一月五日，國防最高委員會與國民黨中央執行委員會常務委員等聯合開會，討論行政院所擬「二五減租辦法」。出席者普遍贊成爲農民「減租」，但討論結果，都感覺難以推行。陳布雷稱：「民生主義政策最具體的，也使農民得到一點實惠的，就是二五減租。本黨政策，向來對於農工似乎不大顧到，所以共產黨常常藉此煽動。」蔣夢麟則慨嘆國民黨的縣長不行，鄉鎮長不行。他說：「辦理時，如果不得縣長幫忙，很難辦得通。根本問題尤其在鄉鎮長，鄉鎮長、保甲制度不健全，不僅二五減租沒有辦法，任何制度都無法推行。」

事實是，豈止「二五減租」，連不久前爲慶祝抗戰勝利而宣布的全國減免田賦一年的命令也無法施行。徐堪稱：「免賦令下去以後，中央規定得很清楚，除了佈告以外，又去了四五次電報，事實上中央免了，地方上並沒有免，因爲縣級公糧等等，縣政府依然在要，許多未經收編的軍隊也在要糧。」陳濟棠稱：「廣東情形我最清楚，在過去人民沒有錢，天天抓人，押了追繳。現在免了一年，還是天天抓人，人民真是不堪苛擾。」⑳討論來，討論去，委員們除了決定准予備案，由行政院申令各級政府徹底實施，由中央黨部及行政院分令各省市黨部、各省市政府隨時具報實施情形，「務期達到增進佃農利益目的」外，什麼具體解決的辦法也提不出來。㉑

有一些真正的貧苦農民曾經大膽上書，向國民黨當局反映問題。一九四六年六月廿八日，四川省大足縣佃農蔣澤鄉等十人呈文國防最高委員會稱：「國府立有土地一法，用維佃農生計，殊經頒行十年以來，毫未見諸實效。」「多數地主對於契約，不管定有期限與未定期限，任意揭退。」「租佃委員會者，純係收租之人組織而成，以致國家善政，惠不及民，此非制度不善，實則人事不良所致。政府頒行一切法令，如對伊等稍有不利者，竟瞞上欺下，奸弊百出，以致普通佃農毫不知聞。」[72]同年七月一日，四川大足縣佃農張紫高等廿一人也具呈國防最高委員會，聲稱《土地法》十年前即已頒佈，「無如地主勢力浩大，竟視（命）令爲弁髦，直至今日，未見實施」。呈文揭發，當地所謂「縣租佃委員會」呈報省政府的二五減租之辦法，「對地主之利益早已安排妥當」，「真是德深一尺，弊深一丈」。[73]可見，國民黨頒佈過的一些法令，用意雖或可嘉，但並未施行，或無實效，或者在施行過程中改變了性質。大足縣的這幾十位的農民雖然給國民黨最高當局寫了信，但卻被束之高閣，自然，在這種情況下，他們很容易走上中共所號召的革命道路。

一九四六年十月廿四日，國民黨向解放區大舉進攻之際，曾經頒佈過一份《綏靖區土地處理辦法》，其中第六條規定：「在變亂期間，農民欠繳之佃租，一概免於追繳。」第七條規定：「綏靖區內之農地，經非法分配者，一律由縣政府依本辦法徵收之。」第十一條規定：「依本辦法徵收之土地，由縣政府分配於現爲耕作之農民，繳價承領自耕，但變亂之前原佃耕人有優先承領權。」[74]這裏所說的「非法分配」，顯指中共在部分地區實行的土地改革。

二十世紀三〇年代，國民黨軍進攻蘇區，一概實行「田還原主」政策，強迫農民吐出勝利果實。現在國民黨則提出，將這一部分土地由縣政府徵收，「分配於現爲耕作之農民，繳價承領自耕」，這是很大的政策改變。其後，江蘇省政府並以寶應、鹽城、東台等四縣爲「土地政策」實驗縣。但是，很快就受到地主階級的強烈反對。一九四七年一月三日，江蘇寶應縣地主成錫侯等一批「還鄉隊」成員上書國防最高委員會，要求「緩辦」，其理由爲：一、「憲法爲國家根本大法，業經於今年元旦公布，對於人民自由財產等權利予以保障」，「乃憲法甫經頒佈，政府即舉辦土地政策，不顧人民之利害，所謂保障人民財產之權利者何在？」二、「吾邑自共軍盤踞四郊，已有三年」，「現在仍無田租之可收，更無動產之可用」，「對於苦難人民，不特不憐恤撫綏，並私人田產，而亦不令其自由處分」。成錫侯等堅決反對國民黨效法中共，呈文聲稱寶應等四縣土地，「共軍僅於去年七八月間開始改革，草草分配」，「似不應繼續接辦，尤而效之。」⑮

同月三十一日，東台縣旅鎭同鄉會從報上得悉，當局規定：「凡業戶有田在八十畝者即予收繳公有」，立即致電國防最高委員會反對，聲稱：「吾東縣城於勝利之後始爲共軍竊據，廣大鄉村雖多匪蹤，但『分租』『分田』實行未久，地形既未變更，經界依然完整，地方一經規復，人民土地權利不難恢復原狀，即分得土地之佃農，亦莫不自動歸還原主，土地之無糾紛可見一斑。」電文爲地主階級訴苦稱：「吾東有百畝以上之地主，爲數甚罕，在共軍佔領期間，流亡異地，備嘗艱辛，此種忠貞不二之氣節，應表揚之不遑。及還鄉伊始，田園未及整理，而實驗之對象復以施行土地政策爲主體，將使製造亂源者有所藉口，誠非善策。」⑯經過地主們這麼一叫喚，自然，所謂「土地政策」的「實驗」就進行不下去了。

一九四八年八月，蔣介石在內戰戰場上一再慘敗，研究共產黨勝利的原因，他從毛澤東的《中國革命戰爭的戰略問題》一文得到啓發，認爲其關鍵在於中共得到農民擁護，於是下達手令稱：「吾人必須打破其優點，爲爾後發揮戰鬥力之要著；其對策應考慮土地政策，實行耕者有其田，並於收復區已分配之土地，承認其所有權，以爭取農民。」⑰蔣介石的這一手令較之上述《綏靖區土地處理辦法》，顯然又大大向前發展了一步。但是，國民黨正依靠各地的地主「還鄉團」進攻中共的解放區，何能真正實行？

中國地主階級是一股歷史悠久，根深蒂固的強大社會力量。國民黨要反共，除了依靠地主階級外，別無他途。一九三一年六月，國民黨三屆五中全會訓令各級黨部稱：「對於地方上純正老成，辦理社會事業著有成績、鄉望素孚之人士，應與之切實聯絡，使其勸導當地民眾，共同組織，以增加剿匪工作之力量。」⑱這是國民黨明確依靠鄉村地主階級以反對中國共產黨的宣言。一九三二年十二月廿三日蔣介石日記云：「此時應積極剿匪，以求社會之安定。」⑲當時的中國，鄉村土地大部份爲地主佔有，中國要進步，要發展，就必須改變這種狀況。然而，蔣介石卻要「求社會之安定」。這樣，他就必然要從改良主義進一步蛻化爲保守主義，以維護和保持舊的社會秩序。

國民黨在一九二七年「清黨」之後，其成員的階級結構發生重大變化。一九四〇年十一月八日，唐縱訪問譚平山，談對中國政治前途的估計，討論從何處下手，挽救當時的政治危機。

譚稱：「救國必先救黨」，「必須清理黨的成分」。他說：「國民黨的黨員大都是地主、資本家、小資產階級，與三民主義的精神正相反，何能望其執行三民主義之政策。」⑧⓪一九四九年七月，國民黨非常委員會指出：「在上海、漢口、平、津及廣州的同志，都在有意無意之間和買辦、流氓妥協；在其他各省的同志，亦均與土豪劣紳結不解的政治緣。買辦、流氓、土豪劣紳本都是時代的渣滓，應在肅清之列，但由於一些同志的畏難苟安，不去肅清他們，結果他們的勢力就反而壯大起來，變成了各地的實際統治者。」⑧①這一段話，比較準確地反映出國民黨及其政權的階級基礎的變化。其結果是，國民黨黨員中的地主階級分子愈多，其實際政策的推行又要依靠地主階級和「土豪、劣紳」，國民黨所有的改良、改革自然無從實行。抗戰時期，四川一度發生嚴重糧荒，國民黨內很多人主張查封地主囤糧，唐縱在日記中感慨地寫道：「查封的事情，大致不會實行。我們的政策，依然放在資本家、地主、土豪劣紳基礎上，米荒的基本原因，是無法解消的。」⑧②米荒問題無法解決，其他改良主張當然更無法貫徹。

蔣介石看到了國民黨黨員結構中的嚴重問題。一九四二年，蔣介石曾設想將國民黨改名爲「中國勞動國民黨」，「凡黨員家庭或本身必有勞農與軍人爲社會服役者方能取得黨員資格」。⑧③這說明，蔣介石企圖對國民黨進行脫胎換骨的根本性改造。他還曾提出，擬在三年內造就三萬幹部，每個革命幹部必須下鄉工作三年。⑧④甚至還曾提出，中學生畢業後，「必須任農村服務與社會行政工作」，才能考升大學。⑧⑤也曾效法毛澤東，要求黨員「爲人民服務」，「使智識青年與工農相結合以推行地方自治及建設社會」。⑧⑥還曾提出：「各級幹部必須由民眾產生」。87這些地方，也說明蔣介石深知國民黨的痼疾所在，企圖有所變革。但是，蔣介石的這些願望都只停留在他的日記中，無法轉化爲現實。

退到臺灣以後，蔣介石成立改造委員會，規定國民黨「以青年知識分子，農、工及生產者等廣大民眾爲社會基礎」，要求地方黨部徵求新黨員時，「農工約占百分之五十，青年及知識分子約占百分之三十，生產者約占百分之十」。88顯然，這是其大陸時期有關思想的延續。上一世紀五十年代，國民黨在臺灣推行三七五減租，繼而推行土地改革，也是大陸時期有關思想的延續。

改良並非是壞事。一個社會，能夠通過改良，不斷革故鼎新，避免與暴力革命伴生的對社會的巨大衝擊和破壞，推動社會生產和歷史的有序發展，自然是好事。不斷改良，也就不斷進步。社會蒙發展之益，而無代價過大之虞。否則，不斷革命，天天革命，社會將無寧日，也會走向進步和發展的反面。改良和革命是如影隨形的弟兄。歷史的常例是：改良受阻，革命就會滋生。原來的改良主義者，或者向前發展成爲革命派；或者堅持原有立場，反對革命，甚至成爲舊秩序的保護者。在近代中國，國民黨就發生了這樣的分化，一部分人轉而支持共產黨的激烈革命主張，而另一部分人，則始終堅持溫和的改良立場。自己的改良搞不下去，又反對別人以激烈的革命手段推翻現存秩序，自然，其結果，是自己成爲激烈革命的對象。

（二〇〇四年七月十九日急就，二〇〇七年五月三日至五日修改，二〇〇七年十一月三改）

①轉引自章炳麟：《訄書》，古典文學出版社一九五八年版，第一二〇頁。

②《中國國民黨第一次全國代表大會宣言》，《孫中山選集》，人民出版社一九五六年版，第五九三頁。

③《在農民運動講習所第一屆畢業典禮的演說》，《孫中山選集》，第九三九頁。

④同上。

⑤《民生主義》第一講，《孫中山選集》，第八一二頁。

⑥《民生主義》第二講，《孫中山選集，》第八一一頁。

⑦《民生主義》第二講，《孫中山選集》，第八四三頁。

⑧《建國方略之二》，《孫中山選集》，第三六九頁。

⑨《民生主義》第一講，《孫中山選集》，第八一四至八一六頁。

⑩《民生主義》第一講，《孫中山選集》，第八二三頁。

⑪《為西山會議告同志書》（一九二五年十二月），《蔣校長演講集》一九二七年二月版，第二一六頁。

⑫《校長第三次訓話》（一九二五年四月九日），《蔣中正先生演說集》一九二五年十二月版，第七十頁。

⑬《在汕頭市總商會的演說》（一九二五年十一月十六日），《蔣介石年譜初稿》，檔案出版社一九九二年版，第四六〇至四六一頁。

⑭《校長在本校特別黨部第三屆執行委員選舉大會演說詞》，《蔣中正先生演說集》第一五五至一五六

頁。

⑮《對於聯俄問題的意見》，《蔣校長演講集》，第五頁。

⑯《事略稿本》（一），國史館二〇〇三年七月印行，第七十九頁。

⑰《革命文獻》第十六輯，第二八一五至二八一六頁。

⑱《蔣介石日記》（手稿本），一九三一年五月十三日。胡佛檔案館藏，以下均同。

⑲《蔣介石日記》（手稿本），一九三一年六月廿六日。

⑳《蔣介石日記》（手稿本），一九四一年四月廿三日。

㉑《民國三十年大事表》第十七條：「耕者有其地與平均地權方案之制定。」第五十一條：「土地政策（平均地權與耕者有其地）之推行。」見《蔣介石日記》（手稿本）一九三一年卷首。《各部中心工作與政策》：「平均地權實施方案之積極制定與積極推進並注重耕者有其地政策與制度之推動」，見《蔣介石日記》（手稿本）一九四一年卷首。《民國三十三年大事表》：「經濟政策與制度：耕者有其地，平均地權，節制資本……」，見《蔣介石日記》（手稿本），一九四四年卷首。《民國三十四年大事記》與此略同。見《蔣介石日記》（手稿本）一九四五年卷首。

㉒《蔣介石日記》（手稿本），一九四〇年四月一日；一九四〇年九月二日；一九四一年六月十九日；《民國三十三年大事表》，《蔣介石日記》（手稿本），一九四四年卷首；《建國工作重點》，同上，一九四四年卷末；《蔣介石日記》（手稿本），一九四五年九月三十日。

㉓《初以真憑實據與汪精衛商榷書》，《吳稚暉全集》卷九，第八十七至八七六頁；《民生主義實現之

途》，同上卷七，第三一九頁。

㉔《中國經濟學說》，《先總統蔣公全集》，第一九四頁。

㉕《蔣介石日記》（手稿本），一九三一年九月三十日。

㉖《蔣介石日記》（手稿本），一九三一年十月廿三日。

㉗《總統蔣公大事長編初稿》，第一一一八頁。

㉘《蔣介石日記》（手稿本），一九四三年三月十七日。

㉙《中國國民黨歷次代表大會及中央全會資料》下，第九四六、九五八頁。

㉚《中國國民黨歷次代表大會及中央全會資料》下，第二六六頁。

㉛《中國國民黨歷次代表大會及中央全會資料》下，第四三一至四三三頁。

㉜《敬告全國人民書》，《蔣校長演講集》第二九九頁。

㉝《中央各省區聯席會議錄》，油印件。

㉞《民生主義》第三講，《孫中山選集》，第八四九至八五〇頁。

㉟《土地改革史料》，國史館一九八八年印行，第三十三至三十四頁。

㊱《土地改革史料》，第三十六頁。

㊲《浙江省十七年佃農繳租章程》，《土地改革史料》，第三十七至三十八頁。

㊳轉引自萬國鼎：《二五減租述》，《中農月刊》第七卷第二期，一九四六年二月廿八日。

㊴《土地改革史料》第五十頁。以下所引呈文，均見此書，不一一注明。

㊵《抄原提案》，國民黨黨史館檔案，3.3/26.12。

㊶《浙江省政府呈國民政府》，一九二九年四月三十日。國民黨黨史館檔案，檔案號同上。

㊷國民黨黨史館藏檔案，3.3/26.12。以下所引各呈文均同，不一一注明。

㊸國民黨黨史館藏檔案，3.3/26.12。

㊹《土地改革史料》，第七十頁。

㊺國民黨黨史館藏檔案，3.3/26.12。

㊻《快郵代電》，國民黨黨史館藏檔案，同上。

㊼中國國民黨第三屆中央執行委員會第七次常務會議記錄，一九二九年五月二日，國民黨黨史館藏。

㊽陳布雷：《浙江省二五減租之前途》，上海《時事新報》，一九二九年五月九日。

㊾《土地改革史料》，第一一〇頁。以下所引各呈文均見同書。

㊿《土地改革史料》，第一二七頁。

51 國民黨黨史館檔案，5-2-12。

52 國防最高委員會檔案，003，885。

53 國防最高委員會檔案，003，750。

54 國防最高委員會檔案，003，750。

55 國防最高委員會檔案，003，1535。

56 國防最高委員會檔案，003，1872。

57 《中國國民黨歷次代表大會及中央全會資料》下，第一七五至一七六頁。

58 《中國國民黨歷次代表大會及中央全會資料》下，第二九五、三二七至三二八頁。

59 《中國國民黨歷次代表大會及中央全會資料》下，第七三五、七四六頁。

60 《中國國民黨歷次代表大會及中央全會資料》下，第九二六至九二七、九三六頁。

61 國防最高委員會檔案，003，3180。

62 國防最高委員會檔案，003，885。

63 國防最高委員會檔案，003，2085。

64 同上，003，1871。

65 《中國國民黨歷次代表大會及中央全會資料》下，第九一三、九一六頁。

66 《蔣介石日記》（手稿本），一九三九年三月二日、三日。

67 《蔣介石日記》（手稿本）一九四五年五月九日云：「看共產黨第七次全國代表大會政治報告文。」

68 《蔣介石日記》（手稿本），一九四五年七月十六日；參見《民國三十四年雜錄》。

69 《蔣介石日記》（手稿本），一九四五年九月三十日。

70 國防最高委員會第一七五次常務會議速記記錄，國防最高委員會檔案，001,9,12。

71 《國防最高委員會常務會議記錄》第七冊，中國國民黨中央委員會黨史委員會一九九六年影印本，第六三七頁。

72 國防最高委員會檔案，001,60,4。

73 國防最高委員會檔案，001,60,4。
74 國防最高委員會檔案，004,145,452。
75 國防最高委員會檔案，001,60,7。
76 國防最高委員會檔案，001,61,4。
77 行政院檔案，《土地改革史料》，第一八五至一八八頁。
78 榮孟源主編：《中國國民黨歷次代表大會及中央全會資料》上，第一〇〇七頁。
79 《蔣介石日記》（手稿本），一九三二年十月廿三日。
80 《在蔣介石身邊八年——侍從室高級幕僚唐縱日記》，群衆出版社一九九一年版，第一七三頁。
81 《本黨同志今後的認識》，重慶《中央日報》一九四九年七月廿五日。
82 唐縱：《在蔣介石身邊八年》，第一五六頁。
83 《蔣介石日記》（手稿本），一九四二年十月十四日。
84 《蔣介石日記》（手稿本），一九四二年八月十日。
85 《蔣介石日記》（手稿本），一九四二年十月廿三日。
86 《蔣介石日記》（手稿本），一九四五年卷首；二月十一日；《民國三十四年雜錄一月廿一日。》
87 《蔣介石日記》（手稿本），一九四五年卷首。
88 中國國民黨中央改造委員會：《怎樣去徵求新黨員》，第三頁。

蔣緯國的身世之謎與蔣介石、宋美齡的「感情危機」

多年前，我在臺北閱讀根據蔣介石日記編輯的《困勉記》稿本時，曾經發現其一九四一年二月四日條云：

接妻不返渝之函，乃以夫妻各盡其道覆之。淡泊靜寧，毫無所動也。①

當時，宋美齡在香港養病，拒絕返回重慶，蔣介石對此頗爲煩惱，但努力克制，回信僅稱「夫妻各盡其道」，要宋美齡自便，看著辦。「淡泊靜寧，毫無所動」云云，說明蔣介石儘管遇到了妻子不肯回家這樣嚴重的事態，但仍處之泰然。

蔣介石自一九二七年與宋美齡結婚後，雖偶有矛盾，但這種情況，還從來不曾有過。蔣宋之間到底發生了什麼？這一謎團，直到今年我在胡佛研究所閱讀蔣介石日記手稿本時，經過反覆參詳，才最終解開。

一、宋美齡留港不歸，蔣、宋之間發生衝突

事情要追溯到一九四〇年九月廿一日，當日蔣介石日記云：

妻工作太猛，以致心神不安，腦痛目眩，繼以背疼、牙病，數症併發，渝無良醫，亦不願遠離重慶。以被敵機狂炸之中，如離渝他往，不能對人民，尤不願余獨居云。此三年來戰爭被炸之情形，其心身能持久不懈，實非其金枝玉葉之身所能受，不能不使余銘感更切也。②

這段話說的是，宋美齡身患數疾，重慶沒有好醫生，但宋仍不願離渝治病。一是出於對戰亂狀況下重慶人民的感情，日本飛機不斷狂炸，宋不能獨自避難，二是不願離開蔣介石，使其獨居。

同年十月十五日，蔣介石日記云：「晚餐與布雷共食，以妻赴港養病未回也。」從這段日記看，爲了養病，宋美齡最終還是去了香港。蔣介石很想念，也很寂寞，只能找陳布雷一起吃飯。十二天之後，蔣介石派蔣經國赴港，探望宋美齡的病況，同時迎接蔣緯國自國外留學歸來。③蔣介石本意要宋美齡和經國、緯國一起回渝，但宋美齡表示，待蔣介石的陽曆生日時即歸。然而，屆時宋美齡仍杳如黃鶴。十月三十一日，蔣介石日記云：

令緯兒來見，以今日為余陽曆生辰，陪余晚餐，妻本約今日回來，尚未見到，亦無函電，不知其所以也。

不僅人不回來，連一封函電都沒有。蔣介石著急了，「不知其所以」一句，充分表現出蔣的焦躁與不安！

蔣緯國歸來，兩個兒子都在身邊，蔣介石很高興，但宋美齡留港未歸，蔣介石覺得不足。十一月九日日記云：

經、緯兩兒在港得皆見其母，回渝父子團聚，此最足欣慰之一事。如西安事變殉國，則兩兒皆未得今日重見矣，實感謝上帝恩惠不盡也。惟愛妻抱病在港，不能如期同回，是乃美中不足耳。

十一月三十日，蔣介石日記再云：

兩兒親愛，兄弟既翕，此為本月最大之樂事，亦為十五年來最苦之一事。今能完滿團圓，此非天父賜予至恩，決不能至此，能不感激上蒼乎？愛妻不能如期回渝，是乃美中不足耳！

一九二五年，蔣經國赴俄留學，和緯國分離。一九三六年，蔣緯國赴德留學。同年，蔣經國自俄歸來，蔣緯國已不在國內。緯國此次歸來，蔣介石得以與經國、緯國兄弟同時相聚，享受天倫之樂。至此，恰爲十五年。不過，宋美齡留港，蔣介石總覺得遺憾，一言之不足而再言之，可見，蔣介石思念宋美齡之殷。

「聖誕」是西方人的團圓之日，但是，宋美齡仍無歸訊，蔣介石開始感到「苦痛」了。十二月廿四日，蔣介石日記云：

> 三年來聖誕前夜，以今日最為煩悶，家事不能團圓，是乃人生唯一之苦痛。幸緯兒得以回來陪伴，足慰孤寂，得聞家鄉情形，聊以解愁。

蔣緯國從國外回到重慶後，曾回浙江溪口一行。蔣介石於百無聊賴之中，只能以聽緯國談「家鄉情形」略解愁悶。此後，蔣介石的這種「孤寂」感日漸強烈。十二月廿八日日記云：「惟妻留香港未回，以致家庭缺乏欣興之感。」

一九四一年一月十二日、十三日、十四日，蔣介石連續三天在日記中寫道：「爲家事心多抑鬱，應以澹定處之。」「昨夜爲中共與家事，憂不成寐。」「下午與緯兒遊汪園，各種梅花盛放，綠萼尤爲可愛，惜妻今年未得同遊也！」值得注意的是十四日這一天的日記，受蔣家委託的審讀者在開放前塗去一行，顯然認為不宜公開。這以後，蔣的「孤寂」感有增無減：

一月廿六日日記云：「本夕為舊曆除夕，孤單過年，世界如此孤居之大元帥，恐只此一人耳。」

同月三十日日記云：「近日寂寞異甚，時感孤苦自憐。惟祈上帝佑我，與我同在，使我不至久寂為禱也。」

同月三十一日日記云：「妻滯港未歸，子入團就學，故時以寂寞孤苦為憾耳！」

蔣介石為何有如此強烈的「孤寂」感？顯然，和宋美齡滯港不歸有關。宋為何滯港不歸？則顯然與蔣宋之間發生了某種衝突有關。從上引「心多憂鬱」、「憂不成寐」等語推測，蔣與宋美齡之間的「衝突」不小。

二月四日，蔣介石接到宋美齡「不返渝」的函件。蔣、宋「感情危機」終於爆發。

蔣一再要求宋美齡返渝而宋一直不理，至此正式發函通知。宋的函件今不可見，但無疑可以感知，蔣宋之間發生了重大矛盾。二月九日，蔣緯國回「黨政訓練班」學習，蔣介石手寫《寂寞悽愴歌》相贈。

怎麼辦？蔣介石的態度是向宋美齡闡述「夫妻各盡其道」，不卑不亢，既不生氣，也不告饒，將皮球踢給宋美齡。

二、蔣介石堅決保守家中「秘密」，採取「權變」之計，化解矛盾

蔣的冷靜、沉穩態度起了作用，宋美齡於一九四一年二月十二日自港返渝，但是，蔣介石的家裏並沒有平靜。同月廿三日，蔣介石日記云：

家事不宜過於勉強。只有勿助勿忘，以待其自然著落耳！

「勿助勿忘」，語見《孟子・公孫丑》：「心勿忘，勿助長也。」意爲（修養時）心裏不要忘記，也不要人爲地去助它增長。二月廿四日，蔣介石日記再云：

家事致曲，不宜太直、太急與太認真，應以澹然處之，導之以德，齊之以禮耳。

「致曲」，語見《禮記・中庸》，舊解較多，其中一種解釋爲：將真誠推致到細微之處。二月廿五日，蔣介石日記又云：

家中之事，不能與家中之人直道，同家親人不得晤面，是為余一生最大之遺憾，然亦惟有勿忘勿助，以待其自覺。家事切不可強勉而行，自信修身無虧，上帝必加眷顧，終能使我家母子親愛，家庭團圓耳。令緯兒離重慶赴贛。④家事以委屈求全為主，不能與普通交道並論，只求母子親愛無阻，雖權變尚無損也。

「家中之事，不能與家中之人直道」，說的是：蔣介石有些事情不願告訴宋美齡。「同家親人不能晤面」，說的是蔣氏父子與宋美齡之間不能同時相處。但是，蔣介石「自信修身無虧」，所以開始時採取聽其自然的方針，但是，思考再三，爲了使母子之間「親愛無阻」，還是決定「委曲求全」，採取某種「權變」的辦法。顯然，這一時期，宋美齡與蔣緯國「母子」之間「親愛有阻」了。

蔣介石自述的「權變尚無損」的內容，他沒有說，其內容之一大概就是「命緯兒離渝赴贛」，避免和宋美齡見面。蔣要緯國到江西去看看哥哥、嫂嫂，「還有，你母親也在那裏。」⑤蔣緯國聽命，到贛州會見蔣經國夫婦，也拜見將自己一手帶大、從蘇州逃難到此的蔣介石的第二任夫人姚冶誠。就在蔣緯國「離渝赴贛」期間，蔣、宋之間的「感情危機」有了顯著緩和。三月六日，蔣介石日記云：

本日在參政會講演，自覺過於滯鈍，詞不達義〔意〕，而妻則以為甚得體也。

顯然，宋美齡不僅與蔣介石和解，而且政治上支持蔣介石。蔣在國民參政會的演講，自己不甚滿意，但宋美齡卻認爲「甚得體」。三月九日爲夏曆二月十二日，係宋美齡誕辰，蔣介石邀集親友十人爲之祝壽。當日氣氛融洽。蔣介石爲夫妻關係好轉欣慰，日記云：「夫妻諧和爲人生唯一之樂事也。」但是，他同時也爲經國、緯國不在身邊遺憾。日記云：「兩兒未能參加耳！」

三月廿七日，蔣緯國自江西歸渝。大概此前蔣介石已經做好了宋美齡的工作，因此，蔣緯國「認母」順利。當日，蔣介石命其向宋美齡行隆重的「叩拜」大禮。日記云：

> 緯兒已到，令叩拜其母，親愛如古，不勝欣慰。使我家庭之得有今日之團圓，以償我一生最大之宿願，惟有感謝上帝大恩於無涯矣。
>
> 十四年來之家事，一朝團圓，完滿解決，寸衷之快慰，殊有甚於當年之結婚時也。⑥

蔣介石與宋美齡結婚，至此約爲十四年，多年沒有能解決的問題一朝解決，蔣介石有一種前所未有的「快樂感」。三月廿九日，蔣介石在《上星期反省錄》中說：「心神愉快之時較多，尤以母子親愛、夫妻和睦爲最！家有賢婦與孝子，人生之樂，無過於此。」三十一日，在《本月反省錄》中又說：「家庭間夫婦母子之和愛團團，此爲一生幸福之開始，是亦修身、正心與祈禱之致也。」至此，蔣宋之間的「感情危機」結束。不過，問題似乎並未完全解決。

對家中的風波以及宋美齡和自己的隔閡，蔣緯國似乎有所覺察，但又不明究竟。一九四三年四月十二日，蔣介石日記云：

近日緯兒心神頗覺不安，彼不願訴衷，但其衷心自有無限感慨。昨晚乘車外行，彼稱前夜夢寐大哭，及醒，枕褥已為淚浸，甚濕，不知其所以然云。彼復言哥哥待我如此親愛，是我平生之大幸，亦為我蔣門之大福云。言下甚有所感。

第二天，蔣介石在晨禱時，想起家事，不禁泫然飲泣。他寫道：「余如何能使彼母子之親愛亦如其兄弟哉？」「惟禱上帝，能保佑我家庭，使彼母子能日加親愛以補我平生之缺憾也。」⑦此後，蔣介石見到宋美齡和蔣緯國之間關係良好時，就特別高興。當年十二月開羅會議之後，蔣介石、宋美齡與蔣緯國在藍溪相會，同機返國。十二月一日，蔣介石日記云：

登機視緯兒猶熟睡，頗安。以彼於下午忽發瘧疾，熱度竟至百零二度以上，見母子談話與母詢問兒病，親愛之情，引為余平生第一之樂事。

由此可見，擔心宋美齡與蔣緯國關係不好，是蔣介石長期的心病。

三、蔣緯國的身世之謎是蔣、宋矛盾的原因

研究蔣介石上引日記可知，蔣宋在一九四〇年末至一九四一年初的「感情危機」，既和宋美齡懷疑蔣介石的「私德」，又和懷疑蔣緯國的來歷有關。

蔣緯國並不是蔣介石的親生兒子，而是戴季陶和日本護士重松金子所生，時間爲一九一六年十月六日。戴季陶因懼內，事先和蔣介石說好，由蔣出面認子。蔣緯國出生後，由日人山田純三郎帶到上海，交給蔣介石，蔣交給當時的夫人姚冶誠撫養，取名緯國。後來甚至有過一種說法：蔣介石也同時和重松金子相好，蔣緯國爲蔣介石與重松金子所生。抗戰期間，戴季陶在重慶的一次演講中就曾公開這樣宣布過。⑧

一九二〇年，蔣緯國隨姚冶誠到溪口。一九二二年隨姚遷居奉化。不久，再遷寧波。十歲時到上海，入萬竹小學就讀。一九二七年，蔣介石和宋美齡結婚，姚冶誠攜蔣緯國遷居蘇州。一九二八年，蔣緯國考入東吳大學附屬中學。一九三四年畢業，進入東吳大學理學院物理系，兩年即修完相關課程。又奉蔣介石命，進入文學院，學習政治、經濟、社會等課程。在此期間，蔣緯國從未和宋美齡見過面。⑨

一九三六年十月，緯國奉父命遠赴德國研習軍事。這時候，宋美齡本應和緯國見面了，然而，仍然沒有見，可能還因此鬧了矛盾。蔣介石日記云：「緯兒如期出國，不稍留戀，其壯志堪嘉，而私心實不忍也。」又云：「家事難言，因愛生怨，因樂生悲，痛苦多而快樂少也。」⑩蔣緯國到德後，先後加入德國山地兵團及慕尼黑軍校，被授予陸軍少尉銜。歐戰前夕，奉命赴美，先後進入陸軍航空隊空戰訓練班和裝甲兵訓練中心受訓。一九四〇年十月，蔣緯國自美返國，途經香港。宋美齡當時正在香港養病，蔣緯國自然要前往拜見。但是，這是宋美齡和蔣緯國的第一次見面，所以，蔣介石很重視，特派蔣經國到香港，一是爲了迎接緯國，也是爲了讓經國充當緯國和宋美齡之間的「仲介」。關於蔣緯國和宋美齡的第一次見面，據蔣緯國回憶：

> 當時見面非常自然而且親切。我喊她Mother，並且在她頰上吻了下，因為出國四年，一些禮節就很歐化了；她親熱地問我在國外好不好等等。我們談話的氣氛可以説一點都沒有第一次見面的尷尬。她給我的印象，就好像是長輩看見自己的孩子回來一樣。⑪

蔣介石很關心宋美齡與蔣緯國的這次見面，事後得知「母子相見，甚爲親愛」。蔣介石非常高興，日記云：「快慰無量，甚感上帝施恩之厚重也。」⑫但是，蔣介石沒有想到，宋美齡和蔣緯國第一次見面時的「親愛」只是當時的「表面文章」，事後宋感到不妥，於是就發生拒不返渝等情況。

蔣緯國的曖昧身世，今天人們已經很清楚，但是，當時的蔣緯國本人並不清楚。據他本人回憶，回到重慶後不久，在宋美齡的書房中發現約翰・根瑟所寫*Inside Asia*一書，其中影射蔣緯國爲戴季陶所生，爲了某種原因過繼給蔣介石了。蔣緯國爲此詢問戴季陶，戴拿出蔣介石送給他的十二寸帶框相片以及一面鏡子，對著蔣緯國坐下來，把鏡子放中間，自己的頭擱在一邊，蔣介石的相片擱在另一邊。他要蔣緯國照鏡子，然後問蔣緯國：「你是像這邊的，還是像那邊的？」當蔣緯國回答還是像蔣介石「多了些」時，戴季陶笑著說：「那不就結了嗎！」⑬可見，蔣緯國身世之謎當時還是「機密」，宋美齡顯然並不清楚。

蔣、宋結婚之後，蔣介石也沒有向宋美齡談過有關情況。宋美齡自然會想：緯國到底是哪個女人所生？爲何蔣會相認？蔣介石是否「私德有虧」等等。過去，蔣緯國和宋美齡從未見過面，宋可以不想這些問題，但蔣緯國自海外回渝，宋美齡就面臨是否承認並接納這個「兒子」的嚴肅問題；上述問題不清楚，宋美齡如何坦然承認並接納？在這一情況下，宋美齡必然對蔣有所質問，蔣又不願坦率說明（「家事不能直道」），矛盾因此而生；及至蔣「委曲求全」，採取「權變」後，二人之間的矛盾也就化解了。

蔣介石在世的時候，始終不曾將身世之謎告訴過蔣緯國，很可能，也不曾告訴過宋美齡。

（原載遼寧教育出版社《萬象》雜誌，二〇〇八年二月號）

①未刊稿，臺北國史館藏，《蔣介石日記》手稿本與此相同。
②《蔣介石日記》（手稿本）。
③《蔣介石日記》（手稿本），一九四〇年十月廿七日。

④以上文字，開放前被塗去。此據蔣介石《二十九年、三十年要事雜記》（手稿本）補，胡佛檔案館藏。又《困勉記》稿本亦有此段記載。

⑤汪士淳：《千山獨行——蔣緯國的人生之旅》，天下文化出版股份有限公司，臺北一九九六年版，第八十七頁。

⑥以上兩段引文，第一段見於《蔣介石日記》（手稿本），第二段見於《困勉記》。

⑦《困勉記》，一九四三年四月十二日。

⑧紀雲：《戴季陶解蔣緯國身世之謎》，原載《鍾山風雨》，此據skb.hebeidaily.com.cn/200516/ca484340.htm

⑨《千山獨行》，第四十八頁。

⑩《本週反省錄》，《蔣介石日記》（手稿本），一九三六年十月三十一日。

⑪《千山獨行》，第八十三頁。

⑫《蔣介石日記》（手稿本），一九四一年十一月三日。

⑬《千山獨行》，第八十六頁。

二二八事件與蔣介石的對策

——蔣介石日記解讀

世界是複雜的，歷史也是複雜的。許多歷史事件常常具有雙重性或多重性。如果人們只看到其中一個方面，就很難掌握全貌；而當人們爲了某一目的，有意突出、誇張、強調其中的一個方面時，事件的面貌往往就更難於認識。在政治鬥爭中，人們爲了所屬政派、集團或階級、階層的利益需要，常常掩蓋事件的部分特性，誇張、扭曲另一部分特性，這種情況，在歷史上常見，有時還會很嚴重。

二二八事件發生於上一世紀的臺灣。多年來，人們對它的態度與感情大異，因之敘述與評價亦大異。今天，當我們重新審視這一曾經給臺灣人民帶來巨大傷痛的事件時，必須採取冷靜、超脫的客觀立場和嚴格的科學態度，遠離一切狹隘的功利需要，而只留下一個需要和目的，即還原歷史本相，最大限度地追求歷史的真實，建立對這一事件的真實可靠的論述。

一、事件的兩重性：抗暴與騷亂

二二八事件就是一個具有兩重性或多重性的事件。

如所周知，二二八事件起源於緝私員暴力執法與軍警單位處理失當。臺灣光復後，行政長官公署成立煙酒專賣局，統制煙酒產銷，禁止私製及進口。一九四七年二月廿七日下午，專賣局緝私人員葉德根等六人到臺北南京西路太平町巡搜，查獲小販、寡婦林江邁販賣私煙，林婦跪地苦苦哀乞，圍觀民眾幫同求情，緝私人員不予理會，葉德根並用槍管打破林婦頭顱，以致鮮血直流，激起群眾不滿。①緝私人員傅學通見勢逃走，被人追拉，掙脫後即將子彈上膛，後又被人抱住，葉開槍，擊中看閒路人陳文溪（當晚身亡）。②群眾憤而燒車，包圍警察局、憲兵隊，要求立即處決兇犯。

廿八日上午，《中外日報》記者周青、吳克泰所撰現場報導見報，發向全省。同日，臺灣省政治協會等發起抗議。陳文溪係大流氓陳木榮之弟，因此，抗議活動一開始即有部分流氓參加。群眾鳴鑼罷市，包圍並搗毀位於本町的專賣局臺北分局，毆斃外省籍緝私員二人，毆傷四人，將物資搬出焚燒。下午，群眾四五百人遊行，以「嚴懲殺人兇手」的橫幅標語及「獅鼓」爲前導，向行政長官公署請願，衝擊公署大門。其間，出現搶奪警衛槍枝及開槍射擊衛兵情況，衛兵還擊，當場打死三人、打傷三人，逮捕六人。③群眾情緒更爲激昂，在各處毆打外省人，同時進佔位於臺北公園內的廣播電臺，向全省廣播，批判政府的貪污腐敗，號召各地民眾驅逐貪官污吏以求自存。三月一日，全台各地紛紛回應，從要求懲凶發展爲政治抗爭。警備總部於是下令戒嚴。武裝軍警巡邏臺北市區。當日，群眾包圍鐵路委員會，企圖奪取駐警武器，駐警開槍，「致有死傷」。④

自一九四五年光復以來，群眾對臺灣國民黨當局的施政本多不滿，例如，在政治上，臺灣與內地各省不同，實行行政長官公署制，集行政、軍事、財政以至立法、司法諸權於長官一身，類似於日據時代的總督。在行政長官公署的官員中，外省人過多，臺灣人過少，副處長以上官員僅有台民一人。⑤全省簡任官二一四人，本省人僅十二人。⑥在經濟上，實行嚴格的統制，煙、酒、火柴等日用品均實行專賣，官辦的專賣局、貿易局幾乎壟斷臺灣的進出口貿易與工業的方方面面，企業家以至小本商人均遭束縛。⑦這一時期，通貨膨脹，物價騰飛；糧價過高，失業嚴重，大批復原返鄉的原台籍日本士兵就業無門；此外，官員貪污腐化；軍隊紀律不良。行政長官陳儀繼承的是一個爛攤子，雖有心求治，也採取了開放輿論等開明措施，但剛愎自用，不明省情、民情。凡此種種，都使臺灣民眾長期憤鬱、壓抑。當時，臺灣民間有「五天五地」之說：即「驚天動地（盟軍轟炸）、歡天喜地（臺灣光復）、花天酒地（接收官員）、黑天暗地（暴政統治）、呼天喚地（物價飛漲）」。其中後三個短語正反映出臺灣人民的強烈不滿。現在，由於緝私中的處理不當，這種憤懣終於找到突破口，群眾的情緒就像長期運行地下的岩漿，一朝噴發了。

可以看出，專賣局緝私人員的行爲屬於恃強凌弱的暴力執法，而臺灣民眾的行爲則屬於抗暴自衛和反對惡劣政治，有其正義性與合理性。但是，一旦群體性事件爆發，由於參加者人數多，成員複雜，自發性強，衝動性強，就很難要求每一個人，每一個步驟都中規中矩、合理合法。無可否認，二二八事件中，有情緒性的打、砸、搶、燒等非理智行爲，也有方向性的謬誤。例如，將臺灣民眾和國民黨臺灣當局的矛盾當作本省人和外省人的矛盾，從而激起對外省人的普遍仇視。

廿七日下午，就有人張貼「打死中國人」的標語，高喊：「阿山（外省人）不講理」⑧、「豬仔太可惡」，「臺灣人趕快出來報仇」，等等。廿八日，更出現「打阿山」的號召，於是，在這種狹隘的地域主義、鄉里主義情緒的支配下，對「外省人」的暴力行爲不斷發生。太平町的正華旅行社、虎標永安堂，榮町的新台百貨公司相繼被搗毀，十餘輛汽車、卡車被燒毀，本町、臺北車站、臺北公園、榮町、永樂町、太平町、萬華等地，都有不少外省人無故被棒打或棍擊，或被打成癱瘓，或被打死。這種仇視、攻擊外省人，搶劫外省人財物的現象迅速向板橋、桃園、新竹、台中、嘉義、台南、台東、高雄等地蔓延。

至三月六日，澎湖以外的十六個縣市都遭波及。台中的火柴工廠、煙葉工廠、洋絲工廠、被服廠均遭破壞。新竹縣的工廠、商店損失達二百三十六萬餘元。⑨高雄市未及逃避的外省人被拘禁於第一中學。⑩新竹縣的外省人則集中於桃源農業學校，不給食糧。⑪宜蘭提出：「外省人應集中受本省青年監視」。⑫有的地方甚至成立「外省人管護所」。

關於事件中外省人被害的情況向無精確統計。三月五日，臺北憲兵第四團團長張慕陶報告稱：外省人之被襲擊而傷亡者，總數在八百人以上。⑬三月六日，陳儀向蔣介石報告稱：「遇外省人，不問何人，即肆毆打，不只對公教人員而已。商人亦遭波及，外省人開設之商店亦被搗毀。外省人（臺北市）受傷人數約在二百人左右，且有致死者。」⑭據事後各單位向臺灣警備司令部的彙報，在南京國民政府的軍隊抵台之前，外省人死亡或失蹤四百七十人（公務員七十二人，軍警一百三十人，民眾二六八人），受傷二一三一人（公務員一三五一人，軍警三九七人，民眾三八三人）合計爲二六〇一人。公家財產損失一億四千萬台幣，私人財產損失四億七千萬台幣。⑮除毆擊外省人，搶奪公私財產之外，外省婦女也成爲侮辱對象。李益中記載：暴徒「見婦女則恣情凌辱，或令裸行以取笑樂。」⑯賴澤涵等人的《研究報告》則稱，強姦事件也「偶有所聞」。

關於當時外省人被慘殺、侮辱的狀況，唐賢龍的《臺灣事變內幕記》等書有幾則觸目驚心的記載，摘錄如下：

一、在台中市，煙酒專賣局科員劉青山從辦公室走出，即被推倒、圍毆。後入台中醫院治療，第二天晚上，十餘人衝入醫院，割去劉的耳朵、鼻子，挖出兩眼，再加毆擊，直至斃命。

二、在臺北新公園附近，除打死十幾個外省人，毆傷二十幾個公務員外，更有一個外省女教師被輪姦。另外，一個少婦攙小孩回家，被人攔住，先調戲，剝光衣服，橫加毆打，後用刀割開嘴巴，再綁起雙腳，抛到水溝中。少婦慘叫身死，小孩哭喊媽媽，流氓抓住小孩頭，用力向背後扭轉，使小孩氣絕斃命。在太平町，有一孕婦被剝光衣服，遊街示眾，該孕婦堅不答允，被一刀從頭部劈爲兩段，當場身死。

三、在臺北橋附近，外省小孩在路上被流氓抓住，一個人抓左腿，一個人抓右腿，將小孩撕開，屍體被丟到水溝裏。另有兩個小學生，路遇暴民，暴民一手執一學生，將兩人的頭猛力互撞，直至腦血橫流，旁觀者拍手叫好。在萬華附近，一小孩被捆綁雙腳，暴徒將小孩頭倒置地上，用力猛擊，使腦漿流出，拋於路旁。

四、在臺灣銀行門前，有一職員從辦公室走出，即被暴民當頭一棍，打出腦漿殞命。適逢一對青年夫婦路過，又被暴民圍住，吆喝喊打，拳腳交加，棍棒齊飛，二人均被打得血肉模糊而死。

五、在桃園，外省人被羈囚於大廟、員警官舍與忠烈祠後山三地，內有五個女眷，被流氓姦污後憤極自縊。該縣大溪國小女教員林兆煦被流氓呂春松等輪姦後裸體徹夜，被高山族女參議員李月嬌救出脫險。⑰

上述暴行，令人髮指，應視之爲騷亂。它們不具有任何正義性與合理性。既是抗暴，反對腐敗政治，又是騷亂；既有正義性與合理性的成分，又有非正義與非理性的成分，這就是二二八事件的雙重性。只有同時看到這兩個方面，才能正確地掌握事件的性質，也才有可能正確地分析並評價它的善後處理。

二、三駕馬車，三種政治訴求

廿八日以後，事件分別向不同方向發展。一是要求政治、經濟改革，一是奪械暴動，推翻國民黨政權，一是要求臺灣獨立或聯合國託管。

三月一日，臺北市參議會邀請國民參政員、制憲國大代表及省參議員在臺北市中山堂緊急集會，成立「緝私血案調查委員會」，推派省參議會議長黃朝琴等七人爲代表謁見陳儀，要求撤銷戒嚴令，釋放被拘民眾。下午五時，陳儀向全省廣播，應允黃朝琴等人提出的要求，派民政處長周一鶚、交通處長任顯群等五人，代表政府與臺北市參議員、省參議員、國民參政員、國大代表等組成二二八事件處理委員會。二日，臺灣大學、延平學院、法商學院、師範學院及中等學校學生千餘人集會，譴責陳儀政府。當日，處理委員會增加警備司令部參謀長柯遠芬及民間代表林獻堂、《自由報》社長王添燈等人，舉行首次會議。陳儀第二次向全省廣播，宣布寬大措施四條：參加事件的人民一律不加追究，被拘捕者准予釋放，傷者給付治療，死者優予撫恤。三日，處理委員會推派代表與柯遠芬商定，命戰鬥部隊集中營房，成立憲警民維持治安聯合辦事處，同時成立「忠義服務隊」，維持治安。隨後，全省各縣市紛紛成立處理委員會分會。

六日下午，王添燈向處理委員會提出《處理綱要》三十二條，其第一條爲要求政府下令各地武裝部隊「暫時解除武裝」，政治方面提出「制定省自治法」，縣市長、參議會於六月以前「實施民選」，省各處長三分之二以上須由在本省居住十年以上者擔任，言論出版罷工「絕對自由」，一切公營事業主管人由本省人擔任，撤銷專賣局、貿易局，宣傳委員會，地方法院院長、首席檢察官，全部以本省人充任等。

該《綱要》事前曾送請中共地下黨負責人審閱，負責人表示，時間緊迫，來不及開會討論了，就這樣提出去。⑱同日，處理委員會發表告全國同胞書，宣稱：「我們的目標在肅清貪官污吏，爭取本省的政治改革，不是要排擠外省同胞。」「我們同是黃帝的子孫，大漢民族國家政治的好壞，每個國民都有責任。」書告特別表示，今後絕對不得發生毆打外省同胞一類事件。[19]當晚，陳儀接受部分建議，在第三次廣播中宣告改革政治意見，表示擬將省級行政機關改爲省政府，委員及各廳、處長儘量任用本省人士，七月一日舉行縣市長民選。七日，處理委員會討論《處理綱要》，追加「本省陸海空軍，應儘量採用本省人」以及撤銷警備司令部等十條，連前共爲四十二條。其主體部分反映當時臺灣人民的政治和經濟改革要求，但其中有些條件明顯過高，如軍隊暫時「解除武裝」；有些條件明顯錯誤，如「本省人之戰犯及漢奸嫌疑被拘禁者，要求無條件及時釋放」等。[20]

陳儀讀到《綱要》敘文時勃然大怒，斷然拒絕。

事件的另一發展趨向是襲擊警察局，奪械暴動，組成武裝，進攻軍隊、軍營，接管政府。

基隆。二月廿八日夜，基隆部分群眾襲擊該市第一員警分局，奪取槍枝。

桃園。三月一日晨，自臺北來縣的學生結合本縣群眾佔領縣政府。

嘉義。在中共臺灣省工作委員會委員、武工部部長張志忠領導下，民眾於三月二日包圍警察局，接受槍枝。次日召開市民大會，接管電臺，募集志願軍，成立臺灣民主聯軍，攻擊憲兵營、軍械庫及水上飛機場、軍營。三日晚，接管市政府。[21]

台中。在二二八事件前，建國工藝職校校長、老台共成員、中共臺灣省工作委員會秘密黨員謝雪紅即收集廢鋼鐵，準備製造槍械，實行起義。三月二日，謝雪紅等召開市民大會，舉行遊行示威。四日，接管警察局、憲兵隊、團管區司令部、軍械庫、廣播電臺、電信局、專賣局等機構。六日，根據張志忠意見，成立「二七部隊」，開展武裝鬥爭。㉒

高雄地區。民眾於三月三日下午八時開始掠奪警察局武器。三月五日，接受或佔領市內大部分軍政機關。

群體性事件的參加者大都是複雜的。除對臺灣當局不良政治與經濟狀況不滿的普通群眾與青年學生以及少數共產黨人外，也確有大量遊民、流氓、殘留日本浪人、日據時代的御用紳士、台籍退伍日本軍人、原皇民奉公會會員等在內。據統計，日據時代被監禁於火燒島、送往中國大陸或派往南洋的流氓、盜賊，戰後返回臺灣者約在五萬人左右。㉓台籍日本軍人戰後遣返回鄉者約在十萬人以上。㉔此外，留台日人及其家屬有三八四三人，至於匿居民間，改冒台籍者則更無法統計。㉕

事件發生後，臺北處委會負責人在新公園臺灣廣播電臺廣播，召集台籍日本退伍軍人、軍屬、技工，到指定地點集合。自三月五日起集中訓練。登記者計有原在日本陸海軍服役的人員一千九百餘人。其組織名稱則有「海南島歸台者同盟」、「若櫻敢死隊」、「暗殺團」等。這些人中的許多人或具有強烈的反社會情結，或親日仇中，具有嚴重的「皇民」情結。他們在事變中毆打外省人，搗毀或搶劫外省人財物最爲積極。花蓮的暴徒除持日本軍刀外，甚至穿戴日本軍服。㉖高雄大港埔、前鎮，鹽埕埔一帶，都出現用日本軍刀屠殺外省行人，甚至逐屋搜尋外省人加以辱殺的現象。許多地方，不會講臺語、日語者往往慘死刀下。有的地區並由台籍日本海軍少佐擔任指揮。

事件中的政治訴求則比較複雜：

處理委員會的改革要求是一種，已如上述。其他如臺灣民主同盟、臺灣省自治青年同盟、臺灣省建設會提出的要求也可歸入此類，臺灣民主同盟提出，「政治上的徹底的改革，實現民主政治」。該組織在《告臺灣同胞書》中提出「開放官民糧食」，「廢除長官制度，在台先實行憲政」，「取消專賣公營制度」，「健全司法獨立性，取消軍警暴政，尊重民權」等五項要求，在《告臺灣同胞書之二》中提出，「打倒獨裁的長官公署」，「撤銷貿易局及專賣局」，「實施縣市長選舉，登用本省人才」等七項要求。該組織隨後又發佈《臺灣省政改革綱要》，提出「改稱省政府」，「重行普選」，「准予人民有思想、言論、宗教、集會、結社、居住、出版之自由」等九條意見。臺灣省自治青年同盟則提出「建設高度自治，完成新中國的模範省」，「實施縣市長民選，確立建國的基礎」等六項綱領。臺灣省建設會提出的改革綱要共九條，其核心要求是成立臺灣省改革委員會。㉗

激進派和共產黨的臺灣地下組織的革命要求是一種。二二八事件的發生與共產黨人無關，但是，事件發生後，共產黨人迅速介入。原台共黨員謝雪紅等提出，「結束國民黨一黨專政，立即實行臺灣人民的民主自治」。嘉義「報導部」提出：「打倒國民黨的一黨專制政府，組織民主聯合政府」。台南市三月四日貼出標語：「趕走國民黨政治，實行真正的新民主主義政府」，「設立各界人民代表會議爲臺灣最高權力機關」等，這些主張，顯然都反映出激進派和

臺灣共產黨地下組織的觀點。㉘

台共在日據時代雖然已經被鎮壓，但臺灣光復後，謝雪紅等被釋出，恢復活動；中共又迅速自大陸派出幹部，建立中共臺灣省工作委員會等機構。這些組織雖然新建不久，人數很少，僅約七十人左右，但是作用相當大，並且和延安有電臺聯繫。㉙臺灣政治建設協會通常被認爲是二二八事件的催生者和組織者，在其廿七席「民事」（理事？）中，台共占五人，十三席監事中，台共占二人。㉚

事件發生後，中共臺灣省工作委員會立即組成全島性的武裝鬥爭委員會。㉛據二二八事件時的臺灣延平大學學生古瑞雲回憶，當時中共地下黨廖瑞發（臺北市工委書記）曾經找他，說準備武裝起義，要他聯絡烏來高山族參加。㉜另一學生葉紀東回憶，地下黨李中志找他和另一個學生領袖陳炳基說：「光是靠處理委員會的文鬥還不夠，學生必須另外組織起來，搞武裝起義。」葉、陳二人問他：「要武鬥可以，但是，武器在那裏？」李回答說：「武器沒問題，軍火部已經搞定了。」此後，在李中志的策劃下，臺北組成「學生軍」，由李任總指揮。同時，中共臺灣省工作委員會也成立總指揮部，書記蔡孝乾和廖瑞發、林樑材（老台共）等也都到現場附近觀察、指導。其計畫是首先攻打景尾軍火庫，然後三路會攻，佔領長官公署，成立「人民政權」。由於其中一路遭到軍隊掃射，未能成功，其他兩路也因此均未發動。㉝

激進派和台共當時提出的口號並不都正確。光復後，日人留下的房產爲部分台民捷足先得，長官公署決定「標售日產房屋」，台共成員、臺灣政治建設協會常務理事兼社會組組長王萬得等人即表示反對。他在會上公開提出：「驅逐阿山，實行自治，爲臺灣人的出路。」㉞事件中，「憂鄉青年團臺北支部」提出：「昔日的軍官們，現在是拔出指揮刀的時候了」，㉟高雄學生組織提出：打倒比「日狗」還殘忍、野蠻的「山豬」。㊱這些，就都是不正確或者完全錯誤的口號。

無可否認，事件中也確有「臺灣獨立」的訴求。他們的口號有「打倒外省人」、「台人治台」，「聯合國託管」等。據司徒雷登三月五日致美國國務卿的報告，駐台領事當日接受了臺灣人的一封給馬歇爾的請願書，代表八百零七人，簽名者一四一人。該請願書的結論是：「改革臺灣省政府最快的方法是由聯合國參加臺灣的行政，在臺灣還沒有獨立之前，先切斷臺灣和中國本部間的政治和經濟關係。」㊲三月六日，司徒雷登再致國務卿電云：「臺灣人強調，由於開羅宣言，美國對臺灣負有責任。他們通過印刷品，要求美國幫助他們，在主權還沒有轉移的期間，獲得聯合國的干涉。」這一部分人曾七次向美、英領事館要求「托治」。㊳

當時在臺灣活躍的外國人，除日牒田市川等人外，㊴美國海外戰略局成員、駐臺灣副領事葛超智（George H Kerr）和駐臺灣新聞處處長卡度等都在積極鼓吹臺灣獨立。葛超智並四處活動，表示可以在六小時之內用快艇從菲律賓的馬尼拉運送武器到淡水。㊵關於此人，當時在臺灣工作的陳儀外甥、後來成爲歷史學家的丁名楠評論說：「美國駐台副領事喬治・柯爾在此期間，非常露骨的散播各種不實謠言，製造各種糾紛，混淆國際視聽，致使事件不斷的蔓延、惡化。」㊶據陳儀事後彙報，當時曾有人準備成立「新華」國，其國旗係在日本的「太陽旗」上

加一黃星，年號用「臺灣自治邦紀元元年」，施政方針「一如日本政府」等。㊷

三、蔣介石的「懷柔」決策與措施

蔣介石很快就得到了臺灣發生事變的消息，但其二月廿八的日記並無記載。稍後，蔣在《上月反省錄》中寫道：

> 臺灣暴民乘國軍離台，政府武力空虛之機，發動全省暴動，此實不測之禍亂，是亦人事不臧，公俠疏忽無智所致也。㊸

蔣寫《上月反省錄》，不一定在月底，而常在下月的某一天，故此條寫作時間不可確考。蔣日記中對二二八事件比較確切的記載始於三月一日的《上星期反省錄》：

> 臺灣群眾為反對紙煙專賣等起而仇殺內地各省同胞，其暴動地區已漸擴大，以軍隊調離臺灣，是亦一重要原因也。㊹

臺灣光復後，南京國民政府駐臺本有第六十二及第七十兩個師的兵力，但均因內戰需要調離。日記中所稱「國軍離台」指此。當時，蔣介石需要處理和中共以及和美國、蘇聯的許多複雜問題，但是，他還是將二二八事件作爲最重要的問題處理，其三月六日「注意」欄中首列「臺灣暴動事件之研究」。同日日記云：「對戰局，對台事，憂戚無已。」他在和陳儀通話中指示：「政治上可以退讓，盡可能的採納民意，但軍事上則權屬中央，一切要求均不得接受。」㊺這是蔣介石就二二八事件對陳儀做出的最早指示。

當晚，美國駐華大使司徒雷登會見蔣介石，聲稱接到美國駐台領事急電，表示臺灣局勢嚴重，要求派飛機接其眷屬離台。蔣介石對此甚爲反感，在日記中寫道：「美國人員浮躁輕薄，好爲反動派利用，使中國增加困難與恥辱，悲痛之極。」三月七日，蔣介石確定處理二二八事件的方針，日記云：

> 自上月廿八日起，由臺北延至全台各縣市，對中央及外省人員與商民一律毆擊，死傷已知者達數百人之多，陳公俠不事先預防，又不實報，及事至燎原，乃始求援，可嘆！特派海陸軍赴台，增強兵力。此時共匪組織尚未深入，或易為力，惟無精兵可派，甚為顧慮。善後方策，尚未決定。現時惟有懷柔。此種台民初附，久受日寇奴化，遺忘祖國，故皆畏威而不懷德也。㊻

蔣介石以軍事起家，他當然懂得軍隊在處理事變中的作用；臺灣剛剛脫離日本統治，日本影響深厚，這也使蔣介石感到，弭平事變，要靠「威懾」。但是，蔣介石當時的最大困難是，主要兵力都已投入和中共的作戰。這樣，蔣介石雖想派出「精兵」，但無兵可派。想來想去，蔣介石覺得：「現時惟有懷柔」。這是蔣介石處理二二八事件的基本對策。當日，蔣介石除決定「派海陸軍增援臺灣」外，緊急召見自臺灣飛來的國民黨臺灣省黨部主任委員李翼中，聽取詳細彙報，研究善後辦法。

李翼中在事件發生後受陳儀委託，參加二二八事件處理委員會。他主張向中央呼籲「臨之以威，綏之以德」，自請赴南京彙報。三月六日，他在向臺灣人民廣播中承認：「二二八不幸事件之發生，實由於官民情感隔閡之所致」，呼籲「政府以寬大爲懷，人民以地方爲重」，使事件早日平息。李翼中在會見蔣介石時，歷述臺灣人民在政治和經濟方面的種種要求，主張儘量滿足臺灣人民的要求，「多與之」。蔣介石表示：李的意見大體可行，陳儀在廣播中對臺灣人民的允諾也可以答應，要李與陳立夫擬具「處理辦法」。

三月八日，李翼中提出要點八條，其主要者爲：一、改臺灣省長官公署制度爲省政府制度；二、臺灣省政府委員及各廳處長儘量任用本省人士；三、各縣市長提前民選；四、在政府或事業機關任職者，不論本省或外省籍，其職務、官階相同者待遇一律平等。五、民生工業中的公營範圍應儘量縮小。同日，蔣介石接見李翼中及行政院長張群、文官長吳鼎昌，表示李所擬要點「略加修改即可」。同日，國防最高委員會開會，與會委員張繼、賀耀祖、朱家驊、于右任等普遍認爲，臺灣的政治經濟制度都需要改革。會議作成決議三項：一、政府應派大員前

往該省宣慰；二、臺灣省行政長官公署應依照省政府組織法改組爲臺灣省政府；三、改組時應儘量容納當地優秀人士。㊼

對李翼中等所擬辦法和國防最高委員會的決議，蔣介石都表示贊同，對李的辦法，蔣批示說：「交行政院照此原則研究具體實施辦法可也，並報告國防會議。」㊽對國防最高委員會的決議，蔣批示說：「已照決議三項原則進行，待派定宣慰人員出發時再發表此消息可也。」㊾三月九日，蔣介石決定派國防部長白崇禧宣慰臺灣，並連續兩個晚上和白崇禧討論「臺灣方針」。㊿三月十日，蔣介石於國民政府國父紀念週發表演講，說明已派軍隊赴台維持當地治安，不久當可恢復常態，同時將派大員赴台協助陳儀處理事件。他宣稱：「已嚴令留台軍政人員靜候中央派員處理，不得採取報復行動，以期全台同胞親愛團結，互助合作。」他要求臺灣人民「深明大義，嚴守紀律」，「明順逆，辨利害，徹底覺悟，自動的取消非法組織，恢復地方秩序，俾全台省同胞皆得早日安居樂業，以完成新臺灣之建設」。51

三月十七日，白崇禧奉蔣介石之命飛台宣撫，蔣經國、李翼中等偕行。當日，首由蔣介石向臺灣民眾廣播，「期於確保國家立場及採納臺胞真正民意的原則下，謀合理之解決」。廣播中，蔣介石宣布了將臺灣行政長官公署改爲省政府、縣市長民選等決定，52次由白崇禧向全省廣播並發佈國防部佈告，宣稱將「採取寬大爲懷的精神來處理」，「參與此次事變或與此次事變有關之人員除煽動暴動之共產黨外，一律從寬免究」。白並稱，中央對臺胞關心的「自身權利及利益」，「在可能的範圍內一定加以最大的注意與扶助」。53當時，柯遠芬曾主張，地方上的暴民和土匪成群結黨，一定要懲處，寧可枉殺九十九個，只要殺死一個真的就可以。柯並引列寧的話，對敵人寬大，就是對同志殘酷。白崇禧糾正他，有罪者殺一儆百爲適當，但古人說，殺一不辜而得天下不爲。㊹

廿七日，向臺北中等以上學生訓示，宣稱對「盲從脅迫」參加事件的青年學生不究既往，「迅速復課讀書」，保證各憲兵不再逮捕學生。等等。㊺廿八日，白崇禧與臺灣地方父老及省參議員座談，宣示今後治台措施，除儘量登用台省人才外，重點闡述經濟政策：輕工業儘量由臺胞接辦，不許少數資本家操縱；將占全省土地總面積約五分之一的可耕土地分配給有耕種能力的臺胞耕種，增加自耕農利益，減少地主剝削，等等。㊻四月一日，白崇禧舉行記者招待會，聲稱逮捕人犯須依合法手續，審理務求公允迅速，重申對青年學生一律從寬免究，即使對「逃竄潛伏」的共產黨，只要繳械投誠，也從寬處理。㊼

白崇禧在臺灣停留半個月，於四月二日返京。他在臺灣宣示的政策大體符合蔣介石的「懷柔」主張。十七日，他在國父紀念週報告，進一步提議縮小專賣範圍，撤銷專賣局等建議。這些主張，對於弭平事變，撫慰傷痕有一定作用；對於臺灣後來的政治、經濟改革也有一定影響。

二二八事件發生後，蔣介石在日記中對陳儀多有批評。還在三月十二日，他就在日記中說：「公俠不自知其短缺，使余處理爲難。」㊽十六日晚，蔣介石決定命陳儀辭職。十七日，陳儀致電蔣介石請辭。十八日，蔣介石覆電同意，但要陳在省政府成立之前主持善後，勉爲其難。廿二日，蔣介石召見陳儀。四月廿二日，蔣介石主持行政院會議，決議撤銷臺灣行政長官公署，成立臺灣省政府，任命法學家、外交家出身的文官魏道明爲臺灣省主席。當日，蔣介石並立即與魏商議臺灣省政府的組織與人選。59

魏道明到任後，即要求臺灣本省人與外省人「互相敬讓，彼此扶持」，「和協共處」，宣布解除戒嚴，結束清鄉，停止對新聞、圖書、郵電的檢查。60同時，採取一系列措施化解矛盾，如啓用台籍精英，提倡「經濟自由」政策，重申中央「寬大意旨」，禁止濫殺濫捕等。蔣渭川、林日高等一批與事件有關的台籍精英被准予「自新」，大量在押人員被釋放。根據臺灣省警備總司令部的統計，至當年十月十五日爲止，二二八事件中被捕人犯約一千八百人，其中，以內亂罪論處或起訴者四十六人，被處死刑者五人，而核准自新者爲三千九百零五人。所有這些，都是蔣介石「懷柔」政策的繼續。

「懷柔」一詞始見於《詩經・周頌・時邁》，它是一種政治策略，也是一種政治手段。它意味著不用暴力，而用柔軟的方法、籠絡和感化的方法，解決兩種對抗力量之間的激烈衝突，從而避免大規模的流血或惡性的破壞。面對複雜的二二八事件，面對長期受日本的殖民統治，光復不久的臺灣，蔣介石決定以「懷柔」作爲主要的處理方針是正確的。

四、派兵始末及其評議

三月五日，南京方面收到憲兵四團團長張慕陶的報告，內稱：「暴民要求不准軍隊調動，不准軍隊帶槍」，「在各處劫奪倉庫槍械及繳收軍警武器，總數在四千支以上」；「台中憲兵被繳械，官兵被囚禁」，「其性質已演變爲叛國奪取政權之階段」。61當日，陳誠報請蔣介石同意，派劉雨卿率廿一師師部及一四六團開赴基隆，歸陳儀指揮；命憲兵第四團之第三營自福州開赴臺灣歸制。同日，蔣介石電告陳儀，「已派步兵一團，憲兵一營，限於本月七日由滬啓運」。62

三月六日，陳儀致函蔣介石，聲稱事變「決非普通民眾運動可比，顯係有計劃有組織的叛亂行爲」，要求迅速派遣紀律嚴明，武器精良的得力軍隊兩師來台，派大員主持。函稱：「關於政治，可讓臺胞參加；關於軍事，既有實力，可以對付奸黨及希望獨立等叛國運動。」函件強調事件原因複雜。一是一九四六年從海南島回台的僑民中有少數「奸黨分子」，他們的目的在於「找尋機會，奪取武器，破壞秩序，造成恐怖局面」。二是留用日人中，有人企圖「乘機擾亂」。三是日據時代的御用紳士及流氓懷抱「臺灣獨立，國際共管」的謬想，傳單中竟有「臺灣獨立，打死中國人」的詞句。四是一般民眾缺乏國家意識。函件最後稱：「爲保持臺灣，使其爲中華民國的臺灣計，必須派得力軍隊來台。如派大員，亦須俟軍隊到台以後，否則亦恐難生效力。」63

三月七日，陳儀得悉蔣僅派一團兵力，認爲「不敷戡亂之用」。他在致蔣電中聲稱：「奸匪到處搜繳武裝及交通工具，少數日本御用紳士，利用機會煽動，並集合退伍軍人反對政府，公然發表叛亂言辭。」他要求除廿一師全部開台外，再加開一師，至少一旅，並派湯恩伯指揮。64同日，蔣介石決定增派軍艦一艘赴基隆，歸陳儀指揮。65八日，蔣介石致電陳儀，告以

「已派海軍兩艘來基隆」，「廿一師第二團約定明九日由滬出發」。⑯在事件中，南京國民政府合計共出動廿一師全部五個團，憲兵營五個，特務營一個。⑰

蔣介石是派出軍隊的決定者。二二八事件發生後，曾有人反對派兵，例如臺灣省參議會議長黃朝琴曾於三月五日上書蔣介石，認爲，事件發生在於「省署施政有失民心，積怨所致」，「各地秩序已漸恢復」，「外傳託治及獨立，並非事實」。因此，他只要求蔣介石督促陳儀迅速、果斷地頒佈「治本」辦法，同時要求速決治台方針，簡派大員來台處理，避免事態擴大。⑱臺灣政治建設促進會也曾通過駐台外國領事館致電蔣介石，要求「勿派兵來台，否則情勢必更加嚴重」。蔣介石認爲，這是「反動分子在外國領館製造恐怖所演成」，可置之不理。⑲儘管如此，蔣介石對於軍隊到台之後，如何行動，並無明確意見。他要陳儀拿主意。

三月七日，蔣電告陳儀，由上海開出的軍隊在三月十日晨可以到達基隆，聽說鐵路與電力廠皆已爲台民佔據，部隊到基隆後如何行動，「應有切實之準備」。他詢問陳儀：「近情究竟如何？應有最妥、最後之方案，希立即詳報。」⑳同日，再次致電陳儀，詢問「臺灣近情究竟如何？鐵路與電力廠是否已爲反動暴民把持？善後辦法如何？」他指示陳儀等人「詳商後速報」，並且要求在台的俞飛鵬（樵峰）乘飛機回京報告。㉑八日，他致電陳儀稱：「今日情勢如何？無時不念，望每日詳報。」㉒同日，蔣介石再電陳儀，詢問各處倉庫所存械彈數量及情況，指示陳，與其爲暴民奪取，不如從速燒毀。他要求陳儀「先作控制臺北、基隆二地之交通、通信與固守待援之準備，同時固守臺灣南部的高雄與左營兩個要塞。」他指示陳儀，「日內即有運輸登陸艦二艘駛台，可派其作沿海各口岸聯絡及運輸之用」，要陳對基隆與臺北狀況每日朝午夕三次報告。[73]十日，蔣介石聽說二十一師的第一個團已經到達臺北，立即致電陳儀，詢問形勢及部隊到達之後的「處理辦法」。[74]據二十一師師長劉雨卿回憶，蔣介石對該師的指示是：「寬大處理，整飭軍紀，收攬人心。」[75]另據該師參謀長江崇林口述：蔣對該師的指示是：「寬大爲懷，迅速處理。」[76]二者一致。

從以上函電和資料考察，蔣介石並未下達過嚴厲鎮壓、誅戮的命令，陳儀也完全知道，「中樞」以「寬大」爲旨，[77]但他對處理事變早已成竹在胸。

三月七日，陳儀回電蔣介石說：「鐵路與電力公司，均係台民，一有事決不爲我用。部隊到基隆之行動，已在準備中。目前我因限於武力，十分容忍，廿一師全部到達後，當收斧亂之效。」[78]陳儀此電很含蓄，但「斧亂之效」四字，說明他嚴厲鎮壓之心已下。同日，蔣介石得悉美國駐台領事館致電大使館，要求派飛機撤出在台美僑，蔣介石再次電詢陳儀，要他立即報告「近情」。陳儀在回電中聲稱，目前反動分子的最大詭計是使臺灣兵力愈單薄愈好，而「反動分子正在利用政府武力單薄之時機，加緊準備實力，一有機會隨時爆發，造成恐怖局面。如無強大武力鎮壓制裁，事變之演成，未可逆料。」[79]他重申除廿一師外，至少加派一旅來台。」此電再次暴露出陳儀「鎮壓制裁」之心。三月八日，陳儀覆電蔣介石，聲稱「一俟劉師長廿一師之一團開到臺北，即擬著手清除奸匪叛徒，決不容其遷延坐大」。[80]

三月九日，廿一師師長劉雨卿到達臺北，向陳儀報到。同日下午，其所屬四三八團到達基隆。三月十日，發佈戒嚴令，開始搜捕、清鄉。陳儀電令基隆要塞司令史宏熹：「凡屬主謀及暴徒首領，一律逮捕訊辦。限三日內完成具報。」⑧十一日，陳儀電告蔣介石，「肅奸工作即應逐步推進」。十二日，電令高雄要塞司令彭孟緝：「肅清奸僞分子，以絕後患。」

十三日凌晨，陳儀決定「開始行動」，「與二二八事件有關的嫌疑人士，不問姓名，當場槍決」。⑧刀鋒所向，首先指向對政府當局多所批評的新聞界。《人民導報》社長宋斐如、《民報》社長林茂生、《自由報》社長王添燈、《新生報》總經理阮朝日、日文版總編輯吳金練、嘉義分社主任蘇憲章、《大明報》社長艾璐生（外省人），以及律師林瑞端、醫學博士施江南等陸續被捕殺。有記載說：「斯時，每夜均有滿疊屍體的卡車數輛，來往於臺北——淡水或基隆間。

三月底，基隆幾乎每天都能看到從海中漂上岸來的屍體。有的屍親圍坐而哭，有的則無人認殮，任其腐爛。」⑧與此同時，臺灣各地開始清鄉，至五月十六日，清鄉結束，解除戒嚴。其間，又發生過許多不幸事件。李翼中說：

國軍廿一師陸續抵基隆，分向各縣市進發，陳儀明令解散二二八事件處理委員會，又廣播宣布戒嚴要旨，於是員警大隊別動隊於各地嚴密搜集參與事變之徒，即名流碩望、青年學生亦不能倖免，繫獄或逃匿者不勝算。中等以上學生，以曾參與維持治安，皆畏罪逃竄遍山谷，家人問生死，覓屍首，奔走駭汗，啜泣閭巷。陳儀又大舉清鄉，更不免株連誣告或涉嫌而遭鞫訊，被其禍者前後無慮數萬人，台人均懾氣吞聲，唯恐禍之將至。84

關於二二八事件中臺灣本省人的死傷人數也向無精確統計。李翼中的所說「被其禍者前後無慮數萬人」應該包括死傷、被捕、被殺、逃匿、流亡、恐慌等各種情況在內，是一種籠統的說法。至於死亡人數，有誇張至十萬人，甚至二十萬人者，但根據行政院成立的財團法人二二八基金會的補償記錄（二〇〇四年一月二日）：計本省人死亡六七三人，失蹤一七四人，其他羈押、徒刑、傷殘、健康名譽、財務損失，共一二三七人，合計為二〇八四人，這應是比較可靠的數字。85其中，除任意毆殺外省人、搶劫外省人財物的暴徒應予依法懲治外，自然會有不少冤捕、冤殺、濫捕、濫殺的情況。

二二八事件後出現的冤捕、冤殺、濫捕、濫殺的情況，顯然並不符合蔣介石的「懷柔」方針。三月十二日，蔣介石得悉軍隊到台後，「員警及警備部軍士即施行報復手段，毆打及拘捕暴徒，台民恐慌異常」等情況後，立即批示同意侍從室所擬意見：「飭陳總司令切實制止報復行為」。十三日，又得悉劉雨卿所部到台後，使用僅在內地流通的法幣，引起商民惡感，蔣介石也立即批示同意侍從室意見，「飭劉師長糾正，通令所屬嚴守紀律，以爭取民眾。」86同日，蔣介石並親筆手書，以極為嚴厲的口吻指示陳儀：「請兄負責嚴禁軍政人員施行報復，否則以抗令論罪。」87陳儀曾將蔣的命令轉達各有關方面。這以後，事變迅速平定。據統計，清鄉過程中，擊斃四十三人，俘虜五八五人，自新三〇二二人。⑱可見，並未出現大肆殺戮的狀況。

十四日，蔣介石得知台中、嘉義、台東等地的縣市長均已復職辦公，這使他感到「新復之地與邊省，全靠兵力維持」，⑲但是，他仍然擔心軍隊擾民。三月十九日，蔣介石又致電白崇禧，要他轉命劉雨卿，在追擊「殘匪」的過程中，「應特別注重軍紀，萬不可拾取民間一草一木。故軍隊補給必須充分周到，勿使官兵藉口敗壞紀律。」⑳自然，願望是善良的，然而，國民黨的軍隊並非是一支令行禁止、奉命惟謹的有良好素質的軍隊，蔣介石的這些指示和命令不可能得到認真的貫徹。

前文已述，二二八事件既是臺灣人民的抗暴運動，同時又是無理智的騷亂，其中還有外國勢力影響和操縱下少數人的「獨立」和「託管」活動，三者交錯混雜。在臺灣各地普遍發生毆殺外省人，並且奪械暴動的情況下，爲了恢復社會正常秩序，南京國民政府出動少量武裝力量有其必要。但是，蔣介石既堅決反共，又堅決反對臺灣獨立。早在事件發生前，蔣介石就指示陳儀：「據報，共黨分子已潛入臺灣，漸起作用。此事應嚴加防制，勿令有一個細胞遺禍將來。台省不比內地，軍政長官自可權宜處置也。」㉑自然，陳儀等人以「反共」和「反台獨」名義而採取的各項舉措都易於得到蔣介石的支持。

事件發生後，蔣介石雖然迅速確定「現時惟有懷柔」，並且先後派白崇禧、魏道明到臺灣貫徹這一政策，以「寬大」爲要旨，但是，他對陳儀函電中所一再流露出來的強力鎮壓、制裁的意見並未駁正，事實上採取默認態度，對赴台軍隊的行動方針、任務、紀律缺乏嚴格而明確的規定，及至軍隊抵台，陳儀濫施捕殺、「台民恐慌」等問題後，蔣介石才下令制止，但猛虎出籠，錯誤已經鑄成，糾正無及了。

①參見《高等法院記錄》，《臺灣光復和光復後五年省情》（下），南京出版社一九八九年版，第五八〇至五八五頁。

②臺灣省文獻研究會《二二八事件文獻輯錄》，一九九二年版，第二三六頁。《緝煙血案被告傅學通等判決書》，陳芳明編《臺灣戰後史資料選》，二二八和平日促進會一九九一年版，第二二九至二三一頁。

③臺灣省文獻研究會《二二八事件文獻輯錄》，第二三八頁。《續錄》，第三七六頁。關於衛兵開槍的原因、所用槍枝及死傷人數，諸說不一。參見戚嘉林《臺灣真歷史》，中國友誼出版公司二〇〇一年版，第一八四頁；藍博洲《沉屍、流亡、二二八》一書稱，受傷三人後來也都死了。見時報文化出版公司二〇〇二年版，第二二三頁。另據目擊者、《中外日報》記者周青回憶：「隱伏在公署頂樓的輕機槍向人群開火掃射」，「死傷者有七、八人」。「後來，政府當局竟謊稱群眾欲搶衛兵槍枝。」又，二二八慘案臺胞慰問團於三月十四日呈送于右任的《處理臺灣事變意見書》稱：「當場殺死數千人。」顯然過於誇大。見《臺灣光復和光復後五年政情》（下），第五九一頁。

④《陳儀報告電文》，《二二八事件文獻續錄》，第三七六頁。吳克泰稱：「翌日，在北門鐵路局附近，憲兵又開槍打死百姓，有二三卡車之多。我親眼目睹運屍車。」見《周青、吳克泰先生口述記

錄》，《二二八事件文獻補錄》，第七十五頁。鄭劍《臺灣秘史》稱：當場打死十八人，傷四十多人。見該書一九九八年版，第二一二頁。

⑤《二二八慘案臺胞慰問團呈于右任關於處理臺灣事變意見書》，《臺灣光復和光復後臺灣省情（下）》，第五九〇頁。

⑥《楊亮功、何漢文關於臺灣二二八事件調查報告及善後辦法》，《臺灣光復和光復後五年省情（下）》，第六四七頁。

⑦《臺灣二二八慘案聯合後援會為挽救臺灣危局致于右任電》，《臺灣光復和光復後五年省情（下）》，第五九四頁。

⑧阿山，意為山豬，對外省人的輕蔑稱呼。

⑨《二二八事件台中各機關損失調查表》，武之璋：《二二八真相解密》，臺北風雲時代出版公司二〇〇七年版，第二四五頁。

⑩中央研究院近代史研究所編：《二二八事件資料選輯》（一），一九九二年版，以下簡稱《近》一（其第二集稱《近》二），第六十二頁。

⑪《安全局之報告》，武之璋：《二二八真相解密》，第二三七頁又二四六頁。

⑫《近》一，第一〇三頁。

⑬《近》二，第六十七頁。

⑭《近》二，第七十二至七十三頁。

⑮朱浤源：《二二八事件真相還原》。http://www.wrech.cc/blog/rainbow2/5435457.

⑯《近》二，第三七五頁。

⑰轉引自《一個外省人親歷二二八的回憶》，轉據武之璋《二二八真相解密》，第一一三至一一四頁，又一二二至一二五頁。

⑱《〈自由報〉總編輯蔡子民的腳蹤》，藍博洲：《沉屍、流亡、二二八》，第一五八頁。

⑲《近》二，三八一至三八二頁。

⑳藍博洲《沉屍、流亡、二二八》一書稱，此條由國民黨臺灣鐵道特別黨部書記長黃國信提出，其他的特務分子叫喊贊成威脅通過的。見該書第二二五頁。

㉑參閱《周青、吳克泰先生口述記錄》，《二二八事件文獻補錄》第七十八頁；《台大學生領袖吳克泰的腳蹤》，藍博洲：《沉屍、流亡、二二八》，第五十七頁。按，張志忠原為中共中央華東局幹部。一九四六年四月首批奉派入台。

㉒參閱《古瑞雲先生口述記錄》，《二二八事件文獻補錄》，第五十頁。

㉓《近》一，第十二頁。彭孟緝稱，僅從火燒島釋放回台者即達一萬多人。見《近》一，第五十五頁。

㉔《楊亮功、何漢文關於臺灣二二八事件調查報告及善後辦法》，陳鳴鐘、陳興唐主編《臺灣光復和光復後五年省情》（下），南京出版社一九八九年版，第六四三頁。

㉕《楊亮功、何漢文關於臺灣二二八事件調查報告及善後辦法建議案》，《臺灣光復和光復後五年省情》（下），第六四五頁。

㉖《近》一，第廿六頁。

㉗以上政治改革要求均見鄧孔昭編《二二八事件資料集》，臺北稻鄉出版社一九九一年版，第二八一至二九一頁。

㉘鄧孔昭：《二二八事件資料集》，第二九六至二九八頁。

㉙《古瑞雲先生口述記錄》，臺灣文獻研究會《二二八事件文獻補錄》，第五十頁；參見《老台共憶二二八真相》，原載《亞洲週刊》，轉引自《參考消息》，二〇〇三年三月十一日。

㉚劉勝驥《共黨分子在二二八事件前後的活動》，臺灣省文獻研究會《二二八事件文獻輯錄》，第二二四頁。

㉛《老台共憶二二八真相》，原載《亞洲週刊》，轉引自《參考消息》，二〇〇三年三月十一日。

㉜《古瑞雲先生口述記錄》，臺灣文獻研究會《二二八事件文獻補錄》，第四十九頁。

㉝《延平大學學生領袖葉紀東的腳蹤》，藍博洲：《沉屍、流亡、二二八》，時報文化出版公司二〇〇二年版，第廿八至三十頁；《葉紀東先生口述記錄》，臺灣省文獻委員會：《二二八事件文獻補錄》，第六十頁。

㉞臺灣省文獻委員會：《二二八事件文獻輯錄》一九九一年版第二三五頁。

㉟鄧孔昭：《二二八事件資料集》，第二九七頁。

㊱《高雄二二八事件》，http://blog.yam.com/oaish/article/16174738.

㊲*FRUS*,1947,Vol.7,pp.429-430.中文譯本見《美國檔案中的二二八事件》，《台獨》第三十八期。

㊳《陳儀報告二二八事件情形致吳鼎昌等電》，《臺灣光復和光復後五年省情》（下），第五九七頁。

㊴《近》二，第三四五頁。

㊵《台大學生領袖吳克泰的腳蹤》，藍博洲：《沉屍、流亡、二二八》，時報文化出版公司二〇〇二年版，第六十一頁。

㊶《丁名楠先生口述記錄》，臺灣省文獻委員會：《二二八事件文獻補錄》，二〇〇五年修訂版，第八十七頁。

㊷《臺灣光復和光復後五年省情》（下），第五九七頁。

㊸《蔣介石日記》，手稿本，胡佛檔案館藏，以下同。

㊹《蔣介石日記》，手稿本。

㊺柯遠芬《事變十日記》。一九九二年的《柯遠芬先生訪問記錄》稱：「二月廿八日，蔣介石曾派專機赴台投送手諭，指示處理辦法。其要點為：一、查緝案應交由司法機關公平訊辦，不得寬縱。二、臺北市可即日起實施局部戒嚴，希迅速平定暴亂。三、政治上可儘量退讓，以商談解決糾紛。四、軍事不能介入此次事件，但暴徒亦不得干涉軍事。如軍事遭受攻擊，得以軍力平息暴亂。」當時電報、電話都很發達，蔣完全沒有必要採取這種派飛機投送手諭的笨辦法，故不取。黃彰健院士以此為蔣三月五日的電話指示，而在次日才通知柯，係猜測，故亦不取。參見黃彰健《二二八事件真相稿》，第二一九至二三〇頁。

㊻《蔣介石日記》手稿本。

㊼《近》二，一〇〇至一〇四頁。

㊽《近》二，一二九頁。

㊾《近》二，一〇〇頁。

㊿《蔣介石日記》，手稿本，一九四七年三月九日、十日。

(51)《近》二，三八八至三八九頁。

(52)《近》二，第一八一至一八四頁。

(53)《近》二，一八五至一八九頁。

(54)《白崇禧先生訪問記錄》（下冊），第五六八頁。

(55)《白崇禧對臺北中等以上學校學生訓詞》，中國第二歷史檔案館編：《臺灣二二八事件檔案資料》（下），檔案出版社版，第六八二頁。

(56)《白崇禧對臺灣省參議員等訓詞》，《二二八官方機密史料》，臺北自立晚報社出版公司出版部，一九九一年，第一八五至一九九頁。

(57)《近》二，第三九二頁。

(58)《蔣介石日記》，手稿本。

(59)《蔣介石日記》，手稿本，一九四七年四月廿二日。

(60)魏道明：《在臺灣各界慶祝省政府成立大會致詞》，薛月順編《臺灣省政府檔案史料彙編：臺灣省行政長官公署時期（三）》，臺北，國史館，一九九九年，第四九二至四九五頁。

61《近》二，六十七頁。

62《近》二，七十頁。

63《近》二，七十一至八十頁。

64《近》二，第三十二頁。

65《近》二，九八至九九頁。

66《近》二，第一〇五至一〇六頁。

67《近》二，第一四〇頁。

68《近》二，第八十九頁。

69《近》二，第九十三至九十五頁。

70《近》二，九十二頁。

71《近》二，第九十八至九十九頁。

72《近》二，第一〇五頁。

73《近》二，一〇七至一〇八頁。

74《近》二，一三四頁。

75張炎憲、李筱峰編《二二八事件回憶錄》，臺北，稻鄉出版社一九八九年版，第一七一頁。

76《二二八事件文獻輯錄》，第二三四頁。

77三月廿四日，陳儀致吳鼎昌電云：「不究脅從，力戒株連，期符中樞寬大之旨。」見《臺灣光復和光復後五年省情》（下），第五九七頁。

⑱《近》二，第九十二頁。

⑲《近》二，第九十六頁。

⑳《近》二，一一〇頁。

㉑戚嘉林：《臺灣史》第五冊，轉引自黃彰健《二二八事件真相考證》，臺北聯經版，第五五二頁。

㉒同上。

㉓戚嘉林《臺灣真歷史》，第一九一頁。

㉔《近》二，第三八九頁。

㉕朱浤源：《二二八事件真相還原》。據朱教授稱，死亡的六百七十三人這一統計，仍然是灌了水的。在此之前，基金會統計的死亡人數為六百八十人，統計截止時間為二〇〇三年十二月十五日，見習賢德：《統獨啓示錄》附表三，臺北亞太圖書出版社二〇〇四年版第四六〇頁。

㉖《近》二，一四六頁。

㉗《近》二，一六三頁。

㉘《二二八事件斃俘自新暴徒統計表》，《臺灣省文獻會二二八文獻實錄》，第四三七頁。

㉙《上星期反省錄》，《蔣介石日記》手稿本，一九四七年三月十五日。

㉚《近》二，二一〇至二一一頁。

㉛《近》二，五十七至五十八頁。

從大舉進攻到全面敗北

——讀蔣介石致熊式輝手札

美國哥倫比亞大學珍本和手稿圖書館藏有蔣介石致熊式輝手札多件，是研究解放戰爭時期東北戰場的重要資料。

一九四五年八月八日，蘇聯對日宣戰，蘇軍向盤踞在我國東北的日軍發起進攻。日本侵略者的徹底失敗即將成爲事實。十日、十一日，中共中央連續發出《關於蘇聯參戰後準備進佔城市及交通要道的指示》及其他命令，要求各解放區部隊迅速前進，收繳敵僞武裝，接受日軍投降，並令在冀熱遼邊區的部隊迅速深入東北。與此同時，蔣介石則下令要各解放區部隊「原地駐防待命」，並在美國的幫助下搶運部隊，接受淪陷區的主要城市和交通線。於是，國共兩黨間一面在重慶舉行談判，一面開始了緊張的角逐。

八月三十一日，蔣介石任命熊式輝爲東北行營主任，同時將原東三省劃分爲九省二市，分別任命了省長和市長，以示其對於東北的統治權。十月十八日，任命杜聿明爲東北保安司令長官，積極準備進攻東北。與此同時，共產黨也針鋒相對，積極準備抗禦國民黨軍。九月十四日，中共中央決定建立東北局，以彭真爲書記。十九日，中共中央確定「向北發展，向南防禦」，打擊和阻止國民黨軍北進，控制東北。此後。陸續派遣十名中央委員、十名候補中央委員率領兩萬名幹部和十一萬部隊進軍東北。十月下旬，成立東北人民自治軍。一九四六年一月，改名東北民主聯軍，以林彪爲總司令，彭真爲政治委員。中國兩大政治力量的生死較量首先在東北展開。

一、大舉進攻

當時，東北處於蘇軍控制之下，蔣介石要接收東北，不得不和蘇方交涉。一九四五年九月四日，蔣介石任命蔣經國爲外交部駐東北特派員，協助熊式輝進行談判。

最初，蔣經國等根據蔣介石的意見，提出以大連港作爲國民黨軍登陸地點，但蘇方強烈反對，不得不改變計畫。十月廿三日，熊式輝與蔣經國會見蘇軍元帥馬林諾夫斯基，提出在葫蘆島及營口的登陸計畫。十月廿九日，蔣介石致熊式輝函云：

> 刻與美軍商定，我軍決在秦皇島先登陸一軍（即十三軍）（先頭運輸），至另軍約須下月初旬到達葫蘆島，如形勢未能變更，亦仍在天津登陸，由鐵路向東北運輸也。惟與蘇軍仍應繼續交涉，要求其負責協助我軍在葫蘆島登陸也。一面必須要求其由瀋陽至山海關段鐵路，負責保護，協助我運輸，此應作為主要交涉也。

蔣介石擔心新計畫仍然會遭到蘇方的反對，因此，作了兩手準備：一面以已爲美軍控制的秦皇島作爲登陸地點，一面命熊等和蘇方交涉，如蘇方仍然不同意以葫蘆島爲登陸地點（即函中所云「形勢未能變更」），即在天津登陸，利用北寧路向東北輸送。蔣經國一九四五年十月廿九日日記云：「下午一時會見馬林斯基，彼對重要問題，皆不作正面之確定答覆，即關於葫蘆島我軍登陸一事，俄方亦不願作安全之保證。」①指的就是有關交涉。

在美國海軍的幫助下，國民黨軍隊第六十軍曾澤生部、第十三軍石覺部、新一軍孫立人部、第七十一軍陳明仁部、新六軍廖耀湘部等先後到達東北，和共產黨的矛盾日形緊張。蔣介石一九四六年三月三十日致熊式輝函云：

東北執行組方針及我方應取之態度，特派范漢傑同志來錦面詳一切，並留其在東北協助一切可也。

一九四五年十二月二十日，美國總統特使馬歇爾抵華。次年一月七日，張群、周恩來、馬歇爾組成軍事三人小組，商討國共兩黨間停戰及整編等問題。十日，國共雙方代表簽署停戰協定，但國民黨堅持不包括東北在內。十四日，國民黨、共產黨、美國政府三方代表在北平組成軍事調處執行部。二月廿五日，軍事三人小組簽訂《關於軍隊整編及統編中共軍隊爲國軍之基本方案》。三月廿七日，通過《東北停戰協定》，規定停戰期七天。廿九日，軍事調處執行部發表公報，決定派四個執行小組赴東北。次日，蔣介石決定派范漢傑赴錦州，向熊式輝傳授機宜，並留范在東北策劃。本函即作於當日。蔣介石的如意算盤是：以最快的速度消滅中共在東北的主力，儘量佔據有利地位。對此，鄭洞國回憶說：「我們的方針大致是，乘三人小組未到東北之前，儘可能擴大佔領地區，首先要控制鐵道沿線的重要城市，造成既成事實，以便將來停戰談判時，處於有利地位。」②這段回憶是符合蔣介石當時的思想的。

四月六日正午，蔣介石致范漢傑轉熊式輝函云：

我軍應在四平街以南地區與赤匪決戰，以期徹底消滅其主力，則今後東北即易為力矣。如兄等同意，則新一軍暫緩北進，即在現地整頓，而調新六軍、第五十二軍以及其他有力部隊，全力北進，與匪以殲滅之打擊，並準備用空軍臨時助戰，以期一網打盡，為東北根本之圖也。希以此意轉示鄭、梁各副長官、趙參謀長、各軍師長參謀長可也。

四平街當時是遼北省政府所在地，為東北交通、工業及軍事重鎮，中長、四洮、四梅等鐵路在此交會，東北郊山巒重疊，西南郊河流縱橫，為通往長春的咽喉要道。蔣介石決心在這裏和共產黨人打一場惡戰。同日十六時，蔣介石又致熊式輝函云：

> 望於本月十日召集師長以上之高級將領在錦州或瀋陽開會，此間當派何總長、白副總長或陳部長來錦參加會議，面達機宜也，惟要旨仍不外附函中所述方略，請照此預備，但須極密，尤不可以派大員來錦事為任何人所知也。集會當以兄之名義分別電召，亦不可言明開會也。何人來錦，約八日下午可決定電告。兄如接「敬（修）（健）兄後日起飛」，即知何總長十日來錦矣！萬不可派人到機場迎接，必須極秘，勿為共黨探悉為要！

何總長，指何應欽，時任軍事委員會總參謀長；白副總長，指白崇禧，時任軍事委員會副總參謀長；陳部長，指陳誠，時任軍政部長。蔣介石佈置熊式輝在錦州或瀋陽召開師長以上高級將領會議，並擬派何應欽等參加，可見他對該會的高度重視。由於當時正處於國共談判期間，因此，蔣介石叮囑熊式輝採取嚴格保密措施，特別要注意「勿爲共產黨探悉」。附函共三份，細緻而具體地提出了作戰方略。其機密（甲）第九三四九號云：

> 我軍應集中所有全力，凡最有力之部隊，皆應向北抽調，先擊破四平街以南之匪部，故應從速調整現在散漫之部署，至於新到後續部隊，應全部控制於北寧路全線，而津灤空虛，更應從速負責增強其兵力與防務為要。

機秘（甲）第九三五〇號云：

新一軍方面戰況如何，無時不在深慮之中。詳察我軍在東北部署，散漫薄弱，而在北寧全線後方基地尤為空虛，此最為不可。應即重新調整，尤應將第五師歸還津灤方面其本軍之建置，切勿再事延宕，貽誤大局。如我軍決心向北挺進，則對南除收復本溪湖以外，不必再求發展，應暫取守勢，而用全力向長春挺進。對法庫、康平方面，是否應用七十一軍全部前進，亦應研究。中極不以現在此種散漫部署為然也。目前匪部主力全在瀋北，應抽調新六軍及其他有力部隊向北推進，集中全力，擊破其四平街以南匪部而消滅之，則大局定矣！而今後新到之六十軍等，應全部控制於北寧路全線，萬勿再忽視後方交通基地。此次東北作戰，如果一地略遭挫失，則全局皆危，國脈將斷。希兄負責審慎，勿使有萬一之挫失也。

機秘（甲）第九三五一號云：

瀋陽、錦州應派機保護基地，前方如有需要，應派機偵察匪情，協助我陸上作戰，若在緊急戰況，或發現重要有利目標，亦可對匪射炸。然此只可偶然為之，不可常用。惟蘇軍所駐地點及其附近上空，應避免進入，以免發生波折，故偵察機北至四平街以南為止，對瀋陽、海城以南，則不可用飛機偵察也。若炸射動作，則僅以前線作戰最激烈之地點為限也。

抗戰勝利後，國共兩軍在上黨、邯鄲有過戰鬥，國民黨軍都處於下風，蔣介石決心在東北打出個局面來。「東北作戰，如果一地略遭挫失，全局皆危，國脈將斷」云云，可見東北戰場在蔣介石心目中的地位。

在蔣介石的親自指揮下，國民黨軍由鐵嶺、法庫分別北犯，中共方面則以十四個師（旅）的兵力阻擊並守衛四平街。十七日，蔣介石派白崇禧到瀋陽視察，白對杜聿明說：「只要將四平街打下，對中共的和談即有面子。」③十八日，國民黨軍開始進攻四平街。廿一日，蔣介石致熊式輝函云：「東北軍事甚爲焦慮，特再派員前來授旨，務希照辦爲要。」函末，蔣介石附言云：「漢傑同志可先回渝面報。」軍事上的大忌是「遙制」，蔣介石身在重慶，卻要「遙制」千里之外的東北戰場，不僅派員「授旨」，而且要求「照辦」，在這種情況下，其部屬是很難指揮作戰的。

當時，馬歇爾正在調停，蔣介石企圖爭取時間，佔領長春，四平街在所必得，因此，一再採取措施，力爭速勝。而中共中央則希望在四平街給予國民黨軍以沉重打擊，以便爭取較好的談判條件。五月一日，中共中央指示林彪說：「東北戰爭中外矚目，蔣介石已拒絕馬歇爾、民盟和黨三方面同意的停戰方案，堅持要打到長春。我們必須在四平、本溪兩處堅持奮戰，將兩處頑軍打得精疲力竭，消耗其兵力，挫折其銳氣，使其受到最大消耗，來不及補充……那時，便可求得有利於我之和平。」④五月三日，中共中央再次指示林彪和彭真，要求堅決保衛四平。但是，由於力量懸殊，東北民主聯軍傷亡八千餘人，被迫於當月十八日撤離四平街。廿二日，國民黨軍進佔長春，廿八日進佔吉林。

蔣介石興奮之至，於廿四日飛抵瀋陽視察，三十日返回北平。三十一日致函熊式輝云：

> 途中研究東北內部，以人事之關係最大。中意如兄以行政長官兼遼寧主席，則瀋長人選是否以徐箴為宜，亦希考慮詳覆。道儒來平時擬另予位置。在其任務未發以前，暫以梁華盛代理省主席名義行之如何？

徐箴，字士達，安東（今遼寧）新賓人。國民黨六屆中央執行委員。時任遼寧省主席。從本函看，蔣介石一度考慮以熊式輝兼遼寧省主席，而以徐箴改任瀋陽市長。道儒，指鄭道儒，天津人。原任行政院善後救濟總署副署長，時任吉林省主席。梁華盛，廣東茂名人。黃埔軍校第一期學生。時任東北保安副司令長官。從本函可以看出，由於國民黨軍佔領長春、吉林，控制了松花江以南地區，蔣介石以爲東北大事已定，在調整人事安排了。

二、停戰煙幕

儘管各界人士強烈呼籲東北停戰，但是，卻遲遲難以實現。現在，國民黨軍攻佔四平街及長春等地，占了大便宜，蔣介石終於點頭了。六月六日，國共雙方達成協定，在東北停戰十五天。六月七日，蔣介石致熊式輝函云：

> 二日函悉。近日回京事忙，不能詳加研究，一俟稍暇，再行商討。惟行營此時不能取消，兄亦不能擺脫此重任也。停止前進令既下，我軍在此十五日之內，必須絕對遵守令旨，勿予匪方稍有藉口之資料。匪必不能在此短期內就範，則十五日之後，我軍仍須照預定計劃，一舉而收復安東、通化也。
>
> 安東省主席趙家驤、趙公武皆可，屆時當再決定。惟現主席高惜冰應予安置。中意高任瀋陽市為最宜。董文崎調永安市長，而現任長春市長，一望而知為弱不勝任者，亦應從速決定人選，希詳報。鄭道儒決調關內任事，彼亦甚願也。

趙家驤，字大偉，河南汲縣人。畢業於東北講武堂。時任東北保安司令部參謀長兼瀋陽警備司令。趙公武，時任第五十二軍軍長。高惜冰，遼寧鳳城人。畢業於美國麻省羅惠爾理工學院。一九四五年任第四屆國民參政會參政員。次年九月任安東省政府主席。董文琦，吉林雙城人。畢業於日本名古屋工業大學。後曾任東北水利總局局長，一九四六年一月任瀋陽市市長。

「現任長春市長」，指趙君邁，畢業於美國威斯康辛大學。一九四二年任第三屆國民參政會參政員。一九四五年十二月任長春市市長。此函表明，蔣介石的停戰令不過是掩人耳目之計，一場新的進攻正在醞釀。同函，蔣介石將六月六日致馬歇爾備忘錄附寄熊式輝，要他和東北保安司令杜聿明「詳閱」。

蔣介石致馬歇爾備忘錄云：

閣下五月廿六日大函所示之建議，余根本上極表贊同。為使閣下建議之意見及目的更為明晰起見，特為提出下列數點，尚祈鑒照。余過去五個月來所獲痛苦之經驗，使余於應付共產黨時更為準確切實，誠盼閣下對於下述各點予以充分之諒解與支持。

（一）閣下建議余下令國軍停止前進攻擊及追擊共產黨，此固不僅為閣下之願望，余最近前往東北時亦抱此願也。是以，余近日已下令在東北之國軍自明日正午起，至六月廿一日正午止，在此十五日內准停止對共產黨之一切攻擊、前進及追擊，並盼在此時期中對於業已簽訂各協定之詳細實施辦法均能完成，惟須請閣下自共產黨方面獲得保證，將整軍協定立即在東北首先實行，並請閣下在此時期內議訂實行二月廿五日所訂整編及統編軍隊之整個計劃，並將實施之具體辦法示知為荷。至於閣下暨中共代表所建議派遣執行部前方小組往東北一節，自可派往長春先作準備工作，俟具體辦法解決之時再行開始其任務。

（二）關於修復鐵路及恢復交通一節，余認為有關此事之決定權應賦予美方代表，即由其決定最後完成修復之時期及進度，否則，即無從保證其實現。

（三）余特為強調一點，即政府接受東北之神聖職責不應久延，是以，一月十日停戰協定中所規定政府對於收復主權保持自由行動一點，應始終予以維持。例如倘共黨仍繼續其目前所為，在長春以南之海城附近攻擊國軍，則國軍仍保持其反攻之權此應特別聲明也。

五月廿六日，馬歇爾曾致函在瀋陽的蔣介石，建議立即在長春設立軍調部前進指揮所，同時發出在廿四小時內停止國民政府軍隊前進和追擊的命令。馬歇爾聲稱：「如果你不能做到上述兩點，就將違反你最近向共產黨提出的建議。」⑤廿九日，馬歇爾致電蔣介石稱：「國民政府軍隊繼續在滿洲前進，你並未採取任何行動以停止衝突」，「使我作爲一個可能的調解人的工作陷於十分困難，也許不久實際上陷於不可能了」。⑥蔣介石無奈，同意在東北停戰十五天。備忘錄即是對馬歇爾五月廿六日信件的回答。備忘錄中，蔣介石特別強調，「接收東北」不應久延，政府「保持自由行動」云云，都是爲了重新挑起內戰埋下伏筆。蔣介石要熊式輝、杜聿明「詳閱」，也是爲了要他們注意這一點。

六月十七日蔣介石致熊式輝、杜聿明函云：

停戰令期滿以後，我軍行動應重加研究，切勿稍有疏忽，免誤全局。否則，功虧一簣，不能不為之戒慎恐懼，尤以東北地位與處境，不可不熟慮深思，期無萬一之錯失，以東北兵力在此兩個月內無法增加與補充也。故照現有兵力，在停戰期滿以後積極攻取安東與通化，同時並進，及其佔領以後，是否更覺防廣兵單，此其一也。

以戰略與政略論，我軍對哈爾濱之進退取捨之方針最為重要。我軍此時如能用全力佔領哈爾濱，先打通哈爾濱至瀋陽一段鐵路，於外交與政治上自為有利先，而且不患共匪破壞該路。如此比較，先取安東、通化為安全，而且兵力亦容易集中與運用。預料此時進佔哈爾濱時，外交上不致發生困難。故此時先占哈爾濱，而致安東於緩圖，亦一方案，應加考慮。此其二也。

但安東、通化不先收復，則匪之山東來源不能斷絕，而且我瀋陽側背時受威脅。中意在此二案之中，必須決定一策，否則期滿以後，暫時不動為宜。故派至柔兄前來面商一切，望詳加研討後決策呈核，再行實施可也。餘不一一，皆由至柔兄面達一切。

至柔，指周至柔，蔣介石的親信。原任軍事委員會委員長侍從室第一處主任，時任空軍總司令。按蔣介石的本意，十五天之後立刻要恢復進攻，但是，是先進攻哈爾濱，還是先進攻安東、通化，蔣介石躊躇難定。在進佔四平街、長春、吉林之後，國民黨軍戰線拉長，已經感到兵力不足。本函中，蔣介石明確地告訴熊、杜二人：「東北兵力在此兩個月內無法增加與補充」，並擔心攻佔安東、通化後「更覺防廣兵單」，傾向於「期滿以後，暫時不動爲宜」。可見，蔣介石已經感到背上包袱的分量了。

三、轉入守勢

蔣介石的「暫時不動」維持了四個多月。十月中旬，蔣介石覺得休整得差不多了，又著手佈置新的進攻。他一面發表聲明，提出所謂八項停止衝突條件，作出和平姿態，同時制訂了一項「南攻北守，先南後北」的計畫，企圖集中兵力，首先消滅或逼退南滿的中共部隊，切斷東北解放區和華東解放區的海上聯繫，然後進攻北滿，控制整個東北。

十八日，蔣介石致函熊式輝、杜聿明云：

前函諒達。收復安東，未知時間能及否？巴黎和會結果，歐洲與近來重要問題並未有所解決，俄國對我國東北之干涉尚非其時，故吾人尚有豫餘時間策劃北滿。但安東能在此次停戰令以前收復更妥，否則蓋平、岫岩應可相機收復也。自中聲明以後，中共尚無反響，惟我軍仍應作其不接收條件之準備。即使停戰令發表，亦必有三五日之猶豫時間耳！天翼兄如能於下月初來京一敘，甚盼。否則請公權兄先來協助國大之召開。請先準備為荷。

巴黎和會，指中、蘇、美、英、法等廿八國代表於當年七月廿九日在巴黎召開的會議，目的在於審查對德國的歐洲盟國義大利、羅馬尼亞、匈牙利、保加利亞、芬蘭等五國的和約草案。會議至十月十五日結束，未能就全部條款取得協定。蔣介石分析會後國際形勢，估計蘇聯不可能出面干涉中國的東北問題，要搶在新的停戰令發佈以前攻佔安東，至少也要攻佔位於遼東半島的蓋平和岫岩。

十九日，熊式輝、杜聿明根據蔣介石的部署，調集九個師約十萬人的兵力，分三路大舉進攻南滿。同月下旬，相繼佔領安東、通化等城市。公權，指張家敖，銀行家，時任東北行營經濟委員會主任委員。當時，蔣介石正積極準備召開國民大會，要張回南京參加籌備。

蔣介石的國民大會預定於十一月十二日召開。十一月六日，蔣介石致函熊式輝、杜聿明云：

> 國民大會決如期召開，在開會期間，不能不暫時停戰，故決日內下令，定於本月十一日正午起，關內外全面停戰。但匪心決難望其誠服，故我軍在停戰之時，更應積極準備，嚴防其突擊，並乘機整補，萬勿因此懈怠。將來命令雖不明定停戰期限，但不久匪必向我乘隙進攻，望密告各將領，切戒與嚴防勿誤。

同函，蔣介石又附言說：「將來第二期進剿目標，東則敦化，西則白城子，請積極準備為要！」

要開「國大」了，為了裝點門面，蔣介石不能不「暫時停戰」，但是，他深怕熊、杜等人「因此懈怠」，特別提出「第二期進剿目標」，要他們「積極準備」。

敦化，在今吉林省東部；白城子，在今吉林省西北部。

一九四六年十二月六日，蔣介石致函熊式輝云：

> 東北今日之急務，應速修復古北口至錦州鐵路。凡有枕木、鋼軌，應以此為最優先使用，請全力督成為盼！東北今日之形勢，無論政治、軍事與交通各業務，皆應以西重於東，南重於北。故必須在遼西盡力拓展與鞏固，則進佔退守，皆可確保安全。請照此意旨努力實施。如果寬甸河口之電廠俄軍尚未交還，則對輯安暫緩進取亦可。
>
> 並請轉告光亭長官是荷！

光亭長官，指杜聿明。從本函看，蔣介石除恢復「南攻北守，先南後北」的計畫外，又增加了「西重於東」的內容，企圖鞏固與擴展其在遼西的統治，以便確保關內外的聯繫，進可攻，退可守。但是，其進攻重點仍然在東線。自十二月十七日起，國民黨軍先後四次集中兵力，進攻位於吉林東南部的臨江，均未成功。在此期間，國民黨軍被殲六萬四千餘人，丟失城市十一座，不得不停止戰略進攻，轉入守勢。東北人民解放軍則轉入主動。

當國民黨軍在東北屢遭失敗之際，在山東卻取得了一次使蔣介石極爲開心愜意的「勝利」。一九四七年二月二十日，蔣介石致熊式輝函云：

> 臨沂收復以後，黃河南岸之共匪勢如破竹，不難於一個月內肅清，此後關內僅為黃河以北之問題，務望關外亦能積極整訓，期於今春南滿與熱北之殘匪同時肅清也。

一九四七年一月，蔣介石調集五十三個旅三十一萬人，進攻魯南地區。其中，以八個整編師二十個旅爲突擊集團，自台兒莊、郯城、城頭一線進攻臨沂，以三個軍九個師自明水、周村進攻萊蕪，企圖南北夾擊，迫使華東野戰軍在臨沂地區決戰。二月上旬，華東野戰軍根據中共中央軍委指示。放棄臨沂，主力秘密北上，準備殲滅自北南進的李仙洲集團。蔣介石寫這封信的時候，他還完全沒有察覺中共的戰略意圖，以爲打了一個極大的勝仗，夢想在一個月內肅清黃河南岸的中共部隊。基於這一估計，他也要求熊式輝在當年春季肅清南滿和熱河北部的中共部隊。但是，蔣介石好夢不長，李仙洲集團迅速被殲，這樣，他在東北戰場上不得不謹慎一點。

三月七日致熊式輝、杜聿明函云：

奸匪敗竄以後，其死傷與損失程度究竟如何？如我軍乘勝進佔哈爾濱，只就東北原有兵力佈置，能否足用？如以為可，則進佔哈爾濱亦無不可；否則，仍照原定方針不如暫緩也。請兄等決之，並詳報計畫候核為要！此次保衛德惠與松江橋頭堡之各主管長官，希即詳告，並先晉一級，其所部官兵皆應重獎。望擬定辦法，一面呈報，一面發表。如只一團，則應命名為德惠團，或中正團亦可。特致立人一書，望轉交為荷！

立人，指孫立人，當時率新一軍駐守長春，該軍第五十師則駐守長春北部的德惠。

二月二十日，東北民主聯軍主力跨過松花江，奔襲城子街，包圍德惠。長春國民黨軍派出十二個團的兵力赴援，民主聯軍撤回江北。其後，杜聿明乘機宣揚：「德惠大捷，殲滅共軍十萬！」但是，有了臨沂之役的教訓之後，蔣介石持保留態度了。所以本函要求瞭解民主聯軍的真實損失情況，對熊式輝等進攻哈爾濱的打算，也傾向於「暫緩」。事實上，當時國民黨在東北戰場上已經感到兵力不足，捉襟見肘了。

三月十七日，蔣介石致熊式輝、杜聿明函云：

關於收復旅大政權方案，已囑董參謀長面達不贅，第二次匪部反攻長春，其意在演成拉鋸戰，俟我官兵疲勞，而後彼乃乘機伺隙以襲長春。故第三、第四次之反攻亦將繼續而來，因之我軍對長春據點之固守，必須指定部隊，使之專守長春核心工事，切勿如過去市內防務之空虛。不僅長春，即瀋陽亦應如此。茲決定在已成立之保安團隊中，長春與瀋陽各調集四個至六個團，專供防守市區核心之用。除步兵輕武器已配發者外，所需重武器必須配給之種類數目，希詳報候批。惟此八個至十二個保安團應即派定，一面調集瀋、長二市，一面呈報番號，以備四、五月間中來東北時親自校閱也。

三月八日，民主聯軍再次跨過松花江，在靠山屯等地殲滅國民黨軍第八十八師全部及第八十七師一部，包圍農安，準備殲擊長春、德惠援敵。本函所稱第二次「反攻長春」，指此。從函中可以看出，國民黨軍往日氣勢洶洶的進攻姿態已不復再現，蔣介石開始和熊式輝等討論「固守」及抽調保安團一類問題了。其間，杜聿明曾派鄭洞國赴南京見蔣介石，要求增加兩個軍，同時要求將劃歸華北的第五十三軍調回東北。蔣介石愁眉苦臉地對鄭說：「各個戰場的兵力都不夠用。」⑦

四、敗局已定

當時，東北民主聯軍已發展至四十六萬人。爲了從根本上扭轉東北戰場形勢，打通南北滿，民主聯軍於當年五月十三日發起夏季攻勢，攻擊長春至四平街兩側地區及瀋吉路中段之敵。至六月初，南北滿民主聯軍會師，吉林、長春以南，四平街以東廣大地區國民黨軍被肅清。同月十一日，以廿四個師的兵力進攻四平街，以割斷瀋陽、長春之間的聯繫，孤立長春、吉林的國民黨軍。六月十三日，蔣介石致熊式輝函云：

光亭病狀如何？無任繫念。第五十三軍集中瀋陽後，當可打通四平街鐵路線，未知由四平打通至長春一段有否把握？務希切實估計詳報，下列各點亦希妥籌密報。

一、長春與永吉兩地能否固守三個月？

二、此時大石橋與營口應可派正規軍固守，尤以營口為然。究派何部及如何決心與計畫？

三、錦州與葫蘆島防務應積極加強，並指定得力部隊固守核心工事，以防萬一。如何計畫？

四、聞四平街士氣最低落，如飛機仍可降落，應由兄或派高級人員以中名義前往視察與慰勉。

五、東北將領之生活與舊習應徹底改革，自高級軍官本身做起。一面組織整頓軍紀督察組負責執行，先由瀋陽做起。如何實施希詳告。如欲收復失土，完成革命任務，非從本身之精神與修養做起，則不足再言剿匪矣！希告我各將領，共同一致，努力實施。

六、長春、吉林、四平街、新民、鐵嶺各地部隊，請派專員與王副司令叔銘為我前往慰勞，並勉其作三個月之固守準備，以防萬一。如兄或光亭兄能親自慰勉更好。

七、第五十三軍集中後之全般計畫，希函告。

八、各地守軍應下決心，作固守三個月之準備。

九、此時必須增強北寧路後方聯絡線之防務，尤以營口、錦州、葫蘆島三地為然，務希即速著手佈置勿忽。

光亭均此。

王叔銘，山東諸城人。黃埔軍校第一期畢業生。時任空軍副總司令。本函充分反映出，在東北民主聯軍的強大攻勢下，國民黨軍的處境日益不妙：杜聿明身患重病，國民黨軍士氣低落，所佔領的城市成了孤島，蔣介石自己也失去信心，只能提出打通鐵路線、「固守三個月」之類的要求了。六月二十日蔣介石致熊式輝函云：

來書詳悉。凡可能之事，皆已督促各部照辦勿念。關於四平得失，無任繫慮。瀋陽增援部隊應即向四平前進勿延，不必待五十三軍之集中。但其後續一師必令另迅速車運無誤。關於作戰意見，已囑孫副長官面詳不贅。順頌光亭長官均此。

蔣介石懂得四平街戰略地位的重要，因此，命令瀋陽增援部隊迅速前進。六月廿七日，民主聯軍曾一度攻入四平街城內，但由於兵力不足，自瀋陽馳援的國民黨軍又已迫近，遂決定停止進攻四平街。

民主聯軍發起的夏季攻勢至六月三十日止，歷時四十九天，共殲滅國民黨軍八萬餘人，收復城鎮四十餘座，廣大的解放區連成一片，國民黨軍只保有中長路及北寧路的少數點線。

同年七月，杜聿明因病離職。八月，熊式輝被免去東北行轅主任職務，黯然離開東北。十二月，被任命爲戰略顧問委員會委員。

在熊式輝檔案中，還保存著蔣介石一九四八年一月廿六日的一封信，中云：

一、保密。

二、防奸（清查）。

三、封鎖消息（檢察）駐地及行進通過道路之兩側地區（十五公里以內）通過前後各一日皆應事先派便衣隊密佈要路口，禁止行人來往。對匪所在方向之交通道路，更應特別封閉，無論何時，皆不准人民出入來往。

四、情報組織與技術之加強。

五、團以上各級指揮部新聞處，設置登記丁糧、組訓民眾之專員及人民服務隊，負責編訓地方各級武裝自衛隊。

六、通信工具機構與技術之加強與監督考察，及每月賞罰及其成績之呈報。

七、偽裝假情報與反間等技術之加強與每月賞罰之評定呈報。

八、參謀業務之加強與調查研究督導工作及其方法之不切實不敏捷與判斷識別之不明晰與判斷之不正確，決心與實行之不堅定，皆應徹底改革糾正。

以上各條，請擇要編入於新剿匪手本之內。

本函反映出，由於在全國戰場上屢遭慘敗，蔣介石已經無計可施，只能借助於特務手段，加強控制了。

①《五百〇四小時》，《蔣經國自述》，湖南人民出版社，一九八八年九月版，第一四九頁。

②《從猖狂進攻到放下武器》，全國政協《文史資料選輯》第二十輯，五十七頁。

③杜聿明《蔣介石破壞和平進攻東北始末》，同上，第四十二輯，四十七頁。

④轉引自陳沂《四平保衛戰》，《遼瀋決戰》（上）人民出版社一九八八年版，第二二四頁。

⑤《馬歇爾使華》（一），中華書局一九七九年版，第一〇二頁。

⑥同上，第一〇四頁。

⑦鄭洞國《從猖狂進攻到放下武器》，《文史資料選輯》第二十輯，七十頁。

南京政府崩潰時期的陳光甫

——讀陳光甫檔案之一

陳光甫是近代中國著名的銀行家，江浙金融資產階級的領袖人物。他一生創建了兩個重要企業——上海商業儲蓄銀行和中國旅行社，都卓有成就。他曾以財力支持過蔣介石和南京國民政府。在中國抗戰的關鍵年代裏，曾受命赴美談判，爭取援助。在戰後國民黨政權風雨飄搖之際，他又曾出任國府委員。他的檔案現藏於美國哥倫比亞大學珍本和手稿圖書館。本文將根據該檔案中的未刊日記、函札及其他資料，考察南京政府崩潰時期的陳光甫的活動及其心態變化過程，從而揭示這個特定時期給予一個資產階級代表人物的影響。

一、南京政府改組與張群遊說

一九四七年二月，經濟危機席捲了整個國民黨統治區，物價猛漲。金價每兩從法幣三十萬元漲到一百一十萬元，美元與法幣的兌換率從一美元兌換六千七百元漲到一美元兌換一點七萬元。人們普遍感到，生活的壓力愈來愈難以承受。

一九四四年冬，宋子文利用人們對孔祥熙家族貪污腐敗的不滿，在美國人的支持下，取代孔祥熙成爲行政院長。一九四六年二月，任用親信貝祖詒爲中央銀行總裁。當時，中央銀行擁有黃金儲備五百六十萬兩，連同其他外匯，總值八點五八億美元。宋子文爲了控制物價，維持法幣，大量拋售黃金和外匯。結果，僅僅一年光景，中央銀行的庫存黃金減到二百六十萬兩，連同其他外匯，總值三點六四億美元，減少了一多半。

一九四七年二月十五日，中央銀行根據蔣介石的命令，宣布停售黃金。於是，物價繼續猛漲，金融大亂。蔣介石傷心地對宋子文說：「我把財政經濟交給你管，不料你竟弄得如此之糟！」①十六日，監察院決定派員赴上海徹查，隨後迅速提出了對宋子文的彈劾案。廿八日，蔣介石改組中央銀行，任命著名的銀行家張嘉璈（公權）爲總裁。三月一日，宋子文被迫辭去行政院長一職，蔣介石決定改組政府，內定以政學系首領張群爲行政院長。張群隨即展開了緊張的組府、組閣活動。

鑒於國民黨一黨專政的局面早已爲人們所深惡痛絕，同時，經濟危機又已嚴重威脅著國民黨政權的生存，因此，這次改組政府，既要網羅一些小黨派領袖和在公眾中有威望的無黨派人士，又要羅致在金融工商界有影響的資產階級代表人物。陳光甫這兩個條件都具備，於是，便成了張群心目中首要的網羅對象。

一九四七年三月十八日，張嘉璈的妹妹朱夫人邀請陳光甫與張群共進午餐。十九日，陳光甫日記記載說：

我去了。這是一次愉快而親密的聚會。我們談啊，談啊，一直談了三個鐘頭。張群是一個善於雄辯的人，有時有說服力。他直接了當地告訴我，此次到上海，僅僅為了說服我參加政府。

他說，蔣主席派他來，只為了一個特殊而單純的目的，勸我出任國民政府委員。蔣主席形成了某些現實的、穩固的思想，並且企圖尋找名聲好的人來加強政府。到目前為止，只有極少數人有資格被考慮，包括胡適、胡霖、莫德惠和我。②

陳光甫並不是第一次聽到這個消息。兩天以前，張嘉璈早已出面動員過。當時，陳光甫表示拒絕。張嘉璈和張群同屬政學系，二人關係密切。顯然，張嘉璈動員無效之後，張群親自出馬了。

「我希望您不會真如傳說一樣成爲新任行政院長。」陳光甫試探性提問。

「不！」張群回答。「我必須出任。我和黨有四十年的密切關係。我的情況和你們大不相同。你們是黨員，或者不是黨員，而我，和蔣主席有四十年的關係。當他要求我的時候，我不能拒絕。」

張群於一九〇八年由保定陸軍軍官學校保送日本留學，進入日本陸軍士官學校，在這一年加入同盟會，在此前後，與蔣介石相識，至此，差不多四十年了。

「你要大力幫助我和新政府。」張群繼續說：「如果你同意參加改組後的國民政府委員會，將來，你會被派往美國，擔負財政方面的使命。」③一九三六年，一九三八年至一九四〇年，陳光甫曾兩次以財政部高等顧問身分被派往美國，接洽借款，均告成功。但是，這一年，陳光甫已經六十七歲了。張群好像估計到陳光甫會以不勝負擔爲理由拒絕似的，特別應許說：新的崗位將不會帶來過多的麻煩，全部要做的事只是兩週去南京參加一次會議。

「這完全是一個爭取人們支持的問題。」張群直率地說：「我們需要廣泛的支持。這就是爲什麼必須有你和胡適一類人參加的原因。」

「爭取人們支持是重要的。」陳光甫評論說，「但是，政策更重要。您的新政府將採取什麼政策？進行無止境的戰爭直到共產黨人被打垮和肅清，還是現在就停止戰爭？抑或政府設定一個有限的目的，達到之後就停火？」抗戰勝利後，人們普遍渴望和平，不希望國共兩黨之間再起刀兵，但是國民黨卻調集大軍，進攻東北、鄂東、豫南等地的解放軍。一九四七年二月，南京國民政府通知中共駐南京、上海、重慶三地擔任聯絡和談判的工作人員，限於三月五日前撤回延安，內戰有再次全面爆發的危險。

「是的，有限制。」張群答道：「在肅清津浦路、平漢路並重新通車之後，政府將再次謀求和平。」一九四六年十二月末，蔣介石曾密令各部，規定翌年上半年的作戰目標是，「打通隴海、津浦、同蒲、平漢與中長鐵路諸線，肅清冀、魯、晉、陝等地境內股匪」，張群這裏告訴陳光甫的計畫顯然大大縮小了。

「儘早停火更好。」陳光甫不希望打內戰。他對張群強調指出，國家經濟受到內戰的巨大打擊，有垮臺的危險。

張群的兩位前任孔祥熙和宋子文都是因治理經濟無方而倒臺的。張群出任行政院長，嚴峻的經濟形勢自然是他必須首先考慮的問題。他告訴陳光甫，政府準備發行一種新的貨幣。但是，陳光甫對此不以爲然，他告訴張群，在這個節骨眼兒上，這將是困難並且是無效的。「政府的軍費怎樣？有無限制？」陳光甫深知，造成國民黨政府經濟危機的主要原因是擴軍備戰，任意增加軍費。另一天，陳光甫從別處聽說，蔣介石在下兩個月裏需要二萬億元，這是任何理財能手都無法滿足的。陳對張群強調指出，關鍵是解決經濟問題。

陳光甫還對張群說：「對於新政府說來，另一個重要問題是重視國際政策。在新體系裏包括親美分子，清楚地顯示了政府傾向美國，但是不能忽視蘇聯。政府應該表現出，對兩個國家都持友好態度。」

陳光甫還提出了一些其他問題：「您有無便捷的門路通向蔣主席？」張群作了肯定的回答。「您如何找到馬歇爾？您認爲能和馬歇爾共處，並且在觀察問題上或多或少地取得一致嗎？」張群的回答也是肯定的。馬歇爾於一九四五年十二月受美國總統杜魯門派遣，以特使身分來華調處國共糾紛。一九四七年一月，調處失敗，馬歇爾怏怏回國，但回國後即升任國務卿。陳光甫認爲，在華盛頓沒有任何人能像馬歇爾一樣影響美國的外交政策，特別是討論中國問題的時候。陳光甫並建議張群，同時兼任財政部長，以便於和馬歇爾談判。

一九三八年至一九四〇年，陳光甫在美接洽借款，曾得到駐美大使胡適的密切配合，因此，當張群提到，可能爲財政方面的使命派陳赴美國時，陳建議再度任命胡適出使華盛頓。他說：「這是最重要而且最關鍵的崗位中的一個，胡適能博得美國官方和公眾兩方面的尊敬。在美國，他是友好的源泉。美國人相信他。如果派他去華盛頓，他將殫精竭力地工作。」

「至於我自己，」陳光甫附帶說：「我將樂於和胡適合作，嘗試再次尋求美國的經濟援助。作爲老朋友，我將準備承擔您認爲對我適合的任何緊急任務。」

談話中，張群沒有暗示陳光甫，戰爭將會立即停止，軍費將被限制。陳光甫得出的印象是，政府改組之後，在政策方面將不會有任何根本的改變。因此，陳光甫告訴張群：「在任何時間，任何場合，我將盡個人之力幫助您，但是，我將不參加國府委員會，不能以國府委員的身分盡職。」

二、胡適——自動出面的說客

在張群之後，胡適繼續充當說客。不過，他並非出於張群授意，而是自動出面。

蔣介石要改變一黨專政的形象，拉攏胡適參加政府自然是個好辦法。

一九四七年一月十五日，蔣介石與傅斯年談話，擬請胡適出任國府委員兼考試院長。胡適希望保持在野的獨立地位，聲稱不入政府則能爲政府之助力，一再力辭。三月十三日，胡適到南京參加中華教育文化基金董事會年會，蔣介石兩次召見。他同意胡適不當考試院院長，但一定要胡適作爲無黨派代表參加國民政府委員會。十九日，胡適到上海，住國際飯店，陳光甫來訪，二人之間有過一次長談。這次長談，有位偶然在座的年輕人作了記錄。

胡適首先敘述了他和蔣介石的會見：

我在南京，蔣先生找我去吃飯，他就對我說，不是不體念我的地位，非到國家不得已的時候，不會堅持要我出來的。他對我這樣說，要我參加這次改組，態度很誠懇，頗使我為難。後來要離開南京，蔣先生又召見我，堅囑我勉為其難，出任國府委員，並且說，只要來南京開開會，不會怎樣影響北大的工作，如果不能每次到會，來幾次也可以。

胡適接著說明了這次改組的背景：

這次改組當然與美國有極大的關係，當時馬歇爾在華，就口口聲聲地說，希望中國的自由分子出頭。他到底還是洋人，不明瞭中國情形，到處談話的時候，舉出胡適之、胡政之、莫德惠來作為中國今日自由進步的分子。我們在北平也見過面，他對我說：「自由分子應該請出來參加政府改組。胡博士，你當然應該頭一個出來。」所以這次政府對於改組人選的考慮，顯然的，很受馬歇爾的影響。

中國封建傳統深厚，清朝統治者、北洋軍閥、南京蔣介石集團都不喜歡民主、自由。他們有時候也要搞一點民主、自由的擺設。但是，骨子裏酷愛的是專制和獨裁。南京政府末期，舊的一套愈加不行了，他們不得不加點新東西。不過，可悲的是，這點新東西還是洋人逼出來的。

二次大戰結束後，美國一直勸說蔣介石放棄一黨專政，擴大社會基礎，接納自由主義分子，按照西方的模式改組政府。馬歇爾、司徒雷登不斷地和自由主義分子談話，敦促他們行動起來，組成「單一的自由主義的愛國黨派」，「對政局施加影響」。④馬歇爾等企圖利用自由主義分子抵制中國共產黨，同時敦促國民黨進行改革，並對國民黨注入活力。一九四七年一月，馬歇爾離華時並稱：「情勢之挽救，唯有使政府中與小黨派中之自由分子居於領導者的地位。」⑤蔣介石要爭取美國的援助，不能不敷衍美國人。當年三月開始的南京政府改組正是馬歇爾意旨的部分體現。

馬歇爾的提名沒有包括陳光甫，胡適感到不滿，認爲馬歇爾對中國的事情還是「十二分的隔膜」。他熱烈支持陳光甫參加政府改組，勸陳說：

如今聽到，政府有意思要你老大哥參加改組，我倒真覺得膽壯得多。光甫先生，我認為你對於國府委員這件事倒是值得考慮的；當今的問題，最嚴重的還是經濟問題，如果我胡適之懂得經濟，懂得財政，沒有問題的，我一定參加。

抗戰期間，陳、胡二人合力在華府爭取美援，這一段經歷，不僅對陳光甫來說是難忘的，對胡適也同樣如此。胡適認爲，當時情況的嚴重不亞於抗戰初期，力勸陳光甫「就範」。他說：

今天是國家的緊要關頭，嚴重的程度可以和抗戰初期相比。在當時，不得已，政府把你找出來，到美國去。在今天，情形也還是如此。正如蔣先生說，非得政府萬不得已的時候，不會堅持要我們這班人出來。你和我，都還有點本錢，所以政府要向我們借債。抗戰初期，情形那樣的困難，政府不得不向我們借債，渡難關；在今天，也還是如此，向我們借用我們的本錢。從責任一方面看，我們是應該就範的。並不是跳火坑，沒有那樣嚴重。

當時，國共談判決裂，內戰的烽煙燃起，中國的前途決定於兩大黨派之間的血與火的角逐。胡適看出了這一點，他稱之爲「國家的緊要關頭」。儘管胡適的政治信念與價值觀和國民黨並不一致，但是他寄希望於國民黨的改革。他自信像他和陳光甫一類自由主義分子還有影響力，「都還有點本錢」，他要用這點「本錢」幫助蔣介石。

按照一九四六年一月通過的政治協商會議的決議，國民大會應在內戰停止、政府改組、訓政結束、《憲法草案》修正完成之後才能召開。同年十一月，國民黨不顧中國共產黨和民主同盟的反對，悍然召開國民大會，通過了一部「人民無權，獨夫集權」的《中華民國憲法》，這次會議遂被稱爲「制憲國大」。南京國民政府於一九四七年一月一日宣布，該憲法於同年十二月廿五日施行。胡適據此慫恿陳光甫說：「這次參加政府改組，只是暫時的、短期的。在今年十二月廿五日，憲法施行，整個的政府要改變，制度也要更改，充其量，國府委員的壽命只有九個月，所以，形勢並沒有像跳火坑那樣嚴重。」

胡適完全明白，蔣介石要陳光甫出來，除了裝點門面外，還要利用陳和美國的關係爭取美援。他說：

> 當年你我在華府替政府做事，我們真是合作，因為你和我同是沒有半點私心，一心一意地做我們的事。這次政府要你出來，擔任國府委員，也許還要請你再去美國多跑幾次，打通美國這條路。財政部的人是變了，不過財政部和進出口銀行都還有你的老朋友在。還有一點，不但政府是要向我們借債而要我們出來，而且請我們參加政府是最容易的，最便宜不過的，我們不會有任何條件的。

一九四六年十一月的「制憲國大」曾有中國青年黨和中國民主社會黨的代表參加。這兩個黨以此爲條件向國民黨要官要權，鬧得頗爲不堪。胡適談起青年黨，尤其是民社黨來，連連搖頭。

胡適接著按自己的理解爲陳光甫分析了當時的國際、國內形勢。他說：

> 今天的大局，或者可以這樣看法：從整個世界的形勢來說，如今是美、蘇對峙的局面，民主政治和集權政治的抗衡，沒有，也不會有真正的和平；所有的只是武裝和平——Armed peace。這是大宇宙（Macrocosm），而中國是小宇宙（Microcosm），情形也一樣。最多只能做到一種國共對峙下的武裝和平，做不到一般人所希冀的真正和平和統一。唯一的希望是由這雙重的武裝和平中慢慢的產生一種方式，而運用這種方式逐步取得真正的和平。

胡適認爲：當時世界上的政黨只有兩種。在英美，政黨的組織要Loose（鬆散）得多。黨員人數究竟有多少，沒有人知道，碰到選舉時，黨員的Vote（選票）和黨員的數目不會相符，常常會Cross the party line（越出黨的行列），而投票擁戴他們自身認爲滿意的候選人。在蘇俄，政黨組織極嚴密，有很濃的Indoctrination（灌輸），黨員應以黨爲至高無上，對黨綱絕對遵守，對領袖絕對服從。胡適聲稱：孫中山是受過英美思想薰陶的人，他樹立國民黨，原意要建立一個英美式的政黨。但是，同時，他又看到蘇俄共產黨組織之嚴密，於是有民國十三年的改組，希望採取共產黨的優點。孫中山的最終目的還是要創立一個類似第一種的政黨，採取第二種政黨的部分作風只是一個過程，一種辦法，於是才有先訓政而後憲政之說。

一九四六年一月的政治協商會議協議實際上否定了國民黨長期奉行的一黨專政政策，它是中國和平民主力量的一次重大勝利。會後，國民黨一方面企圖在實際上推翻或篡改政協協議，一方面則將政協的部分主張、口號接過來，裝點獨裁統治。三月一日至十七日，國民黨召開六屆二中全會，宣稱批准政協協議。一九四七年三月十五日，國民黨召開六屆三中全會，蔣介石聲稱，就要「實行憲政」，「貫徹我們結束訓政，還政於民的夙願」了。胡適看不出這只是個騙局，以為他夢想多年的「民主政治」就要實現了，興奮地對陳光甫說：

> 這次在南京召開的國民黨三中全會，正是針對著這個問題，會中最重要的題目就是訓政結束，憲政開始。從國民黨本身的立場上來說，就是放棄這許多年所掌握的政權，亦就所謂還政於民。要一個政黨吐出他已有的政權，不是一件容易的事，因為這是反自然的。政黨的目的是要取得政權，而不是放棄政權。所以這一次國民黨的還政於民，實在是有史以來，中外政黨史上從來未有的創舉。

胡適實在是太天真了。蔣介石聲稱「還政於民」，嘴上說得誠然漂亮，然而何曾真正實行過！不要說「還政於民」，一九四九年初他宣布引退，讓李宗仁「代行總統職權」，又何曾讓李宗仁真正地「代」過。

國民黨內有一幫頑固分子，他們不理解蔣介石的苦心，連口頭上、紙頭上的「還政於民」也不贊成，一九四六年十一月的「制憲國大」開得烏煙瘴氣。胡適回憶說：

> 我相信蔣先生對於這件大事，他是有誠意，而且也有決心的。記得我在南京開國民大會，那真是個雞群狗黨，什麼樣的人都有的聚會。國民黨的極右、頑固分子，猖獗非凡，有幾天看情形簡直黯淡得很，蔣先生找這班人去，又是痛罵，又是哀求，希望他們要認清國大的意義，這樣才能有最後通過的憲法，而這憲法在大綱上是維持政治協商的原議的。這次在南京，蔣先生召我去見他，他也反覆申述他還政於民的苦心。談話中，我曾對他說，他的一大錯誤就是在抗戰初期盡力拉攏政府中一般無黨無派的人如翁詠霓、公權、廷黻等人入黨。蔣先生對於這一點也認錯。從那天的面談，我相信他對於結束訓政、開始憲政的態度，是非常誠懇的。

胡適看出並且承認，「制憲國大」是個「雞群狗黨，什麼樣的人都有的聚會」，這是他老實的地方，但是，胡適還是太天真了，即使翁文灝、張嘉璈、蔣廷黻等幾個人抗戰初期不被拉入國民黨，南京政府裏有了這幾位「無黨無派」的人士，難道就是「實行憲政」，「還政於民」了嗎？

胡適非常欣賞西方國家的兩黨制。一九四五年八月，胡適在紐約時，曾經給毛澤東寫過一封信，希望中共能「痛下決心，放棄武力，準備為中國建立一個不靠武裝的第二政黨」。他對陳光甫說：

> 現中國最大的悲劇就是缺少一個第二政黨。我曾寫過一封信給毛澤東，力勸他領導中國共產黨做一個像美國的共和黨、英國的保守黨一樣的在野黨，這就是一個觀念上的錯誤，我沒有認清共產黨的本質，它根本是一個性質完全不同的政黨，要它變成英美式的在野黨是不可能的。

接著，胡適笑著說：「中國今天缺少一個由陳光甫finance（財政支持）胡適之領導的政黨。」

胡適批評馬歇爾對中國的事情「十二分的隔膜」，其實，要求共產黨成為國民黨統治下的「在野黨」，或者，由陳光甫、胡適之一類自由主義分子出面組織一個「在野黨」，都同樣表現出對中國的事情「十二分的隔膜」。

三、「美國這條路非打通不可」

胡適本擬三月二十日乘機返平，然而飛機因雨停航，胡適不得不折返國際飯店。他託人帶話給陳光甫：

> 請你看見光甫先生的時候對他說，如果到美國去，在那裏有郭泰祺先生，是他Pennsylvania（賓夕法尼亞）的老同學，還有劉鍇，他們都可以像我當時在華盛頓一樣的幫他忙。

郭泰祺，號復初，湖北廣濟人，曾任南京國民政府外交部次長、部長，多次代表中國出席國聯會議。劉鍇，廣東中山人，曾任外交部常務次長。當時二人都在美國，胡適相信他們可以幫助陳光甫獲得美國的支持。

胡適講了抗戰時期與陳光甫在美國借債時的一段故事：

> 是一九三八年十月底，我們正在華府商談借款的事，消息傳來，廣州失守（十月廿一日），緊接著就是漢口淪陷（十月廿五日）。當然我們覺得很憂慮，心裏非常不痛快。就在那天下午，我正在雙橡園家裏，財長毛根韜有電話來，約我和光甫先生晚飯後八點多鐘去他家Have a drink together（一起喝點什麼）。我們約定先在雙橡園一同吃飯，飯後同去財長家裏。我們一進他家，就覺得空氣很異樣，財部的要員都

在。毛根韜的書記Miss Klotz手裏拿著紙和鉛筆，好像有公事要辦的一樣。財長看見我們，就說，借款的事已經成功了，羅總統也已經ＯＫ了。順手又指著桌上的紙張，那就是借款協定的草案，接著說，這兩天中國的消息不好，希望這筆借款可以有強心針的作用。現在只剩下最後一件事，總統要知道中國政府是否仍堅持抗戰到底的原議。

這突如其來的好消息，真令我們又興奮，又驚異。稍坐一下，我們就匆匆告別。本來是應約去喝杯酒的，可是根本既沒看到酒，也沒喝到一滴酒，只一人喝了一杯冷開水。美國政府要幫助我們，怕這兩天戰事失利的消息太餒人了，所以給我們這一帖興奮劑。

和毛根韜話別後，馬上拍電報去重慶，報告經過，並要求政府繼續抗戰的Reassurance（再保證），好給羅總統一個答覆。

就這樣，向美國借款的命運大致定了。

一九三八年九月，陳光甫抵美。十月六日，胡適到華盛頓駐美使館視事。二人立即合作，向美國政府洽商以桐油作抵押，換取美國的借款。最後，經羅斯福批准，達成借款二千五百萬美元的協定。這是抗戰開始後，美國對中國的第一次經濟援助，因此，陳光甫、胡適都特別興奮，蔣介石也致電胡適表揚，聲稱「借款成功，全國興奮。從此抗戰精神必益堅強，民族前途實利賴之」。多年以後，胡適舊事重提，意在鼓勵陳光甫出任國府委員，重赴美國爭取援助，挽救處於危機中的南京政府。

陳光甫聽人轉達胡適的話和這段故事時，一面聽，一面搖頭，笑著說：「不成，不成，今天的情形和當年也大不同了。」他接著解釋道：

（一）環境不同。當年去借款，在美國方面是財長毛根韜，我和他有一九三六年白銀協定的經驗，而我之去借款是由於他的建議（毛氏本人是一個以個人為出發點的人，所以這幾年來，我和他只做到朋友，談不到深交）。國內一方面，在家有孔庸之當家，要給我便利不少。我和他雖然也說不上是深交，可是我們是老朋友，他相信我，讓我放手去幹，牽制也較少，成功的機會也比較大。

（二）美國政局的不同。當年借款，正是羅斯福執政。他為人有遠見，有卓識，有打算，有通盤計畫。他知道要中國為世界民主國家向獨裁武力集團繼續抗戰，美國就非得想辦法接濟援助不可。至於用那一種方式，決定多少數量，那是另一件事。所以借款給中國是不違反他對華政策的基本原則。

今天中國再向美政府借款，對象可不同了。一方面有Truman-Marshall的Team（杜魯門—馬歇爾的合作），一方面有共和黨多數的國會。現任美國政府的對華政策幾乎完全取決於國務卿馬歇爾一人，而他在離華調停失敗，對我們政局的聲明，很顯然的，是美國對華政策的基石。要打通Truman-Marshall這條路，就得顧慮到他的聲明所舉出的幾點條件不可。另一方面，要取悅於共和黨操縱的美國國會，我政府勢不得不取消大部分的統制，尤其和美國商業相抵觸的管制，以求迎合共和黨傳統的經濟政策。

（三）自己本人地位的不同。如果再唱去美國談借款的戲，我在這齣戲的地位和上次迥異。上次，我是主角，胡大使是配角（很好而重要的配角）；而這次如果舊調重彈，主角是張岳軍、胡適之，而我只能配合他們把這齣戲唱起來。

陳光甫最後說：

> 這些是幾點主要的不同，可是，不論怎樣，從國家一方看，美國這條路非打通不可！

可以看出，陳光甫所說的幾點不同，並不和胡適的意見對立，只是對形勢作了一些比較和分析。顯然，胡適的話打動了陳光甫，他準備出來「唱去美國談借款的戲」了。

然而，後來陳光甫又有點猶豫，在上述談話記錄上寫了幾行字：「現在中國情形不好。美國人有一點覺得我們政府是法西斯，打仗後又不知上進，自己人打自己人。」抗戰期間，陳光甫赴美請援，是爲了打擊日本帝國主義，現在赴美請援，則是爲了幫助國民黨「自己人打自己人」。陳光甫這裏才隱約地接觸到了問題的實質。當時，執政的美國總統杜魯門屬於民主黨，陳光甫擔心第二年共和黨人要上臺，「恐怕美國有大變動，軍人要抬頭」，因而，他認爲，赴美借錢或派往談借款的人「必須帶有政治色彩之人方爲合格」。

在和胡適談話之後，陳光甫決定出任國府委員。胡適自己本來也準備接受，但後來傅斯年勸他，不要往「大糞堆上插一朵花」，胡適聽了他的話，托詞身爲北大校長，國府委員是特任官，不宜兼任，拒絕了。

四、成為國府委員之後

張嘉璈出任中央銀行總裁後，面臨的第一個困難是政府的巨大財政赤字。據估計，當年南京國民政府短缺經費將達法幣十萬億元。怎麼辦？開動機器印鈔票。老資格的銀行家張嘉璈、陳光甫都懂得，這個辦法極爲簡便，但卻極爲危險。張嘉璈和陳光甫、李銘商量後，決定發行公債。由於法幣早已失去信用，張嘉璈將新公債定名爲美金公債和美金短期庫券。前者發行一億元，以外幣或金銀購買，以外匯還本付息，後者發行三億元，按牌價以法幣折合美元購買，還本付息時按當時美元牌價付給法幣。陳光甫積極支持張嘉璈的這一措施。三月三十一日，他帶頭表示，上海商業儲蓄銀行願購買美金公債一百萬元，以爲提倡。這一舉動，可以看作是陳光甫對國民政府改組的一份禮物。

一九四七年四月十七日，蔣介石在南京宣布改組後的國民政府委員會名單。在廿九名委員中，國民黨十七席，青年黨、民社黨各四席，社會賢達四席。陳光甫與莫德惠、王雲五、包爾漢赫然同列爲社會賢達。蔣介石宣稱，這就是「多黨之政府」了。同月廿三日，國民政府委員會舉行第一次會議，通過行政院各部會人選，在廿六人中，非國民黨員占九人。陳光甫從上海來，參加了這次國府委員會會議。當晚，他興奮地對王世杰說：「國民黨今日自動取消一黨專政，可說是一種不流血的革命。」

然而，這種換湯不換藥的政府改組既不能解決國民黨面臨的嚴重政治危機，也不能解決日益嚴重的財政危機。鑒於美金公債、美金短期庫券的銷售額都不會很大，所以，南京國民政府的目光主要盯在美援上。四月下旬，外交部長王世杰提出，直截了當，要求美國政府提供十億美元的援助。陳光甫覺得王世杰的胃口太大，四月廿八日，他對張嘉璈說：「此時情況與戰時情形迥異，大量財經援助，恐不可能。」一九四六年四月，馬歇爾曾致函蔣介石，聲稱中國和平統一有望，爲促進中國的經濟復員及發展，美國進出口銀行準備對中國國營事業及民營企業提供五億美元信用貸款，作爲向美國採購物資、器材之用。陳光甫建議，不如就此題目繼續做文章，說明該款之五六成，將用以在美購買棉花、麥子、肥料，其餘四五成，用以購買急需的交通器材。陳光甫並提出，前者可由紗廠、麵粉廠組織代表團，後者可由交通部派代表，一切照商業借款手續辦理，張嘉璈問陳：「如果政府希望閣下赴美一行，有無可能？」陳答：「可任代表團團員之一。」

四月廿九日，陳光甫寫了封英文長信給張嘉璈，全面地闡述了他對爭取美援的意見，其大略為：

一、目前向美政府進行政治借款的可能性，殊屬渺茫，其理由是，政府剛剛改組，績效如何，必須經過時間證明，方足使美政府有所認識。其次，經濟方面，中國無論財政、金融，均去安定甚遠。

二、中國經濟急需復員，而非興建。最主要者為不斷獲得原料供應，使現有工廠繼續開工，提高民眾就業機會，緩和惡性通貨膨脹，吾人應遵照美國進出口銀行的願望，使此項貸款，基於自力償還原則，而運用於各項計畫。

陳光甫含蓄地表達了他對國民黨堅持內戰的不滿，他說：兩年前，美國政府曾希望中國在經歷了戰爭殘破局面之後，轉變為遠東的一種安定力量，但是，現在形移勢換，此一希望已成泡影，而代以懷疑與失望。因此，陳光甫力主由中國企業界代表出面洽商此項貸款。信中，陳光甫並就談判之前的準備工作提出了許多意見。三十日，陳光甫又補寄了兩份資料給張嘉璈：一份是他所擬的貸款談判節略，一份是貸款還本付息表。

王世杰不同意陳光甫的意見，他對張嘉璈說：「就政治觀點而言，仍應（對美國政府）作較大之要求，且看對方反應再說。」五月七日，國府委員會舉行第二次會議。當晚，陳光甫再次面晤王世杰，說明此項美援必須是「純商業性借款」，王世杰仍然不同意陳光甫的意見，說是「即令前後予所能借貸者是一種商業貸款，此時亦不能不以政治理由爲建議之根據」。他一面向蔣介石建議，任命陳光甫爲政府代表，赴美求援；一面電令駐美大使顧維鈞，直接向馬歇爾提出十億美元貸款要求。五月九日，顧維鈞電告王世杰，馬歇爾「亟欲予我借款，只候一適當機會，現我政府已擴大改組，可說機會已到」。顧稱，困難在於美國財政部等有關方面擔心中國局勢未定，想知道此次政府改組後，能否確實保障借款用於中國經濟，「不爲黨方阻撓，致我政府新政不克貫徹」。十二日晨，張嘉璈將顧維鈞報告內容轉告陳光甫。同日，陳光甫致函張嘉璈，再次陳述對爭取美援的意見。

陳光甫稱，馬歇爾在杜魯門政府中，對經濟援華，有一言九鼎之勢，因此，必須先對他說明：一、政府今後的政治方向；二、翔實披露經濟的嚴重危機，同時提供切實而合理的計畫。他說：「今日我國之經濟情況，已瀕絕境：物價不斷上漲，早已引起人心不安；搶米風潮，學生罷課，工人聚眾遊街抗議，層見迭出；社會秩序殊難維持。」但他又認爲，只要在兩三個月內運入大量物資，問題不難解決。對於王世杰推薦他赴美談判一事，陳光甫表示感謝，但他表示，王世杰本人最爲合適。信中說：「赴美談判事項，不只局限於工商經濟方面，它包括整個國策，若非對於政治全局有深切認識之大員主持，難以勝任。愚意除王外長外，實難覓合格人物。」

陳光甫之所以不願去美國談判，除了在借款數額、性質上與王世杰有分歧外，主要是他感覺到，美國政府、商界中都有不少人認爲南京國民政府得不到民眾擁護，對中國政治與軍事現狀流露出愈來愈多的不滿，不願在無把握的情況下提供援助。七月四日，王世杰約陳光甫談話，詢問他是否願意赴美談判借款，陳態度模糊。當日，王世杰在日記中寫道：「一月以前，彼尚熱心，現則又現猶疑之意，蓋美國對政府之態度不佳使然。」

陳光甫既不願去美國談判，他所能做的便是核定外匯匯率了。當時，由於法幣大幅度貶值，各方競相搶購外匯，導致黑市外匯猖獗，美元對法幣的兌換率愈來愈高。為了穩定匯率，張嘉璈於八月十八日成立外匯平衡基金委員會，以陳光甫為主任委員。但是，這個委員會並無任何基金，要穩定匯率根本做不到，於是，只能核定。每天早晨，中國、交通兩家國家銀行、花旗、匯豐兩家外資銀行的代表共四人，根據國內物價、出口貿易和黑市匯率等情況，商定當天的匯率，然後，由陳光甫召集平衡基金各委員和中央銀行的外籍顧問審核。

這是件很難討好的工作。由於黑市匯率高，委員會定低了，沒有人願意出手外匯；定得接近黑市，又會造成物價上漲。委員會從成立到結束，九個月之中，共調整匯率十八次，從一美元兌換法幣三點八萬元漲到一美元兌換四十四點四萬元，還是遠遠落在黑市匯率後邊。

在赤字愈來愈大、物價狂漲不已的情況下，蔣介石曾於一九四八年一月下旬召見陳光甫，陳表示：一、美援多少，現時不必計較，一經開始，可徐圖增加；二、政府支出，必須減少；三、對於財政金融，不必過於悲觀，致亂步驟。等等。這些意見，有的純粹是空話，有的根本做不到。由於國民黨堅持內戰，經濟狀況早已病入膏肓，任何高手都無能為力了。

同年三月廿九日，國民黨召開「行憲國民大會」。四月，蔣介石、李宗仁分別當選為總統、副總統。五月廿二日，成立總統府。其後，翁文灝取代張群出任行政院長，俞鴻鈞取代張嘉璈出任中央銀行總裁。這樣，陳光甫的國府委員、外匯平衡基金委員會主任等頭銜就自然取消，他的新頭銜是立法院交通委員會召集委員，這是個閒職，沒有多少事可做了。

五、安排退路

翁文灝內閣被稱爲「行憲內閣」。他一上臺，物價更以前所未有的速度狂漲。美元一元兌換法幣四百萬元，銀元每枚値法幣兩百萬元，米每石兩千萬元。八月十九日，南京政府頒佈《財政經濟緊急處分令》，宣布自即日起，以金圓券代替法幣，限期收兌人民持有的黃金、白銀、外匯，限期登記管理本國人民存放國外的外匯資產，規定全國各地各種物品及勞務價格。爲了強行推行此令，蔣介石任命俞鴻鈞、張厲生、宋子文爲上海、天津、廣州三個經濟管制區的督導員，派蔣經國到上海任協助督導員，有行政及員警指揮權，企圖以政治高壓手段克服經濟危機。九月六日，蔣介石又在南京擴大紀念週上宣布，各大商業銀行必須在本月八日以前將所有外匯自動存入中央銀行。第二天，蔣特派專人赴滬，強迫商業銀行交出全部外匯。

《財政經濟緊急處分令》加劇了國民黨政權和廣大人民的矛盾，也加劇了它和上海金融資產階級的矛盾。蔣經國到上海坐鎭時，陳光甫認爲自己的銀行要完了，惶惶不可終日。但是，經濟問題不是用政治高壓手段所可以解決的。一時貨物奇缺，交易停頓，黑市猖獗，各地紛紛發生搶購風潮，南京政府不得不宣布取消限價，准許人民持有黃金、白銀和外幣。十一月四日，蔣經國辭職，緊接著財政部長王雲五、行政院長翁文灝相繼辭職。十一月廿六日，孫科出任行政院長。

南京政府不僅經濟上全面崩潰，軍事上也一敗再敗，到了不可收拾的地步。十一月二日，人民解放軍佔領瀋陽，遼瀋戰役結束。同月六日，華東、中原人民解放軍發起淮海戰役，先後殲滅黃百韜、黃維兵團。三十日，蔣介石命令杜聿明放棄徐州，率部突圍，但杜隨即陷入解放軍的重重包圍裏。上海的資本家們坐不住了，紛紛飛往香港，觀察風向，安排退路。十二月初，陳光甫也到了香港。

陳光甫到香港後，深居簡出，不見報館中人，也不見政界人物。但是，《大公報》還是發表了有關消息，在陳光甫頭上，還加了「江浙財閥」與「浙江財團領袖」等字樣，這使他很不舒服。十二月四日，他在日記中寫道：

查此項名稱之由來，乃日本人所創造。當國民軍北伐之時，中交兩行墊付軍費，頗具努力。而銀行主持人如張公權、錢新之、周作民、吳鼎昌、李馥蓀等，皆為留日學生，日本工商金融界聯絡吾國銀行家，有時亦邀余在內。自中交兩行增加官股後，其大權已握於政府之手。即所謂南三行、北四行者，其內部亦各自獨立，不受任何人之支配，雖有每週之聚餐，亦僅談談人事之待遇與應付政府之法令而已。並不若美國摩根集團等等，可以指揮投資途徑，性質完全不同。共產黨以此項名稱有刺激性，不問其內容如何，竟沿用日本人之稱謂，而一般記者亦不之察，常用江浙財團、四川財團、廣東財團等名詞以刺激人心也。

江浙金融資產階級是影響中國現代政治、經濟的一股重要力量，它可不可以稱之爲「財閥」或「財團」，多年來一直是學者們爭論的問題。陳光甫的這段日記也是一家之言，可供參考吧！

香港報紙左傾的多。住了幾天後，陳光甫感到，當地報紙對於有錢人逃難到此並不同情，甚且取攻擊態度。宋漢章、卞伯眉等銀行家到此後，都銷聲匿跡，不敢聲張。這種情景，使陳光甫感到，有類於清末遺老紛紛逃難至上海、青島一般。香港當時已經很繁榮，街道整齊，工商業發達，資產階級財力雄厚。陳光甫認爲，這是由於「英人政存寬大」，「地方官員辦事精神」，加上居民奮鬥，「運用天才」所致。他在日記中寫道：「吾見香港，並非要看其居民之享受，街市之繁榮，而見其太平。太平二字，吾將在何處求之乎？」反過來，他對於國民黨政權更加不滿了，又在日記中寫道：「中國政府近年處處消滅人民的創造力，私人企業不發達。」雖然只有寥寥兩句，但卻反映出一個重大的歷史轉變，曾經支持國民黨政權的江浙金融資產階級轉爲它的批判者了。

上海商業儲蓄銀行在香港設有分行。陳光甫對香港進行了考察，又和分行負責人談話後，認爲由於通貨膨脹，內戰不息，上海與長江一帶分行已無法發展，香港分行將是唯一維持業務的重心，因此，又制訂了一份雄心勃勃的發展計畫，準備覓地建屋，開設新的分行，中國旅行社亦同時進行，此外，還要經營房地產業。陳光甫估計，「三四月之後，上海富家必來此，需要房子，有利可圖」。

十二月五日，香港英文報紙 Morning Post登載了「中共及各團體」的一份宣言，聲稱共產黨取得政權之後，允許私人經營事業。陳光甫感覺宣言內容和濟南解放後的情況一致，內心略感安慰，認爲自己的事業尚可維持一短期，但方針必須配合新的社會環境。這樣，他就打消了原定在香港住下的計畫，決定將家留在上海暫時不搬了。他在日記中寫道：「一來搬家費事，二來共黨政策不擾動做生意的人，不反對中外私人事業，不依照俄國鐵幕政策。我住上海，與香港有何不同？」十二月六日，他制訂了一項近期計畫：一、家不搬，仍住上海；二、往臺灣一行，看看時局；三、時局不好仍回香港；四、時局好仍回上海；五、香港房子要準備。

有時，陳光甫想起一九二七年的情景，又有點緊張。十二月十一日，他在日記中寫道：「寧漢分裂之時，漢口共黨政府主動，組織各業工會，清算鬥爭，頗有令人難以終日之苦。」他又進一步設想共產黨進入上海之後的情景：「共黨號稱爲人民解放軍，先從工人主政入手，即如銀行方面，首先驅逐經理，由工役組織委員會開始清算，其時我還是在上海好，還是不在上海好？此一套工夫，我頗難欣賞，故還是不看見的好，其所以不要看原因，乃是太覺幼稚。」陳光甫認爲：社會主義在分配，而分配得法乃在生產。在他看來，中國生產政策試辦有成效者唯有上海的辦法。他列舉了十二條：一、鼓勵投資，保護投資。二、合理工價。三、鼓勵外人來華投資及其技術。四、外匯自由，不加管理。五、外人可在長江內河航行，借此我們向他學習管理辦法，亦可限制中國人跋扈，公務員猖狂，如此真真爲人民服務。六、政治方面，各省自治，自由發展生產，不受中央控制。七、行政多用外國人，減少官樣文章及不負責行爲。八、速辦學校，教育公務員而成文官 Civil Service，切切不可用黨治學堂去辦。九、幣制獨立，換而言之，即是不用發行彌補赤字。十、裁兵，以省下之錢做救濟難民工作。十一、大學由人民辦，小學、中學爲強迫教育。十二、此外一切新花樣，新議論，嚴禁宣傳，嚴禁不負責任之演講，以免人心騷動。

陳光甫的上述意見，有正確的部分，也有不正確的部分，它們代表了一個金融資本家的要求和設想。陳光甫自誇：「如此做法，五年內即有成效。」

陳光甫在香港沒有待多久，即因事回到上海。

六、拒絕參加「上海人民和平代表團」

香港報紙透露的中共對私人企業的政策使陳光甫略感安慰，他決定保留上海的家，自己盡可能堅守上海，直到非走不可的時候。但是，剛進入一九四九年沒幾天，淮海戰役就勝利結束，國民黨軍隊被殲達五十點五萬人。這樣，京滬一帶就完全暴露在人民解放軍的攻擊範圍之內，陳光甫又有點坐不住了。他制訂了一份個人應急計畫，準備在必要時和妻子一起出走香港，在那兒安家，然後去新加坡、曼谷、仰光、菲律賓、美國等地旅行。他已向南京政府申請了護照，並且在設法取得去馬尼拉的簽證。

然而，就在這一時刻，發生了新情況。一九四九年一月廿一日，蔣介石宣布「引退」，由副總統李宗仁代行總統職權。廿二日，李宗仁發表聲明，宣稱「將以高度之誠意與最大之努力，謀取和平之實現」，關於中共方面所提八條件，「政府願即開始商談」。他並稱：「為集思廣益，眾擎易舉，宗仁更已分電邀請全國各黨派及社會上愛好和平人士，共同贊助。」為了試探中共方面的反應，李宗仁決定動員幾位在全國公眾中有影響的人士，組成「上海人民和平代表團」前往北平，在南京政府和共產黨人之間搭橋。在這幾位人士中間，就有陳光甫。

一月廿四日，李宗仁命劉仲容持函赴滬，面見陳光甫，函云：

蔣公引退，弟出膺艱巨，勉維現局。現決以最高之誠意，盡最大之努力，促成和平之實現。惟茲事體大，尚待共籌。吾兄高瞻遠矚，必有嘉謨。茲特派劉仲容兄代表趨詣，面達鄙意。卓見所及，希不吝惠示，並盼即日命駕入京，俾得朝夕承教，至所企幸。

劉仲容（一九一三～一九八〇），湖南益陽人。早年在莫斯科中山大學學習，其後長期任李宗仁、白崇禧參議。抗戰期間，參與發起中國民主政團同盟。抗戰勝利後，又積極爲國共和談奔走。劉仲容抵滬後，還沒有來得及會晤陳光甫，就接到急電趕回南京，此函遂由章士釗轉交。

一月三十日，李宗仁再次派甘介侯赴滬，重申邀請之意。函云：

和平為全國人民一致之呼聲，政府亦決以最高誠意，謀求和平之實現。唯前途艱巨，尚待各方共同努力，始克共濟。為民請命，諒荷同情。茲倩甘介侯兄代表前來，面陳鄙悃，敬希鼎力支助，俾速其成。餘情統由甘介侯兄詳述不備。

甘介侯，江蘇寶山人，清華大學畢業，其後又就讀於美國威斯康辛大學、哈佛大學。長期從事外交工作。曾任南京國民政府外交部常務次長。這時，已成爲李宗仁的親信，因此，被派到上海游說陳光甫等人。

一月三十一日，李宗仁又偕邵力子、程思遠等赴滬。當日上午，在中國銀行召見社會賢達及各界名流，出席者有顏惠慶、章士釗、冷遹、江庸、陳光甫等二十餘人。行政院長孫科、副院長吳鐵城等也參加了召見。關於這次召見，陳光甫在日記中寫道：

當夏曆新年之際，代總統李宗仁要求我參加人民和平代表團去北平，目的是尋求和平，但並不需要和共產黨人談判和平條件。更確切地說，其主要任務是使在北平的共產黨領導人認識人民的苦難以及實現和平的迫切需要。代表團不代表官方，它將為政府的正式代表團與赤色分子的談判鋪平道路。

我試圖拒絕。我的理由是，我是銀行家，一個資本主義制度的代表；在政府和共產黨人處於戰爭狀態的時候，我曾兩次被作為工具去華盛頓為政府尋求財政援助；我通常被認為是親美分子。

當代總統自南京飛滬，作短暫的然而是戲劇性的訪問時，我提出了上述理由。二月一日上午十點，我被召到中國銀行大樓。我向代總統解釋：我不是尋求和平的適當人選，在代表團中有我的名字可能使共產黨人感到刺眼；我認為張元濟、侯德榜、盧作孚將是更為合適的人選。但是，代總統不聽我的陳述，並且說，我應該去。

召見之後是午餐。餐後，李宗仁邀請邵力子、顏惠慶、梅貽琦、冷遹、章士釗、江庸、張嘉璈、陳光甫等少數人座談，討論派遣代表團去北平的問題。李說，計畫中的代表團是「和平攻勢」的一部分，目的是向世界證明他對和平的渴望，從而贏得他們的同情和支持。這個使團可以稱爲「敲門使團」——敲開和平之門，希望得到共產黨人的回應，打開門，從而爲兩黨之間的談判鋪平道路。李並附帶說，司徒雷登大使已經讓他瞭解，雖然沒有蔣，但華盛頓仍將支持政府。

李宗仁最後幾句話激起了陳光甫的強烈興趣。一段時期來，陳光甫聽到了好幾項消息。一項消息說：張群見過蔣介石，蔣透露，五年之內不打算出國，準備留下，隱退，獻身於黨的改造，並且訓練國民黨的新人。據說，蔣希望建設一個一元化的、恢復活力的黨，如果現在的和平努力歸於失敗，就在李的後面支持他和共產主義戰鬥。陳光甫並被告知，這項消息已經傳給了李。陳光甫聽到的另一項消息是，張群即將回到四川，恢復原職，擔任指揮部總指揮官，張嘉璈正計畫配合此舉在西南各省建立一種地方貨幣系統。陳光甫還聽到，美國政府採取的姿態是，將不援助共產黨中國。

將這些消息和李宗仁所述聯繫起來，陳光甫似乎感到，李宗仁計畫派遣和平代表團去北平時，他的眼光注視的是華盛頓，希望這一行動將招致美國更多的財政援助。換句話說，和平攻勢實際上是爲了爭取美國並且借此延長他的政治生命。

陳光甫讚賞李宗仁依賴美國的立場。他認爲，美國在中國的國家生活中扮演著十分重要的角色，沒有美國的援助，上海的商業，包括他自己的銀行早就破產了。在他看來，司徒雷登的話意味著，美國可能對一個反共的沒有蔣的中國政府，或是對聯合所有派別包括共產黨在內的某種「聯合政府」增加援助。當時，南北之間的麵粉和煤炭的交換還在繼續，但是，陳光甫感到，由於共產黨人取得北平，這種交換可能停止。陳光甫認爲，其結果將是悲慘的：北平人民缺乏食物，上海電力公司因缺乏燃料停止發電，整個城市將癱瘓。

基於上述考慮，陳光甫認爲：如果代表團能促進和平臨近，從而導致某種類型「聯合政府」的產生，那將有益於千百萬人民，如果代表團未獲成功，至少也會帶來美國人的同情和援助，這種援助，過去已經證明，它有益於千百萬人民。因此，儘管陳光甫估計，代表團不會做成任何事情，並且他本人已經表示拒絕參加，但他仍然認為，和平代表團是有價值的，為了拯救上海和千百萬人民，他應該為和平作出努力，這樣一想，他又傾向於赴平一行了。

三十一日晚，國民黨中央社宣布：「李代總統決定，推請此間無黨派之社會領袖顏惠慶、章士釗、冷遹、陳光甫、江庸等五人以私人資格即飛北平，與中共方面接觸，即請推派代表，指定地點、時間，洽商和平。」

但是，思來想去，陳光甫還是決定不參加代表團。二月三日，他寫了一封信給李宗仁，說明他的決定。同時，他又要求吳忠信去南京為他作出解釋。

陳光甫致李宗仁函如下：

> 前聆賜教，欣幸何似！承囑北訪呼籲，仰徵致力和平，無微不至。弟屬國民，敢不勉竭綿薄，供效馳驅。惟茲事體大，涵義微妙，人選如何，實成敗所繫。弟一生從業商業銀行，與英美關係較深，且曾廁身立法委員，如濫竽其中，轉授對方藉口之柄，將恐有礙進行。除面派禮卿、介侯兩兄分別代為轉達外，謹此奉陳，敬乞諒察。

七、和李宗仁討論經濟問題

由於陳光甫拒絕參加，冷遹又因江蘇省議會開幕在即，不克分身，「上海人民和平代表團」的人選不得不有所變動。二月六日，南京政府方面宣布，代表團由顏惠慶、章士釗、江庸、凌憲揚（滬江大學校長）、歐元懷（大夏大學校長）、侯德榜（永利化學公司總經理）等六人組成，代表團之外，邵力子、甘介侯以私人資格參加。甘介侯根據李宗仁的意思宣稱，代表團的唯一任務為「敲門」，「敦促中共迅速指派和平代表，並決定和談之時間、地點，以便政府代表團前往開始和平商談。」七日，中共方面廣播稱：「如果上海顏惠慶、章士釗諸先生是以私人資格前往北平參觀，並於國是有所商談，則北平市長葉劍英將軍準備予以接待」，如果按甘介侯所說前來「敲門」，則「和平商談的準備工作尚未做好，目前無從談起。」廣播稱甘介侯是從事和平攻勢的政治掮客，他只有資格在南京、上海一帶出賣其以「和平攻勢」為招牌的美國製造的廉價商品，人民的北平不歡迎這種貨色。廣播並稱：「對不起，請止步。如果甘介侯竟敢混入北平販賣私貨，則北平人民很可能把他驅逐出境。」代表團原訂二月八日飛平，這樣只好臨時改期。

李宗仁從北平方面得悉，中共對陳光甫不參加代表團「有點兒失望」。為了動員陳光甫，並且討論日益嚴重的上海經濟問題，二月八日，李宗仁再次飛滬。抵滬後，李宗仁立即在黃紹竑寓所召見陳光甫、張嘉璈、錢新之、徐寄廎等上海資本家並共進午餐。召見情況，陳光甫記載如下：

我參加和平代表團去北平的問題再次被提出來。在我們互相問候之後，代總統立即重新提出他的要求。他說，他在北平的代表送來消息，由於我不去北平，共產黨人有點兒失望。因此，代總統要求我根據這一情況重新考慮。我很為難，但是，我告訴李代總統，我真正看不出改變我的決定的理由。他是個好人，不想過分勉強我。

召見主要討論經濟問題，李宗仁要求陳光甫、張嘉璈等告訴他，應該做什麼。當時，蔣介石正在秘密下令將上海庫存金銀秘密運往臺灣和廈門，因此，座談首先涉及這一問題。陳光甫記載說：

公權是我們的代言人，詳細地講了當前的經濟形勢。他將這一問題分為兩部分。當地和全國。他說，實際上現在已經沒有什麼根本的解救辦法，不過，作為一種治療方法，應該要求中央銀行將其金銀保存在上海。當財政部長決定發行金圓券時，公權提出過此點。結果，同意將金銀交由一個委員會保管。他說，這一步是必要的，並且是反對將金銀運往南方的好理由。

陳光甫同意張嘉璈的意見，他進一步補充說：

中央銀行大約現存四千五百萬銀元，按照戰前的匯率計算，大約相當於一千五百萬美元。兩個星期以來，由於物價飛漲，金圓券，這種現在的法幣早已瀕臨崩潰。在此意義上，金圓券將立即喪失它作為交換手段的價值。部分米商早已拒絕接收金圓券，相當大的一部分公眾將失去支付能力。我們可以想像，當人民無力購買基本生活用品時，情況將多麼嚴重。

陳光甫繼續說：

最嚴重的問題是，上海附近地區大約有二十萬士兵，這將是麻煩的根源，他們為饑餓所迫，將開始搶劫，從而使全市陷入混亂。這樣，儘管實際上共產黨人尚未入侵，上海也將很容易地崩潰，並且在事實上瓦解。

陳光甫建議，要求中央銀行通過指定的銀行拋售銀元，以之作爲吸收紙幣、控制物價的辦法。所有與會者都同意陳光甫的意見。

但是，陳光甫認爲拋售銀元只是一個臨時的辦法。他說：永久性的、根本性的解決辦法必須依靠美國的援助。這種援助可以在政府嚴格地改組並且贏得人民的信任之後開始。從華盛頓獲得援助要比嚴格改組政府容易得多。對此，與會者也都表示同意。黃紹竑參加了全部討論並且同意陳光甫拋售銀元的意見。他說，這一步驟將首先加強士兵的戰鬥精神，這是非常重要的。

午餐很精緻。優質的白蘭地酒打開了陳光甫的話匣子。他告訴李宗仁：代總統現在的職務吃力不討好，而且坦率地說，不可能保持很久，終究必須離開這個位置，因此，必須利用機會，做自認爲最有利於國家和人民的事情。他鼓勵李宗仁，無所畏懼，勇往直前，只要自認爲正確的事就做。陳光甫並向李宗仁建議，每週舉行新聞發佈會，讓世界知道他的意圖和活動。陳說：此項發佈會此前在中國還無人舉行過，值得一試。「關於現在中國的代總統，世界知道得太少了。代總統每週召集新聞發佈會將很好地解決這一問題。世界將更多地知道李宗仁是怎樣一個人，反過來，李宗仁將擁有全世界的聽眾。」

當日下午，陳光甫去顏惠慶家參加會議，討論去北京的和平代表團可以做的事情。甘介侯在座。他希望陳光甫重新考慮不去北平的決定，陳的回答仍然是否定的。甘問爲什麼，陳答：赤色分子宣稱，如果代表團希望參觀北平，不準備討論和平條件的話，他們將願意接待。我不喜歡共產黨的這種廣播。

這時，章士釗，代表團成員之一，將陳光甫拉進另一個房間說，他已經收到北平的電報，大意是，共產黨人渴望陳參加代表團，陳光甫再次向章說明了不參加的理由。陳光甫說：上海的財政形勢變得如此嚴重，如果我參加代表團，共產黨人自然希望從我身上取得如何使上海經濟成功運轉的主意。事情到了今天這種狀態，眼前沒有解決的辦法。我的意見是，我們所有的財政問題只能依靠美國的財政援助，說得更明確些，我們必須有美元。人們似乎還不瞭解，過去兩年，我們從美國大致得到了十五億美元的援助。正是由於這種援助，上海，事實上，中國才得以存在。這是我的真誠的信念。由於赤色分子持續不斷地攻擊「美帝國主義」，我不能想像，我如何能愉快地和共產黨人談話。這條路線可能受到莫斯科的影響。不過，這是很明顯的，在共產黨人和我之間，缺乏走到一起並且進行討論的共同基礎。如果我和代表團一起去北平，我當然會說出我的信念——除了美援外，我看不出有任何解決的辦法。

陳光甫還對章士釗說：如果共產黨人對上述僅僅是綱要性的闡述有興趣，他可以打一個電報給我，我將赴平。

會上，侯德榜、凌憲揚、歐元懷也表示，不參加代表團。歐元懷並聲稱：共產黨既採取如此姿態，在如此關鍵時刻，他沒有空閒去做諸如此類的事情——浪費時間在北平參觀。歐元懷的話激起了陳光甫的反共情緒，他立即離開了會議。

八、何以不去北平

二月十三日，由顏惠慶、章士釗，江庸、邵力子組成的「上海人民和平代表團」終於啓行了。龍華機場上人頭攢動，盛況空前。邵力子笑咪咪地對記者說：「敲門是用在門尙未開的時候，我們卻是去推開那個僅是虛掩著的門，我們希望的是和平之門大開啊！」說得大家都笑了。

二月十四日，陳光甫在日記中再次說明了他爲何不和顏惠慶等同行的原因。他說：兩個星期之前，當他首先得知組織代表團的提議時，他的反應是百分之五十願意去，百分之五十不願意，甚至可以說，略微多地傾向於去。最後之所以決定不去，可能受到朋友們的影響，不過，主要出於個人考慮。陳光甫說：他不是一個年輕人，退休計畫早已醞釀。去年，政府幾次和他商量，要他擔任這種或那種公共職務。每次，他都試圖拒絕。雖然這些努力並未完全成功，但卻値得重視，他有可能過一種退休生活了。他認爲這些有限度的成功使他有可能實現個人自由。例如，拒絕不希望擔任的工作；不想說什麼的時候能保持緘默；希望走動的時候能離開上海，等等。他寫道：「一個人可以聲稱反對國民政府，但至少，在它的下面，我已經享受並且實現了這種或類似的個人自由。」陳光甫對即將面臨的共產黨人充滿了恐懼，擔心可能失去他的上述自由。他說：「正是這些思想，使我決定回避任何和共產黨人見面的機會。如果我和代表團一起去北平，那末，我將使自己捲入，從而中斷退休計畫。」陳光甫並稱，他正在考慮離開上海，以避免捲入代總統領導的現政府。他寫道：「愈來愈清楚，共產黨人將來到並佔領上海。與其說我不喜歡他們的革命，毋寧說是因爲我的個人考慮。」

在日記中，陳光甫還記載了幾個朋友對他的勸告。

> 一個姓文的將軍（音譯）說：和平難於實現，代表團的工作注定沒有結果。如果陳隨代表團前去，將可能遭到共產黨人的攻擊。

胡適也勸陳光甫不要去。他說，除了顏惠慶可能是例外，其他人都不是重要人物，和他們一起去不值得，代表團將不會有任何收穫。

另一天，喬治葉來看陳光甫，聽到陳拒絕去北平後很高興，告訴陳，不要和政治糾纏在一起。在中國，政治將長期混亂。——陳代表著兩家成功的企業——上海商業儲蓄銀行和中國旅行社。不應該使自己捲入，從而損害了這兩家企業發展的機遇。

陳光甫寫道：

我感謝這些和別的朋友們，他們關心我的幸福。在他們的勸告和鼓勵下，當李代總統二月九日來到上海，要求我重新考慮的時候，我才能作出明確的答覆。

對於那些不瞭解我的人來說，通常的意思是，在接受去北平的提議上，我太「滑頭」了。是的，「滑頭」，在上海方言中不是一個褒義詞，它的意思是見風使舵，利用形勢以達到自私的目的。我要在日記中澄清這一點，我不像他們想像的那樣「滑頭」，如果不是因為我的朋友們，我可能完全不瞭解形勢的錯綜複雜和後果，接受去北平的提議。

九、看到了國民黨失敗共產黨勝利的必然性

上海人民和平代表團於二月十四日飛抵北平，陸續與葉劍英、聶榮臻、董必武、羅榮桓、薄一波諸人共同或個別洽談。廿二日，應邀赴石家莊中共中央所在地會晤毛澤東、周恩來。廿四日返平。廿七日帶著毛澤東給李宗仁的信飛返南京。四月一日，南京政府所派和平代表團張治中、邵力子等一行抵達北平。同月十五日，雙方達成《國內和平協定（最後修正案）》八條廿四款。中共代表宣布，南京政府必須於四月二十日前表明態度。四月二十日，國民黨中常會發表聲明，拒絕接受《國內和平協定》，和平談判破裂。

四月廿一日，谷正綱、潘公展、趙棣華自溪口回上海，由杜月笙以請吃茶的名義邀請上海資本家座談。這幾個人「帶來蔣先生的話」，其內容據陳光甫記載，大致是；「北伐時上海這班人幫他的忙，如今重新表示感激；今後如北伐時一樣，還要希望我們這群人（顏駿人、錢新之、我等）幫他的忙。如今和談決裂，共產黨對內無Principle（原則），對外要走親蘇的路線，與過去外交中立，不親蘇也不親美的政策不合。如今要決心破壞二十年來國民黨的政績，而所提的條件直似無條件投降，不能接受。和既不能，只有繼續作戰。蔣本人表示決不出來，全力支持李德鄰。」會上，谷正綱並提出口號：「拚命保命，破產保產。」

北伐時期，陳光甫等上海金融資本家曾以財力支持過國民革命軍；「清黨」時期，陳光甫等又曾以財力支持過蔣介石反共；谷正綱提出「拚命保命，破產保產」，無非是要陳光甫等再次拿出錢來支撐國民黨的殘局，然而，時代不同了。陳光甫沒有吭聲，他知道自己情緒不好，說出話來不會好聽，心裏在想：

今日之爭非僅國民黨與共產黨之爭，實在可說是一個社會革命。共產黨的政策是窮人翻身，土地改革，努力生產，清算少數分子……所以有號召，所以有今天的成就。反觀國民黨執政二十多年，沒有替農民做一點事，也無裨於工商業。

陳光甫是中國資產階級的代表人物。從這一頁日記可以看出，連他心中也積鬱著對國民黨的深刻怨憤，並且，連他也看出了共產黨勝利的必然性。這一事實雄辯地說明，中國歷史上天翻地覆的時代快要來到了。

會議開得很冷清，說話的人不多，也沒有新意見。

（原載《近代史研究》一九九二年第四期）

①經濟資料室編：《宋子文豪門資本內幕》，光華書店，一九四八年十二月版，第六十頁。
②原文為英文。陳光甫日記大部分為英文，小部分為中文，不一一注明。
③以上對話均見陳光甫日記，下同。
④*Foreign Relation of the United States*,1946,Vol.10,*The Far East China*,1972,p.633.
⑤《中美關係資料彙編》，第一輯世界知識出版社，一九八七年版，第七〇〇頁。

蔣介石的「慰問」與北平的邀請

——讀陳光甫檔案之二

一九四九年春。

解放軍於四月廿一日橫渡長江。廿三日，佔領南京，降下了「總統府」大門上空飄揚多年的「青天白日滿地紅」旗幟。解放軍官兵人不卸甲，馬不離鞍，風捲殘雲般地掃蕩長江下游三角洲上的殘敵，迅速完成了對上海的包圍。四月下旬，陳光甫丟下了苦心經營多年的上海商業儲蓄銀行和安樂舒適的家，匆匆逃到香港。一個月之後，上海解放。

當時，像陳光甫一樣逃到香港的上海資本家頗不乏人。蔣介石覺得這是一批可以爭取的力量，於六月底派「戡亂建國動員委員會」秘書長洪蘭友攜帶他的親筆信到港「慰問」。信謂：

> 當北伐之時，上海工商各界一致擁護贊助，政府得力頗多，此次退出上海，政府未能為工商界安排，聞受損甚大，殊為抱歉，派洪來慰問。倘工商界有需政府協助之處，當為辦理云云。

七月二日晚，杜月笙爲此在寓所設了兩桌筵席，邀請潘公展、吳開先、宋漢章、錢新之、周作民、石鳳祥、王啓宇、唐星海、吳坤生、劉鴻生、楊管北、陳光甫等出席。大多是上海資本家，也有少數CC分子。浙江實業銀行總經理李銘接到了請帖，但沒有出席。席間，首由洪蘭友致詞。他聲稱：

蔣總統與李代總統意見已趨一致，頗為融洽。今後政治上有團結之重心，一切俱轉好象。軍事上現在中共供給線拉長極遠，千里運糧，已背孫子兵法，為兵家所大忌。而且中共佔領上海，問題甚多，背上此大包袱，足夠其頭痛。政府已擬有作戰計畫，切實佈置，中共頓兵，所以不敢輕進。

當時，蔣介石正在乞求美國出動兵艦封鎖大陸各海口，因此，洪又稱：

外交上美國對於封鎖共區海口一事，覆文謂遇有損失，須照賠償云云。彼既只談賠償，事即好辦，封鎖可順利進行。英國態度雖然強硬，亦不至採取干涉行動。

洪並稱：「第三次世界大戰不久必將發生，是以政府可得最後勝利。」洪蘭友之後，原《申報》董事長、上海市議會議長潘公展，原上海市社會局局長吳開先接著講話。由於蔣介石信中有上海工商界「受損甚大」一類的話，因此吳開先要求臺灣方面「最好首先做幾件事情，有所表現，不至像過去之徒托空言，方可告慰於在座諸位」。陳光甫覺得這一天晚上，只有吳開先的話「尚堪動聽」。他最反感的是洪蘭友說的一套，當日在日記中寫了一長段駁論：

政府向來予人以「空心丸」，不知已有若干次，受者深知其味，今又再來一次，未免難受。洪述各點，皆不符於實情，蔣、李(宗仁)兩人之隔閡甚深，當競選副總統時，蔣自居於家長身分，屬意孫科，而李競選成功，蔣極不滿，從此即不融洽。蔣退位後，李出任代，毫無實權，蔣仍暗中指揮，例如白崇禧擬就防禦計畫，需要宋希濂部隊合作，白親到廣州與何應欽面洽。何當與宋通電話，告以應遵照自之計劃辦理。宋答尚未接到彼之命令。何又告以此乃本人以行政院長兼國防部長之身分所發命令，宋仍答以須待彼應得之命令。何放下聽筒，與白相對無言。又如胡宗南守西安有部隊二十萬人，其時中共尚未向之進攻，胡接蔣令退守漢中，西安各界勸胡勿退，謂漢中缺糧，而西安可得供應，胡仍照撤。胡之撤防交由馬步芳接收，馬因不能及時趕到，告胡稍遲一星期再行，胡亦迫不及待，急遽撤守。迫馬步芳與中共接戰，共軍後退時，胡部又復進駐。如此情形，何能抗共！兵法首重攻心，其次攻堅。今不聞籌謀如何攻心之法，而指揮更不能統一。退位者仍握權不放，使當政者莫能展布，實談不到轉好現象。

這裏所說的「退位者仍握權不放」，指的正是蔣介石。對於洪蘭友所稱「中共補給線過長」問題，陳光甫認爲，「中共組織頗好，有其刻苦耐勞之精神，亦不難有克服之方」。這樣一分析，陳光甫覺得洪所稱軍事上、政治上俱有辦法云云，實不足信，只有對於「第三次世界大戰爆發在即」問題，陳光甫不能拿得很準，但他問過這幾天正在香港的美國華人領袖李國欽，李稱，紐約的看法，近二十年間或不至發生。這樣一想，陳光甫覺得，這不過是國民黨人的幻想和期望而已。

一九四八年九月，南京國民黨政府發行金圓券，強制收購金銀、外幣時，蔣介石也在南京發表過一次談話，痛斥上海金融界、工商界「只知自私，不愛國家」，嚴令各銀行在兩天內將全部外匯資產移存中央銀行，不得稍有隱匿。對蔣介石的這次談話，陳光甫記憶猶新：「辭令嚴厲，有若瘋狂」，「令人難堪，亦令人不解」。但是，曾幾何時，蔣介石又派洪蘭友「慰問」來了。思前想後，陳光甫頗有啼笑皆非之感。他在《日記》中寫道：

> 此皆出於蔣一時之衝動。蔣於國事，無論懂與不懂，一切必須親為裁決，不旁諮博詢，不虛心下問，信任佞人，致成今日之局面。

陳光甫這裏偏重個人責任，並沒有正確說出國民黨在大陸失敗、「致成今日之局面」的真正原因，但是，江浙金融資產階級長期支持、信任蔣介石，陳光甫的這頁日記說明，蔣介石立腳的地塊動搖了。

在洪蘭友抵港前後，北平方面也在爭取陳光甫。和陳光甫談論第三次世界大戰問題的李國欽原是長沙人，畢業於倫敦皇家礦業學校，獲得礦冶工程師學位。一九一五年歸國，在湖南從事採礦事業。其後，歷任華昌礦務公司紐約總辦事處經理、華昌貿易公司董事長兼總經理、北京政府財政部及農商部駐紐約代表等職，長期生活在美國，和美國官方及工商各界均有廣泛聯繫。這時，正在香港通過章士釗的關係，想赴北平會晤毛澤東。章士釗積極爲之聯繫，並擬動員陳光甫、李銘二人同行。七月一日，陳光甫日記云：

昨天六點半左右，章士釗和我約定，他和他的第二個妻子一起來，問我是否準備和K·C·Li(李國欽)一起赴北平。他說，他已經向李提出建議，有李銘參加也很好。我告訴章，現在，我不能作這次旅行。他說，毛澤東正在等待他的關於我們三人能否北上的電報。我既已拒絕，章希望知道，將用什麼理由回答毛。我解釋說，理由很簡單。我現在還有營業機構在尚未被共產黨人「解放」的地區。如果我赴平，將被蔣主席理解為一種敵對行動，他將很可能對我們在重慶、成都、昆明、廣州和臺灣等地的分支機構搞點動作。

章聽了我的解釋後說，這是一個很好的理由，他將打電報告訴毛上述大意。我必須說，章的話聽起來很像毛在香港的特別代表。我提醒章，此地天氣過熱，李銘和我，很可能去日本觀光。

儘管陳光甫並不熱心前往北平，但他卻很希望李國欽能夠成行，並且希望通過李，在中國共產黨和美國等西方國家之間建立聯繫。他對章士釗說：

李是一個充滿色彩的人。他可能希望處於這樣的位置——在他回到紐約之後，能告訴他的朋友們，他在中國見到了毛澤東，我更認為，比起李銘、侯德榜和我來，李是最適於和毛接觸的人。我們在中國都有商業利益。不像李一樣能夠以中間派的身分說話。作為一個商人，他最能使毛認識到一項受到西方民主國家援助的工業化計畫的重要，李可以告訴毛，如何實現這一計畫。由於李在紐約和華盛頓的各種關係，如果共產黨人希望和西方一起前進，並且為得到他們的承認而進行談判時，李最有資格成為新政權的代言人。

陳光甫長期反對共產黨，害怕共產黨，但是，新中國的誕生已經如日之東升一樣，成爲不可改變的事實，他又在爲新中國設計了。陳向章士釗建議，中國共產黨建立的政府如果名爲聯合政府，那就應該包括像李國欽這一類的人，以便驅散西方國家的懷疑。他可以擔任外交部長或駐華盛頓的大使，這樣，就會逐漸贏得西方國家的信任。章士釗同意陳光甫的意見，但認爲李不會接受此類提議。陳光甫卻不這樣想。

章士釗告訴陳光甫，毛澤東將樂於見到他。陳認爲，這不會是毛的主意，而是章對毛的建議。這次談話使陳光甫感到，章正在動員他認爲有價值的人爲共產黨人效力。當晚，陳光甫舉行家宴，參加者有李國欽、侯德榜、張嘉璈、李銘等。陳光甫聽說，侯德榜第二天早晨就要乘輪赴津了。章士釗曾計畫安排一架飛機，但未能實現。

七月四日晨，陳光甫接到了留守的上海商業儲蓄銀行總經理伍克家打來的電報，其中包含著黃炎培的電報，轉述了周恩來對陳光甫的勸告，電云：

> 利孝和兄轉世丈：歸自北平。先悉兄已離滬。臨行恩來兄囑為勸駕早歸，共為新中華努力，其意甚誠，特為轉達，不久通航，亟盼握談。炎培。東。家。

同日，陳光甫覆電伍克家，請伍代他表示對黃炎培的感謝，說明因健康原因不能歸去。電文如下：

> 上海家弟，接孝和兄轉臺電洽悉。兄因頭暈，在港診治，醫囑尚須長期療養。任老盛意，極深紉感，即煩代為轉申謝悃是荷。綬。

此電說明，儘管陳光甫的思想感情發生了若干微妙的變化，但是，他對於回到大陸仍然顧慮重重。

當時，北平方面正在籌備召開中國人民政治協商會議，商討新中國建立的各項大計，中國共產黨自然希望陳光甫這樣有影響的銀行家歸來，共襄盛舉。一九四九年九月十二日，李濟深派李紹程攜函赴港，面見陳光甫，函云：

邇近人民革命軍事空前勝利，全國各地完全解放指日可期，百年來帝國主義所予中國經濟發展之桎梏，已因封建主義與官僚資本主義統治崩潰而告解除。今後新中國經濟建設，將在中共毛主席領導之下，由人民共有的國家資本，和民族工商業的私人資本分工合作，有計劃有步驟地促進民族產業之發展，新民主主義之實現。新中國經濟建設根本方針，係以公私兼顧，勞資兩利政策，達發展生產繁榮經濟之目的。凡有利國計民生之私營經濟事業，均堅決保護，鼓勵積極經營及扶助其發展。對於產業金融界諸耆宿及以往有經驗的企業經營專家，尤能望推誠合作，共策進行。人民政治協商會議，即將集會於北京，商討成立人民民主聯合政府，並規劃中國政治、經濟、文化建設方案，久欽先生領導民族工商業界，夙著勳猷，今後國家經建大業，需助正殷。特就李紹程同志南來之便，略貢所知，祈能命駕北來，共商一切，則集思廣益，眾擎易舉，未來經濟建設進展之順利，蓋可預卜也。

當時，中共的許多統戰工作是通過民主人士來做的，因此，這封信不應該看作是一種私人行爲，而是代表了中共方面對陳光甫的爭取。函中所稱堅決保護「有利國計民生之私營經濟事業」，願與「產業金融界諸耆宿及以往有經驗的企業經營專家」推誠合作等，也正是中共的政策。

這封信多少打動了陳光甫，十月三十一日，陳光甫覆函李濟深云：

久別時念，居恒閱報，仰見勳猷懋著，彌切欽敬。日前李紹程兄來，交到惠函，詳示各節，諸承盛意，紉感無既。弟與紹程兄晤談一切，均經奉悉。惟以在港養疴，因失眠症頗覺嚴重，且耳鳴頭暈，其病源尚未查出，仍在繼續就醫中，一俟健康稍復，即行北上聆教。辱荷垂注。除託紹程兄代為面達外，謹此布覆。

此函雖聲明病源待查，繼續就醫，但表示「一俟健康稍復，即行北上聆教」，顯然，在北京的邀請面前，陳光甫怦然心動了。原稿中還曾有「自維雖屆衰年，顧一生致力於服務社會，此志不懈，自當爲新中國效微勞以竭餘力」等語，更表現了中華人民共和國的誕生在陳光甫心中所激起的波瀾。但是，陳光甫考慮再三，還是把這幾句話勾掉了。

北京方面感到了陳光甫的變化。十一月十日，章乃器致電林仲容，邀請陳光甫、李銘等人北上。十一月十一日，陳光甫覆函云：

弟年近七旬，精力就衰，四月間因療養方便來港就醫，頭暈耳鳴之病源尚未查出，復有失眠，病態嚴重，是以逗留在港，未能即離。迭荷友好邀約，均無法應命，心中至為歉悵。惟望健康稍復，即行首途，屆時自當訪候聆教。

這封信和覆李濟深函的態度一樣，對於北上邀請，不拒絕，但也不準備在近期就道。就在此際，在上海的商業儲蓄銀行業務中發生了一些問題，和人民政府之間出現衝突。十一月十九日，陳光甫約李紹程吃飯。他在日記中寫道：

此事現在要通天，講一個道理。我想共黨人士的作風亦是如此，但滬行人員已存恐懼之心而軟化，迭次來電云：我方有責任，並意賠千數，冀可早日了事。具此心理，何能折服對方。可慮！

這段記載看來，陳光甫不滿意滬行人員的「軟化」對策，他要「通天」，據理力爭。此事的具體情況及後來的發展，現在還不清楚，但陳光甫北上的念頭，大概從此放棄了。

一九五〇年十月，有兩個自稱「潘忠堯、張惠農」的人來訪，二人攜帶著具名周恩來的一封信，內稱要在香港辦一份報紙，希望陳光甫幫助。函云：

久仰渠範，彌切欽遲。國步維艱，胥憑英傑作中流柱，共挽狂瀾，翹首雲天，咸盼出岫。潘忠堯、張惠農同志因公赴港，特著晉謁崇階，希予延見，代為致意。伊等擬在港籌設日報一所。惟創辦伊始，尚望海外賢達，時賜匡助，使此文化事業，俾底於成，黨國前途，實深利賴。

這封信所用爲「中央人民政府政務院用箋」，共兩頁，手寫，並有簽名，但均非周恩來手跡；簽名下蓋有「周恩來」印章一方。其中「黨國前途，實深利賴」等語，不像中共和周恩來的語言。現在看來，大概是臺灣方面對陳光甫政治態度的一次試探。

一九五四年，陳光甫在觀望幾年之後，終於去了臺灣，在臺北成立上海商業儲蓄銀行，並於一九七六年七月一日病逝在那裏。

（原載《團結報》一九三二年五月二日，略有修訂，今據《近代中國史事鉤沉——海外訪史錄》收錄，社會科學文獻出版社，一九九八。）

李宗仁的索權逐蔣計畫

一、一份「極機密」文件

在美國哥倫比亞大學珍本和手稿圖書館所藏張發奎檔案（微捲）中，有一份標明「極機密」的文件。稍加研究，便可以發現，它是一九四九年李宗仁任代總統後制訂的一份秘密計畫。文件共八頁，以毛筆寫成，分甲、乙、丙、丁四部分。

甲部分爲目的，共四條：

（一）統一事權，集中力量；

（二）改革政治，刷新陣容；

（三）建立和穩定革命根據地；

（四）抗拒與肅清腐化與惡化勢力。

乙部分爲「方針」，分「急進的作法」與「緩進的作法」兩項。所謂「急進的作法」共六條：

（子）對×表示一明確的態度，務使其將全部資本交出（包括政權、軍權、財權及一切金銀、外匯、物資、軍械等），最好能促其出國。

（丑）徹底驅除在粵之一切頑固分子（或停止其活動）並改組國民黨。

（寅）廢除以黨統政之制度。

（卯）改組國防部。

（辰）加強兩廣合作，以兩廣爲中心，樹立革命根據地。

（巳）改革政治，肅清一切貪污無能自私之分（子），重整革命陣營。

這六條中最重要的是第一條，所謂「對×表示一明確的態度」，其中的×，指的乃是蔣介石。文件接著敘述採取「急進」作法的理由，共五條：

（子）×之原則既決不肯輕易放手，不如與之作具體的最後談判，使之無法推諉。

（丑）必須迅速處理一切，才能爭取時間。

（寅）必須徹底改革，才能爭取民心與國際援助。

（卯）必須徹底改革，才能肅清內部一切矛盾，達到集中與統一。

（辰）必須徹底改革，才能破滅×再起之幻想。

其後，文件敘述「顧慮與困難」，也是五條：

（子）與×破裂，無法獲取其擁有之資本。

（丑）×可能即調兵入粵，以圖鎮壓。

（寅）目前軍政費無法自給。

（卯）立法院頑固分子之勢力甚大，仍可能利用立法院牽制政府。

（辰）兩廣兵力不足以應付共軍或×軍之侵入。

以上各處的×，也均指蔣介石。

文件提出的「緩進的作法」共三條：

（子）對×作較溫和之表示，仍請其將全部軍政權及資財交出，以便統一指揮。

（丑）對頑固分子逐漸隔離。

（寅）一切改革措施，均採緩進，使力量充實，基礎較穩固後再進行上述「急進的」各項辦法。

文件的制訂者認爲，取「緩進的作法」理由如次：

（子）希望誘致×交出若干資本。

（丑）×或可不至即派兵入粵。

（寅）對×不即時決裂，留有斡旋餘地。

但是，文件的制訂者又認爲，這種作法也有其弊端：

（子）時機迫切，不容許獲得逐漸改善之機會。

（丑）由於×之高度警覺性，決不肯交付全部資本（甚至一部分亦不可能）。

（寅）由於×之高度警覺性，可能仍派兵入粵。

（卯）不能即時有所表現，無法爭取民心，提高士氣。

（辰）與×不絕緣，不能獲得國際之信賴與援助。

（巳）無堅強明朗之態度表現，新的分子不能號召集結，反動分子無法肅清。文件的制訂者在比較權衡之後，認爲「急進的作法」可能收到「預期的效果」。

文件最後部分爲「一般值得研究的實際問題」，計六條：

一、兩廣兵力如何充實（包括肅清土共問題）？

二、財政問題如何解決？

三、以黨統政之制度如何廢除（包括非常委員會）？

四、立法委員如何爭取？

五、與×「攤牌」之方式如何？

六、對中共之戰略部署。

文件未署日期，也未說明起草人姓名及有關情況。

二、文件形成的背景及其產生經過

一九四九年一月，蔣介石宣布「引退」，由李宗仁代行總統職權，但蔣在「引退」之前，即在人事上作了種種佈置，同時下令將國庫中大量黃金、白銀和外匯移存臺灣。「引退」後，仍然以國民黨總裁身分掌握著種種實權。因此，李宗仁就職後，事事遭到掣肘。他曾命行政院將運往臺灣的國庫金銀及外匯運回一部分備用，但有關人員拒不奉命。他企圖改變長江防務佈局，撤換指揮將領，但無法執行。這樣，李宗仁的左右就經常發牢騷：「我們管不了，就交還給蔣吧！總統不過是代理，一走就可以了事的。」張治中見此情況，便動了勸蔣介石出國的念頭，以便讓李宗仁放手做事。他徵得李宗仁等同意後，於三月三日偕吳忠信訪問溪口。見蔣後，蔣劈頭第一句就說：「你們的來意是要勸我出國的，昨天的報紙已經登出來了！」又說：「他們逼我下野是可以的，要逼我亡命就不行！下野後，我就是普通國民，哪裡都可以自由居住，何況是在我的家鄉！」說得張治中開不得口。

張、吳溪口之行雖然沒有成效，但要求蔣介石出國的呼聲卻日漸公開化。三月十二日，南京《救國日報》居然以《蔣不出國則救國無望》爲大字標題，發表評論。當時，南京代表團正在北平與中共代表團進行談判，李宗仁感到，有蔣在，勢難接納和議。四月九日。李宗仁召集白崇禧、程思遠、邱昌渭等人會議，認爲蔣、李只能有一人主政，如果蔣不出國，李就應當辭去代總統；維持現狀，和戰均將無望。四月十二日，李宗仁委託居正、閻錫山赴溪口，面交蔣介石一函，聲稱如蔣不採取步驟，終止目前的混亂局勢，則他自己唯有急流勇退，以謝國人。十四日，蔣介石通過張群傳話，邀請李宗仁、白崇禧赴杭州面談。

形勢發展出人意料地快。四月二十日，和談破裂，華東野戰軍陳毅所部迅速渡過長江。廿二日，蔣介石再邀李宗仁及何應欽、白崇禧、張群、吳忠信、王世杰等在杭州會談。會前，白崇禧對李宗仁說：「今後局勢，如蔣先生不願放手，則斷無挽回餘地。蔣先生既已引退下野，應將人事權、指揮權和財政權全部交出。」李宗仁正準備在會上與蔣介石「攤牌」，白崇禧的話正合李宗仁的心意。李宗仁完全沒有想到，會議卻通過了一項提議，在國民黨中央常務委員會之下設立非常委員會，以蔣介石爲主席，李宗仁爲副主席，「凡政府重大政策，先在黨中獲致協議，再由政府依法定程序實施」。李宗仁滿肚子不高興，快快返回南京。當時，行政院等政府機構已經遷移廣州，但李宗仁決定不去。廿三日，李宗仁偕程思遠、邱昌渭、李漢魂等人飛抵桂林。當日，李宗仁決定派程思遠去漢口接白崇禧返桂，派邱、李二人去廣州會見美國公使銜參贊路易斯・克拉克（Lewis Clark）及張發奎。

克拉克當時在廣州主持美國大使館駐廣州辦事處。他對邱昌渭說：「美國已對蔣介石失去信心，即將重訂對華政策。目前國民黨政府要求美國立即援助，情勢上實不可能，除非有事實顯示，李代總統確實是一個堅強有力的領導者，蔣介石確實不再干預政治，才能逐漸轉換美國人的視聽。」其後，克拉克並親赴桂林，和李宗仁談了五個小時。

張發奎在李宗仁就任代總統後，被任命爲陸軍總司令。李宗仁託李漢魂、邱昌渭帶了一封信給他，函稱：

和談因中共不能改變其武力征服全中國之企圖，終告破裂。刻共軍已渡江，威脅京滬，此實為本黨及國家生死存亡之最後關頭，非革新無以圖存，非團結無以自救。吾兄愛黨心切，憂國情殷，知必具有同感。弟因廣州住所尚待修飾，兼以連月勞煩，須稍事休息，擬在桂勾留幾日後即來穗面商種切，共策進行。茲囑伯豪、毅吾兩兄代表趨詣，面達鄙悃，諸惟鑒照。

李漢魂於一九四九年三月初到南京任總統府參軍長，後任內政部長，他向張發奎訴說了到南京工作後的苦衷：「在最高控制之下，致全局的人事及軍事，殆俱不能調整，政治亦難改革，全部之守江計畫，同時不能實施，坐令對共無法阻止。」廿九日，張發奎飛往桂林。他勸李宗仁做出抉擇，或者公開聲明，他的出任總統只是一場滑稽戲，然後辭去總統職務，請蔣復位，或者從蔣介石手中奪過全部權力，組織戰時內閣，爭取美國的支持。五月一日，張發奎飛返廣州。

據程思遠回憶，張發奎返抵廣州的當天中午，白崇禧、張發奎、程思遠三人在馬仲孚家裏午餐，張談到：在桂林時曾由李宗仁約李品仙、甘介侯、韋永成、韋贄唐、黃雪村、李新俊、尹述賢等同他會談兩次，由黃雪村記錄，最後訂定甲乙兩案，甲案要蔣出洋，乙案要蔣交出權力來。張並強調指出，無論實行甲乙兩案中的任何一案，必須清除廣州陣營裏的CC分子。

程思遠的這段回憶寫於一九八〇年，記憶不可能完全準確，但是，所謂甲乙兩案及「促蔣出洋」，「要蔣交出權力來」等等，正與上述「極機密」文件相合，因此，可以判明，該份文件乃是一九四九年四月廿九日至五月一日張發奎飛桂時的產物。它反映出當時李宗仁等企圖索權、逐蔣，以兩廣爲基地反共。

三、又一份秘密文件

政府在廣州，代總統卻在桂林，這總不成局面。五月一日晚，白崇禧訪問何應欽。二人認爲，李宗仁不願來廣州，是因爲對杭州會談的結果不滿意，決定請居正、閻錫山出面勸解。同晚，國民黨中常會舉行臨時會議，決定推吳鐵城、李文範赴桂，催促李宗仁來粵主持政務。五月二日，白崇禧、居正、閻錫山、李文範等連袂飛桂。當晚會談，形成了一份《談話記錄》，全文如下：

（一）自宗仁代行總統職權後，鑒於頻年戰禍，民苦已深，弭戰求和，成爲舉國一致之渴望，而以往政府一切軍事、政治、經濟之失敗，其根因所在，即由於政治之不修明，貪污腐化，遍於全國，遂造成今日民怨沸騰，士氣消沉，全盤糜爛之惡果。故自主政之日起，爲順從民意，針對時弊，決以謀取和平與革新政治爲當前兩大急務，以冀有所匡救。詎料時經三月，雖殫精竭力以赴，而事與願違，終致毫無成效。和談失敗，固由於中共所提條件過於苛刻，然我方內部意志之不統一，步驟之不能一致，如政府謀和措施之不能執行，未能示人以誠，亦不能不承認爲一重大因素。至於革新政治一端，終以形格勢禁，因之三個月來之努力，悉已付諸虛牝，此皆由於宗仁德薄能鮮，不克建樹事功，實應首先引咎自責者。

（二）現共軍已渡過長江，首都淪陷，滬杭危急，局勢已臨萬分嚴重之最後關頭。基於以往三個月來事實證明，宗仁難繼續膺此艱巨，更自信在此情形之下，決無轉危爲安之能力。爲今之計，與其使宗仁徒擁虛位，無俾實效，莫若即日起，自請解除代總統職權，仍由總裁復位，負責處理一切，俾事權統一，命令貫徹。宗仁身爲國民黨員，與總裁久共患難，決不敢存臨危退避之心，仍當竭盡協助之能力，並擬以副總統之資格，出國從事國民外交活動，爭取國際援助。此種辦法，在國際上固不乏先例，而依據目前之局勢，亦確乎有此需要，同時宗仁既可獲得爲國家效力之機會，亦可與總裁之工作收分工合作之效。

（三）如總裁堅持其引退之初志，必欲宗仁繼續負責，根據過去三個月來失敗之經驗，爲保障今後政府之命令能徹底貫徹，達到整飭部隊，革新政治之要求，完成吾人反共救國之使命，則有數事必先獲得總裁之同意並實行者，茲分列於次：

（1）憲法上規定關於軍政人事及凡屬於總統職權者，宗仁應有絕對自由調整之權。

（2）所有前移存臺灣之國家銀行金銀外匯，請總裁同意由政府命令運回。

（3）所有移存臺灣之美援軍械，請總裁同意由政府命令運回，配撥各部使用。

（4）所有軍隊一律聽從國防部之調遣，違者由政府依法懲處。

（5）爲確立憲政精神，避免黨內人事糾紛，應停止訓政時期以黨御政之制度，例如最近成立非常委員會之擬議，應請打消。所有黨內決定，只能作爲對政府之建議。

（6）前據居覺生先生由溪口歸來報告，總裁曾表示，爲個人打算，以去國愈快，離國愈遠爲最好，現時危事急，需要外援迫切，擬請總裁招攜懷遠，俾收內外合作之效。

（四）以上六項，必須能確切做到，宗仁始能領導政府，負責盡其最後之努力，否則唯有自請解除代總統職權，以免貽誤黨國。

文件原件共四頁，油印，用墨筆標有「密」字，亦見於哥倫比亞大學珍本和手稿圖書館張發奎檔。

上述文件表明，李宗仁經過深思熟慮，並與各方商談，決心將「極機密」文件付諸實施，不僅索取全部權力，而且要求蔣介石「去國愈快，離國愈遠爲最好」，言詞雖溫和、婉轉，而態度則相當堅決，可以視爲對蔣介石的一紙通牒。

《談話記錄》產生，同日，李宗仁再次致函張發奎，函稱：

> 日前節旆蒞桂，暢敘為慰。覺生、百川、君佩三先生降止，數度晤談，備審種切。關於弟之意見，除已面告覺生先生等外，茲經作成《談話記錄》一份，油印數份，特伴函奉上一份，即希察閱是幸！敬之兄處亦付去兩份，並託其以一份派專機送呈蔣總裁核示矣。餘情均倩覺生兄等轉告。

據此，可知這份記錄天壤間只有幾份，一份給了張發奎，兩份給了當時的行政院長何應欽，其中之一由專機送給了蔣介石。

四、蔣介石的答覆

五月三日，蔣介石在上海見到了李宗仁的《談話記錄》，非常生氣，立即覆函何應欽，要求何轉達李宗仁及國民黨中央諸人。信中，蔣介石要求李宗仁「蒞臨廣州，領導政府」，說明他本人「無復職之意」，對於李宗仁六項要求中的前四項，蔣介石一一表示同意。他說：

（一）總統職務既由李氏行使，則關於軍政、人事，代總統依據憲法有自由調整之權，任何人不能違反。

（二）前在職時，為使國家財產免於共黨之劫持，曾下令將國庫所存金銀轉移安全地點；引退之後，未嘗再行與聞。一切出納收支皆依常規進行，財政部及中央銀行簿冊俱在，盡可稽考。任何人亦不能無理干涉，妄支分文。

（三）美援軍械之存儲及分配，為國防部之職責。引退之後，無權過問，簿冊羅列，亦可查核。至於槍械由台運回，此乃政府之許可權，應由政府自行處理。

（四）國家軍隊由國防部指揮調遣，凡違反命令者應受國法之懲處，皆為當然之事。

對於李宗仁要求中的第五項，蔣介石也並不表示反對，只說：非常委員會之設立，爲四月廿二日杭州會談所決定，當時李代總統曾經參與，且共同商討其大綱，迄未表示反對之意。今李既欲打消原議，彼自可請中常會復議。對於要求他出國的第六項，蔣介石堅決反對，他說：

> 且在過去，彼等主和，乃指我妨礙和平，要求下野。今日和談失敗，又責我以牽制政府之罪，強我出國，並賦我以對外求援之責。如果將來外援不至，中又將負妨害外交，牽制政府之咎。國內既不許立足，國外亦無法容身。中為民主國之自由國民，不意國尚未亡，而置身無所，至於此極！

他並稱，自引退以來，政治責任雖告解除，而革命責任自覺無可逃避。凡李宗仁有垂詢之處，無不竭誠答覆，但決不敢有「任何逾越分際，干涉政治之行動」。

函末，蔣介石表示：

> 今日國難益急，而德鄰兄對中隔膜至此，誠非始料之所及。而過去之協助政府者，已被認為牽制政府，故中惟有遁世遠引，對於政治一切不復聞問。

蔣介石此函於五月五日以專機送到廣州。六日，國民黨中常會舉行臨時會議，推閻錫山、朱家驊、陳濟棠三人赴桂迎接李宗仁。李宗仁向蔣介石提交《談話記錄》，目的在索取權力，蔣介石既已答應了六條中的前四條，李宗仁覺得面子掙到，目的已基本達到。八日，李宗仁飛廣州，繼續履行代總統職權。後來的事實表明，他仍然是個空頭，蔣介石並未交出任何權力，也並未「遁世遠引」，而是積極活動，多方安排，在作復職的準備。

（原載《團結報》一九九〇年十二月八日，此據拙著《尋求歷史的謎底》收錄，首都師範大學出版社，一九九三。）

國民黨遷臺與蔣介石的反省

一九四九年，蔣介石決定將國民黨及政府機構遷移臺灣，自此，臺灣歷史開啓了一個新的階段。蔣介石做出這一決定，有一個逐漸醞釀並成熟的過程。

一、蔣介石與臺灣的因緣

一八九四年，清政府在與日本的戰爭中失敗。次年，訂立馬關條約，將臺灣割讓給日本。當年，蔣介石九歲。一九一八年八月十八日，蔣介石自香港赴上海，船經基隆，想起昔日清政府割臺的歷史，感慨不已。他雖想上岸遊覽，但臺灣已是日本屬地，自然不能如願。所見所聞，無非日人日語，更加感嘆不置。①蔣介石踏上臺灣土地，時在抗戰勝利，中國收回臺灣之後。一九四六年十月廿五日，臺灣光復一週年。國共兩黨正處於艱難的戰後談判中。廿一日上午，蔣介石匆匆忙忙地接見周恩來、張君勱、胡政之等人，下午即與宋美齡相偕飛抵臺北，乘車直駛草山溫泉。廿二日，在圓山忠烈祠祭祀革命先烈及抗戰死難軍民。廿三日，飛臺中，經霧峰、草屯子、埔里等地，抵達日月潭，沿途受到臺灣民眾熱烈歡迎，蔣介石也覺得能在抗戰勝利後見到「臺胞」，感到高興和安慰。

他和宋美齡住宿涵碧樓。湖水之綠、山色之秀，都使蔣介石嘆爲「佳絕」，是平生理想的風景勝地。廿四日，蔣介石離開臺中，市民與學生列隊歡送，長達十餘里。廿五日，適逢臺灣光復一週年紀念。臺灣各界在臺北舉行紀念光復及歡迎蔣氏夫婦大會。自中山橋至中山堂廣場，十餘里長的馬路兩側，也排滿了「狂呼歡躍」的人群，使蔣介石的內心受到巨大的衝擊，自覺四十年的革命奮鬥，八年與日本的惡戰，終於得到報償。

會上，蔣介石致詞稱：「國父宣導國民革命，即以光復臺灣爲革命主要目標之一。」「到了民國三十二年，我親赴開羅與英美領袖舉行三國會議，決定日本『由中國所奪取之土地，如臺灣、澎湖群島及東北四省等歸還中國』，至此我們失去了五十年的臺灣，已經確定爲我們中華民國的一部分。去年八月十五日，日本宣告無條件投降，我國即按照預定計劃，進行接收失土的工作。去年今日，就是臺灣省正式歸隸我國版圖的一日。」他宣稱：「中央愛護臺灣，遠勝於全國其他任何一省」，號召臺灣人民，「今後更應刻苦努力，團結合作，擴展先烈愛國革命的精神與毅力，同心一德的來建設新臺灣，建設三民主義的新中國。」②詞畢，臺灣省參議會議長黃朝琴代表全省同胞宣讀致敬詞，向蔣及宋美齡分別贈送「功昭寰宇」和「德溥蓬萊」的錦旗。

十月廿七日，蔣介石、宋美齡飛返上海，蔣介石此次臺灣之行，除了對臺灣民眾對他的熱烈歡迎印象深刻之外，突出地感到：一、臺灣的日本風習很深，可見日本人「經營久遠之心計」，但這均已成過去；二、臺灣尚無中共細胞，可算一片「乾淨土」，應該珍重建設，使之成爲「全國模範省」。③

一九四七年二月底，臺灣發生二二八事件。三月五日，蔣介石派陸軍第廿一師赴臺鎮懾，指示其師長：「寬大爲懷，整飭軍紀，收攬人心」。六日，指示陳儀「政治上可以退讓，盡可能採納民意」。七日，確定以「懷柔」爲總的處理原則。④三月十七日，蔣介石派國防部長白崇禧赴臺宣撫，同時在對臺灣民眾的廣播演講詞中宣稱：將在「確保國家立場及採納臺胞真正民意之下謀合理解決」。他宣布恢復地方政治常態辦法六條：一、臺灣行政長官公署改爲省政府，省府委員及廳、處、局長人選儘量容納地方人士參加。二、臺灣省各縣市長提前民選。三、縣市長選舉前由省政府委員會依法任用，並儘量登用本省人士。四、政府或事業機關中同一職務或官階者，無論本省或外省人員，待遇一律平等。五、民營工業之公營範圍儘量縮小。六、採納地方意見，修正或廢止臺灣行政長官公署現行的政治經濟政策。蔣介石並同時宣布，參與此次事變的有關人員「除共黨煽惑暴動者外」，一律從寬免究。⑤

五月，蔣介石任命外交家、文官，魏道明爲首任臺灣省主席，繼續貫徹其「懷柔」政策。經過一年多的努力，臺灣社會逐漸安定。

蔣介石遷臺後，爲了化解二二八事件在臺灣人民記憶中留下的傷痕，專門於一九五〇年一月廿八日約見黃朝琴等人，要他們對臺灣本地人民「寬容謙愛，消弭芥蒂」。⑥此是後話。

二、蔣介石在內戰中頻頻失敗，目光轉向臺灣

進入一九四八年，蔣介石的目光更多地轉向臺灣。一月三日，新年伊始，蔣介石就召見臺灣省主席魏道明，商討臺灣的經濟與財政問題。三月八日，蔣介石下令將臺灣的保安旅改爲警備旅。六月十四日，蔣介石思考與中共作戰的形勢，認爲抗戰時期，以中國的西北與西南作爲根據地，而現在是「剿匪」與「國際戰爭」時代，其核心堡壘應該是「江、浙、閩、臺」。他在日記中表示，應該爲此制訂一項整個的統盤計畫，「有以急圖之」。蔣介石這一天日記表明，他在東北、華北、華中連遭軍事失敗之後，不得不將反共根據地建立於東南沿海了。

十一月廿四日，他與蔣經國談時局，深感黨、政、軍幹部自私、無能、散漫、腐敗，已經不可救藥，如欲復興民族，重振旗鼓，必須捨棄現有基礎，「縮小範圍」，另外選擇一個「單純環境」，進行根本改造，另起爐灶。蔣介石與蔣經國的這次談話表明，他對當時國民黨的組織、政權、軍隊都已經完全失望，所謂「縮小範圍」，「單純環境」，云云，顯然指的就是臺灣。

在此期間，蔣介石開始悄悄地向臺灣轉移實力。十一月廿四日，蔣介石將原駐湖南衡陽的葛先才部調駐臺灣。三十日，決定將海、空、聯勤各部遷粵，將陸軍大學和機械化部隊遷臺。十二月四日，決定將原駐廣東的第一五四師調臺。十二月九日，決定修建金門、馬祖要塞。這

一切，都是為了加強臺灣的軍事實力。

同時，蔣介石也在考慮更動臺灣的黨政人選。十二月廿五日，蔣介石考慮調翁文灝為臺灣省主席，以蔣經國為國民黨臺灣省黨部主委。但是，二人都是文職官員，似乎不很理想。所以沒過幾天，蔣介石又決定以正在臺灣養病的陳誠作為臺灣省主席。十二月廿九日，蔣介石託魏道明向陳誠轉達這一決定，要陳儘速準備。三十日，蔣介石邀請黃埔軍校畢業生聚餐，徵求意見，使蔣想不到的是，第一期的關麟徵、胡宗南等都反對此議。蔣很感傷，覺得到了這種時候，自己的這些嫡系子弟還只考慮個人恩怨，絕無悔悟團結之心。黃埔不幸至此，「誠死無葬身之地」了。

兵馬未動，糧草先行。以臺灣作為反共堡壘，不可沒有經濟準備。一九四八年十一月底，蔣介石制訂下月《大事預定表》，其第十五條即為「中央存款」之處理。同年十二月一日午夜，第一批黃金七百七十四箱，二〇〇四，四五九兩自上海運往臺灣。一九四九年一月二日凌晨，第二批黃金一百五十一箱，五七二，八九九兩，銀幣一千箱，四百萬元自上海運往廈門。次年五月十八日，又將剩餘黃金九十二萬兩及美元八千萬運臺。據有人估計，國民黨運臺金、銀、外匯總數約值黃金八百萬兩。⑦

多年來，吳稚暉一直是蔣介石的堅定支持者，也是蔣的智囊。十二月十日，蔣介石給吳寫了一封信，建議他到臺灣休養。次年五月七日，又派蔣經國訪問在上海的北洋外交元老顏惠慶，動員他遷臺，表示將為他準備機票與在臺住房。不料顏不僅毫不動心，卻反過來為中共宣傳，勸蔣經國不必懼共、反共。蔣介石得知後，覺得中共「迷惑人心」，技術真是高明之至！

⑧

三、蔣介石進駐臺灣，成立總裁辦公室

自一九四八年九月十二日起，林彪指揮下的東北野戰軍連續向遼寧西部和瀋陽、長春地區的國民黨軍發動進攻，歷時五十二天，殲滅國民黨軍四十七萬餘人。遼瀋戰役於十一月二日結束，東北野戰軍一反常態，立即揮師入關，將守衛華北的傅作義各部分別包圍於張家口、新保安、北平、天津、塘沽等地。一切徵象都表明，大局已定，大陸的迅速轉手已經確定無疑。十二月廿四日，桂系大將白崇禧自漢口致電在南京的張群和張治中，要他們轉告蔣介石，人心、士氣，物力，均已不能再戰，要求與中共停戰言和。三十日，白崇禧再發一電，聲稱「時間迫促，稍縱即逝」，要求蔣「趁早英斷」，同日，河南省主席張軫通電，懇請蔣「下野」。

內外交迫，一九四九年一月一日，蔣介石發表元旦文告，表示願意和中共「商討停止戰事，恢復和平的具體辦法」。團拜後，他約李宗仁談話，表示自己「當然不能再幹下去了」。六日，中共領導的華東野戰軍向早被包圍的杜聿明集團發起進攻，僅四天，就全殲邱清泉、李彌兩個兵團，俘獲杜聿明。至此，歷時六十五天的戰役結束，國民黨軍共被殲滅五十五點五萬餘人，南京完全暴露在中共部隊的攻擊矛頭之下。同月十五日，華北野戰軍全殲天津守敵十三

萬餘人，堵住了傅作義部由海路南撤的通道。十九日，傅作義與中共達成《關於和平解決北平問題的協定》。廿一日，蔣介石發表「引退」文告，宣布由李宗仁「代行總統職權」。

這時候，蔣介石不能不更多地考慮遷臺與建設臺灣問題。年初，他規劃全年大事，預定於五月下旬到臺灣、福州、廈門等地所做的工作，有督導臺灣幣制改革、確定預算、臺灣施政方針與社會經濟政策之實施、樹立復興基地之基礎、臺灣軍政人員之調處與臺海空軍額之決定等多項，預定六月在臺灣或定海督導軍事與基本工作進行，七月完成臺灣的防務與準備。這一份計畫表明，蔣介石的工作重點已經轉向臺灣了。⑨

陳誠是蔣介石多年親手培養的愛將。一月三日，蔣介石致電陳誠，詢問他為何仍不就臺灣省主席之職。電稱：「若再延滯，則夜長夢多，全盤計畫，完全失敗」。⑩五日，陳誠僅攜帶一名隨員就職。就職後，陳誠決定繼承白崇禧一九四七年奉命宣慰臺灣時的政策，同時以「人民至上，民生第一」相號召，首先推行「三七五」減租，使佃農生活得到改善，農業生產得到增加。同年十二月廿一日，蔣介石考慮到對美的聯絡需要，再以吳國楨換下陳誠。

在蔣介石的計畫中，不僅國民黨中央黨部遷臺，而且政府機構也要遷臺。三月十八日，他開始研究政府機構的遷臺手續，並且在日記中寫下了「三年生聚，三年教訓之方法」等字，說明他已在考慮如何效法同鄉的老祖宗勾踐臥薪嚐膽的故事。四月八日，他預定本星期工作課目，其第九條為臺灣與廣東幣制改革之準備。第十條為臺灣設立政府之方式。五月七日，他在日記中表示，極想將臺灣建設為「三民主義實現之省區」。但是，六天之後，他又將範圍略為擴大，決定以臺灣和浙江定海（舟山島）作爲「著手開始之點」，並且召見有關人員，研究定海防務和將其建設爲「民生主義實驗區」的要旨。⑪十八日，蔣介石著手研究臺灣未來的財政與軍費預算，希望能夠制訂出一份包括具體方案在內的三年計畫。

五月廿五日，蔣介石由馬公飛抵臺灣高雄。六月二日決定：「今後應以臺灣防務為第一」，應立即召集臺灣軍事會議，解決兵額編組與部署巡防通信及交通等問題。⑫此時，李宗仁是代總統，蔣介石在行政上已無職務，但是他仍以國民黨總裁的名義控制和指揮一切。六月四日，他考慮建立東南軍政督理委員會或監理團，自任主任，同時考慮以陳誠爲閩臺綏靖主任，由自己代理，並且致電胡適，勸他就任外交部長。此際，原空軍總司令周至柔致函蔣經國，對「總裁」越權指揮空軍幹部有所不滿，蔣介石見函後表示：自己是「革命領袖」，其地位與「總統」名義的存在無關，沒有「總統」名義，可以擺脫法律限制，對「革命軍隊」擁有「絕對無上之權力」；就更應起而積極負責，監理臺灣軍政，決不從此消極，任其所爲，使革命「斷種」。十二日，他更進一步強烈表示，決不放棄革命領袖的責任與權力，無論對軍隊，對政府，一定盡監督與指導之責，任何人不得違抗。⑬

《開羅宣言》早已明確承認，臺灣將在對日戰爭勝利後歸還中國，但是，由於中共在大陸的巨大而迅速的軍事勝利，美國部分政客擔心臺灣不保，將墮入俄國勢力範圍，使南太平洋的海島防線發生缺口，因此，力謀直接出面管理臺灣。英國則在背後慫恿，以加強其在香港的統治聲勢。六月十五日，蔣介石在高雄接到宋美齡發自美國的兩封信，擔心美國有可能強佔臺灣，承認中共，這使蔣介石突然緊張起來。十七日，他與王世杰商談臺灣地位及對美態度，當日未有決定。十八日，他決定對美應有堅決表示：「余必死守臺灣，確保領土，盡我國民天職，決不能交還盟國。」⑭二十日，蔣介石得到駐日本東京代表團電陳盟軍總部擬將臺灣交盟軍總部或聯合國暫管，蔣介石立即電示代表團團長朱世明，命他與麥克亞瑟元帥詳談，說明此議「絕對無法接受」，既「違反中國國民心理」，也與「中正本人自開羅會議爭回臺、澎之一貫努力與立場，根本相反」。⑮

臺灣光復後，在陳儀主持下，臺灣一直獨自發行臺幣。一九四八年十一月，大陸通貨膨脹，臺灣受到影響，金融波動，物價騰貴。次年六月十五日，陳誠主持的臺灣省政府在原中央銀行總裁俞鴻鈞協助下，宣布發行新臺幣，總額兩億元。新臺幣五元折合美元一元，舊幣四萬元折合新臺幣一元。由於當年六月二日，蔣介石即決定撥付五千萬美元作爲幣制改革基金，有充足的發行準備，因此效果良好，使軍民生活安定，並爲日後的經濟繁榮奠定了基礎。

七月一日，蔣介石在臺北設置總裁辦公室。下設設計委員會，由蔣任主席，或指定委員一人代表主席，委員爲王世杰、俞大維、張道藩、俞鴻鈞、吳國楨、雷震等。其下再設黨務、政治、經濟財政、軍事、外交、文化宣傳等六組。蔣經國擔任黨務組副組長，並且另外參加政治、軍事兩組。蔣介石對該辦公室的成立極爲重視，後來曾將它與成立革命實踐研究院、臺灣幣制改革並列爲「從頭做起之初基」。⑯

四、西南夢碎，國民黨完全撤出大陸

儘管蔣介石將臺灣作為第一防務據點，但是，他仍然想盡力保有大陸的西南地區。五月十四日，他確定大陸基地以重慶為主。六月三日，李宗仁在廣州召開會議，決定以廣州為政府所在地，但為加強戰時體制，發揮戰時功能，在重慶設立辦事處，分地辦公。六月十一日，國民黨中央常務委員會推薦十二人組成非常委員會，蔣介石、李宗仁分任正副主席。廿二日，蔣介石決定於七月初赴廣州成立非常委員會並巡視重慶等地。

十月十二日，李宗仁的廣州政府宣布自廣州遷往重慶辦公。廿六日，李宗仁向剛剛到達重慶的中央非常委員會秘書長洪蘭友表示，當前諸多問題均難以決定，四川、西康間人事糾紛，地方問題棘手，希望蔣早日來渝，商量解決辦法。廿七日，李宗仁約洪晤談，再次表示大局艱危至此，難以肆應，希望總裁早日蒞渝，廿九日，白崇禧也自重慶致電蔣介石，要蔣來渝主持大計。十一月二日，蔣覆電白崇禧表示，目前須部署保衛臺灣各種事務，當可於月中到渝。四日，白約蔣的親信吳忠信面談，聲言情勢已達最嚴重階段，希望蔣早日來渝領導。他並親筆寫了一封信，請吳專程赴臺敦請。白甚至表示，他個人主張李宗仁仍為「代總統」，請蔣復出為「總統」。這時，李宗仁已經感受到了這種氣氛，不願列名於「勸進」之列，便於此前一天以「出巡」為名，飛往昆明，會見雲南實力派首領盧漢。盧漢建議，聯名向蔣介石發電，建議將政府遷到昆明，待蔣到後，將他扣起來，「一塊一塊割掉他，以洩心頭之憤」。⑰李宗仁發覺盧漢不穩，擔心盧可能也會將自己扣起來，向中共獻禮，便匆匆離開昆明。十四日，偕同白崇禧飛到廣西南寧。其後，胃病復發，便血不止。

這一段時期，陳立夫、閻錫山等函電交馳，紛紛表示「中樞幾成無政府狀態，上下惶惑，不可終日」。十一日，蔣介石徵詢吳稚暉的意見，吳贊成蔣赴渝，但提出萬不可讓李宗仁脫卸政治責任。對吳的策劃，蔣介石非常贊同。十二日，蔣介石決定「順從眾意」，飛渝以盡人事，以「無名義」負責主導，日記云：「明知其不可為，而在我不能不為也。」⑱十一月十四日，蔣介石飛抵重慶。十八日，蔣介石召集黨政幹部會商時局，他心知與桂系已無法合作，但仍致電白崇禧，囑其陪同李宗仁返渝。但李在此前一天，已經致電閻錫山，聲稱胃病復發，須在南寧休息數日。二十日，李宗仁委託白崇禧到重慶向蔣報告，李已於今日上午飛往香港，同時又託李品仙攜函致蔣，聲稱十二指腸有流血現象，須轉美檢驗，必要時手術治療。蔣認為李宗仁此舉，屬於「臨危棄職」，飛往英屬香港，是喪失「國格」的行為。⑲廿一日，蔣約見白崇禧，表示決不於此時「復行視事」，同時派居正、朱家驊等人代表國民黨中央，攜本人親筆函赴港，探望李宗仁病況，勸李返回重慶。

蔣介石原以為中共部隊會從陝南進攻川北，因此，在當地佈置重兵，但是，他沒有想到，毛澤東卻命令劉伯承和鄧小平率第二野戰軍採取「大迂迴之動作」，首先進攻貴州和四川東南部。十一月十五日，佔領貴陽。次日，佔領川東門戶彭水，宋希濂所部十萬人迅速潰敗，二野從南面、東面兩個方向進逼重慶。蔣介石不得不急調第十五兵團羅廣文兵團到長江南岸的綦江佈防，同時命胡宗南部撤守川北，千里轉移，將兵力集結於成都地區，又命胡部第一、第三兩軍火速來渝，並希望胡親來指揮，與中共進行重慶會戰。廿七日，二野佔領綦江，羅廣文棄軍逃跑。

重慶岌岌可危，蔣介石曾多次想到自殺。十一月廿八日，他在林園的蓮亭寫下一段感想：

> 黨與國由總理一手創造，由中正一手完成，余愛此黨此國，甚於愛子，豈僅視如至寶而已。時至今日，由余養育完成之黨國，而由余毀滅之，此境此情，將何以堪！如果黨國果真絕望，則尚有此殘軀立足之餘地，其將有何面目見世乎！

因此，他想到自殺，蔣介石稱之爲「殉國」，但是，他轉念一想，覺得尙非「絕望」之時，大陸尙有殘破之西南，臺灣和澎湖仍然完整，只要此身尙在，「黨國」可以由此身再造。這樣一想，他就決定不「殉國」了。

十一月廿九日，閻錫山率行政院匆匆忙忙遷至成都辦公。同日，二野部隊逼近重慶，蔣介石決定在機場住宿。午夜，蔣介石趕赴機場，途中堵塞不堪，蔣介石急不可耐，下車步行，等汽車趕來後再乘車繼續前進。當夜，蔣介石就住在中美號飛機上。三十日晨六時，飛往成都。在成都，蔣介石臨時住在中央陸軍軍官學校。十二月一日，閻錫山見蔣，商談政府駐地及疏散方案。胡宗南也於同日見蔣，述說汽油困難，運兵遲緩。蔣介石則鼓勵他進駐遂寧，防守內江。蔣介石計畫，必要時撤退到西昌。

當時，西南地區國民黨尚存兵力五十餘師，胡宗南部有三十二師，四十萬人。這一點兵力當然抵擋不住解放軍的龐大兵力。但是，對於「遷臺」問題，蔣介石周圍也有許多人主張「慎重」，有人擔心，美國可能武力佔領臺灣。蔣介石認為，英美決不敢有異議。日記稱：「如其果用武力干涉，或來侵臺，則余必以武力抵抗，寧為玉碎，不為瓦全。」⑳七日，蔣介石任命顧祝同為西南軍政長官，胡宗南為副長官兼參謀長，賀國光為西昌警備總司令，企圖固守西南，但是，他也斷定西昌不能久守，於七日決定將政府機構遷臺，在西昌設大本營，在成都設防衛司令部。同日，蔣介石接見閻錫山，要求他於一日之內完成遷臺準備，當晚即由成都飛臺。

四川地方實力派頭領劉文輝、鄧錫侯長期和蔣介石有矛盾，和國民黨內的反蔣派李濟深、馮玉祥有聯繫。這時正在籌劃起事，準備脫離國民黨陣營。七日，蔣介石派張群到昆明，安撫雲南省主席盧漢，要求將政府遷到昆明。同日，蔣介石召劉文輝、鄧錫侯談話，二人托詞不來，隨即從成都出走。九日，劉、鄧與雲南的盧漢相繼通電起義。盧漢在扣留張群等人後，又致電劉文輝，要劉會同四川將領扣留蔣介石。在此情況下，胡宗南等紛紛勸蔣迅速回臺。下午二時，蔣介石偕蔣經國等步出陸軍軍官學校，在鳳凰山機場登機，返回臺北。

胡宗南是蔣介石最信賴的學生，也是他多年精心培植的將領。蔣相信他可以撐持殘局，在西南地區「建立起堅強不拔的基礎，作為我們大陸反攻的根據地」。㉑不料胡宗南卻於十二月廿二日隻身飛往海南島。廿八日，胡宗南在蔣介石的催迫下飛返西昌，部署作戰。一九五〇年一月廿五日，蔣介石派蔣經國飛赴西昌，勉勵胡宗南死守當地。他並告訴胡宗南：「如臺灣失陷，我必死於臺灣，以盡我職責。」㉒三月廿七日，第二野戰軍攻佔西昌，胡宗南再次飛往海南島逃身。四月十三日，西昌地區的國民黨軍隊全部被殲。

至此，蔣介石西南夢碎，在大陸再無可守之地了。

五、蔣介石的反省

蔣介石是一個愛反省的人。他的日記在某種程度上，也可以說就是他的反省記錄。一週過了，有《本週反省錄》；一月過了，有《本月反省錄》；一年過了，也常有「本年反省錄」一類的記載。自然，丟掉大陸，對於蔣介石說來，可謂創痛巨深。他有很多反省，也有許多自責，日記中常見「愧悔無地自容」、「幾無面目見世人」等字樣。他甚至有過「遁跡絕世，了此一生」的念頭。但是，蔣性格頑強，《反省錄》自稱，所造罪孽，不能怨天尤人，只能待罪補過，以求自贖。㉓與此同時，他在臺北開辦革命實踐研究院，調集幹部學習，總結經驗，蔣介石多次發表演講，其中也有大量反省、檢討的內容。

一九四九年三月底，蔣介石在《上月反省錄》中表示，要徹底檢討失敗原因，擬成條目，以便反省與改革。其條目，自甲至寅，共十三條之多（以下簡稱《反省十三條》），但是，寫得很簡略，大多數條文只有一句話，一九五一、一九五二、一九五三這幾年，蔣介石逐月審讀一九四四年至一九四八年的日記，不時寫下心得。一九五一年十月，他審閱一九四七年六、七兩月的日記後，決定將這一段失敗期間的日記秘密印刷，分贈部屬，共同研討過去的得失。同年十二月廿五日，他要蔣經國研讀自己一九四五年的日記，認爲其經歷教訓，比之讀任何歷史爲有益。一九五二年十二月六日，蔣介石再次決定將一九四四年的日記先行付印，供幹部研究。

研究蔣介石的《反省十三條》，綜合考察蔣遷臺前後的其他日記與文章，這一時期，蔣介石的反省大致可分八個方面：

反省之一，是外交失敗。蔣介石認爲這是「最大之近因」。在蔣看來，世界上只有強權，毫無信義。蘇聯外交反覆無常，毒辣殘忍；美國有頭無尾，輕諾寡信；英國陰險狡詐，唯利是圖。自己不加區別，均以「信義」對之，焉能不敗。㉔一九四六年三月，蘇聯趁馬歇爾返美述職之際，向國民政府提出，願出面調解國共糾紛，在東北與中國經濟合作。當時，蔣介石堅拒不理。遷臺後，蔣介石檢閱當年外交記錄，認爲此舉殊爲失策，當時應不顧美國，以自主精神與蘇聯談判，解決問題。這樣做，可使美國有所顧忌，而不敢輕易怠慢中國。他將此視爲不能不反省的「最大之教訓」。一九五一年，蔣介石檢閱一九四五年十一月日記，認爲蘇聯、美國均是一丘之貉，如果僅據文字、語言及表面現象，即將某國視爲誠意可信的友邦，將是「傻中之傻」。㉕一九五二年十一月，他閱讀一九四四年七月以後的日記，認爲外交只有強權，弱肉

只有等待被吃。㉖

馬歇爾是第二次世界大戰後美國對華政策的主要制訂者和執行人，因此，蔣介石多次在日記中指責馬歇爾「誤美害華之罪」，稱馬歇爾為滅亡中國的「禍首」。一九四九年一月底，他在《本月反省錄》中就認為，他的「革命剿匪」任務之所以失敗，其原因不在中共，不在「俄史」，而在於「美馬」的「冥頑不靈」。他批評自己外交運用無方，過分相信美國，因此應該引咎自責。遷臺後，他總結既往教訓，覺得只剩下這「彈丸一片乾淨土」了，自誓從此再也不能因幻想美援而接受美國人的「愚妄」要求了。

反省之二，是軍事崩潰。一九四九年十月，蔣介石在革命實踐研究院演講中曾稱：「我們今天失敗的原因很多，而主要的原因是由於我們軍事的崩潰。」其原因，據他說，在於軍事制度，如教育制度、人事制度、經理制度等未能「健全的建立起來」。㉗他列舉的國民黨高級將領的缺點共八條，軍隊的弱點與缺點達十六種之多。十二月十二日，蔣介石演講繼稱：「軍隊裡面不僅精神喪失，而且紀律蕩然」，「每一次撤退，高級將領總是先部下而退，置部下的生死存亡於不顧」，「在還沒有和敵人接觸的時候，他心中早就有了一個腹案，就是怎樣脫離戰場，從那一條路逃到那一個偏僻安全的地點，苟全性命。」㉘一九五〇年一月，蔣介石演講又稱，認為軍隊失敗的原因在於「沒有建立軍隊監察制度」，「政工人事不健全」，「政訓工作亦完全失敗」。㉙

關於軍事戰略與指揮，《反省十三條》沒有涉及。一九五一年八月七日，蔣在日記中談到：一九四五年十一月，蔣介石鑒於蘇軍阻撓，中國軍隊接收困難，曾主張東北問題暫時擱置，將開到東北的五個軍調到華北，首先解決關內的中共軍隊，先安關內，再圖華北，由近及遠，但是，由於馬歇爾出面調處，蔣介石相信外援，將大量精銳部隊開入東北，以致內地空虛，各戰場都感到兵力單薄，陷入捨本逐末之誤。㉚

反省之三，是黨內分裂，紀律掃地，組織鬆懈。蔣認爲這是革命失敗的「總因」。一九三八年四月，國民黨臨時全國代表大會決定成立三民主義青年團，以陳誠爲書記長。此後，三青團與陳立夫掌握的國民黨系統的矛盾逐漸尖銳。一九四七年九月，國民黨六屆四中全會宣布黨團合併，但雙方的矛盾並未消除。蔣介石認爲，陳立夫想借合併之機消滅三青團勢力，並在國大代表等選舉中把持包攬，擴大矛盾。

一九四八年五月，蔣介石曾慨嘆黨內糾紛日甚一日，裂痕無法彌縫，自感此爲生平「最大過失」。他設想今後或者停止各級黨部活動，徹底改組；或者聽任各派自動組黨，分道揚鑣。㉛遷臺後，他曾力主將國民黨的性質定位爲「革命政黨」，而不是「純粹民主政黨」，甚至主張將縣、市以下基層黨部改爲秘密組織。㉜當時，國民黨中央委員名義上有四百餘人，人多，糾紛也多，蔣介石因此傾向於將國民黨徹底解散、重新組黨。㉝一九五〇年，蔣介石在《反省錄》中聲稱，革命失敗，其起因在於黨務內部的分裂，以致影響到軍事、政治、經濟、社會及教育等各方面的紛亂與崩潰。九日，他列舉改造國民黨的理由，認爲民國敗亡，人民沉淪，主義不行，共匪叛亂，均應由本黨負責。次日，他更直指「派系傾軋，人事糾紛」是革命失敗的首因。二月二日，他在日記中表示，革命事業以黨爲基礎，多年來，自己專力於軍事與政治，將「黨事」委之他人，結果在人事、組訓等方面都毫無基礎，以致敗亡既速且慘，今後不能不「以黨事爲先」。㉞

桂系是國民黨的重要軍事派系，後來逐漸發展成爲重要的政治派系，蔣介石的第三次下野，和桂系的「逼宮」緊密相關。蔣介石遷臺後，對桂系仍恨之入骨，稱之爲「廣西子」。他批評李宗仁與白崇禧「害國害民」、「僞言僞行」，「無廉無恥」。一九五〇年四月二日，蔣介石約白崇禧等聚餐，談笑言歡之際，內心想的卻是，彼雖表示歸誠，但完全無法相信。一九五二年，他披閱一九四八年四月至五月之間的日記，認爲桂系當時聲勢浩大，壓倒一切，所造成的「黨內鬥爭」形勢，較之中共的「圍攻」還要險惡。㉟一九五〇年三月，蔣介石在革命實踐研究院演講時還曾談到，由於組織不嚴，因此被中共滲透到內部，盜竊機密，製造謠言，「以致我們幾百萬部隊，並未經過一個劇烈的戰鬥，就爲敵人所瓦解。」㊱

反省之四，是經濟、金融政策的失敗，蔣認為這是軍事崩潰的「總因」。一九五〇年三月，蔣介石檢討失敗因素，認爲「財政爲第一」。宋子文擔任行政院長期間，爲了抑制通貨膨脹，曾經按照國際慣例，大量拋售國庫中的黃金。對此，蔣介石始終認爲此舉屬於宋子文「誤國」中的最大過錯。㊲一九五二年十月，他撰寫講稿，對於是否要如實記錄此事，頗費躊躇，但最後仍然決定「實錄」，其理由是：宋子文害國敗黨，私心自用的「罪過」太多，「以此爲最」。㊳到了一九五五年，他回憶過去，仍然認爲「誤用宋子文一人」，其結果是招致政治、

經濟、外交的全盤失敗。㊴

反省之五，是抗戰勝利之後，選擇實行民主憲政的時期、制度，以及國民代表大會選舉等，都動搖「剿匪之基本」，與「剿匪對共政策」背道而馳，因此，他強烈感到，錯學了美國民主。

抗戰勝利後，美國介入中國內政，派馬歇爾出使中國，調解國共糾紛。當時，馬歇爾按照美國模式，要求國民黨改變一黨專政制度，開放政權，成立聯合政府。爲了滿足美國人的這些要求，蔣介石於一九四六年召開有中共和各民主黨派參加的政治協商會議。一九四七年、一九四八年相繼召開「制憲國大」與「行憲國大」，通過《中華民國憲法》，選舉總統與副總統。早在一九四八年五月，翁文灝因組閣與立法委員意見分歧，彼此攻擊，蔣介石就判定「民主制度」危害國家。㊵同年九月十七日，立法院要求增加公教人員工資，他爲此煩悶苦惱，感到中國「未及民主程度而硬行民主」，以致黨員如脫韁之馬，不可收拾。㊶一九四九年九月八日，蔣介石與人談往事，覺得民主、憲政、國民大會等一套做法「到處束縛軍政」，以致無法「剿匪」。他心有餘憤地表示：「所謂民主與憲政，其害國之大，竟如此也，誠悔莫及矣。」㊷在蔣介石看來，聽美國人的話，實行「民主」與「聯共」，是促使國民黨政權崩潰的重要原因。

反省之六，是本身的驕矜、憤懣，自恃、忙迫，不能澹敬虛心，全憑主觀行事。蔣介石認為這也是失敗的「總因」。一九四九年五月廿七日，蔣介石自我反省，認爲一生大病是「輕浮躁急」。一九五一年十二月八日，他反省自己，一生重視科學，卻總不能實踐「科學之精神」。一九五五年十月三日，他批評自己個性太強，凡大小政策，無不自信自決，以致無人進言，不能集思廣益，折中至當。㊸其例證之一就是，西安事變中，自己誤信中共「亦是國人與同胞」，「召其抗戰」，擅自獨斷，而未能謀之於衆，以致鑄成大錯。在他的《反省十三條》中，其第九條爲：不研究、不學術〔習〕、不注重客觀，也可視爲對自身的批評。一九五〇年三月，他在演講中讚美中共「辦事、治軍、作戰，的確是本著科學的原則，採用科學的方法」。他並提出，所謂「科學的精神」，就是「實事求是，精益求精」。㊹一九五二年八月十三日，他檢討自己，在軍事指揮上，對客觀的研究，不能求深求實，因此也就不能做出「科學決策」。㊺

在用人問題上，蔣介石覺得自己過於「寬大」、「寬容」。一九五一年，他重校一九三三年的《事略稿本》，批評自己「對人不校」、「用人無方」。李濟深、陳銘樞、白崇禧、李宗仁等「背黨叛國」不止一次，但自己不問恩怨，不念舊惡，重用如故，不僅是獎惡，而且是自殺，是「誤國」，表示對「叛徒」，應「殺無赦」。㊻

蔣介石是基督徒，其虔誠，有時到了迷信的程度。一九四七年，他返鄉掃墓，路過紹興大禹陵，曾經向大禹的「偶像」鞠躬，旋即後悔，譴責自己違反基督教「不拜偶像」的教義。他認爲，此後三年內連續失敗，即是天父對自己的懲罰。㊼

反省之七是，幹部制度不立，幹部腐化自私。抗戰勝利後，大批黨政幹部從內地到淪陷區，競相以接收敵僞物資爲名，瘋狂地掠奪財富，特別是「票子、房子、車子、條子（金條）、女子」，當時有「五子登科」之稱，惹得民怨沸騰，廣泛流傳「盼中央，想中央，中央來了更遭殃」一類歌謠。一九四九年五月十九日，蔣介石反思當時的「接收」工作，批評黨政幹部皆爲物質所誘，造成自私自利之惡習頹風，而其原因，則在於本人事前未有充分之準備，未對幹部作嚴格之監督與準備。因此，「實由余應負其責」。次日，更進一步自認，幹部誤國，其原因在於本人管教不嚴，制度不立，以致抗戰甫勝即敗。一九五二年七月底，他反省爲中共所敗的原因，認爲其一是軍政與社會組織空虛，幹部腐化，喪失志節，最後一年，幾乎沒有一個幹部能夠效命奮鬥。㊽

蔣介石《反省十三條》的最後一條是，未能「宣傳」社會經濟政策與民生主義。蔣認爲這是「唯一之致命傷」。一九四九年二月三日，蔣介石回奉化，遊覽城鄉，發覺當地鄉村四十餘年來毫無改革，痛感當政二十年，黨政機構守舊、腐化，只重做官，不注意實行三民主義，「對於社會與民眾福利毫未著手」，因此，他在日記中表示，此後要以民生爲基礎，亡羊補牢，尚不算晚。㊾三月九日，他開始設計土地制度的實施方案，在預定四月份的大事時，特別將擬定「實行民生主義之方案」列爲內容之一。五月八日，他在日記中表示，非常希望對三民主義的實施方案再加一番研討，並以臺灣和浙江定海作爲實驗區。次日，他表示要對黨政制度、軍隊生活、社會政策提出具體方案，希望既能「制裁共產」，又能「比肩英美」。很快，十三日的日記中就出現了計口授糧，積極開墾，分配每人工作，不許有一無業遊民，二五減租，保障佃戶，施行利得稅、遺產稅，推廣合作事業，籌辦社會保險，推進勞工福利以及實行平均地權，節制資本等「具體方案」。後來，又加上工人與士兵保險制之實行、土地債劵與限地制度等內容。從這一天起，蔣介石連續三天研讀孫中山的《民生主義》。六月底，他在寫完《上月反省錄》之後，特別寫了一段補充意見，題爲《政治經濟革新案》，提醒自己注意如何確立以三民主義（尤其是民生）爲基礎的「政治體制與經濟政策」。十月十九日，蔣介石研究軍隊戰勝的基本條件，列出的條目有：提高人民生活，實行減租減息，反對剝削，反對壓迫專制，反對侵略，反對漢奸，爲平均地權，耕者有其田，實行民生主義而戰。十二月下旬，他將成立「民生主義實踐研究會」列爲預定工作課目。一九五〇年一月三日，他決定開展「社會經濟運動」，其內容爲兵農合一，三七五減租，限期耕者有田。二月十九日，他制訂當年《大事表》，其第十七條爲「社會性的民生主義政策」，其內容中有醒目的兩句話：勞動有食、耕者有田。

蔣介石反省涉及的其他方面還有：無組織、無宣傳、無監察、無賞罰；無秘密、無偵察；不科學、不前進；無策略、無輕重（無重點，無中心）等，不贅述。

六、尾語

蔣介石遷臺前後的反省，有正確部分，也有錯誤或膚淺的部分。其《反省十三條》最後一條，檢討在大陸期間未能「宣傳」社會經濟政策和民生主義，這一條接觸到了問題的實質，但是說得太輕飄了。其實，不是未能「宣傳」，而是未能實行的問題，國民黨在其執政期間，沒有解決中國人民的「民生」，特別是廣大貧苦農民的生存、溫飽和獲得土地的要求，才是其失敗的最根本，也是最重要的原因。

一九四七年八月，蔣介石在研究英國、美國和蘇聯社會之後，曾經寫過一段《雜錄》，中云：「我國為歷史上最長於吸收之民族，具自新自強之美德。今日必須發揚此一美德。捨英、美之保守與強權政治，而採取其民主，矯正蘇俄之專制，實現民生主義，以第三種力量樹立於遠東，盡我對世界之使命。」㊿在當時的歷史條件下，這應該是比較正確的選擇。可惜，他當時空有其認識，而未能付之實行。一九四九年九月十三日，他在成都演講稱：「我們今天真正要造福於農民，就惟有徹底實現二五減租。這是我們實行民生主義的第一步，也是我們反共的最後、最有效的武器。」51這時候，大半個中國已經轉手，蔣介石提出「造福農民」，幻想以二五減租作為其反共的「最後、最有效的武器」，這真有點像俗話所說：「平時不燒香，急來抱佛腳」了。不過，他的這一認識對他治臺方略的形成還是有益的。

國民黨在大陸失敗的另一原因，是長期堅持一黨專政、個人獨裁的政治體制，既違背世界潮流，又喪失民心，尤其是知識分子之心，其結果是使國民黨的軀體日漸腐朽，百病叢生而無藥可治。但是，蔣介石卻因戰後國民大會選舉及召開中出現的種種「亂象」，而錯誤地視「民主」、「憲政」為禍國之道，覺得民主反而不如專制、獨裁好，這就對歷史經驗做出錯誤的總結了。

一九四九年六月十六日，蔣介石在日記中表示，他要用新精神、新制度、新行動來迎接新歷史、新時代、新生命、新使命，奠定新基礎，完成新任務。一九五〇年元旦，他又以前人格言「從前種種，譬如昨日死；自後種種，譬如今日生」自勉。但是，歷史是不能割斷的。人們在創造新一頁歷史的時候，不可能離開既往歷史的影響，更離不開對既往歷史的認識與科學總結。人們可以看到，蔣介石的上述正確或不正確的反省，都深刻地影響著此後一段時期臺灣歷史的發展進程。有些反省起了好作用，有些則仍如噩夢一樣，在糾纏著、牽累著歷史新一頁的展開。

① 《蔣介石日記》，手稿本，一九一八年八月十八日、十九日，參見一九四六年十月廿六日日記。

② 《總統蔣公大事長編初稿》，第三〇四〇頁。

③ 《上星期反省錄》，《蔣介石日記》，手稿本，一九四六年十月廿六日。

④ 參見本書《二二八事件與蔣介石的對策》。

⑤ 《蔣主席對臺灣民眾廣播詞》，中央研究院近代史研究所編《二二八事件資料選輯》（二），第一九九二年版，一八一至一八三頁。

⑥ 《蔣介石日記》，手稿本，一九五〇年一月廿八日。

⑦ 參見吳興鏞《黃金檔案》，臺灣時英出版社二〇〇七年版，第七十四頁。

⑧《蔣介石日記》，手稿本，一九四九年五月七日。

⑨《民國三十八年大事預定表》，《蔣介石日記》，手稿本。一九四九年卷首。

⑩《陳誠先生回憶錄．建設臺灣（上）》，國史館二〇〇五年版，第七頁。

⑪《蔣介石日記》，手稿本，一九四九年五月十三日。

⑫《總統蔣公大事長編初稿》，第三六五五頁。

⑬《蔣介石日記》，手稿本，一九四九年六月六日、十一日、十二日。

⑭《蔣介石日記》，手稿本，一九四九年六月十八日。

⑮《總統蔣公大事長編初稿》，第三六六二頁。

⑯《民國三十八年反省錄》，《蔣介石日記》手稿本，一九四九年年末。

⑰《李宗仁回憶錄》（下），政協廣西文史資料委員會一九八〇年版，第一〇二二頁。

⑱《總統蔣公大事長編初稿》，第三七六七頁。

⑲《蔣介石日記》，手稿本，一九四九年十一月二十日。

⑳《上月反省錄》，《蔣介石日記》，手稿本，一九四九年十二月三十口。

㉑《先總統蔣公思想言論總集》，卷廿三，第七十九頁。

㉒《總統蔣公大事長編初稿》卷九，第四一三六頁。

㉓《民國三十八年反省錄》。《蔣介石日記》，手稿本。

㉔《蔣介石日記》，手稿本，一九四九年八月十七日。

㉕《蔣介石日記》，手稿本，一九五一年十月廿四日。

㉖《蔣介石日記》，手稿本，一九五一年十一月廿七日。

㉗《先總統蔣公思想言論總集》卷廿三，《演講》第廿六頁。

㉘《總統蔣公大事長編初稿》，第三八五三頁。

㉙《國軍失敗的原因及雪恥復國的急務》，《先總統蔣公思想言論總集》卷廿三，《演講》，第九十頁。

㉚《蔣介石日記》，手稿本，一九五一年八月七日；參見《先總統蔣公思想言論總集》卷廿三，《演講》，第廿七頁。

㉛《蔣介石日記》，手稿本，一九四八年五月廿六日。

㉜《蔣介石日記》，手稿本，一九四九年七月八日。

㉝《蔣介石日記》，手稿本，一九四九年十二月廿七日、三十日。

㉞《蔣介石日記》，手稿本，一九五〇年二月二日。

㉟《蔣介石日記》，手稿本，一九五二年八月六日。

㊱《先總統蔣公思想言論總集》卷廿三，《演講》第一三三頁。

㊲《蔣介石日記》，手稿本，一九五〇年三月廿四日。

㊳《蔣介石日記》，手稿本，一九五二年十月十七日。

㊴《蔣介石日記》，手稿本，一九五五年十月三日。

㊵《蔣介石日記》，手稿本，一九四八年五月廿七日。
㊶《蔣介石日記》，手稿本，一九四八年九月十七日。
㊷《蔣介石日記》，手稿本，一九四九年十一月十六日。
㊸《蔣介石日記》，手稿本，一九五五年十月三日。
㊹《先總統蔣公思想言論總集》，卷廿三，《演講》，第一四七頁。
㊺《蔣介石日記》，手稿本，一九五二年八月十三日。
㊻《蔣介石日記》，手稿本，一九五一年四月廿七日、九月七日。
㊼《蔣介石日記》，手稿本，一九五〇年四月廿一日。
㊽《上月反省錄》，《蔣介石日記》，手稿本，一九五二年七月三十一日。
㊾《蔣介石日記》，手稿本，一九四九年二月三日。
㊿《雜錄》，《蔣介石日記》，手稿本，一九四七年年末。
(51)《先總統蔣公思想言論總集》，卷廿三，《演講》，第二十頁。

揭開民國史的真相 卷六

蔣介石真相之三 遺憾：抗戰及戰後（續）

作　　者　楊天石
出 版 者　風雲時代出版股份有限公司
出 版 所　風雲時代出版股份有限公司
地　　址　105台北市民生東路五段一七八號七樓之三
風雲書網　http://www.eastbooks.com.tw
官方部落格　http://eastbooks.pixnet.net/blog
電子信箱　h7560949@ms15.hinet.net
服務專線　（〇二）二七五六－〇九四九
傳　　真　（〇二）二七六五－三七九九
郵撥帳號　一二〇四三二九一
執行主編　朱墨菲
封面設計　風雲時代編輯小組
法律顧問　永然法律事務所　李永然律師
　　　　　北辰著作權事務所　蕭雄淋律師
版權授權　楊天石
出版日期　二〇〇九年十月初版
定　　價　新台幣三八〇元
總 經 銷　成信文化事業股份有限公司
地　　址　台北縣新店市中正路四維巷二弄二號四樓
電　　話　（〇二）二二一九－二〇八〇
行政院新聞局局版台業字第三五九五號
營利事業統一編號二二七五九九三五

國家圖書館出版品預行編目資料

追尋民國史的真相／楊天石 著 .-- 初版. -- 臺北市：
風雲時代, 2009.08
冊；公分

ISBN 978-986-146-589-0（卷一：平裝）.--
ISBN 978-986-146-590-6（卷二：平裝）.--
ISBN 978-986-146-591-3（卷三：平裝）.--
ISBN 978-986-146-592-0（卷四：平裝）.--
ISBN 978-986-146-593-7（卷五：平裝）.--
ISBN 978-986-146-594-4（卷六：平裝）.--
ISBN 978-986-146-595-1（卷七：平裝）.--

627.6　　98013675